TOUS MANAGERS DU SAVOIR !

La seule ressource qui prend de la valeur en la partageant

Jean-François Ballay

TOUS MANAGERS DU SAVOIR !

La seule ressource qui prend de la valeur en la partageant

Éditions
d'Organisation

Éditions d'Organisation
1, rue Thénard
75240 Paris Cedex 05
Consultez notre site :
www.editions-organisation.com

DANS LA MÊME COLLECTION

Pierre MORIN, Eric DELAVALLÉE, *Le manager à l'écoute du sociologue*, 2001.

Eric ALBERT, Jean-Luc EMERY, *Le manager est un psy*, 1998.

© Éditions d'Organisation, 2002
ISBN : 2-7081-2775-6

Sommaire

DEUXIÈME PARTIE :
PARTAGER SES CONNAISSANCES CRÉE DE LA RICHESSE .. 63

Voici les grands principes de la gestion des connaissances, par une approche qui allie l'art du management, l'économie, et la sociologie des organisations. Comment le savoir produit-il de la valeur ? Comment capitaliser, transmettre, renouveler ? Une synthèse des méthodes existantes est étayée par des exemples concrets et variés.

CHAPITRE 1 : Les fondamentaux, de la connaissance à la richesse

CHAPITRE 2 : Les méthodes : comment créer un capital de connaissances ?

CHAPITRE 3 : Les métiers du savoir

TROISIÈME PARTIE : TOUS MANAGERS DU SAVOIR, LE DÉPLOIEMENT OPÉRATIONNEL

Tout manager a un rôle à jouer en tant que *passeur de sens* et *créateur de valeur*. Le savoir est à l'œuvre dans les grandes problématiques qui lui sont familières : le pilotage de la valeur, la qualité, l'innovation, l'intelligence économique, la relation client, les ressources humaines, le développement durable. La richesse est entre vos mains...

CHAPITRE 1 : Intégrer le savoir dans les tableaux de bord

« Savoir
Et se dire que l'on ne sait pas
Est bien.
Ne pas savoir
Et se dire que l'on sait
Conduit à la difficulté. »

Le Livre du Tao

« Ce qui prouve qu'on sait réellement une chose, c'est d'être capable de l'enseigner à autrui. »

ARISTOTE

« La peur de l'inconnu est telle que nous préférons endurer nos épreuves ici bas, plutôt que de nous lancer vers des horizons dont nous ne connaissons rien. »

SHAKESPEARE, *Hamlet*

« Il y a plus de quarante ans que je dis la prose, sans que je n'en susse rien. »

MOLIÈRE, *Le Bourgeois Gentilhomme*

Remerciements

Je tiens à remercier des collègues, amis ou confrères qui m'ont apporté à la fois leur capacité d'écoute, leurs points de vue éclairés et quantité de sources d'information qui ont enrichi ce travail. Je citerai tout particulièrement Thierry N'Guessan, Sabrina Rozet, Brigitte Vergne. Mes remerciements vont également à François Tépenier, Jocelyne Lemagnen, Josette Larchier-Boulanger, Jean-Jacques Nieuviaert, Jean Vargues, Paul Vincent, Josette Varenas, Fred Martinet. Merci enfin à mes confrères managers du savoir dans leurs entreprise, Jean-Claude Corbel (Renault) et Joël Frigière (Usinor).

X

Lever de rideau: le sorcier fut le premier manager du savoir

Le savoir a commencé à se développer avec les mythologies que les hommes perpétuaient oralement. Il coïncidait avec la magie, et *le sorcier fut sans doute le premier manager du savoir,* fondant son pouvoir sur la possession de techniques qu'il conservait secrètes.

Il a fallu attendre plusieurs inventions techniques majeures pour que le savoir commence à se cumuler en s'objectivant dans la vie communautaire. La première de ces inventions fut, semble-t-il, la pratique des entailles, vieille de quelque quarante millénaires, appliquée à l'exercice de la comptabilité :

> « De multiples encoches retrouvées sur les parois rocheuses des grottes préhistoriques à côté de silhouettes d'animaux ne laissent planer aucun doute sur leur fonction comptable[1]. »

Cette technique détient un record de longévité puisqu'elle était encore utilisée dans de nombreuses régions du monde jusqu'au début du XXe siècle, pour établir des factures et des reçus – un exemple parmi d'autres est celui des « tailles » des boulangers en Europe, aux alentours des années 1900.

Ainsi, bien avant l'écriture, c'est le *calcul* qui fut la première forme de savoir, permettant d'organiser l'activité économique :

> « Avec l'intensification des communications entre les diverses sociétés, et à cause du développement de l'artisanat et du commerce, l'humanité, ne sachant pas encore *écrire* et voulant tenir le bilan de ses biens propres et vérifier l'état de ses

---

1. Georges IFRAH, *Histoire universelle des chiffres*, Robert Laffont, coll. Bouquins, Paris, 1994, p. 161.

activités économiques, se trouva donc confrontée à un nouveau problème : comment garder durablement le souvenir de ses dénombrements[1] ? »

Puis vint l'invention de l'écriture. À Sumer, à Alexandrie, à Babylone, abrités derrière les murs épais des palais, gravés sur toutes sortes de matériaux, les écrits (pictogrammes, idéogrammes, alphabets) ont eu, tout comme les nombres, dès l'origine, une fonction à la fois philosophique et économique :

> ▷ « La fonction de ces tablettes paraît donc avoir été de noter diverses quantités associées à différentes sortes de denrées comptabilisées, ces documents ayant très probablement constitué des actes comptables correspondant à des fournitures, livraisons, inventaires ou échanges[2]. »

L'une des plus anciennes tablettes d'argile, répertoriée sous le nom de Liste Lù ($\approx$ 3000 av. J.-C.), contient une série de noms et de professions qui atteste que « savoir qui fait quoi » était nécessaire pour organiser la vie de la cité[3].

Dès la Grèce classique, l'homme a alors mis en marche un processus véritablement cumulatif de la connaissance, qui influence encore le savoir « scientifique » des temps modernes. Aristote, notamment, a introduit l'idée d'une organisation collective des compétences, avec le lycée, qui permet d'identifier l'ensemble des savoirs, de les classer, de se les approprier, de les discuter, de les transmettre.

La connaissance tient dès le début une place stratégique dans la cité, avec des enjeux véritablement politiques ; le prince et le clerc s'entourent des savoirs pour asseoir et consolider leur pouvoir :

> ▷ « Propriété privée, intégrée dans une école philosophique indépendante de la cité d'Athènes et financée par la fortune personnelle du scholarque, la bibliothèque devient, à Alexandrie, une affaire d'État, elle est placée sous le patronage du roi, qui en assure le fonctionnement, en définit la mission et en contrôle l'accès[4]. »

Au-delà de cette ambivalence immémoriale entre ses dimensions philosophique et économique, *la connaissance est perçue comme un enjeu de vie pour l'humanité.* Hegel, d'abord tenté par une approche critique, a fini par décrire le cours de l'his-

---

1. *Ibid.*, p. 169.
2. *Ibid.*, p. 191.
3. Voir BIBLIOTHÈQUE NATIONALE DE FRANCE, *Tous les savoirs du monde*, catalogue d'exposition, Flammarion, Paris, 1996.
4. Voir Christian JACOB, « Le pouvoir des bibliothèques », « Navigations alexandrines », colloque BNF et École normale supérieure, Albin Michel, Paris, 1996, p. 49.

toire humaine comme une progressive émancipation de l'homme par la Raison, contre les forces aveugles de la Nature[1].

La Banque mondiale, dans un récent rapport, illustre la pérennité, mais aussi la fragilité, de cet espoir[2] :

> « Intangible et immatériel, le savoir, telle la lumière, peut aisément se propager à travers le monde, éclairant l'existence de tout un chacun. Et pourtant, des millions de personnes vivent encore dans les ténèbres, écrasées par la pauvreté. Ainsi, une affection aussi banale que la diarrhée, que l'on sait soigner depuis des siècles, continue à tuer des millions d'enfants par simple ignorance de leurs parents. Être pauvre, ce n'est pas seulement avoir moins d'argent, c'est aussi avoir moins de connaissances. »

Reste qu'aujourd'hui les États, les entreprises, les institutions, les administrations, les collectivités, toutes les formes d'organisation placent le savoir parmi leurs priorités. L'argumentaire tient en quelques mots, unanimement proférés : *le savoir est considéré comme le principal facteur de croissance, de compétition, de progrès.* « Les organisations, notamment les plus grandes, auront peu d'autres choix : elles devront s'organiser autour du savoir et de l'information », nous dit l'un des gourous contemporains du management[3]. Les dirigeants politiques font le même pari :

> « Les produits issus de l'activité intellectuelle représentent déjà, et représenteront encore davantage dans l'avenir, une part déterminante de la richesse collective. Dans une large mesure, la compétition internationale du siècle prochain sera une bataille de l'intelligence[4]. »

Les institutions économiques (OCDE, Union Européenne, Banque mondiale, OMC, Unesco...) ont unanimement déclaré l'entrée dans l'*économie fondée sur la connaissance* :

> « L'actuelle accélération des progrès de la science et de la technologie doit s'interpréter par le fait que les économies des pays de l'OCDE sont de plus en plus fondées sur la connaissance[5]. »

---

1. G. W. Hegel, *La raison dans l'Histoire*, Payot, Paris, 1828.
2. « Le savoir au service du développement », rapport sur le développement dans le monde, 1998-1999.
3. « L'émergence de la nouvelle organisation », Peter Drucker, dans « Le knowledge management », *Harvard Business Review*, aux Éditions d'Organisation pour la traduction française, Paris, 1999.
4. Lionel Jospin, discours inaugural au « Programme d'action gouvernemental pour la société de l'information (PAGSI) », Hourtin, août 1997.
5. OCDE, Science, technology and industry scoreboard 1999 : benchmarking knowledge-based economies, septembre 1999, http ://www.oecd.org//dsti/sti/stat-ana/prod/scorebd_summ.htm

Dans les pays de l'OCDE, les seules activités de production de biens à haute technologie représentent 8 % du produit intérieur brut[1] ; si l'on considère également les « utilisateurs intensifs » de ces technologies (banques, assurances, services), on dépasse 50 % du PIB. En 1995, ce sont 2,7 millions de nouveaux chercheurs qui ont été recrutés ; 60 % de la population active, en moyenne, est diplômée de l'école secondaire. Il faut ajouter à ces données que la R&D n'est pas le seul vecteur de l'innovation, loin s'en faut. Une part importante des nouvelles connaissances provient du monde professionnel, des petites et moyennes entreprises, de l'expertise empirique, profane, et ne sont donc pas mesurables...

Ainsi, les entreprises, dans le monde d'aujourd'hui, pour se trouver en bonne position face à leurs concurrents, cherchent à se distinguer par leurs capacités d'innovation, par la souplesse de leur organisation, par l'efficacité de leurs réseaux et la qualité des relations qu'elles entretiennent avec leurs partenaires, leurs clients et leurs fournisseurs, par leurs compétences propres, par leur aptitude à développer une vision et à la partager, par leur faculté à manager les hommes et à les former, de façon à réussir là où d'autres échouent.

Par conséquent, le dirigeant et son équipe de management doivent impérativement veiller à ce que la connaissance s'élabore, se partage, circule, se transmette, se renouvelle, selon des processus de plus en plus rapides. Les employés, eux, s'ils veulent avoir une valeur marchande sur le marché du travail, doivent cultiver leurs capacités à développer et entretenir leurs connaissances. Cela suppose des qualités qui jadis n'étaient pas aussi déterminantes, quand il suffisait de « savoir-faire » pour pouvoir monnayer sa force de travail.

Au-delà du monde de l'entreprise, ce sont les communautés et les réseaux humains de toutes natures qui produisent et utilisent intensivement la connaissance. Savoir apprendre, se cultiver, argumenter, œuvrer en groupe, rédiger, élaborer et manipuler des concepts, utiliser la technologie, tout cela devient nécessaire pour exister, aussi bien professionnellement que dans la vie privée. L'école, l'université, la famille, la vie quotidienne, la cité, la politique, les médias, les associations, les loisirs, le tourisme, les *newsgroups* sur Internet sont autant de champs de communication et de connaissance dans lesquels citoyens, décideurs, salariés, parents, enfants, étudiants, tous, à quelque titre que ce soit, doivent *connaître* et *apprendre* pour exister et s'épanouir.

Si l'on jette à présent un coup d'œil superficiel à la façon dont se joue la compétition économique, nous constatons qu'elle n'obéit pourtant pas spécifiquement à un « principe de savoir ». Dans les pays riches, ceux où l'on s'accorde aujourd'hui à déceler l'émergence d'une économie fondée sur le savoir, les « compétiteurs »

---

1. Cette évaluation prend en compte trois indicateurs : la R&D, l'industrie du logiciel, l'éducation.

© Éditions d'Organisation

ont le choix, selon l'OCDE, entre cinq options stratégiques pour réagir à la mondialisation :

> « 1) Ne rien changer à leur ligne de conduite et essuyer des pertes en termes de rentabilité et de parts de marché ;
> 2) Abaisser les salaires et les autres coûts de production jusqu'à un niveau suffisant pour concurrencer les producteurs étrangers des pays à faibles coûts ;
> 3) Substituer équipements et technologie à la main-d'œuvre afin d'améliorer la productivité ;
> 4) Déplacer la production des lieux où les coûts sont élevés vers des sites bénéficiant de faibles coûts ;
> 5) Se réorienter vers des activités économiques fondées sur le savoir[1]. »

Il semble que *le savoir, tout comme la sagesse, n'est jamais acquis définitivement...* Il reste un défi permanent aux forces obscures de l'humanité.

Par ailleurs, *la connaissance comme enjeu de compétition et d'épanouissement recèle elle aussi ses propres dangers.* Par ses implications en profondeur sur la Nature et sur la nature de l'homme dans la société dite *postmoderne*, elle appelle désormais une *éthique* entièrement renouvelée, comme y invite le philosophe contemporain Hans Jonas :

> « La technique moderne a introduit des actions d'un ordre de grandeur tellement nouveau, avec des objets tellement inédits et des conséquences tellement inédites, que le cadre de l'éthique antérieur ne peut plus le contenir[2]. »

Que l'on songe, par exemple, aux impacts des biotechnologies, du nucléaire ou de l'agroalimentaire. Les enjeux du savoir, qu'ils soient économiques, sociaux, politiques, écologiques, se situent à des échelles systémiques de plus en plus gigantesques, et nul ne peut plus prévoir les conséquences d'une nouvelle innovation scientifique ou technique. La crise de la vache folle, pour ne citer qu'un exemple, n'illustre que trop bien cette complexité qui unit le savoir, l'homme et la Nature dans le monde d'aujourd'hui.

À la fin des années soixante-dix, le philosophe Jean-François Lyotard, dans un célèbre ouvrage[3], avait déjà signalé la nécessité d'une réflexion sur le savoir dans les sociétés informatisées, en identifiant clairement les défis et les écueils possibles :

---

1. OCDE, juin 2000, « Encourager les PME à innover dans une économie mondiale », Bologne.
2. Hans JONAS, *Le principe responsabilité (une éthique pour la civilisation technologique)*, Verlag, Francfort, 1979 ; éditions du Cerf-Flammarion, coll. Champs, Paris, 1990.
3. Jean-François LYOTARD, *La condition postmoderne. Rapport sur le savoir soumis au Conseil des universités du Québec*, Éditions de Minuit, Paris, 1979.

> « Sous sa forme de marchandise informationnelle indispensable à la puissance productive, le savoir est déjà et sera un enjeu majeur, peut-être le plus important, dans la compétition mondiale pour le pouvoir. Comme les États-nations se sont battus pour maîtriser des territoires, puis pour maîtriser la disposition et l'exploitation des matières premières et des mains-d'œuvre bon marché, il est pensable qu'ils se battent à l'avenir pour maîtriser des informations. »

On pourrait ainsi prolonger à l'infini ce tour d'horizon. Le constat est omniprésent : la connaissance est aujourd'hui au cœur de tous les enjeux de société, au niveau des individus, des organisations, des nations. Dans cet ouvrage, nous aborderons cette question plus spécifiquement sous l'angle des hommes et des organisations.

En effet, les acteurs opérationnels, submergés d'informations, n'ont guère le loisir de s'élever au-dessus des contraintes quotidiennes pour réfléchir à la véritable place du savoir dans les affaires humaines. Le « travailleur du savoir », pour employer ce nouveau mot-clé qui caractérise de plus en plus de citoyens et de salariés, se trouve dans la situation paradoxale où il contribue, par ses compétences et connaissances, à la création de valeur – mais souvent sans en mesurer la portée. Ni l'employeur, ni l'actionnaire, ni l'employé ne sont capables d'évaluer la contribution de la connaissance dans la création de valeur ajoutée. Et dans les entreprises, les administrations, les universités, les associations, les communautés professionnelles et culturelles, bref, dans toutes les formes d'organisation, *un nombre croissant de travailleurs du savoir ressentent le besoin de mieux gérer la connaissance.*

Mieux gérer la connaissance, cela suppose de disposer de concepts, de méthodes, d'outils permettant de mieux identifier, partager, valoriser les connaissances. Et ce n'est pas seulement une affaire de management, bien que les dirigeants et les cadres aient un rôle essentiel à jouer. C'est plus généralement l'affaire de tous, car l'ère du savoir se traduit par des formes d'organisation beaucoup plus souples, qui combinent les propriétés du réseau et celles des structures hiérarchiques traditionnelles. L'innovation ne se programme pas simplement du haut vers le bas. Elle suppose une participation active à tous niveaux. Si l'innovateur est certes de moins en moins un inventeur individuel, le rôle du génie personnel demeure un ingrédient important qu'il s'agit de combiner avec les ressources collectives.

Face à ce besoin de repères et de méthodes, une littérature abondante a proposé, depuis une décennie en particulier, analyses et méthodes, illustrant l'évolution profonde du management et l'apport efficace des nouvelles technologies. De leur côté, la plupart des entreprises ont mis en place des projets pilotes de gestion des connaissances, des patrons charismatiques ont donné à leur groupe l'impulsion pour se transformer en *organisation apprenante.*

Mais, si tout semble avoir déjà été dit en matière de management des connaissances, d'innovation, d'apprentissage organisationnel, notre expérience personnelle au cœur du monde de l'entreprise, nos activités de conseil et de formation et les divers contacts dans diverses organisations nous disent que *l'ère du savoir est encore beaucoup plus un concept qu'une réalité tangible et quotidienne.* Lorsqu'il s'agit de le mettre en pratique, de lancer un projet de gestion des connaissances, managers, chefs de projet ou consultants ont à faire face à un *flottement* général.

Par conséquent, il est temps de s'interroger, non plus seulement sur la dimension technique de la gestion des connaissances, mais plus fondamentalement sur la façon dont le savoir peut être un processus de création de richesse, ce qui implique un rôle clé du manager.

Nous savons beaucoup plus qu'on ne l'imagine. *La connaissance doit se comprendre en rapport notamment avec les notions de mémoire, d'apprentissage et de compétence, ainsi que dans ses deux fonctions capitales : prescrire l'action et donner du sens.*

Partager ses connaissances crée de la richesse. La création et la diffusion de connaissances s'accompagne d'un processus de création de valeur qui doit être explicité, ce qui suppose de ré-interroger la théorie de la valeur des économistes classiques. Une synthèse des méthodes de gestion des connaissances est ensuite proposée, étayée par de nombreux exemples pratiques.

Tous managers du savoir : le déploiement opérationnel. *Le dirigeant peut désormais intégrer le savoir à ses propres tableaux de bord ; le manager joue un rôle clé dans les apprentissages organisationnels, et il apprend à incorporer le savoir dans ses pratiques opérationnelles quotidiennes.*

Première partie

Nous savons beaucoup plus qu'on ne l'imagine

Les travailleurs du savoir ne savent pas bien ce qu'ils savent. Il s'agit ici de mieux comprendre ce qu'est le savoir et comment il se forme collectivement, de façon à en faire une ressource déterminante pour la performance. C'est un premier pas qui permet d'approfondir des problématiques récurrentes : comment apprend-on ? Qu'est-ce que la compétence ? Qu'est-ce qu'un savoir objectif ? Quel est le lien entre le savoir et l'action ? Comment s'articulent l'individu et le collectif ?

Nous entamerons notre voyage par une synthèse sur *ce que nous savons du savoir*. Ce point de départ a semblé nécessaire car les travailleurs du savoir ne sont en général pas des philosophes qui auraient eu tout le temps d'étudier leur objet. Cet *objet*, l'un des plus complexes qui soient au demeurant, a été étudié depuis très longtemps par toutes sortes de catégories de scientifiques et de penseurs et il serait dommage de se priver de ces apports qui permettent d'éviter des erreurs si répandues ; d'autant plus que certains concepts, pour être fortement popularisés ces derniers temps, n'en restent pas moins souvent employés à contresens.

La connaissance est depuis toujours un vaste champ de bataille théorique, où se confrontent diverses notions : perception, mémoire, imagination, langage, raison, intuition, jugement, conscience, information, apprentissage, compétence... Ces notions elles-mêmes ont été étudiées par diverses disciplines, qui restent souvent cloisonnées : philosophie, psychologie, linguistique, biologie, éthologie, anthropologie, sociologie, histoire... Les *sciences cognitives*, nouvelle venue parmi ces disciplines fondamentales, constituent elles-mêmes une nébuleuse hétérogène qui tente de trouver son autonomie.

Par ailleurs, la filiation des nouvelles sciences de la connaissance avec les générations antérieures est intéressante à saisir et à reprendre, et il ne s'agit pas de l'annuler : les nouvelles études disent d'autres choses, elles ajoutent de nouvelles questions. Platon ou Aristote restent ainsi irremplaçables pour l'homme du XXIe siècle qui se penche sur la question.

Enfin, remarquons qu'aujourd'hui nul homme ne peut être exclu du débat car chacun fait chaque jour, en soi-même, l'expérience intime de *connaître*. Face à cette évidence ontologique, aucun modèle, aussi perspicace et sophistiqué soit-il, ne peut prétendre tout dire sur ce qu'est la connaissance.

Individus et organisations sont confrontés quotidiennement à des problèmes concrets qui mettent en jeu une forme ou une autre de connaissance : apprendre, enseigner, conseiller, diriger, produire, vendre, réparer, concevoir, négocier, innover, soigner..., toutes les activités professionnelles ou profanes sont concernées. Si tout le monde est ainsi confronté à la connaissance, en ressentant intimement ce que c'est, personne cependant ne peut se mettre tout à fait d'accord ! Cette seule difficulté suffirait en soi à rendre utile un rapide tour d'horizon de quelques approches philosophiques et scientifiques.

LA MÉMOIRE, MÈRE DE TOUS LES SAVOIRS

Parmi les problématiques de la gestion des connaissances, l'une d'entre elles est presque omniprésente : comment constituer une mémoire collective, pour éviter de *réinventer la roue* chaque matin ? Avant de chercher des réponses socio-économiques à cette question, il nous faut rappeler quelques notions psychologiques sur la mémoire individuelle.

Les travaux récents dans les sciences cognitives (psychologie expérimentale, neurologie, biologie, intelligence artificielle) s'accordent à représenter la *mémoire comme un assemblage de plusieurs systèmes* : la mémoire *déclarative* (ou explicite) emmagasine et exploite des informations (mémoire épisodique) et des symboles (mémoire sémantique) ; la mémoire *procédurale* (ou implicite) élabore, par l'apprentissage en acte, des schèmes de conduite inconscients qui déterminent nos habiletés opératoires et nos comportements, des plus simples aux plus complexes.

On notera d'emblée que la mémoire, dans son acception générale, n'est pas simplement un réservoir d'informations (stockage), mais aussi un système permettant d'exploiter ces informations (remémoration, action...).

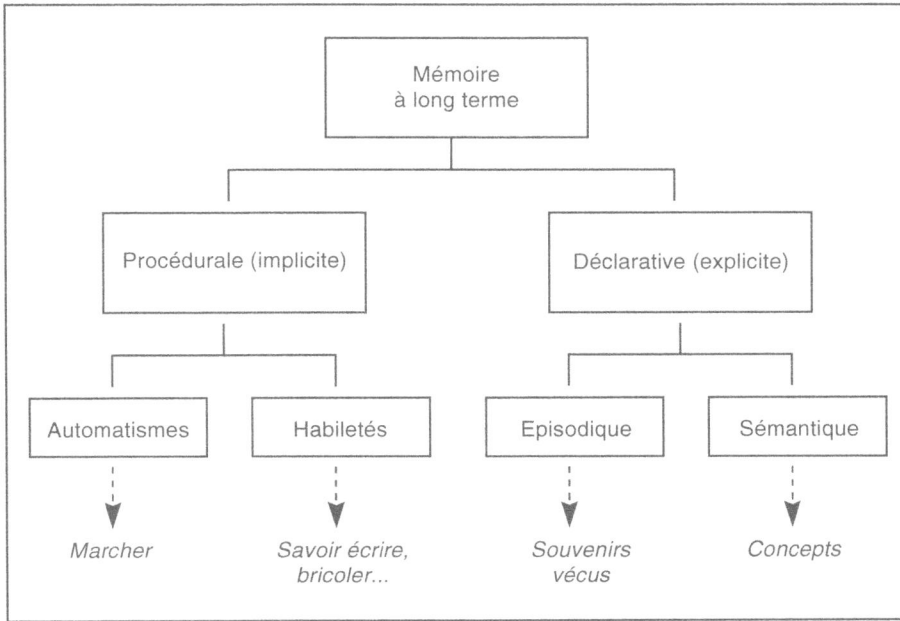

Figure 1. Les systèmes de la mémoire (d'après Jean Cambier[1])

La mémoire épisodique est décrite comme la mémoire des événements, des faits concrets dans leurs détails ; elle permet de *revivre un événement passé* et de le situer à la fois dans notre expérience et dans son *contexte* (temps, lieu, situation...). L'information élaborée par nos systèmes de sensation et de perception alimente sans cesse cette mémoire épisodique. Celle-ci pourrait donc être considérée comme un gigantesque réservoir d'informations. À ceci près que la remémoration est fortement influencée par les affects auxquels sont associées nos expériences vécues : on se rappelle plus facilement des faits à forte teneur émotionnelle. L'information en mémoire n'est donc pas neutre, mais, pour prendre une métaphore, colorée et valorisée par les affects ; ce en quoi la mémoire épisodique se distingue fondamentalement du fonctionnement d'un ordinateur.

La mémoire sémantique se rapporte au fait que, au-delà de nos souvenirs vécus, nous élaborons progressivement *des généralisations et des abstractions* détachées de tout contexte particulier. Dépourvue de détails spatio-temporels mais aussi affectifs, la mémoire sémantique est liée au langage, à la raison, aux symboles, et non plus simplement à l'*information*

---

1. Jean CAMBIER (professeur émérite de clinique neurologique), La mémoire, *Le Cavalier Bleu*, coll. *Idées reçues, Paris, 2001.*

brute comme dans la mémoire épisodique. Elle organise, classifie, établit des catégories, des concepts, des liens logiques.

La mémoire procédurale, quant à elle, caractérise les *différentes formes d'automatismes et d'habiletés* que nous incorporons progressivement du fait de la répétition et de l'habitude. Au contraire de la mémoire déclarative, qui peut être réactivée sous forme de souvenirs, la mémoire procédurale reste immergée dans l'inconscient et il faudrait de fantastiques efforts pour en retrouver les traces dans l'expérience vécue. En effet, les expériences qui ont permis de l'incorporer ont été réitérées maintes fois, notamment dans l'enfance ou dans nos différentes habitudes de vie, et ont fini par devenir des événements totalement anodins dont nous n'avons pas pris conscience au moment où ils survenaient. Cette mémoire est, en quelque sorte, *sans souvenir* ; elle est active tacitement dans les opérations corporelles que nous effectuons à chaque instant : marcher, faire du ski ou du vélo, conduire une voiture, faire de la poterie, écrire, parler, bricoler, etc.

> Reprenons un exemple donné par Jean Cambier, celui de la mémorisation du mot *étoile*. Un enfant voit dans le ciel des étoiles pour la première fois, sans savoir ce que c'est. Il engrange ce premier souvenir dans sa mémoire épisodique, avec le contexte : il se trouve avec son père au bord de la mer, c'est l'été, il fait chaud, il éprouve certaines sensations : calme, bonheur, confiance, etc. Puis l'expérience se répète. L'enfant entend prononcer le mot étoile, qu'il apprend à associer à l'objet. Il apprend aussi à le prononcer et l'utiliser sans même s'en rendre compte : l'usage du mot est vite incorporé dans sa mémoire procédurale. Il observe en même temps la présence de la lune, de la voie lactée, du bleu du ciel, etc. Ces informations contextuelles constituent progressivement un champ sémantique autour de la notion d'étoile. Puis l'expérience se renouvelle si souvent par la suite qu'il finit par oublier totalement la première fois où il a découvert les étoiles sans pouvoir y accoler de mot ou de concept. L'étoile est définitivement ancrée dans la mémoire sémantique, sous forme d'une quantité innombrable de connexions. Plus tard, ce champ sémantique s'élargit encore : il apprend qu'il y a d'autres objets qui portent le même nom : les danseurs et danseuses, les stars de cinéma, les labels des restaurants et des guides touristiques. Il a oublié les circonstances exactes, mais tous ces objets sont maintenant insérés dans un réseau infini de connexions.

Ces systèmes de la mémoire désignent des fonctions et des activités qui peuvent aujourd'hui être observées empiriquement par les procédés d'imagerie, mais le modèle n'explique pas tout. Par exemple, on peut considérer que les associations d'idées qui s'établissent entre deux événements dans notre esprit relèvent de la mémoire épisodique, tout aussi bien que de la mémoire sémantique : s'agit-il de liens entre des informations contextuelles ou déjà d'un début de catégorisation et de symbolisation ? On voit mal un quelconque dispositif d'expérimentation donner la réponse.

L'étude de la mémoire chez l'enfant montre mieux encore l'interdépendance qui existe entre les systèmes de mémoire. Ceux-ci se construisent ensemble et tendent à se différencier progressivement. Ainsi, les enfants en bas âge n'enregistrent que certains types d'informations (liées à des affects primordiaux), leurs souvenirs étant limités par des contraintes conceptuelles. La mémoire sémantique apparaît aux alentours de 8 mois, ce qui permet dès lors à l'enfant d'intégrer dans sa conscience des objets, des gens, des notions qui auparavant lui étaient inaccessibles. Les formes qui environnent le nouveau-né constituent d'abord un continuum indifférencié puis, quand l'enfant peut commencer à nommer des objets et des personnes, il devient capable d'élaborer des souvenirs concrets de ces objets et personnes. Avec l'apparition du stade du miroir, vers 18 mois, il prend conscience de lui-même et s'autonomise ainsi par rapport à son environnement. L'enfant « devient alors capable d'éprouver des émotions conscientes d'elles-mêmes, ce qui lui permet de situer sa propre subjectivité dans le temps[1] ». Souvenirs vécus, concepts et émotions se construisent donc ensemble et s'enrichissent mutuellement. C'est cette coconstruction de ces différents systèmes qui permet de franchir chaque nouvelle étape de l'intelligence. Cela veut dire aussi que *ces systèmes sont en permanence fortement interdépendants*, voire s'interpénètrent, et cela non seulement chez l'enfant mais bien sûr également chez l'adulte. Si ces liens s'avèrent si étroits, on peut prévoir, pour les années à venir, le développement de modèles scientifiques plus élaborés...

Pour revenir à la mémoire chez l'adulte, les avancées scientifiques actuelles laissent encore bien des zones d'ombre. Par exemple, entre le concept scientifique et l'intuition poétique, il y a une différence importante dont le système de la mémoire sémantique ne rend pas pleinement compte. La conscience est souvent réduite à une activité rationnelle, et l'intuition est largement délaissée, presque comme si cette notion ne renvoyait à aucune réalité empirique. Cela se comprend car on imagine mal la possibilité de caractériser de façon mesurable la pensée intuitive ! Par exemple, qu'est-ce qui est en jeu dans la cognition lorsque nous lisons un poème ? Il est clair que le problème est encore bien plus complexe que de définir un mot ou un concept.

---

1. Marc WHEELER (université Temple, Philadelphie), « Les surprises de la mémoire infantile », in *La Recherche,* n° 344, juillet-août 2001.

D'autres questions laissent l'approche scientifique de la mémoire devant un abîme de perplexité. Ainsi, le philosophe et le psychologue ne s'interrogent pas seulement sur le contenu de la mémoire. À la question : « De quoi y a-t-il souvenir ? », ils en ajoutent une autre : « De qui est la mémoire ? » Et encore : Que se passe-t-il dans l'acte de la réminiscence ? Est-ce que le souvenir vient tout seul ? Est-il provoqué par une volonté ? Quel gouffre sépare l'image rappelée (le souvenir) de la perception enregistrée ? Et celle-ci, de la chose réelle, désormais absente puisque engloutie à jamais dans le passé ?

C'est ainsi que Socrate s'interroge :

> « Supposons qu'on soit venu à savoir quelque chose ; que, de cet objet même, on ait encore le souvenir. Ce que je veux demander, c'est si, une fois qu'on a appris quelque chose, on ne le sait pas quand on se le rappelle[1]. »

Au moment où le souvenir réactualise en nous un savoir, est-il encore semblable à ce qu'il était, quand nous l'avons mémorisé ? La réponse des Grecs était négative. Ce que Freud a confirmé.

Dès lors, la connaissance, pourtant présente en nous dans la mémoire, s'avère être un *perpétuel processus de recomposition*, de réinterprétation. Une image s'impose, celle de la représentation théâtrale : les acteurs reviennent chaque fois sur scène, et chaque fois il se passe des choses différentes devant nous, en nous. *Nous ne savons jamais deux fois pareil.* Le *comment* de la mémoire et du savoir, nous le voyons, dépasse donc largement la question du *quoi*.

MÉMOIRE INDIVIDUELLE ET MÉMOIRE COLLECTIVE

D'autres questions se posent à nous presque tous les jours : comment passe-t-on de la mémoire individuelle à la mémoire collective – et réciproquement ? Peut-on les comparer ? La seconde est-elle une vue de l'esprit ou une réalité palpable ?

Le sociologue Maurice Halbwachs a longuement étudié ce champ[2]. Il a

---

1. Paul RICŒUR, *La mémoire, l'Histoire, l'oubli*, Le Seuil, Paris, 2000.
2. Maurice HALBWACHS , *La mémoire collective*, PUF, coll. Bibliothèque de sociologie contemporaine, Paris, 1950.

© Éditions d'Organisation

développé la thèse que les souvenirs, même les plus personnels, sont essentiellement le *résultat des interactions sociales*. Ce sont celles-ci en effet qui, à travers les concepts, les mots, les émotions partagées, la communication et la coopération entre humains permettent à la mémoire épisodique de se développer, comme nous le voyons chez l'enfant. Ainsi, les souvenirs communs dans un groupe sont ancrés dans un contexte qui leur donne du sens. C'est le fait de partager des expériences qui nous permet de construire une *mémoire active*, sans cesse sollicitée, sans cesse renouvelée. Quand le groupe vient à se dissoudre, les souvenirs cessent de s'alimenter de l'apport d'autrui, et s'estompent en grande partie. Pire encore : ils se vident de leur sens.

Dans cette lignée, ces dernières années, des ponts ont commencé à s'établir entre des disciplines telles que la sociologie et les sciences cognitives. Un récent article fait le point sur la question[1]. On y retrouve la thèse d'Halbwachs largement réactualisée. La communication humaine joue un rôle primordial dans les processus cognitifs et mnésiques. Chacun d'entre nous trouve en autrui une extension de sa propre mémoire : nos proches *nous rafraîchissent la mémoire* en permanence. À l'échelle du groupe, chacun conserve une partie de la mémoire et la redistribue au cours des activités partagées. La *communication* est ainsi une façon dynamique d'enrichir, de gérer, d'exploiter la mémoire. À ce titre, il s'agit bien d'une *mémoire collective*, puisqu'elle possède deux caractéristiques essentielles de la mémoire : c'est à la fois une réserve vivante d'informations et un ensemble de processus permettant d'alimenter et d'exploiter cette réserve.

Au-delà de la communication directe, la *culture de groupe* élabore un ensemble de représentations collectives (concepts, histoires...), qui se trouvent enregistrées dans des dispositifs matériels : textes, objets, outils. Avec ces artefacts, la mémoire *sort véritablement de nos cerveaux* et crée de nouvelles extensions, cette fois-ci non plus sous forme vivante mais *chosifiée*. Ces objets ont un inconvénient et un avantage : ils sont inertes mais ils peuvent être reproduits et combinés à l'infini. C'est ainsi que l'écriture a très vite été un instrument d'une extraordinaire puissance pour enrichir et augmenter non seulement la mémoire mais la pensée et la connaissance. Ces prothèses constituent pour l'homme une véritable *mémoire de travail* comparable à celle dont dispose le cerveau, mais avec des capacités étendues (du moins à certains égards). En outre, elles ne sont pas simplement, elles non plus, de simples réservoirs d'informations, dans la mesure où

---

1. Dan SPERBER, « L'individuel sous l'influence du collectif », in *La Recherche,* n° 344, juillet-août 2001.

différents outils de traitement permettent de les mobiliser et de les exploiter. Les premiers de ces outils furent, par exemple, les catalogues et les fichiers des bibliothèques, sans lesquels on ne peut guère espérer retrouver les documents. De nos jours, avec l'informatique, la mise en réseau des ordinateurs et les systèmes tels que le Web, les possibilités d'indexation et d'exploitation sont encore démultipliées. Cette forme artificielle de mémoire collective acquiert donc une nouvelle dimension.

Mais une question se pose avec de plus en plus d'acuité : *la mémoire collective, ainsi prolongée à l'infini dans des artefacts, pourra-t-elle rester accessible, dans sa globalité, aux capacités cognitives locales de chaque individu, voire aux capacités de décision des groupes sociaux ?* Il semble évident que non. L'homme ne peut plus accéder qu'à des *fragments* de la mémoire collective. N'importe quel fragment, en théorie, mais pas tous à la fois. Une vie entière ne suffit évidemment plus à intégrer l'ensemble des savoirs, et encore moins des informations. Des milliers de vie ne le pourraient même pas. Mémoire individuelle, mémoire collective vivante et mémoire artificielle s'avèrent donc à la fois intimement liées les unes aux autres, et pourtant irréversiblement divergentes. Une question subsidiaire, que nous laisserons ouverte ici, est donc de se demander si une forme de mémoire artificielle pourrait, à un moment, devenir dangereuse pour l'individu et pour la société.

L'EXPÉRIENCE : LE CORPS COMME TEMPLE DE LA CONNAISSANCE

Une autre problématique centrale de la gestion des connaissances, et du management en général, est de relier les systèmes de décision à l'expérience humaine concrète. Cela suppose pour les dirigeants de ne jamais négliger la présence physique sur le terrain. Par exemple, lorsque General Electric a cherché à développer des parts de marché en Chine, cette entreprise a rapidement pris des mesures pour être beaucoup plus intégrée localement. Elle est ainsi passée d'une politique de simple importation et d'octroi de licences à une politique volontaire d'assemblage, de production et de *sourcing* sur place. Pour vendre, il faut connaître, et pour connaître, il est impératif d'être sur le terrain et de développer une relation directe avec le client. C'est une évidence, un cliché, et néanmoins d'innombrables erreurs de stratégie et de management sont commises pour l'avoir oublié.

La connaissance prend sa source dans l'expérience. Pourtant l'homme, lorsqu'il se hisse sur les cimes de la raison, a tendance à oublier, voire nier cette origine. En d'autres termes, la raison fait la grandeur de l'homme, mais nous sommes des géants aux pieds d'argile. Notre éducation cartésienne nous inculque très tôt que la logique, dans sa toute-puissance, nous permet de tout déduire et de tout savoir sans l'avoir d'abord expérimenté soi-même, dans sa chair. Alors, à quoi accorder le plus d'importance – à l'expérience ou à la raison ? À vrai dire, les deux attitudes paraissent solidement fondées... Sont-elles aussi incompatibles qu'il y paraît ?

C'est l'un des grands problèmes discutés par des générations de philosophes : *la connaissance se fonde-t-elle sur la raison à priori ou bien sur l'expérience des sens ?* Kant a basé tout son système sur la tentative méritoire de dépasser cette opposition. Sa conclusion, pour la résumer très sommairement, est que toute connaissance prend son point de départ dans l'expérience sensible, et se développe grâce à un don de dieu : notre raison. Une phrase de l'ouverture de sa *Critique* l'indique très simplement :

> « **Si toute notre connaissance commence avec l'expérience, il n'en résulte pas qu'elle dérive toute** *de* l'expérience[1]. »

D'où sa démarche fondamentale : je dois d'abord me connaître moi-même (comprendre comment fonctionne ma raison) pour déterminer ce que je peux savoir. *L'expérience des sens*, et donc le corps (la vue en premier lieu), est ainsi sauvée par Kant, contre les tentatives de Leibniz qui considérait la pensée sensible comme de « l'intelligible confus ».

Au XXe siècle, le philosophe Maurice Merleau-Ponty s'est longuement employé à étudier *l'importance du corps*, des perceptions et de l'expérience dans le processus de la connaissance. Il aboutit à leur attribuer une place tout à fait centrale, faisant du corps un véritable temple de la connaissance :

> « **Les questions sont intérieures à notre vie : elles y naissent, elles y meurent, si elles ont trouvé réponse, le plus souvent elles s'y transforment, en tout cas c'est un passé d'expérience et de savoir qui aboutit un jour à cette béance[2].** »

---

1. Emmanuel KANT, *Critique de la raison pure*, tr. fr. Jules Barni, Garnier-Flammarion, Paris,1987, p. 57.
2. Maurice MERLEAU-PONTY, *Le visible et l'invisible*, Gallimard, coll. Tel, Paris, 1964, p. 142.

Dans cette lignée, Francisco Varela a développé une analyse critique des principaux courants des sciences cognitives, le *cognitivisme* et le *connexionnisme*, pour proposer une troisième conception basée sur les notions d'*expérience* et d'*enaction*, dans laquelle le corps tient une place essentielle.

L'hypothèse cognitiviste repose sur une comparaison constante entre l'intelligence et le fonctionnement des ordinateurs. La cognition humaine est conçue comme un ensemble de *computations* qui manipulent des *symboles*, des représentations du réel. Ainsi, un programme algorithmique est une computation, qui opère sur des variables d'état d'un système et fournit une simulation de ce système. Cette école, apparue dans les années cinquante, est largement issue de la cybernétique qui utilise la logique mathématique, la théorie de l'information, la notion de rétroaction, la théorie des systèmes et l'invention des machines de traitement de l'information.

Francisco Varela rappelle les deux principaux reproches que l'on est en droit d'adresser au modèle cognitiviste : 1° l'hypothèse de la computation opérant sur des symboles revient finalement à réduire l'activité du cerveau à des jeux d'écriture et à des traitements séquentiels ; or cette conception a bien du mal à rendre compte des associations multiples et fluides qui sont à l'œuvre dans la conscience ; 2° supposer que la conscience n'est qu'une simple imagerie mentale aboutit à négliger tout ce qui se trame dans le substrat de notre activité cérébrale, et en particulier cela impose une coupure entre l'univers de la pensée et les émotions, intuitions et autres activités de l'intelligence sensible.

Le second paradigme, le *connexionnisme*, s'est développé en partie en opposition au cognitivisme. Au modèle de la computation de symboles, il substitue un modèle d'*apprentissage en réseau*. Selon ce point de vue, la *signification* n'est pas localisée dans un symbole particulier, mais au contraire elle *émerge de l'état global du système*, par le jeu des relations et des connexions entre neurones. Cette approche présente un avantage qui la rend séduisante : elle rend assez bien compte de la *plasticité* du cerveau. En considérant les connaissances comme réparties dans un grand nombre de connexions entre neurones, on peut comprendre facilement qu'une destruction partielle de la mémoire soit compensée par des réajustements entre les neurones. De sorte que la mémoire et la connaissance parviennent à se reconstituer progressivement. De même, l'apprentissage s'interprète comme une série presque infinie de connexions, ce qui autorise une grande souplesse des fonctions cognitives.

Mais, pour Francisco Varela, le modèle connexionniste présente un défaut commun avec le modèle cognitiviste : dans les deux cas, tout repose sur l'hypothèse platonicienne que le monde est indépendant de celui qui le connaît. Il contient en lui-même une vérité, celle-ci produisant des informations et les transmettant au sujet, qui les stocke sous forme de *représentations mentales*. Tout se passe donc *comme si la vérité transitait sous forme d'un flux* (les informations) *de l'objet au sujet et du sujet à l'objet*. Dans cette conception, le corps n'est qu'un intermédiaire permettant de percevoir et de transmettre. Il n'est jamais considéré comme le lieu d'une création.

Le concept d'*enaction* proposé par Francisco Varela se fonde sur les considérations suivantes. *La connaissance est le résultat d'une création permanente*. Nos capacités cognitives s'enracinent dans les structures de notre corps biologique, elles sont vécues, éprouvées, par ce qui se passe dans le corps pendant le processus de pensée.

L'auteur argumente cette approche par le cas du traitement des couleurs. Les expérimentations montrent que les couleurs « ne sont pas perçues indépendamment d'autres attributs tels que la forme, la taille, la consistance, le mouvement, l'orientation, etc. » Ce que les peintres, comme Kandinsky, ont expérimenté eux aussi.

> « La couleur est toujours perçue au sein d'un contexte visuel plus englobant. Tous les sous-réseaux fonctionnent de manière coopérative ; nous ne voyons jamais la couleur en tant qu'objet isolé. La perception visuelle se situe en outre dans un échange actif avec d'autres modalités sensorielles[1]. »

On comprend dès lors que la permanente coordination et coopération entre ces différentes modalités sensorielles ne peut se faire au seul niveau des sens. Les multiples opérations entre modalités visuelles, auditives, olfactives, tactiles nécessitent des traductions, des relations, des ajustements, des changements d'état, qui mobilisent, de proche en proche, d'autres modalités non sensorielles : les souvenirs, les attentes, les affects...

> « Ainsi donc, le réseau neuronal ne fonctionne pas de la perception vers l'action, comme une rue à sens unique. La perception et l'action, le perceptif et le moteur sont liés en tant que motifs émergents qui se sélectionnent mutuellement[2]. »

---

1. Francisco VARELA, Evan THOMPSON, Eleanor ROSCH, *L'inscription corporelle de l'esprit. Sciences cognitives et expérience humaine*, Le Seuil, Paris, 1993, p. 220.
2. *Ibidem.*

L'appareillage sensoriel interagit ainsi à tout moment avec l'ensemble des fonctions organiques et avec l'ensemble des fonctions cognitives. La moindre perception mobilise ainsi non pas simplement tel sous-système, mais la *globalité corps-esprit du sujet en acte*. C'est, sommairement évoqué, le principe de l'enaction.

Selon cette approche, perception, pensée et action sont fondamentalement inséparables dans la cognition vécue. La cognition est ainsi conçue non pas simplement en tant que *système de représentation* (cas du cognitivisme et du connexionnisme), mais en tant qu'*action incarnée*. Toute cette philosophie culmine avec la conception de *l'expérience comme point d'orgue de la cognition humaine*, où le corps entier, et non pas seulement le cerveau, apparaît comme un véritable temple de la connaissance.

On voit tout l'intérêt de ce concept d'enaction, qui rend pleinement compte de ce qui se passe lorsqu'un opérateur est engagé corporellement et intellectuellement dans son acte. Son savoir-faire procédural n'est pas déconnecté de son activité consciente, mais, au contraire, l'un et l'autre interagissent étroitement et s'enrichissent mutuellement.

> Prenons le cas d'un musicien de jazz. L'œuvre collective qu'il compose avec ses partenaires ne peut en aucun cas se réduire à une heuristique de type cognitiviste. Le travail fait appel, dans l'instant même de l'acte, à une grande symbiose intellectuelle *et* physique des musiciens. Le corps est activement engagé dans l'écoute des autres et de soi par toutes les modalités de sensations, auxquelles s'ajoutent toutes sortes de savoirs et de savoir-faire mobilisés : les années de pratique de l'instrument et d'apprentissage de la musique, la mémoire du thème, les maîtres qui l'ont interprété auparavant, tel ou tel concert mémorable, sans compter la connaissance personnelle et amicale des partenaires, et toutes sortes d'éléments contextuels qui font l'humeur du moment... Chaque musicien sait combien tout cela est intimement lié dans l'instant même de l'*action incarnée*. Le musicien peu chevronné, au contraire, plus proche d'une machine qui tente laborieusement de *prendre en compte les paramètres*, se révèle bien sûr incapable de contribuer à l'harmonie collective.

LA CONNAISSANCE A BESOIN D'ÉMOTION POUR VIVRE

Le management ne peut pas ignorer l'importance des affects. Un patron trop rationnel est vite considéré comme humainement incompétent. Il aura du mal à entraîner ses troupes avec lui. Un chef de projet trop « ingénieur » aura du mal à donner du sens à son projet et à le partager avec les partenaires. Un esprit trop logique finit toujours par se heurter à une réalité autre que celle qu'il fantasmait. *À vouloir éluder la dimension affective*, nous élaborons une vision erronée du monde, *notre connaissance devient une pure fiction.*

À l'inverse, notre société actuelle tend de plus en plus à retomber dans une nouvelle forme de *pensée magique*, notamment sous l'influence des médias audiovisuels qui privilégient l'image spectaculaire et l'émotion non distanciée. La gestion des connaissances ne peut se contenter de cette opposition entre émotion et raison, qui ne fait que dévaloriser à la fois l'une et l'autre. Il convient donc de nous arrêter quelques instants sur la façon dont les affects et la pensée rationnelle s'assemblent et se coordonnent.

De nombreux ouvrages sont apparus ces dernières années sur le thème de l'*intelligence émotionnelle*. Les neurobiologistes ont largement contribué à revaloriser la place des affects dans l'intelligence (voir, par exemple, Antonio Damasio[1]). Des études empiriques ont été réalisées, tirant parti, d'une part, des observations cliniques sur des patients atteints de troubles cérébraux (soit d'origine génétique soit d'origine accidentelle) et, d'autre part, des nouvelles techniques d'instrumentation et de mesure, notamment électromagnétiques. Ces études ont permis d'établir que là où des fonctions cognitives sont dégradées, des troubles affectifs apparaissent. Autrement dit, les fonctions habituellement considérées comme cognitives (la logique, les concepts) s'avèrent empiriquement inséparables des affects.

Le mythe du cerveau gauche et du cerveau droit s'effrite. Des dissymétries fondamentales apparaissent certes entre cerveau gauche et cerveau droit, mais cela ne révèle pas un clivage entre raison et affects. Le modèle qui en ressort, dans les travaux tels que ceux d'Antonio Damasio, est plutôt un *modèle intégrateur*, dans lequel *les différentes fonctions émergent de celles de niveau plus profond.* Sensations, émotions, sentiments et raison constituent *quatre étages* dans ce modèle. Quand les systèmes émotionnels sont atteints, les systèmes de la raison subissent des séquelles.

---

1. Antonio DAMASIO, *Le sentiment même de soi (conscience et émotions)*, Odile Jacob, Paris, 1999.

Raison	programmes complexes flexibles, personnalisés de réponse et de comportement
Conscience	
Sentiments	images et configurations complexes
Emotions	schémas stéréotypés de réponse (joie, peur, colère, tristesse, surprise, dégoût...)
Sensations (régulation biologique)	perceptions, réflexes, douleur, plaisir, pulsions,

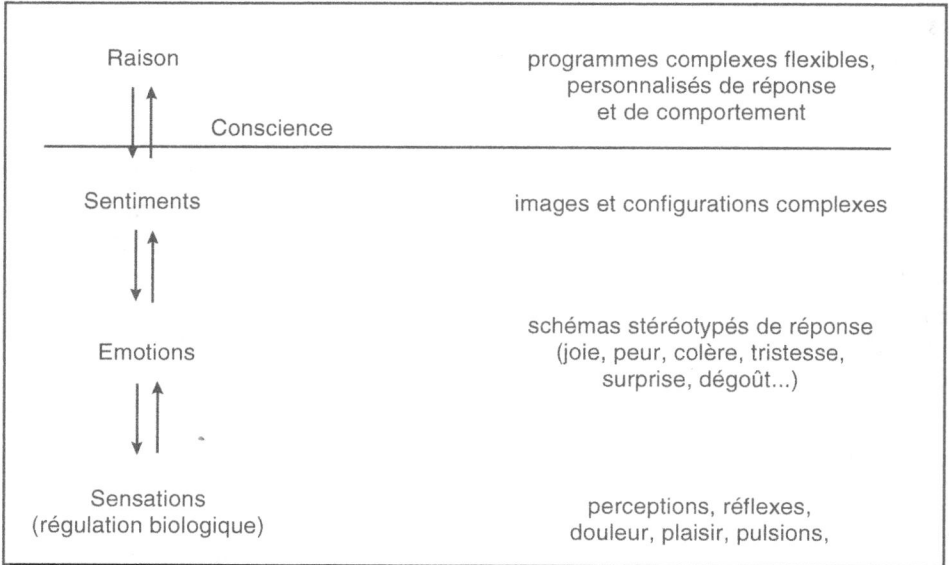

Figure 2. Interactions entre affects et raison (d'après Antonio Damasio)

La psychologie, qu'elle soit expérimentale ou clinique, montre nettement que *nous valorisons les informations et les savoirs en fonction du contexte émotionnel* dans lesquels ils nous parviennent. La psychanalyse est parvenue au même résultat, bien que par un cheminement très différent. Nous l'avons souligné à propos de la mémoire : il est plus facile de se souvenir d'un fait associé à une émotion ; de même, le sens et l'importance que nous donnons à l'information dépend de notre point de vue affectif. Nos opinions sont autant affectives que logiques. Enfin, *même la façon dont un scientifique prend parti*, la façon dont il interprète une théorie, un concept ou un résultat, dépendent en partie de son histoire propre, de son background affectif.

Il faut souligner que ces remarques ne s'appliquent pas seulement à l'individu isolé. *Le groupe est soumis aux mêmes lois*. De sorte que c'est l'ensemble d'une communauté qui peut être amené à interpréter et à connaître en fonction des affects partagés dans le même contexte. Ainsi, nous retrouvons là encore l'ancien constat des philosophes : la connaissance a bien une dimension sensible et n'est pas exclusivement rationnelle.

On peut s'en plaindre et appeler de ses vœux une société plus rationnelle. Certes, l'utilisation abusive des passions et des affects, dans différents lieux ou moments de la vie en groupe, peut conduire à de graves troubles collectifs, et il est capital de progresser sur ce plan. Mais, pour autant, l'injonction n'y change rien. L'homme reste bel et bien bicéphale. L'attitude la plus raisonnable n'est-elle pas de chercher à faire la part des choses ? L'univers des émotions est porteur de poésie, d'expression artistique, d'empathie. *La raison et les affects peuvent très bien cohabiter et même se coordonner* pour élaborer les plus hautes formes de productions humaines. Dans le domaine du savoir, il en va de même.

Une autre observation s'impose : nos affects déterminent en grande partie *notre désir de connaître*, de même que *notre désir de nous souvenir*. Cette remarque doit être soulignée pour la gestion des connaissances. Dans une organisation où affects et désirs sont niés, le système de gestion des connaissances devient vite un révélateur des troubles psychologiques : les tendances paranoïaques (rétention systématique d'informations), schizophréniques (peur de s'exprimer, de discuter), frustrations se manifestent au grand jour et ni la connaissance, ni l'innovation, ni la compétence ne peuvent s'exprimer.

Il ne s'agit pas de faire l'apologie de l'émotion, avec les besoins de spectaculaire qui en découlent. Souligner le fait que les affects et la raison interagissent ne conduit pas à dévaloriser la raison. Mais *si la rationalité est un progrès majeur de l'humanité, le rationalisme radical n'aboutit qu'à renforcer nos schémas inconscients de défense*, qui ont une dimension affective prépondérante. Autrement dit, c'est justement en niant ses affects que l'on suscite l'irrationnel et que l'on développe des pathologies.

LA CONNAISSANCE AGISSANTE EST TACITE

La notion de « connaissance tacite » est tellement employée aujourd'hui qu'elle nous paraît aussi naturelle qu'évidente. C'est au chimiste polonais Michael Polanyi que revient le mérite d'avoir mis l'accent sur la dimension tacite de la connaissance scientifique, dans la partie de son œuvre consacrée à une réflexion épistémologique :

> « We know more than we can tell and we can know nothing without relying upon those things which we may not be able to tell [1]. »

À contre-courant d'un courant positiviste prônant l'objectivité à tout prix, Polanyi part du constat que, même dans les sciences dures comme la physique ou la chimie, l'*équation personnelle du chercheur* est un élément

---

1. Michael POLANYI, « The tacit dimension », Routledge and Kegan, Londres, 1966.

déterminant dans le développement des théories. L'innovation scientifique est pour lui un combat dans lequel ce sont des individus en chair et en os qui engagent toute leur personnalité, y compris leurs passion. À cela, il ajoute que la connaissance est un processus largement inductif, dans lequel il faut partir de faits particuliers et contingents pour extraire des généralités. Or cela ne peut se faire sans une participation active de *l'intuition individuelle*, faite de l'histoire du sujet, de ses perceptions, de ses savoirs incorporés et inconscients – d'où la notion de connaissance tacite.

Sans anticiper sur l'utilité de cette notion pour le domaine de la gestion des connaissances[1], il paraît avant tout indispensable de préciser ce qu'elle recouvre. En effet, comme nous allons le voir, la **connaissance tacite** s'avère, à l'analyse, *plus difficile à définir qu'il n'y paraît intuitivement*. Elle pose même, à dire vrai, un sérieux problème épistémologique, trop peu souligné semble-t-il.

Il faut d'abord constater que l'acception la plus courante du terme révèle une définition par la négative : les connaissances sont dites *tacites dès lors qu'elles ne sont pas explicitées et tracées* (dans le savoir collectif, les normes, les systèmes d'information, les documents). On comprend aisément que chacun d'entre nous incorpore toutes sortes de connaissances liées à son savoir-faire, son expérience, son vécu, ses interactions avec autrui, etc. Une part minime de cette richesse est décrite dans des documents ou formalisée dans des procédures, des normes, des savoirs.

Toutefois, à l'usage, le terme est devenu un fourre-tout, ces dernières années. Le tableau suivant répertorie les voisinages terminologiques qui dessinent l'intéressante *nébuleuse de la dualité « tacite-explicite »*.

Connaissance tacite	Connaissance explicite
Expérience	Savoir
Savoir-faire	Information
Intuition	Concepts
Mémoire	Documents
Oral	Écrit
Socialisation	Extériorisation
Informel	Formel
Subjectivité	Objectivité
Réseaux	Hiérarchie
Groupes	Structures

Figure 3. Connaissance tacite et connaissance explicite

---

1. Nous reviendrons plus loin sur l'apport du Japonais Nonaka en la matière.

Dans ces usages, le tacite est associé, pêle-mêle, à des phénomènes aussi différents que : l'habileté manuelle, le souvenir vécu, la discussion, le sous-entendu, le travail en groupe. Ainsi, le tacite n'est plus simplement le non-dit. Cela peut être à la fois le non-exprimable (habileté manuelle, souvenir inconscient), le non-exprimé (souvenir conscient, sous-entendu) ou l'oralité (parole). *Tacite versus implicite* : y aurait-il une différence ?

L'implicite suggère quelque chose qui est « virtuellement contenu dans un énoncé, sans être formellement exprimé » (Petit Robert). L'implicite est donc en quelque sorte le *creux d'un énoncé*. Sans énoncé explicite, pas de contenu implicite (et réciproquement). Le tacite, quant à lui, dans les usages actuels, est devenu tout cela et bien d'autres choses, y compris leurs contraires dans certains cas.

Il est certes nécessaire de trouver un terme qui rende compte de toutes les dimensions de la compétence, y compris lorsque la référence à la parole devient absurde (le mot tacite devient alors lui-même abusif). C'est le cas des compétences où l'image, le son ou les odeurs sont des dimensions prépondérantes. L'odeur intervient dans la compétence et le savoir des opérateurs qui travaillent sur des procédés divers et variés : métallurgie, parfumerie... La manipulation et la perception des couleurs, à l'évidence, font partie de la compétence du peintre ou du fleuriste. Considérons à cet égard cette charmante phrase pleine de savoir en arrière-plan, issue d'une encyclopédie botanique :

> ➤ « Marier les fleurs n'est qu'un aspect du jeu des couleurs : les teintes de la demeure elle-même ont leur mot à dire dans la scène. Une bâtisse rouge brique s'accorde avec les orangers, les jaunes, les tons rouille et crème ; blanche ou pastel, elle s'associera aux bleus doux, aux mauves, aux roses tendres et à la gamme des blancs, le tout rehaussé de feuillages argentés[1]. »

On pourrait aussi évoquer longuement l'univers des sons et du savoir des musiciens. Toutes ces formes font partie des connaissances, et il est légitime de chercher un terme générique qui les englobe toutes.

Étymologiquement, le terme de *connaissance tacite* pourrait faire l'affaire : le tacite peut se référer en creux à un énoncé de langage (un sous-entendu, une image poétique, une allusion...), mais pas nécessairement (l'habileté des sons, des couleurs, des formes a ses propres langages). En ce cas, le tacite inclut l'implicite et en élargit considérablement

---

1. *Encyclopédie Botanica*, direction Gordon Cheers, éditions Könemann, 1999.

le périmètre. Si, pour les besoins de la gestion des connaissances, nous voulons *distinguer le tacite de l'implicite*, nous dirons qu'il n'est pas seulement le creux de l'énoncé, mais un *ailleurs de la parole*. Pourtant, à trop s'éloigner de la parole (couleurs, sons, odeurs), le terme a-t-il encore un sens pertinent ? Il paraît à cet égard préférable d'employer tout simplement l'expression : *connaissance incorporée*.

Ces remarques ne sont pas inutiles, car on a pu voir, dans certains articles et documentations de logiciels de *knowledge management*, un usage qui révèle pour le moins une certaine confusion : certaines fonctions logicielles (messagerie, annuaire, *groupware*...) sont présentées comme permettant de « capitaliser les connaissances tacites ». Tel produit du marché se positionne sur le créneau des e-communautés et vante ses capacités à « intégrer les connaissances tacites ». De fait, les technologies de l'information et de la communication, par nature, constituent un levier pour accélérer les échanges et les coopérations dans des réseaux d'experts. D'une part, le terme de « réseau » est constamment ambivalent : s'agit-il du réseau électronique ou des réseaux humains (communautés, groupes, corporations) ? D'autre part, le processus de **socialisation**, défini par Nonaka, est utilisé lui aussi à double sens : l'échange à distance via le réseau électronique et l'échange direct au sein d'un groupe physiquement constitué.

Il est un fait que *la socialisation et le réseau*, en tant que manifestations du lien humain direct et oral, *activent la connaissance tacite* : faire ensemble, être ensemble, agir ensemble, génèrent dans l'esprit des membres du groupe une expérience et des représentations dans lesquelles l'inconscient, le non-dit, les perceptions, l'intuition jouent un rôle important. Mais *la parole qui circule dans le groupe est-elle une forme de communication tacite ou explicite ?*

Le langage, qu'il soit oral ou écrit, est par nature explicite. Pour un psychanalyste ou un psychologue, la *parole* est qualitativement à l'opposé du tacite ou du non-dit : rester silencieux ne guérit pas ; parler peut guérir. Et pourtant, à l'ère d'Internet, la forme de parole qui circule sur le réseau est considérée, dans l'usage courant du management, comme une forme tacite. Les deux points de vue font apparaître une contradiction évidente. L'un des deux serait-il inconséquent ? Si ce n'est pas le cas, peut-on résoudre ce conflit épistémologique ?

Dans le groupe physiquement réuni, le langage, sous sa forme orale, disparaît aussitôt, ne laissant d'autres traces que la mémoire de chaque individu en présence. Dans le réseau informatisé, le groupe fonctionne de façon à la fois semblable et différente. Semblable car l'*expression* de la parole, par les messages électroniques notamment, est similaire à la forme orale : les e-mails, le *chat*, les newsgroups s'expriment dans l'instant, dans la rapidité, la spontanéité. Différente, car la communication électronique laisse une trace. Par quel non-sens peut-on qualifier cette trace de tacite ? Lorsque nous prenons connaissance d'un message électronique, nous n'écoutons pas, mais nous *lisons*. Ce n'est plus de l'oral, mais de l'écrit. La communication électronique asynchrone est donc hermaphrodite : l'expression se rapproche de la forme orale, la réception (lecture) relève purement de la logique de l'écrit[1].

Cette propriété nous permet de résoudre le conflit épistémologique énoncé plus haut. Dans la communication électronique, il y a, à la fois, une dimension explicite de la connaissance, du fait qu'il en reste une trace utilisable ; mais aussi une dimension tacite du fait que le mail, le newsgroup, le chat sont plus proches de la forme orale de la parole (un peu comme s'il s'agissait de l'enregistrement de conversations téléphoniques). Leur expression est orale, elle suggère et indique autre chose, situé ailleurs, hors du champ du langage, et qui est justement l'ensemble des choses qu'ils ont présentes à l'esprit au moment où ils s'expriment : leurs connaissances incorporées, leurs compétences. De sorte que *les informations qui circulent dans les réseaux électroniques ne sont que les traces qui indiquent le lieu vivant de la connaissance : les hommes*. Ces remarques justifient, ou excusent, les abus de langages évoqués plus haut à propos de certains discours informatiques actuels.

Nous reviendrons dans la deuxième partie sur le lien qui existe entre communication et connaissance. Contentons-nous pour l'instant du résultat suivant.

À retenir

La connaissance implique, comme nous l'avons vu jusqu'ici, des phénomènes tels que le langage, la mémoire, l'apprentissage, l'expérience, le corps, les perceptions et les émotions. Incorporée et vivante, la connaissance est *ce qui est présent à notre esprit, consciemment ou inconsciemment*, lorsque nous sommes en situation de faire, de dire, d'apprendre, d'éprouver, d'interpréter, de décider. Elle est une sorte de *fenêtre d'esprit* devant laquelle se déplace le paysage du temps et de l'espace. À chaque instant, le paysage change, la connaissance se transforme[2].

---

1. Ce n'est pas le cas de la communication synchrone comme la téléconférence ou le téléphone, qui restent purement du domaine de l'oralité.
2. Dans cette acception, la connaissance pourrait se confondre avec la pensée. Mais, d'une part, la pensée, contrairement à la connaissance, se limite à la conscience, voire au langage. D'autre part, il y a une différence de point de vue : la connaissance est en quelque sorte le *paysage* vu de la fenêtre, tandis que la pensée est le *discours intérieur* que suscite en nous ce paysage.

Sans cette conception vivante de la connaissance, il est impossible d'expliquer ce qui se passe dans les situations professionnelles d'action, de communication, de coopération, de décision, de production.

Dans une conception beaucoup plus restreinte, la connaissance est limitée aux *objets d'esprit* qui sont codifiés, échangés et utilisés (concepts, savoirs, informations, raisonnements) et aux *traces de ces objets* (documents, enregistrements, normes...). On parle dans ce cas *au pluriel des connaissances*. Mais cette conception plus superficielle bute inévitablement sur plusieurs difficultés : elle ne rend pas compte du passage du temps, elle ignore le rôle du corps, elle évacue l'homme en tant que sujet.

On peut résumer cela ainsi : la connaissance est un travail de l'esprit incarné (à la fois conscient et inconscient). Cette *connaissance incorporée* génère à l'extérieur, sous forme d'un reliquat, des productions tangibles, des traces, des objets, qui nourrissent les *formes explicites et objectives du savoir*. Cette distinction étant quelque peu subtile, c'est là que la notion de *connaissance tacite* survient comme le chevalier blanc. Elle résorbe toutes les difficultés épistémologiques. Mais, comme nous l'avons vu, de façon superficielle car, expliquant tout, elle n'explique en fait pas grand-chose.

Pourtant, il nous faudra parfois employer le concept de connaissance tacite, *parce que c'est l'usage*. Il est devenu impossible de l'ignorer puisqu'il facilite la communication.

À retenir ─────────────────────────────────

Dans cette optique, la convention suivante sera adoptée dans la suite : la connaissance tacite est cette *fenêtre d'esprit* que j'ai évoquée plus haut. Autant dire que la connaissance tacite *est* la connaissance. Et la connaissance explicite est la réduction de la connaissance aux *objets d'esprit* et à leurs traces.

Les remarques qui précèdent permettent d'insister sur un point capital pour la gestion des connaissances : dans l'esprit d'un expert, dans une équipe projet, dans une entreprise en crise, dans toute communauté et chez tout individu, *l'essentiel de la connaissance en acte reste en grande partie insaisissable, toujours située ailleurs,* dans une autre dimension, la dimension tacite.

LES QUATRE MODALITÉS DE LA CONNAISSANCE

Les modèles évoqués jusqu'ici permettent de cerner la connaissance sous différentes facettes. Comment exploiter tout cela dans la perspective de la gestion des connaissances ? Nous proposerons ici une synthèse simplifiée pour l'adapter au monde des organisations.

Dans une acception assez générale, nous proposons de *considérer la connaissance suivant deux axes : pragmatique-sémantique et implicite-explicite*, qui définissent un espace à quatre dimensions de la connaissance, dimensions que nous avons trouvées sous des formes diverses dans l'histoire de la philosophie (Aristote, Kant...) et jusqu'aux sciences cognitives actuelles. Dans cet espace, nous pouvons situer quatre modalités de la connaissance :

- *la pensée rationnelle* produit et utilise le *savoir* (concepts, logique, raisonnements, déduction, modèles...) ; elle opère sur le mode explicite-sémantique.
- *la pensée sensible* produit et utilise l'*intuition* (imagination, sentiments, figurations, inductions, synthèses, métaphores...) ; elle opère sur le mode implicite-sémantique.
- *la mémoire procédurale* code le *savoir-faire* (habiletés, automatismes, procédures...) ; elle opère sur le mode implicite-pragmatique.
- *la mémoire épisodique* code l'*information* (événements, données, descriptions, signes, codes...) ; traitant les données contextuelles de l'activité quotidienne, elle opère sur le mode explicite-pragmatique.

Rappelons que cette « synthèse » n'a pas vocation à fonder une théorie de la connaissance. Les notions regroupées ici n'ont d'autre but que d'éclairer ce qu'est la connaissance dans sa dimension socio-économique. Nous sommes très en deçà des théories scientifiques et philosophiques sur la connaissance.

À retenir ———————————————————————————

Par convention, et en cohérence avec ce qui vient d'être énoncé ici, le terme *savoir* sera en général employé, dans la suite, pour désigner la dimension rationnelle de la connaissance. Le terme de *connaissance* sera donc le terme le plus générique. Il pourra toutefois se présenter quelques exceptions, lorsque l'emploi de l'un ou de l'autre paraîtra indifférent dans le contexte.

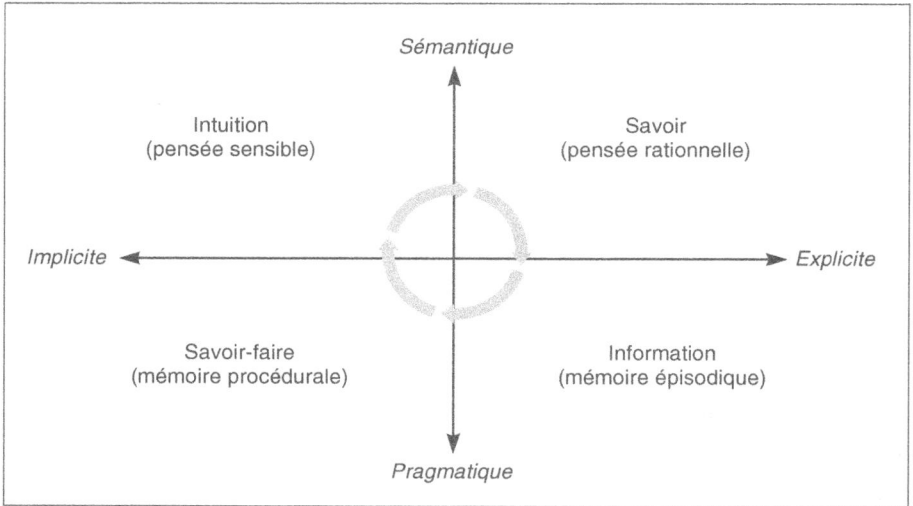

Figure 4. Les quatre modalités de la connaissance

Notons par ailleurs que les quatre modalités proposées ne constituent pas des *catégories* de connaissance, mais plutôt un *espace* dans lequel se forment et se déploient les connaissances.

Prenons deux exemples.

La connaissance scientifique des lois de l'électromagnétisme regroupe, de façon totalement imbriquée : des savoirs (les lois de Maxwell, les propriétés de la matière, etc.) ; une expérience sensible et intuitive, qui guide le choix des *approximations* et des hypothèses empiriques, et permet des liens et des associations d'idées ; une mémoire épisodique, qui regroupe un ensemble d'informations stockées (abaques de propriétés de matériaux, etc.) ; et enfin le savoir-faire qui permet de mener à bien des instrumentations et des bancs d'essais, ou de maintenir les systèmes de production associés à la fabrication des matériaux et des matériels. Lorsqu'un scientifique ou un ingénieur ont à effectuer la moindre opération, la connaissance qu'ils développent à chaque instant mobilise toutes ces modalités de façon inextricable et efficace !

Un menuisier n'est pas non plus en reste : il compose aussi bien avec le cahier des charges de son client, les prix des matériaux qu'il va choisir d'utiliser, la qualité du bois, les types de vis et d'écrous, le choix et le réglage de ses outils, les catalogues des fournisseurs, les promotions en cours chez Castorama, les intempéries, la qualité de la relation qu'il a avec son client, le comportement et le caractère de celui-ci, les retards des autres artisans qui participent éventuellement au chantier, etc. Difficile de séparer, dans cette connaissance fluide et mouvante, le savoir, l'intuition, le savoir-faire et l'information, mais l'exercice est intéressant...

Une question se pose alors : ces quatre modalités de la connaissance s'appliquent-elles à l'échelle individuelle ou collective ?

Les théoriciens de la connaissance considèrent celle-ci en premier lieu comme un phénomène individuel, et c'est en tant que telle que les philosophes l'ont étudiée depuis deux mille cinq cents ans. Toutefois, c'est également, mais en second lieu, un phénomène collectif du fait de l'existence du langage (on devrait dire *des* langages pour inclure les langages mathématiques et figuratifs).

Commençons par la modalité du savoir : l'individu est capable d'élaborer seul des proto-savoirs, du fait qu'il peut créer et manipuler des catégories d'objets, et donc des concepts. Mais *c'est avec l'apparition du langage et de la logique que le savoir devient vraiment ce qu'il est*, c'est-à-dire la *dimension collective et rationnelle de la connaissance*. Aujourd'hui, il est impensable qu'un seul individu soit porteur d'un savoir, si ce n'est transitoirement dans l'instant de son émergence : il faut nécessairement une communauté humaine pour élaborer et développer le savoir. C'est le cas, par exemple, d'un *concept* : voilà un objet de savoir qui n'a d'existence qu'une fois partagé, discuté, validé, enrichi dans la mémoire collective.

La mémoire épisodique est tout aussi bien individuelle que collective. Chaque humain détient à la fois *des souvenirs propres et des souvenirs partagés*. L'information permet un pont entre la mémoire individuelle et la mémoire collective. Mais la mémoire collective repose également sur le simple fait de « faire ensemble », comme l'a souligné le sociologue Maurice Halbwalchs. Ainsi, dans nos activités pratiques, professionnelles et privées, nous élaborons des souvenirs communs fortement chargés de sens. Par exemple, lorsque l'on fait un voyage en groupe, une grande quantité d'informations s'échangent sous forme non verbale et contribuent à cette mémoire épisodique.

La mémoire procédurale, quant à elle, semble à première vue individuelle : habiletés et automatismes étant incorporés, ne peuvent s'échanger, ou plutôt se médiatiser dans une communauté. Cependant, il faut nuancer. Le fait qu'une communauté d'individus s'organise au sein d'une entreprise pour produire ensemble prouve qu'il existe un savoir-faire d'un autre ordre qui s'élabore collectivement, nécessitant *la combinaison de savoir-faire individuels*. Cette combinaison est *l'ensemble des processus d'un métier*. Cette modalité de la connaissance est donc en fait tout aussi bien individuelle que collective.

Enfin, la *pensée sensible* (l'intuition) est, *elle aussi, à la fois individuelle et collective*. Mais le processus par lequel nous passons de l'individuel au collectif est de l'ordre du tacite. C'est « entre les lignes » et par les figures de l'imagination et de la métaphore que se niche cette modalité de la connaissance.

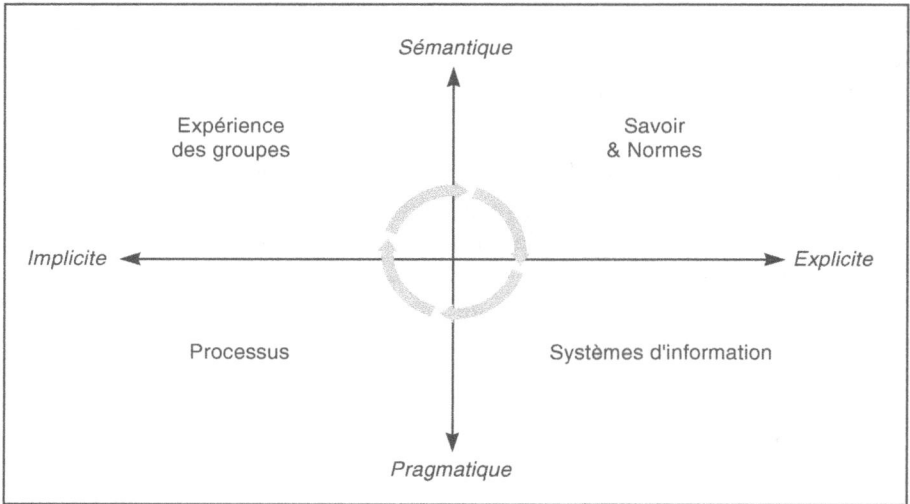

Figure 5. La connaissance collective dans les organisations

Une autre remarque s'impose : il est important de préciser que *ces modalités de la connaissance doivent se concevoir à la fois sous l'angle statique et dynamique*. Dans le vocabulaire de l'informatique, on parlerait en termes de *stocks* et de *flux*, mais cette dualité me paraît plus réductrice. Quoi qu'il en soit, la propriété de *plasticité du cerveau* fait qu'il y a une *recomposition permanente des connaissances et de la mémoire, et donc une dynamique continuelle*. À l'échelle collective, il en va de même. Ainsi, l'information possède une double nature de stock et de flux ; le savoir-faire recompose en permanence des heuristiques incorporées, et cela en fonction de chaque contexte ; il en va de même des concepts que chaque individu interprète et intègre dans ses propres constructions sémantiques toujours fluctuantes ; enfin, l'intuition élabore à chaque instant des réseaux de liens et de métaphores extrêmement complexes en fonction de chaque situation.

C'est bien *l'équilibrage permanent* (au sens de Jean Piaget) *entre action et sens* (pragmatique/sémantique) qui *ajuste ces recompositions dynamiques*, ces flux. Cela traduit le fait essentiel que la connaissance n'est pas une *donnée* immuable, mais au contraire une *interprétation* variable pour chaque individu ou groupe, dans chaque nouveau contexte concret. Nous y reviendrons longuement tout au long de ce livre.

Pour mieux comprendre les remarques qui précèdent, considérons, par exemple, cette citation, extraite d'une publication en radiologie :

« [...] Le matériel de ponction, de cathétérisme et de drainage est partiellement dérivé du matériel angiographique. Le principe est d'assurer une dérivation biliaire par la mise en place d'un drain percutané dans les voies biliaires sus-sténotiques selon la technique de Seldinger décrite précédemment. Le patient est installé en décubitus dorsal dans des conditions d'asepsie chirurgicales strictes. La cholangiographie transhépatique, réalisée le plus souvent par voie latérale droite intercostale à l'aide d'une aiguille Chiba22 G, représente le premier temps du drainage biliaire, déterminant les branches accessibles à la pose d'un drain. Elle est le plus souvent réalisée sous simple repérage fluoroscopique. »

Et posons-nous ces deux questions : Combien de personnes peuvent comprendre ce texte ? Parmi ces heureux élus, qui, à la simple lecture du texte, « saurait faire » ?

Dans cet exemple, les quatre modalités de la connaissance sont présentes. Tout d'abord, ce texte constitue en soi de l'information, il convoque un certain nombre de données et d'objets du monde réel : matériels, instruments, corps de patients, situations, etc. Ensuite, il appelle un certain nombre de savoirs médicaux nécessaires à sa compréhension : qu'est-ce que l'angiographie, qu'est-ce qu'une voie biliaire, que sont des conditions d'asepsie, etc. ? Tous ces termes techniques ne peuvent être ni interprétés ni évalués sans un vaste savoir médical. En outre, l'extrait évoque, pour le radiologue, des situations vécues où s'exprime un savoir-faire, une compétence pratique, une expérience vécue. Seul le praticien peut juger de la difficulté de mise en œuvre de la technique décrite ici et se l'approprier dans sa pratique quotidienne : l'opération concrète de la dérivation biliaire par la technique de Seldinger est-elle une opération délicate ou au contraire banale ? Comment s'y prend-on exactement ? Nul doute que le profane n'en a aucune idée et que même une vidéo ou une démonstration ne lui permettraient pas de « passer à la pratique » sans être passé au préalable par un long apprentissage. Enfin, tout cela n'est pas totalement objectif. Il faut une connaissance vécue et intuitive poussée pour pouvoir se faire un avis sensible sur la technique recommandée ici : est-elle douloureuse pour le patient ? Peut-on la considérer comme une innovation intéressante, utile ? Est-elle promise à un bon avenir ? S'agit-il d'un pas intermédiaire vers d'autres améliorations ? Comment l'évaluer par rapport à d'autres techniques existantes et dans quels cas s'impose-t-elle ? Les réponses à ces questions ne sont sans doute pas entièrement consensuelles, différents points de vue sont certainement en vigueur.

La connaissance, qu'elle soit liée à une technologie ou simplement à l'expérience la plus banale de la vie quotidienne, se développe donc presque toujours dans plusieurs dimensions : pragmatique et sémantique, tacite et explicite. L'information, le savoir, le savoir-faire et l'intuition sont toujours présents, sous de multiples formes, dans toute connaissance active et vivante, c'est-à-dire dans l'esprit-corps qui l'actualise.

L'exemple illustre accessoirement l'un des problèmes fondamentaux de la communication : *ce qui a du sens pour les uns devient très vite ésotérique, voire absurde, pour les autres.* Pour que la communication ait une chance de s'établir, toute information doit être située dans son contexte. Ce n'est pas toujours le cas, loin de là, et beaucoup de messages sont voués à ne jamais être exploités par autrui. Mais quelles que soient ses qualités intrinsèques et l'effort de contextualisation consenti, l'information, une fois *fixée dans un document*, est toujours largement coupée du *contexte concret et unique* où elle a été produite. Dans ces conditions, il est souvent impossible de l'exploiter concrètement dans son activité, à moins d'y consacrer une grande énergie intellectuelle. L'exemple donné ici n'est pas un cas particulier. Il s'agit d'une loi tout à fait générale : *la connaissance ne peut en aucun cas être réduite à sa modalité d'information. C'est pourtant ce que nous faisons trop souvent, dans notre société de l'information.* Et c'est bien pourquoi, *faute de s'appuyer sur une combinaison harmonieuse entre information, savoir, expérience concrète et intuition, nombre de décisions et de discussions restent improductives voire néfastes.*

LA COMPÉTENCE S'ÉVALUE AU RÉSULTAT

À côté de la connaissance, la ***compétence*** est une autre notion difficile à cerner. Les modèles utilisés dans la gestion des ressources humaines sont développés à partir de différents concepts : capacités, aptitudes, habiletés, fonctions, emplois, professionnalisme, savoir-faire, savoir-être, etc. Au-delà de leur diversité, ces modèles ont un point en commun : ils partent en général d'une définition préétablie et abstraite des compétences : ce sont des catégories, des propriétés génériques, voire de simples *listes*. Par exemple : capacités relationnelles, capacités à animer, à manager, à négocier, etc. Ou bien ce sont des domaines d'activités : informaticien, mécanicien, comptable, acheteur, etc.

La gestion des compétences nécessite-t-elle ces modèles à priori ? Du point de vue de la *gestion des ressources humaines,* peut-être. C'est typiquement le cas de la fameuse gestion prévisionnelle des emplois et des compétences (GPEC). Cette approche se décompose en plusieurs processus : 1° établir un référentiel des « compétences », c'est-à-dire une standardisation des emplois jugés utiles, voire stratégiques (les catégories évoquées ci-dessus) ; 2° réaliser une cartographie des « compétences disponibles » ; 3° évaluer l'écart. 4° prendre les dispositions nécessaires pour corriger cet écart (recrutements, formation, mobilité, détection des *cadres à potentiel*...).

On peut objecter plusieurs limitations importantes à cette approche. D'une part, cette vision de la compétence est fonctionnelle et abstraite. Elle ne s'intéresse pas à la réalité des capacités ni même des expériences des individus. L'étape 2, notamment, constitue un « maillon faible ». En effet, sur quels critères établir la cartographie des compétences disponibles ? En pratique, le fait d'établir un référentiel induit implicitement une grille de lecture pour l'analyse de l'existant. Ou, inversement, la perception que l'on a des compétences disponibles induit la façon d'établir le référentiel. Dans les deux cas, le jeu est sérieusement biaisé.

Par ailleurs, la plupart du temps, l'analyse reste très grossière : on évalue « à la louche », et parfois « à la tête du client », le nombre de personnes de chaque catégorie. Les gens de la base sont vus comme une sorte de bassin de main-d'œuvre anonyme ; les experts sont plus ou moins ignorés ; les jeunes cadres à potentiel sont obtenus selon un processus implicite de cooptation (tel a fait la même école que son chef, tel autre fait preuve d'un mimétisme opportun vis-à-vis de sa hiérarchie, etc.). Les expériences concrètes de chacun sont purement et simplement ignorées. *Expérience* versus *potentiel* : voilà deux abîmes qui laissent généralement impuissant à évaluer la compétence réellement.

Enfin, la notion même de planification doit être interrogée. Dans un monde stable, elle se comprend très bien. Mais dans un monde mouvant et complexe, quelle est l'échéance prévisionnelle ? Cinq ans ? Deux ans ? Un an ? La constante de temps de la GPEC, avec ses 4 étapes évoquées plus haut, excède désormais l'horizon de l'inconnu...

Malgré ces défauts et ces limites, l'approche prévisionnelle est nécessaire, ne serait-ce que pour procurer un sentiment de sécurité. Mais elle est pour le moins insuffisante.

L'autre façon de gérer les compétences est de responsabiliser le management de terrain sur les problèmes de *maintien de la compétence*, donc de gestion du transfert de compétences des aînés vers les juniors ou vers l'équipe. On touche là à la gestion des connaissances.

La plupart des entreprises utilisent bien sûr les deux leviers de façon complémentaire : la gestion prévisionnelle des emplois et compétences est centralisée dans une fonction RH transverse, et le maintien des compétences opérationnelles est délocalisé vers le management de terrain.

Au-delà de ces questions, plusieurs problèmes très concrets se posent : quand nous sommes en présence d'une personne particulière, en chair et en os, en quoi résident ses compétences ? Inversement, vis-à-vis d'un objectif collectif, comme, par exemple, la mise en route d'un projet, comment identifier et caractériser les compétences nécessaires ?

Au bout du compte, la compétence, tout comme la connaissance, reste une notion complexe qui globalement est mal gérée dans les organisations. Ou bien on fait du prévisionnel de façon centralisée et abstraite, ou bien on fait du management de proximité de façon totalement empirique, ce qui laisse le champ ouvert à de grosses erreurs (beaucoup de managers de terrain ne sont pas en position ni à même de contribuer efficacement à la gestion des compétences).

Autre problème, et pas des moindres : *parlons-nous de compétences individuelles, ou collectives ?* En général, il s'agit implicitement des compétences individuelles (avec le paradoxe souligné plus haut que ce sont des *fonctions* et non pas des *individus* qui, la plupart du temps, sont évaluées). La coordination efficace de compétences individuelles pour obtenir des compétences collectives est-elle considérée comme une affaire de gestion des compétences ? Ou de management ? Ou bien ce problème est-il laissé à la structure, à l'organisation, voire à la culture ? On rejoint encore sur ce point la problématique de la gestion des connaissances. Et la compétence n'est toujours pas mieux définie, ni dans sa dimension individuelle, ni dans sa dimension collective...

Pour la suite, nous allons nous intéresser à la compétence non plus comme concept sociologiquement situé, mais en comparaison avec les autres notions cognitives qui nous intéressent ici, connaissance et apprentissage en particulier. Cette approche nouvelle présente, me semble-t-il, un avantage potentiel important – qui reste pour l'instant un pari : la *gestion des connaissances*, en tant que discipline de management, est peut-être amenée sinon à remplacer, du moins à combler en partie les lacunes de la *gestion des compétences* soulignées plus haut. Nous essaierons de voir ce qu'il en est dans les chapitres suivants (en évitant toutefois de succomber à des promesses d'eldorado...).

Dans cette perspective, nous proposons, au risque de contribuer au bruit ambiant en ajoutant une définition de plus, de retenir celle-ci :

À retenir

La compétence est la *faculté de produire un type de résultat.* Elle met en œuvre un ensemble de *connaissances, d'expériences et de comportements accumulés dans l'action*, qui permettent de traiter une classe de problèmes et d'y apporter une réponse satisfaisante. Ces expériences, connaissances et comportements ont été acquis essentiellement par *apprentissage en acte.* On notera au passage que les *savoirs* acquis par *apprentissage rationnel* peuvent bien sûr s'intégrer à la compétence, mais à la condition, à un moment donné, d'être passés au crible de l'action[1].

Par exemple, pour un chercheur ou un professeur, le savoir n'a pas la même dimension que pour l'étudiant ou l'homme de la rue. Pour ces derniers, il reste théorique, constitué de logique, de raison, de symboles. Pour les premiers, il a été longuement mis à l'épreuve de l'action, par le travail de recherche, l'exercice de la pédagogie, de la discussion. Il prend alors une dimension de compétence.

Cette définition va nous permettre d'introduire une brève discussion sur ce qui unit la compétence à d'autres notions fondamentales, comme le savoir, le savoir-faire et le savoir-être.

Un premier commentaire s'impose en préalable, concernant la notion d'*action*, sur laquelle nous ne pouvons éviter de fonder celle de compétence. Les modèles issus de la *pensée cybernétique* restreignent l'action à un *processus linéaire qui va de l'intention à l'acte opératoire.* Dans cette conception, l'action met en scène une dichotomie entre le sujet pensant et le sujet agissant, autrement dit entre l'esprit et le corps. Nous avons vu, avec le concept d'enaction proposé par Francisco Varela, que le corps n'est pas seulement un réceptacle ou une machine à recueillir l'information. Ce n'est pas un simple intermédiaire entre notre cerveau et le monde environnant. C'est un acteur, au sens plein du terme, de notre cognition, et Jean Piaget avait déjà longuement étudié le processus d'*équilibration* qui existe en permanence entre nos structures cognitives et nos schémas corporels d'action, et cela, tout au long de la vie.

---

1. J'ai souligné plus haut la distinction essentielle que je fais entre connaissance et savoir, celui-ci constituant la dimension rationnelle de celle-là.

─────────────────────────────────

Ces rappels nous invitent à considérer *l'action comme un processus complexe* d'*interaction*. Fondamentalement, tout acte renvoie à une interaction entre la cognition, le corps et les autres objets. Que l'on effectue un saut en hauteur, que l'on manipule le volant de sa voiture ou que l'on participe à un dîner avec des amis, toutes ces formes d'action mettent en scène un grand nombre d'interactions physiques, sensorielles, cognitives, aussi bien à l'intérieur du corps qu'avec l'environnement externe.

La compétence, comme processus d'accumulation d'expériences et de connaissances, *ne peut donc se réduire aux seuls actes opératoires* ; elle intègre nécessairement, également, d'autres formes à l'œuvre dans l'action, dont le langage, dont les savoirs, et même certains comportements types acquis dans des groupes. Les différents savoirs acquis par apprentissage rationnel s'intègrent à la compétence dès lors qu'ils sont soumis à l'expérience, comme nous l'avons souligné à propos du cas du professeur et du chercheur.

Lorsque nous parlons de savoir-être, cette notion désigne l'ensemble des comportements acquis dans des situations culturelles diverses et variées : famille, école, entreprise... Ces comportements acquis peuvent être interprétés comme des compétences, dans la mesure où ils permettent de produire certains résultats adaptés à certaines situations. Ces compétences ont été acquises par une longue immersion, et donc un grand nombre d'interactions avec ses semblables. Toutefois, il convient de rester prudent, en laissant en dehors du champ des compétences les zones du savoir-être qui ne sont pas liées à la *production de résultats*. Englober intégralement le savoir-être dans la notion de compétence reviendrait en effet, de facto, à instrumentaliser les comportements humains.

Ceci étant précisé, un autre commentaire s'impose : *la compétence ne se confond pas avec son produit*. Expliquons ce point. Tout d'abord, le résultat produit par la compétence dans chaque situation n'est pas nécessairement fixé par avance : certaines compétences produisent un véritable *travail de création*. Ainsi, les compétences d'un chef de projet peuvent constituer un agrégat très complexe de compétences normatives aussi bien que créatives. Ce qui compte, c'est le résultat global du projet. Il existe une infinité de résultats possibles, qui ne sont pas stockés sur les rayonnages de *l'armoire des possibles* qu'évoquait le philosophe Henri Bergson.

La *compétence* se distingue donc du *savoir-faire* : celui-ci désigne la faculté à réaliser une *tâche* donnée. Le savoir-faire désigne le cheminement et non pas l'aboutissement ; or, différentes tâches ou façons de faire peuvent conduire à un même type de *résultat* ; a contrario, les mêmes tâches peuvent produire des résultats très inégaux, selon la compétence effective des opérateurs.

Une première conséquence essentielle doit être soulignée : *une procédure n'est pas une garantie de résultat.* La procédure constitue une *normalisation d'un savoir-faire.* Dans les situations « normales », elle permet donc de produire le résultat souhaité. Il s'agit d'un résultat moyen, relativement indépendant des compétences du fait de la normalisation imposée. Au contraire, dans une situation imprévue, la norme peut devenir défaillante et inadaptée.

C'est alors qu'intervient *la compétence* : c'est elle qui *permet de choisir une autre façon de réagir à l'imprévu et d'atteindre quand même le bon résultat* (ou tout au moins un résultat pas trop dégradé). C'est elle qui permet de choisir entre plusieurs modèles, en fonction du contexte. On peut même constater que l'imprévu peut parfois être source de créativité et d'innovation. Là encore, cela résulte de la différence de nature entre compétence, d'une part, et savoir-faire, d'autre part. *La compétence a la faculté de produire parfois de nouvelles compétences*, notamment au détour des imprévus qui peuvent survenir. Notons au passage qu'il en va de même de la connaissance.

La compétence est donc inséparable de l'humain ; tandis que le savoir-faire, dans certains cas qui s'avèrent en fait assez nombreux, peut se désincarner dans une procédure voire dans un automatisme. De même, la connaissance, contrairement au savoir qu'elle intègre et dépasse, est fondamentalement incorporée. D'où l'importance de sa dimension tacite.

Nous reviendrons en fin d'ouvrage sur ces questions car cela a un impact tout à fait essentiel sur le contrat de travail et aussi sur la propriété intellectuelle. *Le savoir et le savoir-faire*, une fois normalisés, peuvent s'acheter et se vendre en tant que *produits.* Ils *peuvent se capitaliser.* Il en va tout autrement de *la compétence et* de *la connaissance.* Toutes deux incorporées, liées à l'être de l'individu, incarnées dans l'instant qui passe, elles ne se vendent pas, elles *ne sont pas capitalisables.* Elles sont simplement rémunérées dans la *force de travail.*

La gestion des compétences et la gestion des connaissances sont deux disciplines aussi complexes l'une que l'autre et toujours très voisines. De ce que nous venons de voir, on comprend mieux qu'elles ne peuvent en aucun cas se réduire à une seule modalité : ni à un système d'information, ni à un ensemble de procédures et de processus, ni à tout autre système. Elles peuvent seulement mettre à profit les différents systèmes techniques et managériaux, à condition de les contourner quand c'est nécessaire et surtout de les dépasser en demeurant sous *l'autorité compétente des hommes*.

LA CONNAISSANCE ET LES DEUX FORMES D'APPRENTISSAGE

Nous avons défini la compétence (individuelle) comme un ensemble de connaissances accumulées et mémorisées au cours du temps *dans l'action*. Inscrites dans la mémoire du corps-esprit, ces connaissances sont disponibles sous forme de capacités à produire des résultats. À noter que ces résultats peuvent être de toutes natures puisque l'action peut prendre toutes sortes de formes, comme nous avons vu : la compétence peut donc produire aussi bien des décisions, des discours, des analyses, des actes, des produits, des services, etc. Par ailleurs, le savoir d'une personne est une autre forme d'accumulation : c'est le résultat des différents apprentissages rationnels effectués (mémoire sémantique).

À retenir _____

Dans toutes ces notions, le phénomène commun qui ressort est un processus d'intégration au cours du temps, qui produit un ensemble de capacités cognitives, corporelles et comportementales. Cette intégration est le fruit de deux formes d'apprentissage qui interagissent : l'*apprentissage en acte* (procédural) et l'*apprentissage rationnel* (sémantique).

Ces propriétés nous autorisent à proposer un *schéma d'intégration* qui rend compte très simplement de ces processus d'apprentissage et de leurs effets. Ce schéma d'intégration a le mérite d'être *très pragmatique* ; en outre, il paraît pertinent aussi bien au niveau individuel que collectif, à l'échelle micro-économique que macro-économique. C'est ce modèle que nous retiendrons le plus fréquemment dans la suite, car il s'avère utile pour comprendre la plupart des problèmes de gestion des connaissances ainsi que certaines caractéristiques essentielles de l'économie du savoir (voir figure 6).

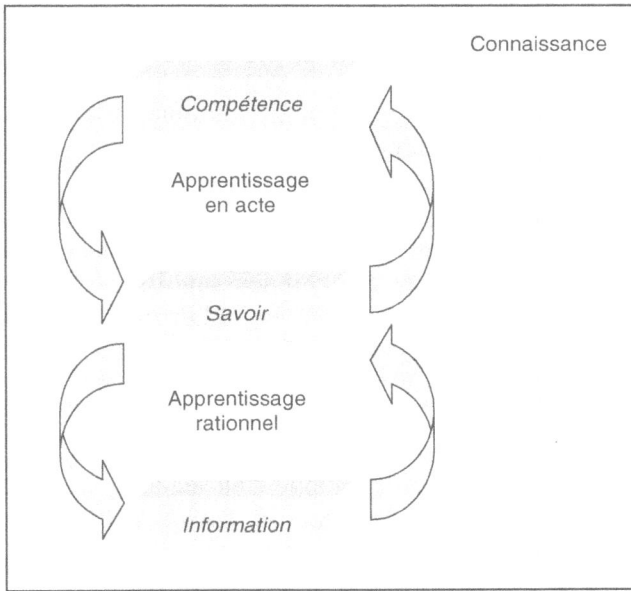

Figure 6. La connaissance et les deux processus d'apprentissage

Dans ce schéma, la connaissance s'alimente en permanence de l'information. Mais celle-ci n'est qu'une *donnée d'entrée*, qui doit ensuite être *intégrée*. L'information reste *vide de sens* tant que des personnes en chair et en os, riches de leurs savoirs et de leurs compétences, ne l'ont pas intégrée dans leur propre capital grâce à un nouvel apprentissage. Il ne s'agit nullement d'un enregistrement pur et simple : dans cette intégration de l'information, un travail de transformation critique opère. Le sens de l'information n'est pas contenu dans l'information. À la limite, on peut considérer qu'il existe autant de sens possibles d'une même information qu'il y a de personnes pour l'interpréter. Bien sûr, dans l'information, il y a une part commune, objective, qui est la même pour tous, sinon aucune communication ne serait possible. Mais *la part commune est une portion congrue* ; la valeur et le sens résident pleinement dans l'intégration faite par chacun.

Autre remarque, tout aussi importante : dans ce schéma, les *boucles de retour entre les deux formes d'apprentissage* indiquent que le processus d'intégration n'est nullement linéaire. L'apprentissage en acte et l'apprentissage rationnel se nourrissent mutuellement – de même de la compétence et du savoir. Il est facile d'observer les conséquences d'une polarisation excessive sur l'une des deux formes : d'un côté, l'intellectuel pur qui ne

35

sait pas passer à la pratique, de l'autre côté, le praticien pur, qui ne sait pas prendre du recul.

L'apprentissage rationnel classifie, combine, associe, relie, conceptualise, raisonne, crée du sens. Il alimente la mémoire sémantique dont il a été question plus haut. Tandis que ***l'apprentissage en acte*** incorpore la connaissance d'abord sous forme procédurale (*schèmes* de Piaget, structures de coordination, processus...), mais aussi sous forme sémantique puisque l'action met en œuvre et enrichit les savoirs – elle n'est pas simplement mécanique. La compétence ne se réduit pas à une mémoire procédurale. Le processus d'intégration représenté sur notre schéma a justement le mérite d'éviter cette réduction. Il suggère en effet que *la compétence est le « troisième étage » de la connaissance*, obtenu par intégration des deux autres. La compétence *intègre l'information et le savoir*. Quant à *la connaissance*, elle se développe tout au long du processus ; elle *prend donc les trois formes : information, savoir, compétence*.

Une conséquence de ces commentaires peut être notée dès maintenant. *La gestion des connaissances vise à piloter l'ensemble du processus d'intégration à l'échelle collective :*

Au niveau 1, *elle organise le système d'information,* en mettant en place des technologies de l'information et de la communication, mais aussi des réseaux, des relations, des modes de travail collaboratif et tous autres dispositifs permettant d'acquérir et de partager l'information.

Au niveau 2, *elle orchestre et valorise le savoir collectif* par le management, l'organisation, le pilotage des processus, la production et l'utilisation des normes professionnelles et institutionnelles. Cela suppose aussi le leadership nécessaire pour contribuer à créer du sens et de la vision à l'échelle collective.

Au niveau 3, *elle développe, coordonne et régule la compétence* (par la gestion des ressources humaines, la formation, les orientations politiques) ; elle organise les acquisitions et les transferts nécessaires de compétences individuelles et collectives.

Un second schéma résume ainsi les *trois piliers de la gestion des connaissances* : système d'information, management et gestion des ressources humaines (voir figure 7). Il résulte directement du schéma précédent, les mêmes remarques, ou presque, s'appliquent donc. On retiendra en particulier que si l'un des trois piliers est négligé ou vient à défaillir, la gestion des connaissances n'a aucune change d'être efficace. Plutôt que de se polariser sur l'un des trois à l'exclusion des deux autres, il est donc *indispensable de chercher à les coordonner aussi étroitement que possible*. En outre, *il ne s'agit pas de trois étapes*. On ne commence pas par le système d'information en se disant que « pour le reste, on verra plus tard »... C'est pourtant malheureusement souvent le cas. Cette nécessaire interaction entre système d'information, management et GRH sera longuement développée dans les deuxième et troisième parties.

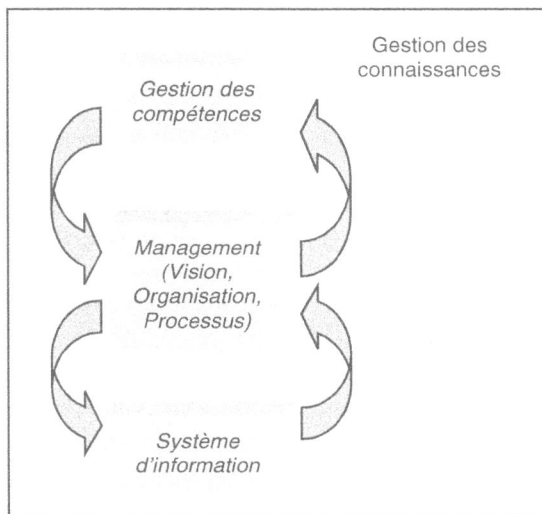

Figure 7. Les trois piliers de la gestion des connaissances

CONNAISSANCE ET TECHNIQUE : QUI MANGE L'AUTRE ?

Venons-en maintenant à la question de la technique... Pourquoi est-il capital de rapprocher la connaissance et la technique ? Pour une raison évidente : nous vivons dans un monde où la techno-science régit tous les instants de notre vie, et beaucoup plus encore qu'on ne le croit à première vue, à tel point que l'on peut dire et vérifier désormais que l'économie est fondée sur... le savoir ? Ou plutôt sur la technique ? Ou bien sur les deux ? Question superflue, car la distinction entre ces deux notions est de plus en plus difficile à établir.

Qu'est-ce donc que la technique ? La question n'est pas nouvelle. Nous nous appuierons ici en particulier sur les travaux du philosophe Jacques Ellul, l'un de ceux qui l'ont étudiée en profondeur.

Si l'on évoque des objets comme un avion, une automobile, une centrale nucléaire, un téléphone mobile, un ordinateur, un logiciel, ou un médicament, nul doute sur leur caractère technique. Dans ces objets, le savoir mis en œuvre intègre des processus de conception, de rationalisation, d'optimisation qui lui donnent ses lettres de noblesse. Ces artefacts ont nécessité des crédits et des compétences en R&D, en marketing, en conception, en fabrication. De la connaissance au produit se déroule une chaîne de valeur bien visible. Dans les bilans comptables et dans la mesure du PIB, les analystes repèrent et enregistrent les avancées consubstantielles de la technique et du savoir.

Mais qu'en est-il lorsque l'on considère les métiers de la banque, de l'assurance, du conseil, de l'éducation, c'est-à-dire les activités de service ? Qu'en est-il lorsque l'on considère le produit de l'activité artisanale ou agricole ? Ces métiers nécessitent toutes sortes de savoirs, de savoir-faire, et ils sont fortement utilisateurs de la technique. Le médecin, le banquier, l'assureur utilisent des logiciels spécialisés, l'agriculteur ou l'artisan utilisent des nouveaux produits, des nouveaux matériaux. Le *savoir utiliser* est-il simplement une relation distanciée et neutre entre un « savoir pur » et une technique ? N'est-il pas plutôt aussi une technique en soi ? À l'évidence, les *nouvelles technologies* ont des répercussions sur les usages, sur les métiers, sur les savoirs. Ceux-ci intègrent la technique moderne et sont totalement investis et transformés par elle. En fait, ils n'utilisent pas simplement la technique, ils la créent. L'outil n'arrive pas par hasard, il est convoqué par la nécessité de l'efficacité et de l'innovation.

Ainsi, très logiquement, une institution comme l'OCDE en est venue progressivement à prendre en compte, dans ses métriques de l'économie du savoir, aussi bien les activités réputées productrices de haute technologie (R&D, logiciels...) que celles qui l'utilisent intensivement.

Mais jusque-là, nous réduisons la technique aux outils. Est-ce suffisant et pertinent ? N'y a-t-il pas de techniques sans outils ?

Toutes sortes de compétences et de savoirs nécessitent et mettent en œuvre des méthodes, des procédés, des processus. Nul ne peut nier qu'une méthode de management, une psychothérapie, un entraînement sportif ou une pratique artistique sont des techniques. La *technè*, chez les Grecs classiques, se réfère à *l'habileté, c'est-à-dire à la conjonction d'une pratique et d'un résultat*. C'est le même mot qui a traversé les siècles.

La généralisation des machines et des outils, depuis le début de l'ère industrielle, ajoute à toutes les techniques antérieures d'autres techniques plus visibles, plus matérielles, qui ont tendance à monopoliser le sens du terme. Mais la technique ne doit en aucun cas se laisser enfermer dans une dualité « matériel-immatériel » ou « outil-usage ». Que *la recherche d'efficacité* s'applique à la production de biens, à l'organisation du travail ou à la pensée, peu importe, le moteur est le même :

> **« Le phénomène technique est la préoccupation de l'immense majorité des hommes de notre temps, de rechercher en toutes choses la méthode absolument la plus efficace**[1]**. »**

À retenir

Par conséquent, toute forme de connaissance qui est associée à une pratique opératoire avec un souci d'efficacité du résultat est *technique*. Le résultat peut être de n'importe quelle nature : une production matérielle aussi bien qu'une production intellectuelle, ou même un type de relation, une guérison, une influence sur autrui, une image de marque, etc. L'outil n'est pas la caractéristique fondamentale de la technique, même s'il en est devenu de nos jours l'apanage. C'est bien la notion de *recherche rationnelle d'une efficacité* qui est le fondement de la technique.

On notera au passage le rapprochement qui s'impose entre la notion de technique ainsi définie et celle de compétence, elle aussi rattachée à l'obtention d'un résultat. Il convient en fait de distinguer clairement les deux notions. La compétence est fondamentalement incorporée. Elle est une caractéristique du sujet humain (individuel ou collectif). C'est la capacité de personnes en chair et en os à produire certains résultats. En outre, la compétence n'est pas nécessairement rationalisée, loin de là. Le savoir et la raison ne sont qu'une partie de ses propriétés. Nous avons vu, entre autres, que l'expérience, l'intuition et la mémoire procédurale sont *largement inconscientes*. La technique, au contraire, est par nature *objectivée*, précisément par le passage à la rationalisation. Une technique peut certes être incorporée, comme toute forme de savoir[2]. Mais, de par sa nature, elle peut aisément se matérialiser et se transférer dans un procédé, une méthode ou tout autre artefact. D'où l'intérêt et le rôle central de la technique, au sens large retenu ici et dans la suite, pour l'économie du savoir et la gestion des connaissances. On notera enfin que si *une technique peut être optimisée*, il paraît abusif et en outre moralement douteux, voire absurde, de parler d'optimiser une compétence. On se contentera de viser à *augmenter ou enrichir des compétences*.

---

1. Jacques ELLUL, *La technique ou l'enjeu du siècle*, 1955, éditions Économica, Paris, 1991, p. 19.
2. Il faut même constater que nous absorbons d'innombrables techniques par apprentissage, transfert, utilisation, et nos pensées elles-mêmes sont largement orientées et structurées par ces techniques incorporées. D'où l'emploi fréquent que je fais du terme *instrumentalisation*.

Dans l'acception très générale de la technique présentée ici, on peut se demander inversement *s'il reste encore des formes de connaissances qui ne sont pas techniques.* Pour éclairer ce point, voyons rapidement quelques autres caractéristiques de la technique, qui découlent de la recherche rationnelle d'efficacité.

Tout d'abord, le caractère de rationalité qui est mis en avant indique que les réalisations de la nature, ou les usages immédiats des objets naturels, ne peuvent être qualifiés de techniques :

> ➤ **« On a remarqué depuis longtemps que les réalisations qui se bornent à copier la nature sont sans avenir (l'aile d'oiseau reproduite depuis Icare jusqu'à Ader). La raison conduit à réaliser un objet en fonction de certains traits caractéristiques, de certaines données abstraites : et cela conduit, hors de l'imitation de la nature, sur une voie qui est celle de la technique[1]. »**

Si nous nous contentons de ramasser un fruit à terre ou de le cueillir dans un arbre, il n'y a pas là de processus technique, ni de savoir technique. Nous ne faisons que prendre la nature comme elle vient. Dans une seconde étape, nous pouvons commencer à observer la nature et à classer ses différents objets, comme l'ont fait les naturalistes. Ce faisant, nous élaborons des connaissances, et même de grandes quantités de connaissances, mais elles ne sont pas encore techniques. Ce n'est que dans un troisième temps, lorsque, pour optimiser l'activité de récolte, nous organisons nos ressources, nous recrutons des personnes, nous fabriquons des outils, que la technique apparaît. Les savoirs de classification et d'observation se combinent alors avec d'autres savoirs et savoir-faire : savoir trier les ressources naturelles, répertorier les propriétés dont nous avons besoin, tirer parti des variations climatiques, utiliser des engrais ou des insecticides, attendre le moment propice, organiser la formation des gens, comptabiliser les récoltes, organiser les ventes, etc.

Dès lors, le mouvement *s'accélère.* La technique moderne se développe par le passage de l'observation à la mesure, de l'expérience à l'expérimentation, du savoir à la compétence, du hasard à la volonté, du naturel à l'artefact. Au fur et à mesure que se multiplient les artefacts, *la technique s'autonomise de plus en plus de la nature :*

---

1. J. ELLUL, *ibid.*, p18.

> « La technique est devenue autonome et forme un monde dévorant qui obéit à ses lois propres, reniant toute tradition. La technique ne repose plus sur une tradition, mais sur la combinaison de procédés techniques antérieurs, et son évolution est trop rapide, trop bouleversante pour intégrer les traditions antérieures[1]. »

Conséquence de cette autonomie combinée à la rationalité : *la technique en vient à s'engendrer et se déterminer par elle-même*. Dès lors qu'elle met en œuvre des optimisations fondées sur le critère d'efficacité, il n'est plus besoin de l'homme pour la valider. L'optimum est objectif et indiscutable. Si la performance est accrue, si une solution est trouvée, alors le choix d'opter pour la nouvelle technique est obtenu *ipso facto* :

> « Il n'y a pas de choix entre deux méthodes techniques : l'une s'impose fatalement parce que ses résultats se comptent, se mesurent, se voient et sont indiscutables[2]. »

Chaque nouveauté vient compléter ou contester la précédente, en élargit ou en renouvelle le cadre, dans un processus d'*auto-accroissement*. Les combinaisons techniques se multiplient indéfiniment. Non pas selon un déterminisme ou une téléologie de l'Histoire, car aucun but lointain n'est visé. Seule la causalité directe détermine le passage d'une technique à la suivante. Un problème restait à résoudre, une innovation vient améliorer l'ancien optimum, quitte à déplacer le problème. Cet auto-accroissement se fait « dans le rétroviseur ». *Toute technique apparaît pour répondre à un besoin*, et non pas pour conduire l'homme vers une finalité. Le besoin doit a minima être identifié, repéré, détecté par le créateur. *Cela ne veut pas dire que le progrès soit linéaire, logique et continu*. De nombreux imprévus surviennent. Notamment, une application apparaît là où on ne l'attendait pas. Il est fréquent d'assister à un phénomène de *fertilisation croisée* entre plusieurs domaines. Ces interactions et ces transversalités rendent chaque technique dépendante d'une autre, et chaque activité, chaque homme, dépendants de nombreuses techniques.

C'est là une autre caractéristique de la technique moderne : son *universalité*. La télévision, le téléphone, Internet, ainsi que d'autres techniques intellectuelles comme les formes d'enseignement modernes, les formes de management ou les techniques sportives, pour ne citer que quelques exemples, s'étendent rapidement à la surface de la terre. Difficile de les rejeter. Quand un rejet se manifeste, c'est au nom de valeurs, d'idées, de

---

1. *Ibid.*, p. 12.
2. *Ibid.*, p. 74.

morales dont la technique n'a que faire. *L'efficacité rationnelle se situe hors de toute morale, de toute éthique, elle se contente d'être.* L'universalité de la technique ne se fait donc pas sans problèmes humains. Ce ne sont pas là des problèmes de « résistance au changement », ce qui suggérerait que c'est l'homme qui « pose problème » ; mais au contraire des problèmes liés à *l'amoralité de la technique* et à la négation qu'elle induit vis-à-vis de la morale ou de l'éthique. Ces problèmes sont donc signes qu'il reste de l'humain dans l'homme, c'est-à-dire d'autres choses que la seule rationalité. Mais l'universalité continue de se déployer, et la technique est maintenant la forme de connaissance dont l'homme peut le moins se passer.

Nous voyons alors augmenter *la complexité, autre caractéristique de la technique apparue dans la dernière période de l'histoire économique.* La complexité réside non seulement dans *la multiplicité des combinaisons et des coopérations,* mais aussi dans *l'étendue des effets de la technique, aussi bien à travers l'espace que le temps.* Aujourd'hui, les chaînes de conséquences qui accompagnent toute nouvelle innovation sont proprement incalculables. On notera que cette *incalculabilité* concerne non seulement la projection vers l'avenir mais aussi l'analyse rétrospective. Il est la plupart du temps très difficile, même après coup, de démontrer exhaustivement l'ensemble des conséquences, positives et négatives, qui ont suivi une innovation. Cela, pour diverses raisons (complexité...) dont l'une est rédhibitoire : les conséquences ne relèvent pas du calcul, mais d'une évaluation qualitative et largement subjective qui ressort généralement du modèle social et philosophique auquel chacun adhère. Dans bien des cas, ces questions sont oiseuses : quel intérêt de discuter à l'infini du bien-fondé de la télévision ou de l'automobile ? La caractéristique d'autonomie de la technique évoquée plus haut fait que ces innovations ne sont pas discutables, elles se contentent d'être là. En revanche, nous reviendrons en fin d'ouvrage sur des cas qui posent un vrai problème à la société, notamment du fait de leur enjeu pour l'environnement ou la santé.

Pour résumer, la technique commence avec toute recherche rationnelle d'efficacité (que l'on songe, par exemple, à l'invention très ancienne du calcul arithmétique) ; elle induit alors la création d'artefacts qui la rendent de plus en plus autonome de la nature (ce qui ne veut pas dire indépendante : les ressources naturelles sont un input) ; elle s'accélère progressivement et se déploie pratiquement à tout ce qui existe : la matière, les objets, les êtres vivants, et aussi les hommes ; elle se complexifie, en tissant des liens et des interactions à l'infini ; enfin, elle devient un processus de plus en plus autonome non plus seulement vis-à-vis de la nature, mais de l'homme lui-même car, créant de nouveaux objets, de nouveaux

biens, de nouveaux usages, de nouvelles réponses aux problèmes antérieurs, elle induit aussi de nouveaux problèmes qui ne laissent plus le
choix : *il faut toujours aller plus loin dans l'extension de la technique
pour trouver une nouvelle solution au problème.*

Caractéristiques de la technique moderne
Technique = ensemble de connaissances structurées et optimisées en fonction du critère d'efficacité
Rationalisation   Efficacité   Mesure   Optimisation   Combinatoire   Spécialisation   Reproductibilité   Artefacts   Objectivation   Autonomie   Auto-accroissement   Autovalidation   Complexité

Figure 8

Et la connaissance dans tout cela ? Ne perdons pas de vue que, *par
essence, toute technique est une forme de connaissance, tournée vers
l'efficacité et le résultat.* Pour cette raison, c'est *la forme la plus visible,
la plus mesurable.* Et pour cette raison, l'économie, dans un monde régi
par la technique, est *de facto* fondée sur le savoir.

La recherche rationnelle d'un résultat efficace se poursuit à l'infini, et la
technique aurait déjà *mangé* les autres formes de la connaissance si celle-ci
n'était elle-même sans limites : les possibilités d'interprétation, la sagesse,
la création esthétique, l'expérience de la relation humaine sont autant de
*connaissances non techniques qui gardent le pouvoir de se tenir hors de
portée d'une recherche d'efficacité.*

CONNAISSANCE ET VÉRITÉ :
UN DILEMME EMBARRASSANT

Ainsi, du fait de son influence croissante sur l'économie et la société, la connaissance est au cœur de nombreux débats éthiques et politiques. Elle est convoquée dans tous les processus de décision, que ce soit à l'échelle de la cité, de l'entreprise ou de l'individu.

Dans les grands débats qui touchent à la santé ou à l'environnement, par exemple, les décisions ont des répercussions incalculables, et, de plus en plus, *la communauté interpelle les décideurs sur la légitimation de leurs actes*. Il ne s'agit plus seulement de sanctionner l'écart par rapport aux règles et aux lois, mais tout aussi bien de prendre en défaut de savoir. *Décider sans savoir* peut aboutir, en cas d'échec, à une sanction publique.

Mais ces débats éthiques, sociaux, juridiques vont plus loin. Toute instruction collective d'un problème conduit presque immanquablement au problème de la vérité. *Il ne s'agit pas simplement de savoir mais de prouver*. Plus que jamais, la connaissance fait l'objet des controverses les plus complexes et les plus explosives. La demande de preuve est parfaitement légitime, mais la tâche est de plus en plus difficile dans un monde où la technique, le droit et la communication sont de plus en plus complexes.

> Ainsi, en octobre 2001, par une soirée ordinaire, le journal télévisé nous *informe* sur le dossier de la maladie du charbon : sur FR3, à 19 h 30, des alertes à l'anthrax sont annoncées en France, et l'on nous déclare que le ministre délégué à la Santé étudie sérieusement ces hypothèses même si, à ce stade, aucun élément concret n'est encore disponible pour infirmer ou confirmer ; sur TF1, à 20 h, Patrice Poivre d'Arvor fait mention de ces alertes et nous montre une intervention du ministre, Bernard Kouchner, qui explique formellement qu'aucune trace d'anthrax n'est détectée ; quelques instants après, sur A2, tous ces cas sont purement et simplement des fausses alertes[1].

Cet exemple ne montre pas simplement que l'information peut être incomplète ou fragmentée. Il nous montre surtout que *l'information peut être un choix*. Les acteurs (ici, le ministre et les chaînes) ont à gérer une équation difficile : d'un côté, une connaissance insuffisante, un danger inconnu et non maîtrisé ; de l'autre côté, une demande sociale subjective et émotionnelle de dissipation des inquiétudes et de protection.

---

1. Une émission diffusée le 4 novembre 2001 sur Arte nous repasse ces séquences et dissèque le problème de l'information à chaud.

La société contemporaine est le siège d'un dilemme de plus en plus embarrassant : héritant d'une tradition largement platonicienne qui conçoit le savoir comme la vérité dévoilée, elle doit en même temps composer avec un sentiment grandissant, et contradictoire, d'impuissance à démêler le vrai du faux. Le statut du savoir connaît des phases cycliques entre dénégation et apologie. La fameuse polémique Sokal, il y a quelques années, l'a illustré de façon très médiatique.

La tendance dominante semble toutefois être la suivante : dans un contexte où la laïcité tente de s'imposer comme principe de construction sociale, *la Vérité*, signe de transcendance, *a été mise à l'écart au profit de notions comme le consensus, la cohérence, la vérification*, et cela dès la fin du XIXᵉ siècle. *Le savoir lui-même*, au terme d'un long cheminement épistémologique durant le XXᵉ siècle, est présenté par les scientifiques et les philosophes comme un modèle imparfait, *toujours soumis à l'alternative validation-réfutation*.

La validation n'est pas preuve de vérité, mais preuve provisoire de *non-réfutation*. Tout modèle est considéré comme valide tant qu'aucune procédure n'a pu le réfuter. Dans cette apparente banalité se loge en fait un principe fondamental qui détermine à la fois la solidité et l'humilité de la science : la connaissance scientifique se caractérise par le fait qu'elle s'offre en permanence à la réfutation. C'est ce que le philosophe Karl Popper a nommé le ***principe de réfutabilité***. Il ne s'agit pas tant de vérifier à tout prix que de « chercher l'erreur ». Ce principe est un moteur de la connaissance car il suscite une attitude à la fois constructive *et* critique : on cherche l'erreur pour améliorer.

Le principe de réfutabilité ne s'applique pas aisément à la connaissance technique (sciences de l'ingénieur, droit, commerce, finances...), *ni aux sciences humaines* (sociologie, anthropologie, histoire, économie...), *et encore moins au management*. Commençons par une rapide remarque sur le management. Dans ce domaine, au-delà de toute polémique inutile, il faut constater que le savoir et la compétence existent et sont même indéniables ; mais ces savoirs ne sont pas développés avec l'esprit de « chercher l'erreur » pour améliorer. Ils sont plutôt appliqués dans *le but de convaincre* ou, au mieux, d'interpréter. On peut toutefois, dans une certaine mesure, tenter de leur appliquer le principe de réfutabilité. La difficulté est de trouver des critères de validation-réfutation, et sur ce point on se heurte aux mêmes difficultés que dans les sciences humaines. Concernant celles-ci, la connaissance n'a pas nécessairement à se soumettre au principe de réfutabilité (surtout si on les étend aux différentes formes de savoir et de compétences artistiques !). En effet, la notion même de résultat n'est pas nécessairement pertinente et la vérité est assumée comme une vérité perçue.

La connaissance artistique et humaine explore le *sens*, et son objet d'étude n'est précisément pas un objet mais un *sujet*. Il est vrai que le statut de « sciences humaines » (y compris la science économique) est ambigu : ayant pour objet d'étude l'homme, la société, le monde vivant, ces sciences ne peuvent pas dans l'absolu vérifier le principe de réfutabilité. Pourtant, les économistes et les sociologues cherchent constamment, depuis un siècle environ, une caution scientifique pour légitimer l'utilisation de leurs modèles dans la décision et la gouvernance (les historiens semblent moins sollicités par les institutions décisionnelles pour l'instant, mais cela évolue, notamment sous la pression des médias).

Dans tous ces domaines, où des formes évoluées et complexes de connaissances sont manifestement à l'œuvre, la validation pose un problème plus complexe que dans le cas des sciences réfutables (physique, chimie, biologie...). Cependant, *l'objectif de validation se pose de plein droit*, et par principe, quel que soit le domaine considéré. Il faut donc bel et bien se rapporter, de près ou de loin, à ce qui caractérise la *part de vérité* dans toute forme de connaissance.

Continuons donc la question du rapport entre connaissance et vérité. La procédure de vérification peut être aussi bien logique qu'expérimentale. La première relève du principe de *non-contradiction* : les différents éléments de la connaissance ne doivent pas se contredire entre eux, ils doivent au contraire constituer un ensemble ayant une cohérence logique interne. Thomas Kuhn a établi que cette cohérence est limitée à l'intérieur de systèmes de pensée qu'il nomme *paradigmes* ; Kant avait d'ailleurs, bien avant lui, déjà fragmenté la raison en plusieurs catégories indépendantes qui rendent utopique voire dangereuse la croyance en une validation globale d'une pensée ou d'un objet. La seconde procédure de vérification est la méthode expérimentale, rêvée par Francis Bacon, pressentie dans ses principes par Descartes, mise en pratique de façon encore « artisanale » par Blaise Pascal et quelques autres hommes de science des XVIIᵉ et XVIIIᵉ siècles, puis intronisée au XIXᵉ par des hommes tels que Claude Bernard, dans le domaine de la médecine expérimentale.

La non-contradiction et la méthode expérimentale contribuent toutes deux au principe de réfutabilité énoncé au XXᵉ siècle par Karl Popper. Dans les deux cas, *la preuve est toujours provisoire* : on ne peut jamais exclure l'hypothèse que, plus tard, pourrait survenir une contre preuve, soit sous forme d'une contradiction théorique, soit par une expérimentation qui mettrait en défaut la théorie.

À retenir

Vérifier, dans la conception moderne, signifie donc non pas rendre vrai, mais seulement s'opposer à la réfutation toujours éventuelle. La vérité est donc toujours rejetée à plus tard, et le savoir se tient ainsi en équilibre précaire entre passé et avenir.

Mais cette position épistémologique, base de l'éthique de la plupart des scientifiques et des philosophes contemporains, n'est jamais tout à fait respectée, surtout dans les sciences humaines, et l'on atteint le *point limite* avec les « sciences du management ». Au cœur de chaque humain sommeillent deux tentations extrêmes, aussi dangereuses l'une que l'autre : d'un côté l'appel de la certitude, le désir de vérité, bref le rationalisme intégriste, de l'autre côté le subjectivisme voire le repli irrationnel. Ces deux tentations ont un grand pouvoir de séduction, et cela d'autant plus que le monde de demain apparaît comme de plus en plus incertain.

LA CONNAISSANCE EST-ELLE OBJECTIVE OU SUBJECTIVE ?

À défaut du sceau de la vérité, nous demandons donc désormais au savoir l'objectivité. Mais que veut dire objectif, puisque aucune preuve n'est définitivement irréfutable ? Que veut dire objectif, quand nous constatons journellement que, comme le soulignait si judicieusement Montaigne :

> **« Jamais deux hommes ne jugèrent pareillement de même chose, et est impossible de voir deux opinions semblables exactement, non seulement en divers hommes, mais en même homme à diverses heures[1]. »**

La réponse qui peut apparaître la plus cohérente est la suivante : *est déclaré objectif ce qui obtient un consensus par un processus rationnel au sein d'une communauté d'experts.* Ce consensus est-il rendu possible grâce aux capacités transcendantales de la raison humaine qu'évoquaient René Descartes et Emmanuel Kant, ou bien grâce aux vertus de la méthode expérimentale qui, depuis Claude Bernard, permet une procédure de vérification systématique et reproductible d'un résultat ? Les deux réponses

---

1. M. de Montaigne, *Les Essais*, Livre III, Chapitre XIII : « De l'expérience », Gallimard, Encyclopédie de la Pléiade, Paris, 1962, p. 1045.

sont compatibles. Dans les deux cas, nous l'avons vu, l'objectivité ne prétend pas à la vérité absolue, mais elle consiste en un processus de vérification et de discussion par lequel les experts peuvent aboutir au consensus.

Cette nouvelle posture épistémologique n'est pourtant pas dénuée de problème. D'une part, il convient déjà de ne pas confondre le consensus évoqué ici avec le subjectivisme évoqué plus haut. Ce dernier accepte tout point de vue sans discuter, sous le prétexte démagogique que tout se vaut, et que « tout est dans tout ». D'autre part, qui sont ces experts qui peuvent ainsi se mettre d'accord entre eux ? En matière scientifique, ce sont d'abord les chercheurs, les techniciens, les ingénieurs. Ces communautés ont été formées (quoique implicitement) au principe de Popper : il faut toujours chercher l'erreur. C'est la moins mauvaise façon de se tromper. Le consensus se construit donc par tâtonnements successifs, par essais-erreurs.

Mais les sociologues ont montré en de nombreuses occasions qu'aucun objet technique, aucun savoir scientifique n'est exclusivement technique ou scientifique. Tous ces objets ont toujours une dimension également humaine, sociale. Rares sont les problèmes ou les savoirs qui obtiennent une unanimité absolue, même au sein de communautés d'experts. Cela d'autant plus que les communautés en question s'enchevêtrent de plus en plus. Un problème soulevé dans tel domaine a des répercussions dans d'autres domaines que l'on ne soupçonnait pas au départ, ce qui nécessite une approche dite *pluridisciplinaire*.

Le consensus des experts se transforme donc en général en une nébuleuse de points de vue, selon la communauté qui s'empare du problème. Ces points de vue ont leurs origines dans des paradigmes de pensée différents, dans des logiques différentes, et ne peuvent donc constituer spontanément une unité conceptuelle, ni par conséquent prétendre à une vérité globale. Dans ces conditions, la seule approche valide est la *confrontation intersubjective des différents points de vue*, expurgés de leur prétention à la vérité abstraite des concepts, pour reconfigurer progressivement les jugements par la discussion et la raison, et le cas échéant élaborer de nouveaux concepts adaptés à la nouvelle situation. Là encore, l'intersubjectivité ne doit pas être confondue avec un subjectivisme effréné, la distinction étant parfois ténue, ce qui montre bien la complexité de cette problématique.

Dans leur récent ouvrage, les sociologues Michel Callon, Pierre Lascoumes et Yannick Barthe donnent de nombreux exemples de ces discussions intercommunautaires, en particulier en matière d'environnement (stockage des déchets nucléaires, couche d'ozone...) ou de santé (vache folle, crise du sang contaminé...). Selon eux, la validation des savoirs nécessite des controverses de plus en plus complexes, mais aussi de plus en plus légitimes, qui font intervenir des cercles toujours plus étendus d'acteurs :

> ▸ **« La controverse enrichit le sens d'une situation. Tous les grands projets d'aménagement ou de réforme sociale poursuivent des objectifs précis mais partiels. [...] La délimitation et la formulation initiale de ces besoins s'accomplissent généralement dans des cercles fermés (cabinets politiques, administrations centrales, directions d'entreprises...). Mais un tel confinement ne peut être durable. Tout processus de décision exige un travail d'ouverture, de diffusion. [...] Décider, c'est ouvrir la boîte de Pandore en permettant à des acteurs jusque-là tenus à distance de prendre part à une dynamique à laquelle ils vont bien vite contribuer[1]. »**

Bien entendu, ces remarques à propos des savoirs technico-scientifiques sont encore plus pertinentes lorsque l'on considère d'autres formes de connaissances, plus « molles ».

Les entreprises sont le siège de toutes sortes de connaissances, et chaque nouveau projet, chaque nouveau produit, chaque processus de décision impliquent des agrégats de savoirs et d'informations très hétérogènes. On y trouve pêle-mêle des savoirs techniques et toutes sortes d'informations sur l'état de l'art, la situation des concurrents, les données des fournisseurs, la géométrie du marché, l'attente des clients, etc. Dans ce contexte, que sont les « communautés d'experts » qui élaborent des consensus ? Ce sont bien sûr à la fois des techniciens, des ingénieurs, des chercheurs, des managers, des commerciaux, des gestionnaires, des comptables, etc. Chacun de ces acteurs est un expert dans son domaine, mais bien sûr l'expertise est protéiforme. Les experts sont donc ceux qui ont une image de légitimité dans leur fonction et qui, à ce titre, participent à des processus de décision.

L'objectivité des connaissances est le fruit de ces consensus. Elle peut donc être définie comme une intersubjectivité collective, rationnellement construite, au sein des *communautés professionnelles d'individus* : en définitive, *est déclaré objectif ce qui obtient un consensus au sein des communautés d'acteurs confrontées à un problème*. Nous sommes très loin de la notion de Vérité. Emmanuel Kant l'avait énoncé avec force :

---

1. Michel CALLON, Pierre LASCOUMES, Yannick BARTHE, *Agir dans un monde incertain (essai sur la démocratie technique)*, Le Seuil, Paris, 2001, p. 53.

> ▶ **« Le subjectif et l'objectif s'opposeront comme ce qui est valable seulement pour moi et ce qui est valable aussi pour autrui. »**

De l'intersubjectivité à la subjectivité, le pas est vite franchi. *Ce qui distingue l'objectivité et la subjectivité tient à une chose essentielle : la discussion*. C'est ce processus – la discussion – qui permet d'échanger en permanence les connaissances des uns et des autres, de reconfigurer les diverses subjectivités individuelles, de vérifier le principe de réfutabilité et le principe de cohérence interne, d'évaluer les dispositifs expérimentaux, jusqu'à atteindre un consensus. Dans ce processus de discussion et de validation entre communautés d'acteurs, *la subjectivité tend progressivement à s'estomper*. En fait, elle ne s'efface pas, elle se transforme par étapes en une subjectivité partagée qui s'articule avec un nombre croissant d'objets : *elle s'est objectivée*. Dans l'intervalle de temps, les connaissances se combinent entre elles, se recomposent, et de nouvelles connaissances se créent.

LES DEUX FONCTIONS DE LA CONNAISSANCE : PRESCRIRE ET INTERPRÉTER

Revenons à présent aux attentes formulées vis-à-vis de la connaissance objective-subjective. Et rappelons tout d'abord un fait essentiel : la connaissance est pouvoir. Pouvoir de créer, pouvoir de comprendre. Le savoir de l'homme moderne l'entraîne à produire des objets de plus en plus inouïs, à réaliser des prouesses de plus en plus étonnantes. Mais l'Histoire a montré depuis longtemps que, dans ces spirales créatrices, les solutions entraînent de nouveaux problèmes, les progrès s'accompagnent de nouveaux risques. La condition de l'homme moderne est celle de la complexité.

Savoir faire n'est pas suffisant. Il faut toujours être prêt à *évaluer, corriger, remettre en cause, faire autrement*. Le savoir ne doit pas être seulement instrumental et utilitaire, car le risque est trop grand de nous retrouver un jour incapables de *comprendre* ce qui se fait. Rappelons ce qu'en dit la philosophe Hannah Arendt :

> ▶ **« Il se pourrait, créatures terrestres qui avons commencé d'agir en habitants de l'univers, que nous ne soyons plus jamais capables de comprendre, c'est-à-dire de penser et d'exprimer, les choses que nous sommes cependant capables de faire[1]. »**

---

1. Hannah ARENDT, *Condition de l'homme moderne*, Calmann-Lévy, 1961, coll. Agora Pocket, Paris, 1983.

Le modernisme économique et la technoscience ne peuvent donc être laissés à leur autonomie ; ils *doivent être interrogés en permanence par ce qui est encore sujet dans l'homme*, afin, comme le souhaitait Emmanuel Kant, de ne jamais subordonner les fins aux moyens.

Dans son ouvrage *La condition postmoderne*, le philosophe Jean-François Lyotard avait ainsi été conduit à distinguer deux versants opposés du savoir :

> ▷ **« On est tenté de distinguer deux sortes de savoir, l'un, positiviste, qui trouve aisément son application aux techniques relatives aux hommes et aux matériaux et qui se prête à devenir une force productive indispensable au système, l'autre, critique ou réflexif, ou herméneutique, qui, s'interrogeant directement ou indirectement sur les valeurs ou les buts, fait obstacle à toute *récupération*[1]. »**

À retenir ——————————————————————

Dans cette perspective qui fonde une éthique du savoir adaptée au monde moderne, c'est la *légitimité* des modèles – et donc des décisions et des actions sociales, économiques, politiques – qui est en jeu. L'économie fondée sur le savoir fait donc apparaître deux critères d'évaluation de la connaissance, qui doivent être toujours clairement distingués : son *utilité* et sa *légitimité*. Avec l'utilité, nous sommes sur le versant de la performance et de la norme ; avec la légitimité, nous allons au-delà pour questionner à la fois les conséquences de nos actes mais aussi les non-dits et les *entre-deux* qui gouvernent notre raison et plus encore nos désirs.

La légitimation, selon J.-F. Lyotard, c'est « le processus par lequel un législateur se trouve autorisé à promulguer une loi comme une norme ». Nous pouvons ajouter qu'il en va de même de l'élu, du patron, du professeur et, de façon générale, de tous les *travailleurs du savoir* et de tous les citoyens, dans la mesure où chacun est à un moment donné partie prenante d'un processus d'acculturation et de normalisation.

La connaissance doit donc avoir deux fonctions complémentaires, auxquelles nous nous ramènerons très souvent, tout au long des chapitres qui vont suivre : la fonction normative et la fonction herméneutique.

---

1. Jean-François LYOTARD, *La condition postmoderne... op. cit.*

À retenir

La fonction normative : prescrire – Cette fonction dit *ce qu'il faut faire et comment*. Elle oriente et prescrit l'action rationalisée, en permettant la communication, la coopération, la combinaison. Elle élabore les normes, méthodes, règles, lois, prescriptions (juridiques, médicales, sociales, techniques...). Parée de l'efficacité quantitative et de l'objectivité apparente, elle est en même temps de nature sociale puisqu'elle structure les jeux d'acteurs, délimitant ce qui est faisable et ce qui ne l'est pas. Le système, l'organisation, la technique, les outils, les produits, les réponses, sont les instruments visibles de la fonction normative. Dans le langage de la philosophie chinoise, nous dirions qu'elle révèle le côté yang de la connaissance.

La fonction herméneutique : interpréter – Cette fonction interroge *le pourquoi des actes et des choses*. Elle explore la signification et interprète les lois de l'action dans chaque contexte concret. Elle discute, met en perspective, donne du sens. Interpréter renvoie au travail du comédien, qui donne chaque soir une prestation unique tout en étant cohérent avec la partition de son personnage. Tournée vers l'incertain, au service de l'esprit de synthèse, l'interprétation contribue aussi bien à assimiler le passé qu'à susciter l'avenir. Explorant les creux, les vides, éclairant des liens invisibles entre les choses, la fonction herméneutique révèle le côté yin de la connaissance.

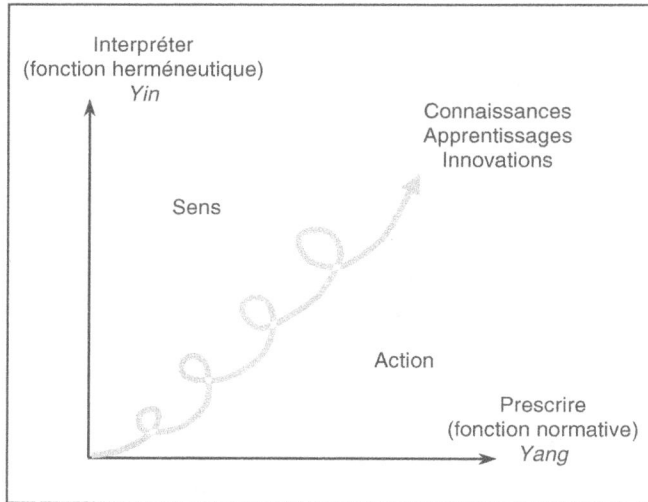

Figure 9. Les deux fonctions de la connaissance : interpréter et prescrire

Le yin et le yang dans la connaissance technique : les effets biologiques des champs électromagnétiques

Pour prendre deux exemples, examinons les débats suivants : les lignes électriques à haute tension ont-elles une influence sur le corps humain ? De même, les téléphones portables peuvent-ils avoir des impacts sur la santé ? De façon générale, le champ électromagnétique a-t-il des effets biologiques ? Et qu'est-ce que cela pourrait bien signifier, des « effets biologiques » ? Des maladies nouvelles ? Un facteur d'augmentation de certains cancers ? Des troubles du système nerveux ou du système oto-rhino-laryngologique ? Des effets génétiques ? Des pathologies psychosomatiques (stress, fatigue, angoisse...) ? Qu'appelle-t-on des troubles, des effets, des maladies ? Comment cela se repère-t-il ? Comment caractériser leurs effets ? Sont-ils naturels ou artificiels ? Sont-ils acceptables ? Est-ce le *prix à payer* du progrès ? Qui est prêt à l'accepter ? Quelles décisions faut-il prendre ? Doivent-elles être de nature scientifique, technique, sociale, urbanistique, juridique, éthique ?

De nombreux savoirs sont nécessaires pour traiter les différents aspects de ces questions. Pour un ingénieur spécialiste de la mesure ou pour un gestionnaire chargé d'exploiter les lignes électriques, on ne constate pas d'effets sensibles, il n'y a donc pas de problème, sauf à sombrer dans l'irrationnel. Les normes de l'action se limitent dans ce cas aux savoir-faire et aux spécifications techniques d'exploitation des ouvrages. Pour un ingénieur qui conçoit des téléphones portables, c'est aussi la fonction normative du savoir qui est prépondérante, à travers ses connaissances théoriques et techniques. Le physicien va un peu plus loin : il simule l'intensité du champ dans les différentes parties du corps humain et compare les valeurs obtenues pour plusieurs types de sources (ligne à haute tension, téléphone portable, rasoir électrique, four à micro-ondes...). Pour un médecin, des études épidémiologiques sont nécessaires. Il faut choisir des échantillons de population, exploiter des bases de données issues du milieu hospitalier, organiser des traitements statistiques sur un laps de temps très long pour rechercher des corrélations entre les populations exposées et les maladies telles que la leucémie enfantine. Pour un biologiste, il faut mettre en œuvre des instrumentations spécifiques en laboratoire, afin de tester les effets d'un champ magnétique sur des populations animales. Pour un psycho-sociologue, il faut déjà définir l'objet : de quoi parle-t-on lorsqu'on évoque des *troubles* ? Quels protocoles d'identification, d'évaluation, de discussion peut-on mettre en œuvre ?

Toutes ces connaissances appartiennent à des *paradigmes* différents. Ce ne sont pas les mêmes données, les mêmes grandeurs, les mêmes concepts, les mêmes discours qui sont exploités et analysés. Comment élaborer une réponse globale et satisfaisante aux questions posées ? Peut-on se contenter de réponses partielles, dans le cadre restreint de chaque domaine ? Ces réponses isolées ne risqueraient-elles pas d'être incohérentes entre elles, sans même que l'on s'en aperçoive ? Il faut composer des savoirs de natures différentes. Tout cela suppose des ensembles normatifs complexes et plus ou moins disjoints les uns des autres. Les juxtapositions et combinaisons de savoirs nécessitent de larges parts d'interprétation, encore plus complexes que l'interprétation qui ne s'intéresse qu'à l'une des approches. Ainsi objectivité et subjectivité, normativité et interprétation ne peuvent être découplées. La connaissance ne peut se couper en deux parties, l'une pour l'action et l'autre pour comprendre. L'action et le sens interagissent, se coconstruisent. Les deux fonctions de la connaissance coopèrent toujours plus ou moins.

La part d'interprétation est-elle – comme certains le penseront – une *cerise sur le gâteau*, un luxe intellectuel destiné à *ceux qui cherchent toujours la petite bête* ? La fonction normative, par laquelle la connaissance nous dit ce qu'il *faut* faire au nom du pragmatisme utilitaire, n'est-elle pas suffisante ?

La fonction normative utilise en apparence la modalité rationnelle de la connaissance, mais il ne faut pas s'y tromper car, derrière cette façade, elle tend à dissimuler le fait que tout savoir normalisé est le produit d'une histoire, d'un désir, et se nourrit de connaissances incorporées, intuitives, subjectives. Ces éléments sont éludés pour les besoins de mesure quantitative de l'efficacité.

La fonction normative est donc une fonction instrumentale. Elle est indispensable pour produire de l'efficacité dans les situations balisées. Mais elle devient ambiguë lorsqu'on s'obstine à ne voir qu'elle. Sans normes, pas de communication, pas de production organisée. Mais dans un univers exclusivement peuplé de normes, la société devient une mécanique, et l'homme, un robot, puis un monstre.

Les situations imprévues et complexes que la réalité nous présente si souvent réclament de notre part une *gestion harmonieuse des deux fonctions de la connaissance – normative et herméneutique*. La seconde seule permet le *discernement* : faut-il appliquer telle règle dans telle situation ? Faut-il modifier la règle ? Choisir telle solution ou telle autre ? C'est l'interprétation, la discussion, la combinaison de la pensée rationnelle et de la pensée intuitive, qui permettent de faire les meilleurs choix, du point de vue global des *moyens* et des *fins*.

Lorsque la norme et l'objectivité prétendent prendre le pouvoir, un fossé se creuse entre ceux qui prétendent savoir (experts, décideurs) et les autres (citoyens, consommateurs, utilisateurs, bref, les profanes). Cette mise à l'écart conduit à des *impasses socio-techniques* (contestation, conflits, marginalisation, crises), mais cela présente un autre inconvénient : *les savoirs profanes* constituent souvent une richesse qui mériterait d'être valorisée. Les sociologues s'intéressent de plus en plus à ces potentiels et ont mis en évidence des situations où savoirs experts et savoirs profanes ont su être confrontés, puis combinés, pour produire de nouvelles connaissances :

> ▷ **« Les controverses socio-techniques tendent à faire émerger, par essais et erreurs, par reconfigurations progressives des problèmes et des identités, un monde commun qui soit non seulement habitable mais également vivable et vivant, non pas fermé sur lui-même mais ouvert à**

de nouvelles explorations et à de nouveaux apprentissages. L'enjeu pour les acteurs n'est pas seulement de s'exprimer ou d'échanger, ou encore de passer des compromis ; il n'est pas seulement de réagir, mais de construire[1]. »

Norme et interprétation dans le conflit entre savoirs experts et profanes

Un exemple en est donné par les auteurs de cette citation, à propos des discussions sur le tracé des lignes de TGV. Dans le cas du TGV Sud-Est, la connaissance au départ du projet se présentait, aux yeux des techniciens et des décideurs, comme purement objective et normative : les paramètres sont centrés sur une problématique exclusivement technicienne. Les riverains manifestent alors leur hostilité au projet. Pour étayer leur position, ils soulèvent des problèmes négligés ou ignorés par les techniciens (construction de remblais massifs, impact sur des milieux naturels sensibles, impact sur les réseaux locaux de transport...). La controverse fait ainsi émerger la composante herméneutique de la connaissance. Ne pas en tenir compte, c'est générer à terme différents problèmes d'intégration, d'urbanisme, d'environnement. La technique a des impacts hors de la technique et la pleine connaissance du problème d'ensemble nécessite un recadrage : interprétations et savoirs alternatifs enrichissent le projet et conduisent finalement à des choix plus satisfaisants dans la durée.

Les concepts yin et yang de la philosophie chinoise sont une autre façon d'exprimer ces deux grandes fonctions de la connaissance. Nous pourrons donc recourir aussi bien à la dualité occidentale qu'orientale dans la suite, de façon à ce que le lecteur y trouve son compte, selon ses attirances personnelles. Toutefois, il convient, pour devancer tout malentendu, de souligner que *le yin et le yang ne constituent pas une opposition binaire, comme les apprécie souvent la pensée occidentale*. Ces deux concepts appellent au contraire, en cohérence avec la pensée orientale, un principe supérieur d'unité qui, au-delà de l'opposition apparente, concilie. Ainsi, le lecteur est invité, dans la suite, à ne pas réduire le propos à une hypothétique opposition entre rationnel et irrationnel, objectivité et subjectivité, logique et intuition. C'est bien la *cohérence intime*, dans l'esprit de chacun, entre yin et yang, qui permet la réussite (le tableau de la figure 10 reprend cette dualité).

---

1. Michel CALLON et *al.*, *op. cit.*, p. 59.

Fonction normative Yang	Fonction herméneutique Yin
Prescription	Interprétation
Action	Sens
Structuration	Agilité
Recherche de stabilisation	Transformation permanente
Besoin de prévision	Acceptation de l'incertain
Analyse	Synthèse
Explicite	Tacite
Généralisation	Contextualisation
Abstrait	Concret
Plein	Vide
Un seul sens	Plusieurs sens

Figure 10. Les deux fonctions de la connaissance

Terminons par une illustration qui montre comment les deux fonctions – prescrire et interpréter – se retrouvent dans la problématique de la gestion des connaissances dans les entreprises.

Imaginons le cas d'un patron qui souhaite mettre en place une politique de gestion des connaissances. Ce patron a une stratégie pour son groupe et il souhaite que la gestion des connaissances soit l'instrument de cette stratégie. S'il est anglo-saxon, il énoncera cela dans les termes suivants : « *Knowledge management is a business process.* » Autrement dit, c'est un processus métier, au service de la stratégie. Ou, plus prosaïquement : la connaissance, pour nous, c'est une affaire sérieuse, une affaire objective parce qu'elle se compte en parts de marché et en dollars. On peut entendre aussi, accessoirement : ce n'est que cela, et qu'on ne vienne pas nous compliquer la vie avec des considérations philosophiques sur la connaissance ; tout cela n'est pas notre *business*. Ainsi, les connaissances et les compétences seront auscultées à l'aide d'une grille de lecture claire et objective : telle compétence est *bonne* car elle nous procure un avantage concurrentiel, tel projet est *bon* car il nous procure le produit dont nous avions besoin pour investir une niche de marché, telle technologie est bonne car elle nous permet d'augmenter notre productivité, telle opération de fusion est nécessaire pour satisfaire l'actionnaire, etc. Cette politique clairement affichée donne le *la* sur les actions et les projets, et elle permet de savoir, en toutes circonstances, ce qui est bon ou pas. L'entreprise dispose donc bien d'une grille de lecture pour évaluer toutes les compétences, toutes les connaissances, toutes les informations. Nous savons de quel côté le soleil se lève chaque matin, et ce côté indique la vérité, prescrit la bonne direction. Nous sommes dans l'univers efficace d'une gestion normative des connaissances.

Mais quid de la fonction herméneutique ? Où est l'interprétation ? Si la stratégie affichée entre en résonance avec un monde stationnaire, alors, nul doute que les critères pour évaluer les connaissances sont les bons. La part d'aléa est réduite à quelques erreurs ici ou là, mais globalement nous sommes dans un univers objectif. Si, au contraire, un beau matin, un imprévu majeur survient – arrivée d'un nouveau concurrent, accident écologique, crise boursière, etc. –, alors tout change. Le soleil ne se lève plus du même côté. Tout à coup, la stratégie d'hier n'apparaît plus comme un absolu mais comme un choix relatif. La grille de lecture, les critères d'évaluation s'effondrent. Les « bonnes pratiques » d'hier conduisent à l'impasse. Où est passée la connaissance vraie ? Toute l'entreprise se met à réinterpréter les dossiers, les affaires, les situations, les hommes avec d'autres critères. Une nouvelle grille d'interprétation serait à bâtir. Mais, à vrai dire, dans cette période de changement, de transition, la notion de grille est caduque. Il faut apprendre à réinterpréter chaque jour la vérité de la veille.

À retenir

Dans un monde complexe en permanente évolution, la fonction herméneutique de la connaissance (le yin) ne peut pas être ignorée. Il faut réapprendre en permanence et donc s'interroger, construire du sens. Cela ne veut pas dire passer à l'extrême inverse. L'action nécessite des normes et des prescriptions. Mais l'action *dans un monde incertain et complexe* nécessite un équilibrage entre la norme et l'interprétation, entre la fonction normative et la fonction herméneutique – le yang et le yin – de la connaissance.

Cela s'applique aussi bien aux situations de crise et d'incertitude qu'aux situations quotidiennes de compétition, où l'innovation est une nécessité constante. La capacité créatrice, de façon générale, implique cet équilibre entre les deux fonctions de la connaissance.

LE SAVOIR NE SAIT PAS TOUT : UN EXEMPLE TRAGIQUE

En conclusion de ce chapitre, la modestie s'impose : *le savoir ne sait pas tout, et il ne dit pas tout.* Dans sa quête pour *comprendre* et *améliorer*, il s'ouvre toujours sur de nouvelles questions. Ainsi que le suggérait Arthur Koestler, le savoir progresse à la manière d'un somnambule, tâtonnant au bord du vide. Il ne faut pas s'en plaindre car, sans sa confrontation avec l'inconnu, la création humaine perdrait toute saveur et deviendrait sans doute rapidement totalitaire.

Pour illustrer les différents aspects de la connaissance décrits dans ce chapitre, et en particulier les dualités entre raison et intuition, objectivité et subjectivité, prescription et interprétation, souvenons-nous d'une histoire tristement célèbre, celle de la navette Challenger et de son issue fatale en janvier 1986. Pour approfondir ce dossier, le lecteur se reportera à l'ouvrage de deux sociologues américains, Harry Collins et Trevor Pinch[1], lui-même appuyé sur les rapports de l'enquête – dont celui, en 1996, de Diane Vaughan de l'université de Chicago.

Cap Kennedy, 27 janvier 1986, 22 h 15

La salle de téléconférence de la NASA, située sur la côte Est des États-Unis, est reliée par satellite à celle de la société Morton Thiokol, située à 3 000 km de là, dans l'Utah. Thiokol est l'un des fournisseurs du programme de la navette spatiale *Challenger*, en charge de la construction des propulseurs. Au total, 34 personnes participent à la réunion.

« Disposez-vous de données objectives et quantifiées vous permettant de justifier votre point de vue, Roger ? »

L'homme qui pose cette question est Larry Mulloy, le chef de la direction de la NASA en charge des propulseurs d'appui. Sur l'écran en face, son interlocuteur de l'Utah est Roger Boisjoly, l'un des ingénieurs de Thiokol chargés de la mise au point des joints d'étanchéité sur la fusée d'appoint. Il semble tendu, réfléchit un bref instant, comme pour donner plus de poids à sa réponse.

« J'ai examiné le raccord des joints après le lancement de l'an dernier. J'ai trouvé de la graisse à l'intérieur, entre les deux joints. Elle était noircie par la chaleur. Pour moi, cela indique que le premier joint n'a pas joué son rôle d'étanchéité.

– Oui, mais sur votre tableau on voit bien que des dégradations importantes sur les joints peuvent se produire à n'importe quelle température ! Pourquoi diable cette limite de 11 °C ?

– D'après mes observations, le joint de l'an dernier était beaucoup plus dégradé que les autres fois. Or c'est la seule fois où la température extérieure était aussi basse.

– Avez-vous pu chiffrer ces observations ?

– J'ai vu le joint de mes yeux, et je pense que...

Larry l'interrompt sèchement :

– Vous *pensez*, Roger, mais nous avons besoin de données précises !

---

1. Harry COLLINS et Trevor PINCH, *Les nouveaux Frankenstein, quand la science nous trahit*, Flammarion, coll. Nouvelle bibliothèque scientifique, Paris, 2001 ; édition originale Cambridge University Press, 1998.

Larry s'adresse alors à l'ensemble des interlocuteurs réunis dans les deux salles :

– Mon dieu, Thiokol, quand voulez-vous que je procède au lancement ? En avril prochain ? »

Un court instant de silence s'ensuit, puis un homme prend la parole, lentement, sur un ton posé, mais ferme. C'est le supérieur de Larry, Georges Hardy. Il se campe devant l'écran et s'adresse à ses interlocuteurs de l'Utah :

« Messieurs, permettez-moi de vous dire que je suis horrifié... Je n'arrive plus à vous suivre, vraiment. Vous avez toujours minimisé les problèmes des joints par rapport à nos propres évaluations, et à présent voilà que vous semblez chercher tous les arguments pour retarder le programme. Votre changement de position est incompréhensible. Je suis vraiment horrifié... Néanmoins, sachez que, sans votre accord, je n'accepterai jamais de procéder au lancement. »

Chez Thiokol, ces paroles font l'effet d'une onde de choc. Georges Hardy est une personne d'autorité qui force le respect. De plus, en tant que membre du comité de direction de la NASA, il est celui qui incarne le jugement du client. Dans leur salle de l'Utah, les ingénieurs de Thiokol se raidissent. Leur directeur technique se lève et s'adresse à Georges Hardy :

« Georges, si vous n'y voyez pas d'inconvénient, j'aimerais que vous nous laissiez cinq minutes de débriefing. Nous allons refaire le point et nous vous donnerons notre position. »

La téléconférence est suspendue. Dans les locaux de Thiokol, une discussion animée commence. À l'évidence, l'argumentation technique retenue avant la conférence reste insuffisante. Les ingénieurs de la NASA n'ont pas tardé à mettre le doigt sur le maillon faible. La thèse de Roger Boisjoly et de son supérieur repose sur des estimations visuelles et sur des hypothèses.

Pendant dix longues années, les joints qui permettent d'isoler les gaz sous pression dans les enceintes des fusées d'appoint ont fait l'objet d'interminables controverses entre les experts. Dans les premières fractions de seconde après l'allumage, l'ensemble de l'enceinte est soumis à une énorme pression de gaz brûlants. Les larges sections cylindriques des réservoirs qui s'emboîtent les unes dans les autres subissent une légère déformation, au niveau des jonctions. Cette déformation entraîne un risque d'échappement des gaz, ce qui doit être évité absolument. L'étanchéité est assurée par deux séries de joints toriques en caoutchouc. Cette double précaution a longtemps paru une garantie absolue de sécurité aux concepteurs de chez Thiokol. Mais le prestigieux centre Marshall de la NASA, dès le milieu des années soixante-dix, a émis des réserves sur le comportement des joints. Des quantités d'essais, de calculs, et d'améliorations techniques ont été réalisés pendant dix ans. Peu à peu, les connaissances accumulées sur le comportement des joints ont permis une grande maîtrise du problème. Les marges d'incertitude ont pu être réduites progressivement et le sentiment de confiance a gagné peu à peu l'ensemble des ingénieurs, aussi bien à la NASA que chez Thiokol.

À partir de 1981, des lancements réguliers de la navette ont eu lieu, sans incident majeur. Chaque lancement a été l'occasion de nouveaux progrès dans la compréhension des phénomènes, et pourtant à chaque fois des incidents mineurs se sont produits au niveau des joints d'étanchéité. Toutefois, ces défauts réitérés font partie des innombrables et inévitables petits aléas qui se produisent à chaque vol et ils ne constituent donc que l'un des nombreux sujets de préoccupation. À présent, la NASA a acquis la certitude que les risques sont devenus négligeables et elle souhaite ne pas retarder davantage le nouveau programme de lancement. Cela, d'autant plus que les vols précédents ont déjà eu des difficultés à respecter leurs plannings. Les retards et les incidents font mauvais effet pour une navette qui a été déclarée publiquement *opérationnelle* par le président Ronald Reagan. Les enjeux politiques et commerciaux sont énormes et ce soir, veille du lancement prévu, il devient très difficile de prendre des décisions qui pourraient ternir l'image du programme et donc de la nation tout entière.

Dans ces conditions, il paraît vraiment incongru de revenir une fois encore sur un problème technique si longtemps débattu, dont tout le monde sait, grâce aux expériences réussies, qu'il ne présente de toute façon que des risques mineurs. Que ces risques puissent être augmentés, comme le craint Roger Boisjoly, par une température extérieure plus basse que d'habitude, cela semble vraiment une hypothèse farfelue, une maniaquerie d'un ingénieur en proie au délire de la perfection ! Entrer dans cette logique aboutirait sans doute à revoir la conception des joints, ce qui pourrait entraîner des mois, voire des années, de report. Et bien sûr sans aucune garantie que d'autres solutions ne poseraient pas de nouveaux types de problèmes...

Tandis que, dans la salle de réunion de Thiokol, le temps s'égrène trop vite, le vice-président de la société, Jerry Mason, résume les arguments de Mulloy. Boisjoly maintient son point de vue, exhibe quelques photographies montrant des traces de suie sur les joints, mais il ne peut apporter de preuve irréfutable en faveur de son hypothèse. La discussion se prolonge une demie heure.

Finalement, Mason, ne voyant pas de possibilité de consensus technique, annonce qu'il faut maintenant prendre une décision « de management ». On passe au vote. Trois des quatre directeurs présents optent pour le lancement de la navette, mais le dernier, Robert Lund, hésite encore. Mason s'adresse à lui :

« Il est temps d'enlever ta casquette d'ingénieur, j'attends de toi une réponse de manager. »

Lund sent qu'il ne peut plus reculer devant ses responsabilités. Il décide lui aussi de voter en faveur du lancement. Vingt minutes plus tard, à 23 h 15 heure locale à Cap Kennedy, la téléconférence entre Thiokol et la NASA prend fin.

Le lendemain, 28 janvier 1986, en fin de matinée, la navette Challenger décolle. Parmi les sept passagers se trouve Christa McAuliffe, surnommée par les médias l'*institutrice de l'espace*. À 11 h 38, heure locale de la côte Est, un nuage de fumée blanche ondoie dans le ciel de Floride...

Le lecteur pourra, à titre d'exercice, débusquer dans ce récit les différents aspects de la connaissance décrits dans ce chapitre, en particulier les quatre modalités de la connaissance (pensée intuitive, pensée rationnelle, mémoire procédurale, mémoire épisodique), les trois modes d'intégration de la connaissance (information, savoir, compétence), les deux formes d'apprentissage (rationnel et en acte), les dimensions objective et subjective de la connaissance.

Il y trouvera aussi, très facilement, le yang et le yin de la connaissance, qui prescrit l'action et permet la communication objective, qui interprète le monde et y décèle aussi bien les sens enfouis que les signaux précurseurs d'un avenir incertain...

Deuxième partie

Partager ses connaissances crée de la richesse

Voici les grands principes de la gestion des connaissances, par une approche qui allie l'art du management, l'économie, et la sociologie des organisations. Comment le savoir produit-il de la valeur ? Comment capitaliser, transmettre, renouveler ? Une synthèse des méthodes existantes est étayée par des exemples concrets et variés.

Ayant rassemblé quelques jalons théoriques sur la connaissance en vue d'éclairer les praticiens du savoir, nous allons voir maintenant comment ils se jouent sur la scène de l'organisation, dans un souci de gestion de ce savoir.

Tout d'abord, nous nous interrogerons sur ce que l'on entend par le terme de « gestion des connaissances ». D'où vient cette notion ? Quels en sont les grands principes ? Quelles sont les pratiques les plus significatives ? Une façon de répondre à ces questions serait de dresser un catalogue des méthodes et outils. D'autres l'ont déjà fait, plus ou moins (et il faudra sans doute des mises à jour régulières). Une autre façon serait de chercher à établir une théorie scientifique, en une approche académique. Celle-ci reste à faire par les institutions compétentes, mais rien ne nous assure que cela soit possible. Nous proposerons ici une alternative intermédiaire : présenter les pratiques à travers un fil conducteur qui nous permettra d'aller au-delà du catalogue, tout en laissant au lecteur la possibilité de faire ses choix, ses évaluations, ses interprétations.

Nous allons tout d'abord retracer brièvement quelques étapes clés qui ont marqué l'émergence puis l'essor de la gestion des connaissances. Nous en viendrons alors à comparer la connaissance à la communication, ce qui nous donnera une clé pour mieux saisir à la fois la pertinence des systèmes d'information et leurs limites. Nous proposerons alors un modèle qui rend compte d'une façon très synthétique et simple des différentes approches existantes. Ce modèle intègre les quatre processus fondamentaux de la gestion des connaissances telle qu'on la repère dans la pratique : la socialisation, la capitalisation, le transfert et le renouvellement.

Pour clore ce chapitre, nous nous intéresserons au rôle de la connaissance dans la théorie de la valeur. Cette question est importante car les décideurs attendent de la gestion des connaissances un retour sur investissement. Or, dans le cas du savoir, nous allons voir que la question du retour sur investissement a de grandes chances d'être mal posée dès le départ.

Dans les chapitres suivants, nous passerons en revue les principales métho-des et approches de gestion des connaissances : annuaires d'expertise, travail collaboratif, communautés de pratiques, documentation, processus de retour d'expérience, répertoires de connaissances tacites, recueils de « bonnes pratiques », histoires apprenantes, modélisation formelle. Ce tour d'horizon sera complété par des recommandations concrètes sur la façon de piloter un projet de gestion des connaissances, notamment dans le cas où est mis en place un portail en Intranet associé à une organisation ad hoc.

Enfin, nous pourrons nous familiariser avec les principaux métiers de la connaissance aujourd'hui. Le *directeur du savoir* et l'*architecte du savoir* sont sans doute les plus nouveaux. Mais nous verrons que les autres métiers, s'ils existaient déjà parfois depuis très longtemps, ne présentent pas moins des évolutions importantes, qui sont liées à la place croissante de la connaissance dans l'économie. Ainsi des métiers de documentaliste-éditeur (qui devient un consultant du savoir et un prestataire de services), de formateur et de *coach* du savoir. En outre, tout employé devient progressivement un *travailleur du savoir* ou, a minima, un *utilisateur apprenant* dans le contexte des nouvelles technologies de la communication.

1

Les fondamentaux, de la connaissance à la richesse

ÉMERGENCE DE LA GESTION DES CONNAISSANCES

Lorsque nous examinons le développement de la notion de gestion des connaissances, nous nous apercevons que son socle conceptuel est d'abord un héritage croisé des grands classiques de la sociologie des organisations et de l'économie. Plusieurs étapes intermédiaires ont préparé le terrain : l'analyse socio-économique des processus de décision, l'apport du management à l'organisation apprenante. Les approches de gestion du capital immatériel et le courant de l'intelligence économique ont alors inauguré les premières formes opérationnelles de gestion des connaissances à l'échelle des entreprises. Enfin, des projets de capitalisation des connaissances sont apparus, dans des contextes aussi différents que les grands groupes internationaux ou les unités de production et de R&D des entreprises.

L'apport socio-économique : les processus de décision

Les développements en sociologie des organisations ont été suscités, à partir des années vingt, par les *questions pratiques d'organisation du travail, de productivité et de motivation* posées par l'essor des grands groupes industriels (héritages de Taylor, Ford...). Il s'agissait en particulier d'optimiser le fonctionnement et d'analyser l'influence des structures organisationnelles sur la production.

Rationalisation et standardisation ont ainsi influencé la gestion et le management pendant des décennies, dans un univers où l'apparition de l'ordinateur, des sciences de l'ingénieur et des mathématiques appliquées (statistique, algorithmique...) semblait autoriser une mécanisation et une optimisation des processus de production. Le travail étant mécanisé, mesuré, optimisé, contrôlé, surveillé, le rôle de l'humain tendait à être nié par cette nouvelle forme d'idéologie.

En même temps, la réflexion s'élargissait aux recherches empiriques consacrées aux bureaucraties industrielles et publiques. Peu à peu s'est développée, *en réaction à l'idéologie mécaniste*, une prise de conscience tendant à revaloriser ou, en tout cas, comprendre, *la place de l'homme*. Des thèmes tels que les interactions sociales, les processus de décision, les jeux d'acteurs, les dynamiques de coopération, les phénomènes de pouvoir sont alors apparus. Tous ces thèmes irriguent aujourd'hui la nébuleuse de la gestion des connaissances.

Citons tout d'abord l'apport de J.-G. March et H.-A. Simon à l'étude des processus de décision. Ces auteurs ont développé, à la fin des années cinquante, une thèse qui leur a valu le prix Nobel, popularisée à travers le concept de *rationalité limitée*. Effectuant une synthèse entre la rationalisation des processus de production et la dimension psychosociale des relations humaines, ils ont démontré que les acteurs, dans un processus de décision, n'ont jamais la possibilité d'optimiser leurs choix, contrairement à ce que véhicule une opinion dominante. Ils ont en fait tendance à choisir la première solution qui leur semble *opératoire*. La réalité est complexe, et même si chaque acteur est amené à se prétendre *rationnel* dans ses choix, les jeux de pouvoir, l'incomplétude des informations et la nature des relations humaines constituent des facteurs « non rationnels » qui interviennent de façon souvent déterminante dans le fonctionnement.

Décrivant le processus de l'innovation, March et Simon évoquent d'abord l'importance des souvenirs dans la résolution de problèmes :

> **« Dans toutes les activités résolutoires humaines, le souvenir joue un rôle énorme. Dans le souvenir sont emmagasinés à la fois le répertoire des solutions possibles pour des classes de problèmes rencontrés dans le passé et des répertoires de constituants pour des solutions de problèmes[1]. »**

1. J.-G. MARCH, H.-A. SIMON, *Les organisations. Problèmes psychosociologiques*, John Wiley & Sons, New York, 1958 ; Bordas, 1960, Dunod, 1991, Paris, p. 172.

Mais *l'expérience et la mémoire* ne suffisent pas à tout expliquer. Pour les activités créatives, le problème est d'exploiter au mieux l'information. Ici, March et Simon proposent une description qui préfigure nettement, quarante ans à l'avance, la problématique du knowledge management telle qu'elle s'est dessinée ces dernières années :

> « Une des techniques principales pour obtenir des informations est d'interroger quelqu'un qui les possède plutôt que de se mettre en quête d'une façon plus pénible. Mais pour parvenir à effectuer la première de ces démarches, une recherche peut être nécessaire pour savoir qui détient l'information recherchée. Un élément important de la structure organisationnelle consistera en un ensemble de connivences et d'expectations de la part des participants, afin de déterminer à quel endroit de la structure se situe telle partie de l'information[1]. »

Poursuivant leur analyse, les auteurs en viennent ensuite à inventorier les *vertus du travail en groupe* et la valeur ajoutée par rapport à la créativité individuelle : la *dissémination des erreurs* (les membres du groupe ne font pas les mêmes erreurs simultanément, le jugement collectif est donc réputé supérieur), l'*influence augmentée des jugements* (la confrontation des jugements permet de les pondérer et donc de les hiérarchiser), la *division du travail* (le groupe peut subdiviser le problème global et répartir les tâches en fonction des compétences, ce qui permet de gagner du temps). Nous voyons là apparaître des conceptions certes encore très influencées par le taylorisme, mais relativement dégagées de leur dimension doctrinaire : March et Simon introduisent en effet, dans l'analyse de ces processus, les phénomènes sociaux et notamment les *relations d'influence et de pouvoir* qui s'exercent au sein d'une collectivité :

> « Il existera des pressions sur les individus membres d'un groupe pour produire une conformité à l'opinion de la majorité. [...] L'exigence d'avoir à communiquer ses idées à d'autres obligera les membres du groupe à aiguiser et clarifier leurs idées[2]. »

Enfin, March et Simon décrivent *l'innovation* d'abord comme processus non programmé, à travers la notion de *changement* : « Le taux d'innovation a tendance à augmenter quand les changements du milieu rendent insatisfaisantes les procédures organisationnelles existantes » et la notion de *tension optimale* : « L'innovation sera plus immédiate et vigoureuse lorsque la tension de l'organisation ne sera ni trop forte ni trop faible. »

---

1. *Ibid.*, p. 175.
2. *Ibid.*, p. 177.

Ils posent alors la question de l'institutionnalisation de l'innovation par la mise en œuvre de programmes spécifiquement conçus.

Le processus de décision et le management du changement ont donc été parmi les premières thématiques qui se tournaient vers la cognition humaine et la production des connaissances dans le monde du travail. On peut encore évoquer une autre influence, celle de l'économiste Fritz Machlup (1902-1983). Celui-ci étudie le rôle de l'information dans les choix effectués par les décideurs et les acteurs de l'économie. Les informations sont toujours incomplètes voire ponctuelles. Dans le monde de la complexité, les systèmes de décision reposent sur des *indicateurs*, qui ne révèlent toujours qu'une vue partielle de la réalité. Dès lors il est fréquent que les agents économiques, focalisés presque uniquement sur les variations quantitatives de ces indicateurs, se retrouvent en position de décider sans avoir de vue globale des problèmes.

À retenir

L'économie réagit donc à l'information du jour et perd de vue la situation dans sa globalité et dans sa réalité concrète. Les modèles utilisés dans les prévisions sont des constructions types idéales, qui ne tiennent pas assez compte de chaque cas concret. La prévision se développe souvent dans une *fiction* entretenue par les observateurs, et c'est souvent une crise majeure qui permet – trop tard – une prise de conscience de la réalité.

Ces réflexions de Machlup sont intéressantes parce qu'elles permettent de comprendre que *l'objectivité ne réside pas nécessairement dans la seule raison logique*, contrairement à une opinion répandue. En effet, *l'objectivité* supposerait que l'analyste soit capable, quand la situation l'exige, de renoncer à son modèle et à ses dispositifs de correction et d'ajustement. Mais il faudrait déjà qu'il ait la possibilité d'appréhender la situation en question. Ce qui n'est justement pas le cas lorsqu'un changement important vient sournoisement mettre le modèle prétendument rationnel en défaut. Le mécanisme pervers est le suivant : l'accumulation des mesures dans une période stable conduit la raison à établir un modèle, sur des bases empiriques ; l'analyste finit par oublier le caractère empirique du modèle, qu'il applique tout à fait rationnellement ; ce faisant, il n'est plus objectif. Cela fonctionne tant que les instabilités sont marginales : le modèle permet les corrections. Mais si l'instabilité est radicale, l'objectivité voudrait que le modèle soit aussitôt remis en cause.

De son côté, l'acteur a le choix entre une action spontanée, guidée par son *intuition subjective* (le *feeling*), attitude non dénuée de risque mais qui a le mérite d'être adaptée à de nombreuses situations concrètes, et une prise de décision guidée par un modèle rationnel. Dans les deux cas, d'après ce qui précède, le risque existe et il n'y a donc pas prééminence absolue de l'un sur l'autre. Machlup résume cela dans un article du début des années quatre-vingt :

> « Si nous voulons que nos théories s'appliquent à l'explication ou aux prévisions portant sur des événements observables ou sur des données concernant le monde réel, il nous faut établir des ponts entre les connaissances attribuées à l'observateur objectif et les connaissances subjectives du décideur. De tels ponts sont difficiles à établir pour les connaissances portant sur la situation conjoncturelle globale mais, par contre, ils existent pour des fragments d'information concernant des changements précis de l'environnement[1]. »

Il va de soi que ce qu'on nomme les *jeux d'acteurs* contribue largement à renforcer le mécanisme pervers décrit ici. Bien souvent, derrière la raison invoquée, derrière la procédure ou le modèle, c'est une relation de pouvoir qui est à l'œuvre. L'acteur, contrairement à l'observateur, n'est pas désintéressé. Ce qui explique sa tendance à justifier le modèle jusqu'au bout. Un changement de vision appelle souvent un changement de décideur.

Machlup s'attache encore à un autre point important pour la gestion des connaissances : *comment s'accommoder de l'incertitude ?* Prenant l'exemple de l'homme d'affaires, il constate que celui-ci ne possède qu'une *connaissance partielle, incertaine, vague et parfois incorrecte*, avec laquelle il est bien obligé de composer. Quelle position adopte le décideur ? L'obtention de l'information supplémentaire a toujours un coût ; si celui-ci est jugé trop élevé, le décideur n'entreprend rien pour se la procurer et préfère s'accommoder du flou. Cette position est d'ailleurs confortée par le fait qu'un supplément d'information ne simplifie pas nécessairement la décision, voire ne réduit pas l'incertitude, au contraire. La connaissance en situation d'action consiste donc en un amalgame de souvenirs, de croyances, d'informations contradictoires, de pratiques jugées *bonnes* ou *mauvaises*, qui se combinent avec des savoirs et informations plus objectifs, rendant l'interprétation globale, et donc la décision, aléatoire et approximative.

L'estimation de l'incertitude dépend alors du point de vue. L'acteur décideur réduit cette incertitude en évaluant les conséquences des différentes options offertes à sa marge de décision ; l'observateur, quant à lui, évalue

---

1. Fritz MACHLUP, *Économie des connaissances et de l'information*, Princeton University Press, 1984 ; tr. fr. Édith Zeitlin, revue *Réseaux*, n° 48, CNET, 1993.

les conséquences des décisions probables des différents acteurs. Le premier agit en ne détenant qu'une partie des connaissances, tandis que le second est supposé détenir plus de connaissances, mais il n'agit pas. Il convient dès lors de distinguer « *l'incertitude des connaissances, et l'incertitude de celui qui détient des connaissances* ».

À retenir

La gestion des connaissances hérite de cette problématique : une chose est de mettre en place un système de gestion des connaissances, une autre est que les acteurs soient en mesure d'exploiter pleinement la base de connaissances dans l'action. D'où l'importance des travaux sur les processus de décision dans les organisations.

Outre ces questions posées aux décideurs, Machlup inventorie enfin l'apport des technologies de l'information au fonctionnement de l'économie : vitesse accrue des communications permettant des réponses plus rapides, diffusion plus efficace des données, accélération et automatisation des processus, nécessité de lourds investissements informatiques, évolution des types de compétences requises, dépendance accrue envers l'informatique.

La notion d'organisation apprenante

À la suite des chercheurs, les consultants et les grands patrons de l'industrie ont appliqué ces idées dans le champ de leur pratique. Dans les années soixante-dix apparaît ainsi un premier courant centré sur la notion d'*organisation apprenante* (*learning organisation*). Quelques entreprises phares, acteurs de l'internationalisation massive de l'activité productive, ont mis en place des modes de management adaptés à ces enjeux. L'apparition de la première crise pétrolière et la montée en puissance de la compétitivité, avec les incertitudes géopolitiques, économiques et sociales qui vont avec, ont sans doute joué là un rôle important.

C'est ainsi que le patron de Shell, pressentant l'imminence d'une crise pétrolière, a promulgué au sein de son état-major des groupes de travail ayant pour objectif de construire une organisation apprenante. Ces groupes avaient pour mission d'élucider les « routines défensives » de leur organisation et les « schémas mentaux » qui structuraient, en temps de stabilité, leur culture managériale. Éclairée par Chris Argyris, consultant en stratégie et titulaire d'une chaire à Harvard, l'équipe dirigeante a pu analyser non seulement les risques liés aux évolutions géopolitiques dans le secteur pétrolier mais surtout travailler sur sa culture managériale pour en identifier les faiblesses face à un nouveau contexte et imaginer ainsi une stratégie d'anticipation. Par exemple, au lieu de chercher à centraliser tous les processus de décision comme le faisaient les grandes compagnies de pétrole de l'époque, il a été décidé, après de longues discussions et remises en cause, de décentraliser les structures de décision et les processus d'exploration-production en fonction des caractéristiques propres à chaque pays. Quand la crise de 1973 s'est développée, Shell a déclenché sa nouvelle stratégie et a pu réagir de façon inventive, répartissant les risques au lieu de les concentrer.

Dans son approche du management, Chris Argyris a ainsi proposé des méthodes permettant non plus simplement de décrire les *obstacles au changement*, mais d'en analyser les causes, logées au cœur des comportements et des représentations des acteurs[1]. Parmi ces causes, il identifie en particulier ce qu'il nomme les *routines défensives*, qui limitent l'apprentissage jusqu'à le bloquer dans certains cas. Il est amené à distinguer, avec d'autres auteurs, *deux niveaux d'apprentissage*, celui dit « *en simple boucle* », qui ne concerne que la stratégie d'action et ses conséquences, et celui dit « *en double boucle* » qui remet en cause les valeurs directrices qui fondent la stratégie.

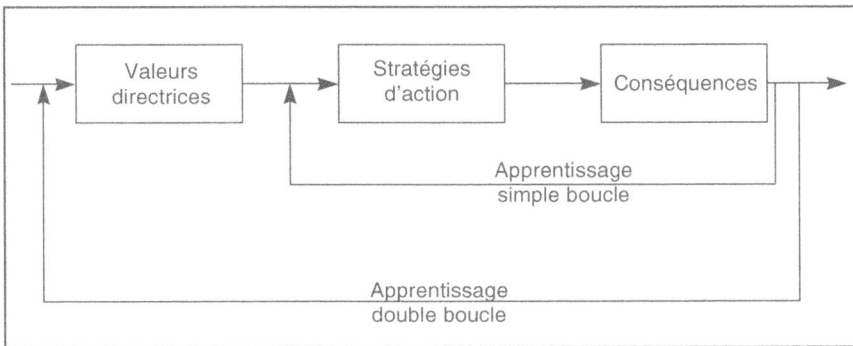

Figure 11. Les deux boucles d'apprentissage (d'après Chris Argyris)

Dans la même sphère d'influence, d'autres consultants célèbres ont œuvré pour la notion d'organisation apprenante, notamment Peter Senge. Celui-ci a beaucoup travaillé sur les obstacles à la créativité – les *schémas mentaux* issus de nos habitudes de pensée – et, de façon plus générale, sur les situations de travail en équipe, l'élaboration collective d'une *vision partagée* et l'apprentissage organisationnel[2]. Peter Senge s'inspire expli-

---

1. Chris ARGYRIS, *Savoir pour agir*, InterEditions, Paris, 1995, pour la traduction française.
2. Peter SENGE, *La cinquième discipline*, FIRST Éditions, 1991 pour la traduction française.

citement de l'approche systémique et de l'école de Palo Alto. Il énonce ainsi les onze lois de cette pensée, qui méritent d'être méditées... et mises en pratique !

Les problèmes d'aujourd'hui viennent des solutions d'hier
Plus vous poussez dans un sens, plus le système pousse de l'autre
Un peu de progrès précède beaucoup d'inconvénients
La solution de facilité vous ramène au problème de départ
Le remède peut être pire que le mal
Qui va plus lentement va plus vite
Les causes et les effets ont des rapports lointains dans l'espace et le temps
Des petits changements peuvent provoquer de grands résultats
Vous pouvez avoir le beurre et l'argent du beurre, mais pas en même temps
Un éléphant coupé en deux ne fait pas deux petits éléphants
La guérison dépend de vos relations avec votre ennemi : vous-même

Figure 12. Les onze lois du « management systémique », d'après Peter Senge

Mentionnons également le cas du Japonais Ikujiro Nonaka, pour son apport spécifique, lié à sa culture orientale. Nonaka a essentiellement repris les idées de Polanyi sur les connaissances tacites et les a complétées dans le cadre de l'organisation apprenante. La célébrité de Nonaka réside notamment dans son approche de *la connaissance comme processus de transformation continue entre les deux dimensions implicite et explicite*[1].

Considérons une connaissance partagée au sein d'une communauté. Elle est présente sous forme tacite dans les collaborations et échanges entre individus ; il s'agit du processus de *socialisation*. Mais pour évoluer et se développer, la connaissance doit être explicitée, discutée, formalisée ; c'est le processus d'*extériorisation*. Sous cette forme, elle est susceptible d'être transposée dans d'autres contextes et surtout comparée, *combinée* avec d'autres savoirs. Dans le processus de combinaison, la connaissance globale augmente. Enfin, pour appliquer les innovations ainsi obtenues, il reste une dernière condition : il faut que les acteurs les assimilent, les incorporent ; c'est le processus d'*intériorisation*. La boucle est achevée, mais il ne s'agit pas d'un cercle. C'est un effet de *spirale créatrice* qui

---

1. Lire, en traduction française, Ikujiro NONAKA, Hirotaka TAKEUCHI, *La connaissance créatrice, la dynamique de l'entreprise apprenante*, De Boeck Université, 1997.

est ainsi obtenu puisque, par ces quatre processus, la connaissance ne cesse d'évoluer et d'augmenter.

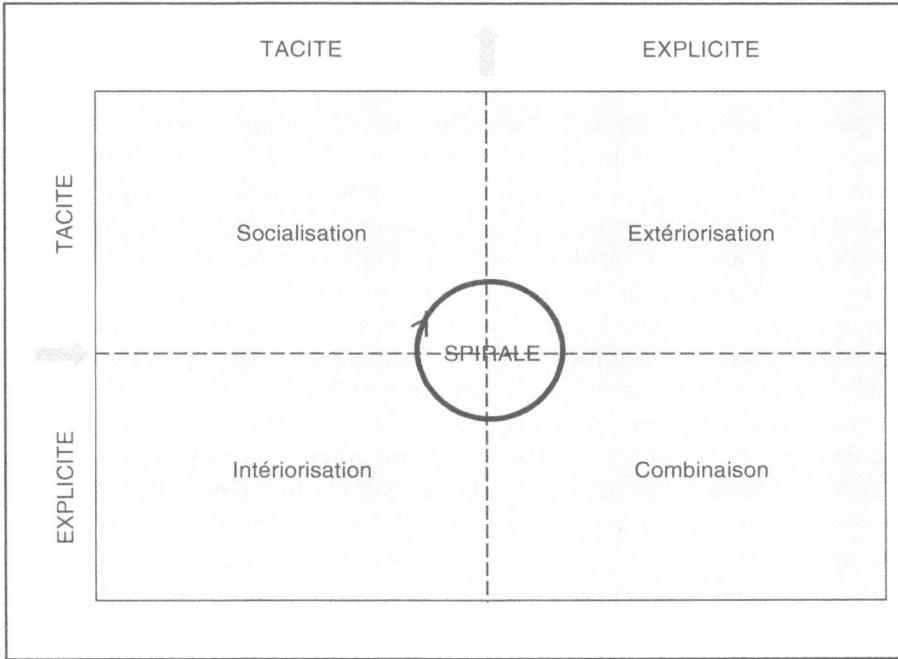

*Figure 13. **Les quatre processus de transformation de la connaissance (© Nonaka)***

Les travaux de Nonaka ont constitué, au début des années quatre-vingt-dix, une transition entre le modèle de l'organisation apprenante et le courant naissant du knowledge management.

Ces différents apports sont illustrés en pratique par le fameux *destroy your business* de l'ex-président de General Electric, Jack Welch. Il s'agit en effet de stimuler en permanence une culture d'autocritique de son métier, de remise en cause des habitudes et d'invention continue. On peut citer quelques autres exemples de cette mouvance comme Hewlett-Packard ou, au Japon, Toyota.

On notera cependant que ce premier courant de l'organisation apprenante, s'il a eu certains effets en matière de stratégie d'entreprise, est resté relativement attaché à la personnalité individuelle de certains grands patrons charismatiques. Pour beaucoup d'entreprises, le concept est resté plutôt abstrait, car une chose est de comprendre les grands principes, une autre est de faire par soi-même.

Le déclic des années quatre-vingt-dix
Cap sur le capital immatériel

À la fin des années quatre-vingt sont apparus deux phénomènes conjoncturels déterminants pour l'apparition du knowledge management, du moins dans les contextes concrets et empiriques des organisations.

D'une part, la *mondialisation* brutale, qui s'est développée en dix ans, a fortement ébranlé les entreprises, qui ont été à la fois acteurs et victimes d'un ensemble de changements et de reconfigurations qui les dépassaient largement : dans bien des cas, elles n'ont pas été en mesure de maîtriser leur stratégie ni leur gestion des ressources humaines. La prédominance des nouveaux dogmes – la valeur pour l'actionnaire et la satisfaction du client – a focalisé l'attention des dirigeants sur des préoccupations externes et les a en général conduits à agir dans l'urgence. En quelques années, la stratégie a ainsi négligé voire nié les potentiels du capital humain de l'entreprise. Des compétences clés ont été perdues, le douloureux apprentissage des fusions a montré la difficulté à travailler plus collectivement, à partager, à se remettre en cause, à apprendre et évoluer dans son métier, à innover. Voilà donc un premier facteur de l'apparition du knowledge management.

À cette explication il faut ajouter d'autre part le *facteur technologique*. L'essor des « nouvelles technologies de l'information[1] » a représenté, aux yeux des innovateurs des années quatre-vingt-dix, une opportunité de repenser les métiers et les relations d'échange. Ce phénomène s'appuie sur une solide croyance dans les vertus de la technologie, qui est plus facile à manier que l'humain... la connaissance se confondant là peu à peu avec une *e-connaissance*, en une forme d'apologie de l'information.

Au-delà des facteurs conjoncturels, on assiste alors à une transformation en profondeur de l'économie. L'immatériel est en passe d'être le carburant principal de la croissance, et la connaissance en est le symbole. Ce nouvel eldorado est proclamé, en juin 1991 dans la revue *Fortune*, par le chroniqueur Thomas Stewart : « *Brain power. How intellectual capital is becoming America's most valuable asset* ».

Après les notions de décision et d'apprentissage, c'est donc la connaissance et sa nouvelle sœur jumelle, l'information, qui sont arrivées en première ligne, avec d'autant plus de succès que de vieux mythes pouvaient désormais resurgir de leurs cavernes. Tous les discours allaient

---

1. Citons la gestion électronique de documents (GED), la messagerie électronique, les outils de groupware et, plus encore, Internet, Intranet, les portails et le *e-business*.

pouvoir se réclamer d'un nouveau retour à l'humain : celui-ci, avec ses compétences et ses connaissances, allait être replacé « au centre » des valeurs de l'entreprise sous la forme du *capital intellectuel*.

L'un des pionniers en fut Skandia. Cette société scandinave du secteur des assurances a décidé, il y a une dizaine d'années, de valoriser financièrement son capital intellectuel en l'explicitant dans sa propre comptabilité[1]. Le modèle repose sur une décomposition de ce capital en trois constituants majeurs : le capital humain, le capital clients et le capital structurel. Ainsi, par exemple, la R&D se trouvait en partie valorisée sous forme d'investissements, de même que les efforts en matière de formation continue, le portefeuille de brevets, les dépenses informatiques et logicielles, ou encore la base de données clients, c'est-à-dire le système d'information permettant d'accumuler les connaissances sur les clients et partenaires de l'entreprise.

De son côté, l'OCDE a lancé des programmes et de nombreuses études en vue de promouvoir à l'échelle internationale la prise en compte des actifs immatériels dans les plans comptables nationaux. Ainsi, par exemple, a été organisé en 1999 à Amsterdam un congrès sur ce thème[2].

L'intelligence économique

La pression de la mondialisation des échanges, le changement des règles du jeu entre les grandes puissances et l'émergence de l'intelligence économique dans le pilotage des organisations ont alors donné à la connaissance une dimension qu'elle n'avait jamais eue auparavant dans la conduite des affaires. Ce nouveau contexte oblige les pouvoirs exécutifs d'aujourd'hui à maîtriser un champ de connaissances de plus en plus complexe et contradictoire.

Avec l'internationalisation des grands groupes, d'autres objectifs font surface, comme la préservation de l'intérêt national, qui peuvent être profondément divergents par rapport aux objectifs commerciaux. Les administrations comme les entreprises sont confrontées à ce problème de gestion stratégique des connaissances.

---

1. Voir Leif EDVINSON, Michael MALONE, *Le capital immatériel de l'entreprise*, Maxima Laurent du Mesnil Éditeur, Paris, 1999 (édition originale *Intellectual capital*, Harper Collins Publishers, 1997).
2. OCDE, « Symposium capital intellectuel », Amsterdam, 1999, http ://www.oecd.org//dsti/sti/industry/indcomp/ prod/intang.htm

Il ne s'agit pas seulement de traiter les informations géostratégiques ou l'agressivité des concurrents potentiels, il faut aussi identifier toutes les synergies d'acteurs publics et privés, l'action des réseaux d'influence déployés sur le terrain et les manipulations possibles des différents acteurs médiatiques.

France Telecom, pour citer un exemple français, s'est armée afin de réussir son basculement dans l'univers concurrentiel international, en mettant en place un système d'intelligence économique nommé Aria (Agence en réseau pour l'information active). Trente spécialistes, analystes industriels, documentalistes et informaticiens se sont activés pour traiter plusieurs dizaines de milliers d'informations par jour provenant de sources externes, mais aussi des rapports d'étonnements produits par les cadres au retour d'un voyage ou d'un colloque et des productions internes, localisées en France ou à l'étranger. Coût annuel du système : cinquante millions de francs, soit à peine 0,2 % du chiffre d'affaires de la maison mère, à comparer au coût d'acquisition de l'information stratégique, qui, chez France Telecom, dépasse le milliard de francs. Quatre ans après la mise en place d'Aria, qui fonctionne comme une sorte de holding de l'information stratégique, les économies d'échelle réalisées sur la collecte et le traitement de l'information sont de l'ordre de 15 % par an. Daniel Cadé, le pilote de cette structure, a montré à la direction de France Telecom qu'il lui fait économiser grâce à Aria environ 150 millions de francs chaque année.

D'autres entreprises de référence, comme par exemple General Electric, Ford, TotalFinaElf, se sont dotées de structures similaires depuis quelques années. Il s'agit en général de fédérer, de façon structurée et stratégique, un ensemble d'instruments qui, auparavant, étaient pilotés de façon plus éparse (*war-room*, cellules de crise, réseaux d'experts, cellules de renseignement). De plus, ces structures ont saisi l'opportunité de mettre en place les technologies de recherche d'information sur Internet les plus avancées, au prix, en général, d'un investissement de l'ordre de plusieurs dizaines de millions de francs.

L'essor du knowledge management

Presque en même temps naissaient, au début des années quatre-vingt-dix, les premiers projets de *capitalisation des connaissances* dans les grandes entreprises industrielles, notamment dans les activités à forte composante technicienne. Quels éléments ont motivé et caractérisé ce phénomène largement popularisé dans la presse économique ? Était-il vraiment nouveau ?

Un simple coup d'œil rétrospectif montre qu'à bien des égards les entreprises ont toujours *capitalisé* leurs connaissances, dans leurs structures, dans leurs processus, dans leurs produits, dans leurs documentations. Toutefois, la plupart des processus métier ne sont pas centrés sur la connaissance, mais plutôt sur les notions de produit, de service ou de client, plus palpables dans les résultats et les actifs de l'entreprise. La connaissance est une ressource agissante, mais de façon souterraine voire inconsciente. Elle est considérée comme un input et un output implicites de la *fonction de production*, et souvent négligée dans la chaîne de valeur de l'entreprise. À tel point qu'on a pu, lors des réorganisations et désorganisations qui ont accompagné les transformations économiques de la décennie, assister sans réagir pendant plusieurs années à de nombreuses pertes de compétences et de savoir-faire.

Aux États-Unis, plusieurs grandes entreprises dirigées par des patrons charismatiques ont donné le *la*. Sir John Browne, le patron de BP Amoco, considère que tous les groupes qui luttent dans la compétition à l'âge de l'information globale ont un même *challenge* : utiliser les connaissances plus efficacement que leurs concurrents. Il ne parle pas seulement des connaissances « internes » à l'entreprise : selon ses propres termes, « toute organisation qui se croit la meilleure tout en se pensant indépendante d'autrui est arrogante et folle ». John Browne ne se résout jamais à accepter l'impossible, et en toute circonstance il se pose systématiquement la question : n'y a-t-il pas une meilleure idée ou une meilleure façon de faire quelque part ? L'ensemble du groupe BP est piloté selon cette idée directrice. Et, pour Browne, peu importe d'où vient la connaissance, ce qui compte, c'est de trouver des leviers pour utiliser et diffuser cette connaissance partout où elle peut aider le groupe à créer de la valeur.

Pour cela, il a mis en place un certain nombre de principes. Il a construit une organisation plate et décentralisée (pas d'intermédiaires entre le top-management et les chefs d'unité) et institutionnalisé la remise en cause permanente des façons de penser, associant chaque métier à la création de valeur ; il a tiré parti des avancées en matière de technologies de l'information, en impulsant la culture des réseaux d'apprentissage pour encourager les gens à partager la connaissance.

Par exemple, le forage des puits en haute mer constitue un ensemble d'expériences et de pratiques qui doivent faire l'objet d'un apprentissage permanent, de façon à « faire toujours mieux la fois suivante », selon l'expression de John Browne. C'est ainsi que, à partir des forages effectués en 1995 dans le golfe du Mexique, BP a pu raccourcir ses délais de forage en haute mer de cent jours par puits à quarante-deux jours.

Une autre entreprise phare a été General Electric. General Electric est « unique », selon son président Jack Welch, car elle réunit simultanément trois caractéristiques : être un grand groupe, être multi-métiers et avoir une culture de l'apprentissage permanent. Pour ce grand patron, l'avantage compétitif d'un groupe tient fondamentalement à son aptitude à apprendre en permanence et à traduire les connaissances en *victoires rapides*. C'est ce qu'il appelle la « culture d'apprentissage ». La connaissance est ainsi placée au cœur du management de General Electric, ce qui permet une orchestration à tous niveaux : systèmes d'information, système qualité, gestion des hommes, management, gestion des relations client, intelligence économique. Les aptitudes des employés à partager, collaborer, s'informer, apprendre et mettre en action la connaissance sont des critères explicitement pris en compte dans l'évaluation et la rémunération. On peut même ajouter que, dans la culture anglo-saxonne, le partage et la collaboration sont en fait, bien souvent, une source de motivation en soi.

> Un exemple illustre, chez General Electric, le lien entre apprentissage permanent et création de valeur : la branche appareillages médicaux. Leader mondial dans son domaine, elle a mis au point un système de télémaintenance des appareils, validé en milieu hospitalier. Cette branche ne s'est pas contentée de cette innovation dans son secteur, elle a aussitôt cherché à partager et diffuser l'innovation vers d'autres métiers de GE. C'est ainsi que d'autres innovations similaires ont pu être réalisées, dans les secteurs de l'avionique, des locomotives et des moteurs, notamment. Au total, grâce à cette politique d'organisation apprenante, les bénéfices de GE sont passés, en cinq ans, de 8 % à 15 %. L'exemple illustre les trois dimensions qui font de GE, selon son patron, « un groupe unique au monde » : sa taille, la diversité de ses métiers et sa capacité à apprendre vite et collectivement.

D'autres dirigeants (chez Siemens, Chevron, Dow Chemical, Skandia...) fondent également leur culture sur le principe d'une *organisation apprenante* et mettent en œuvre une politique de knowledge management dans leurs processus, leur management, leurs systèmes d'information et leur gestion des hommes.

Dans la même période sont apparus en France les premiers projets de capitalisation des connaissances. Ils concernaient en général deux ressources immatérielles fondamentales : l'information et la compétence.

Il faut, à cet égard, se souvenir qu'au tournant des années quatre-vingt-dix les outils et les normes informatiques constituent un paysage technique très différent de ce qu'il sera dix ans plus tard : le Web, les outils de travail collaboratif, les portails et autres logiciels de communication en réseau n'existent pas encore, et Internet est loin des préoccupations des directions des systèmes d'information. Les documents liés aux activités quotidiennes cheminent sous une forme imprimée entre un émetteur et quelques destinataires, et, sitôt qu'ils ne sont plus d'actualité, conservés dans des archives ou dans des systèmes documentaires centralisés, peu accessibles car éloignés du terrain de la production. De ce fait, le système de capitalisation le plus naturel et le plus répandu dans la plupart des métiers est à l'époque l'armoire de bureau, système très individuel s'il en est.

Concernant la gestion des compétences, la situation n'est pas meilleure. La gestion des ressources humaines est alors (et reste encore aujourd'hui) une fonction également centralisée, en retrait de la réalité des savoir-faire sur le terrain ; les modèles utilisés pour caractériser les compétences sont en général trop généraux pour coller à la réalité locale du « métier ». Quant à la formation continue, elle constitue un régulateur des apprentissages plutôt lent, malgré son évidente nécessité. Ces différents processus se révéleront vite insuffisants pour faire face aux conséquences humaines de la pression économique : réorganisations destructrices de savoir-faire, turnovers, départs d'experts, trop lente professionnalisation des jeunes embauchés, faibles capacités collectives d'apprentissage et d'innovation, etc.

La capitalisation de connaissances, pour la résumer très succinctement, consiste à mettre en œuvre, avec diverses variantes, des dispositifs permettant à tout un chacun d'accéder plus vite aux connaissances existantes. Ces dernières se trouvent aussi bien sous forme de stocks d'informations (bases documentaires, bases de données...) que sous forme de connaissance incorporée dans les individus et les organisations (savoir-faire, expérience, compétence...).

Aujourd'hui, la popularité de la gestion des connaissances est évidente. Un indice de popularité, parmi d'autres, est le nombre de citations trouvées sur Internet, comme le montre le tableau de la figure 14. L'accroissement de l'indice de popularité des différents termes, toutes langues confondues, est de l'ordre de 15 % par an pour la gestion des connaissances et de 40 % par an pour l'économie du savoir[1].

---

1. Une remarque : le terme *économie du savoir* est en général employé au Canada, les Français employant plutôt celui d'*économie de la connaissance*. Les chiffres sembleraient donc montrer une certaine avance de nos amis outre-Atlantique sur ce thème... Par ailleurs, pour montrer la progression de popularité du thème, notons que les occurrences du terme *knowledge management*, en juillet 2002, sont de 823 000.

Expressions recherchées	Citations dans le titre	Citations pleine page
« Knowledge management »	18 700 [a] 32 400 [b]	605 000 [a] 823 000 [b]
« Gestion des connaissances »	230 [a] 368 [b]	9 500 [a] 14 000 [b]
« Knowlege manager »	173 [a] 360 [b]	11 300 [a] 16 200 [b]
« Knowledge based economy »	325 [a] 483 [b]	55 500 [a] 83 000 [b]
« Économie du savoir »	55 [a] 128 [b]	6 980 [a] 9 210 [b]
« Économie de la connaissance »	8 [a] 17 [b]	1 940 [a] 3 020 [b]

Figure 14. Citations sur la gestion des connaissances, sur Internet

(a) en septembre 2001 et (b) juillet 2002, recherches faites par Google

UN OBJET À MULTIPLES FACETTES

Il paraît intéressant de remarquer, à l'issue de cette présentation de la gestion des connaissances en son émergence, que les acteurs aussi bien que les observateurs de ce courant n'ont pas établi de synthèse réelle des différents apports théoriques. La gestion des connaissances reste aujourd'hui un courant à la fois très empirique et fragmentaire. Des pans entiers de l'histoire de la pensée et de l'histoire économique sont ignorés et laissés de côté, alors même qu'ils pourraient apporter un éclairage très enrichissant et surtout éviter bien des écueils.

Parmi les principaux oubliés, il faut citer la philosophie, qui a développé au cours des âges des perspectives épistémologiques essentielles sur la nature de la connaissance, et sur la façon dont elle est agissante dans les actions humaines. Cet oubli explique en grande partie le fait que la gestion des connaissances reste trop souvent une approche instrumentale, qui néglige la fonction herméneutique (l'interprétation) au profit d'une polarisation sur la fonction normative et la dimension objective.

Signalons aussi l'histoire des techniques, avec notamment l'apport de Bertrand Gille. L'histoire des techniques fait apparaître le rapport fondamental entre savoirs, systèmes techniques et systèmes économiques. L'ignorance de ce rapport conduit à la croyance fantasmatique que la

© Éditions d'Organisation

connaissance pourrait être réutilisée d'une technique à l'autre, sans processus de transformation et de combinaison. Une approche plus *systémique* des organisations, de l'économie et de la technique apparaît nécessaire pour que la gestion des connaissances trouve sa véritable dimension, au-delà des frontières étroites de chaque entreprise. Par exemple, les PME ont tout intérêt à l'aborder dans le cadre des *grappes technologiques*, notion que l'on appréhende mieux par une approche de l'histoire technico-économique.

D'autres disciplines sont utiles pour analyser les processus de la connaissance, comme la psychologie cognitive et la neurobiologie, qui permettent de mieux comprendre les rapports entre connaissance, apprentissage, créativité, action, mémoire ; et par exemple de mieux cerner pourquoi un dispositif de capitalisation de connaissances ne suffit pas à générer des capacités d'apprentissage et d'innovation dans l'entreprise.

La sociologie et l'anthropologie sont également indispensables pour concevoir des systèmes de gestion des connaissances qui tiennent mieux compte des comportements humains, notamment collectifs. Des thèmes comme le travail en groupe, le changement, la motivation, la mémoire collective, l'ergonomie entretiennent des dynamiques étroites avec la connaissance.

Enfin, force est de constater une ignorance mutuelle entre des domaines comme l'économie, le management, l'informatique, la gestion des ressources humaines, la pédagogie. Tous ces clivages restreignent considérablement à la fois la compréhension et la portée pratique de la gestion des connaissances. Un difficile effort de synthèse et, a minima, de curiosité entre les disciplines semble aujourd'hui indispensable pour envisager un knowledge management de seconde génération.

Nous en viendrons alors naturellement à la problématique qui se pose d'emblée de façon concrète dans les organisations : la gestion des connaissances est-elle plus qu'un système d'information et de communication ?

La communication est devenue le levier incontournable pour collaborer, créer, innover, interagir, et donc pour gérer les processus de la connaissance. Nous allons voir que communication et connaissance vont largement de pair, les difficultés de l'une rejoignant celles de l'autre.

LE MODÈLE DE LA COMMUNICATION

Le modèle le plus répandu de la communication est sans doute celui de la théorie de l'information, de Claude Shannon et Warren Weaver (1945). Ce modèle s'inspire, explicitement ou non, de l'approche développée en psychologie expérimentale sous le nom de *behaviorisme*, à partir de travaux tels que ceux de Pavlov ou Watson. En effet, il aboutit, même si ce n'était pas nécessairement le but de Shannon-Weaver, à considérer la communication humaine comme un phénomène déterministe (conditionnement) dans lequel un sujet soumis à un *stimulus*, ou signal, fournit une *réponse* donnée. Tout le monde connaît l'exemple de la souris que l'on conditionne à avoir telle réaction en fonction de tel signal. Cette approche a exercé une influence énorme durant la première moitié du XXe siècle.

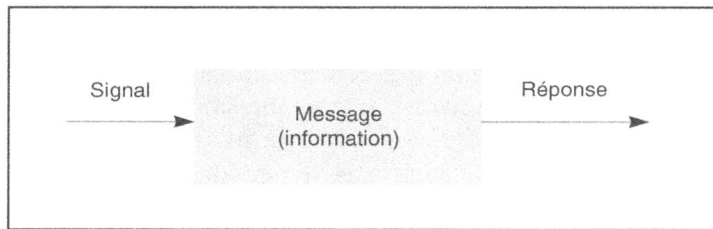

Figure 15. Le modèle behavioriste de la communication

Ce modèle a été vite contesté du fait de son caractère trop déterministe, notamment par l'école de Palo Alto[1]. Gregory Bateson puis Paul Watzlawick, notamment, se sont pour cela inspirés de la théorie cybernétique de Norbert Wiener et ont développé une approche systémique de la communication humaine. L'apport de la cybernétique aux sciences humaines, et en particulier à la psychologie de la communication, se lit en premier lieu dans la notion de « boucle de rétroaction ». Le sujet récepteur n'est pas un simple cobaye ; non seulement il interagit avec l'émetteur du message, mais il peut rétroagir sur le contexte de communication ; la boucle de rétroaction, ou feed-back, représente d'une certaine manière le libre arbitre et l'interactivité des êtres communicants au sein d'une situation.

---

1. Voir par exemple Paul WATZLAWICK, John WEAKLAND, Richard FISCH, *Changements (paradoxes et psychothérapie)*, Le Seuil, coll. Points Essais, Paris, 1975, ou Edmond MARC, Dominique PICARD, *L'école de Palo Alto. Un nouveau regard sur les relations humaines*, Retz, Paris, 2000.

Par exemple, prenons un noyau familial, comme contexte de communication. Il est parfaitement excessif de considérer, par exemple, que les enfants sont entièrement déterminés par leurs parents. La réalité est plus complexe... Ainsi de l'enfant qui ne veut pas manger sa soupe ; plus sa mère s'entête à le contraindre, plus il oppose de refus, ce qui engendre un cercle vicieux où chacun s'enferme dans un comportement de défi mutuel (souvent inconscient). Dans cet exemple, la rétroaction agit comme source de problème, selon une « causalité circulaire ». Ce que représente bien le modèle de Palo Alto, c'est que c'est l'ensemble du contexte qu'il faut considérer. Imputer le problème de la soupe seulement à la mère ou seulement à l'enfant ne permet pas de comprendre le mécanisme et encore moins de trouver une issue.

La rétroaction qui se manifeste dans toute communication humaine peut, comme il ressort de cet exemple, aussi bien être source d'amélioration que de conflit et de perpétration d'erreurs (le cercle vicieux).

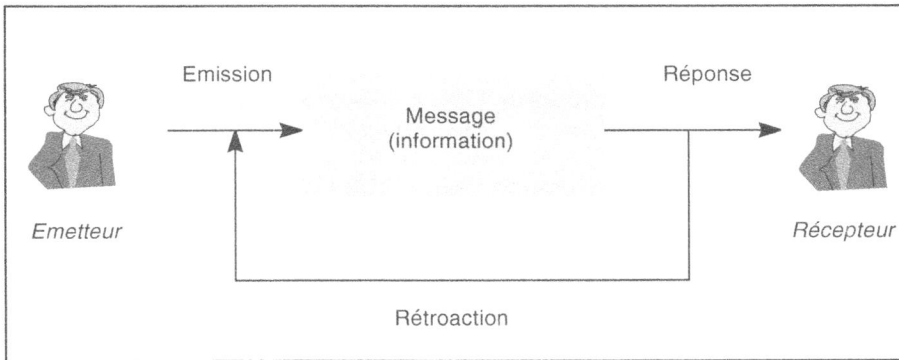

Figure 16. **Le modèle systémique de la communication (Palo Alto)**

Malgré l'apport de l'école de Palo Alto, et malgré les limitations évidentes du modèle behavioriste, nous pouvons observer tous les jours à quel point ce dernier reste prégnant, même si les protagonistes n'en ont pas nécessairement conscience. Pour ne prendre que quelques exemples, le modèle de la publicité, celui de la télévision ou encore celui de la communication d'entreprise sont (ou sont devenus) des modèles de communication fortement « top-down », dans lesquels le consommateur, le spectateur, l'employé sont considérés comme des récepteurs passifs, dont les statistiques se chargent de faire accroire que le comportement est déterminé... Certes, il existe bien des modes de régulation et d'interaction (tribunes de lecteurs, instituts de défense des consommateurs, processus de management participatif...) qui témoignent d'une certaine prise de conscience des responsables, mais ces processus de régulation restent souvent insuffisants.

LA GESTION DES CONNAISSANCES : SOCIALISER, CAPITALISER, TRANSFÉRER, RENOUVELER

La communication directe entre individus est la façon la plus spontanée et la plus ancienne de partager la connaissance, d'apprendre, de créer, de transmettre. C'est ce que Nonaka a dénommé *socialisation*.

Un exemple typique de ce processus est la façon dont les dirigeants gèrent leurs connaissances de manager. Henry Mintzberg a longuement insisté sur ce point dans son ouvrage célèbre sur le management :

> « L'importance des commentaires verbaux pour le manager montre deux choses importantes. D'abord, l'information acquise verbalement est stockée dans les cerveaux. [...] C'est ainsi que la banque de données stratégiques de l'organisation ne se trouve pas tant dans ses ordinateurs que dans l'esprit de ses managers. Ensuite, l'utilisation intensive par les managers de la communication verbale aide à expliquer pourquoi ces derniers sont si réticents à déléguer leurs tâches. Lorsque l'on prend conscience que la plupart des informations importantes dont peuvent disposer les managers viennent sous une forme verbale et qu'elles se stockent dans leur tête, on peut beaucoup mieux apprécier cette réticence[1]. »

Mintzberg poursuit son analyse en soutenant la thèse que la stratégie d'entreprise valorise beaucoup plus l'usage du cerveau droit, c'est-à-dire les capacités d'intuition, de créativité, d'ajustement à l'événement, plutôt que celui du cerveau gauche, c'est-à-dire la planification formelle, le traitement explicite et rationalisé de l'information. Cette dualité du management entre tacite et explicite, oral et écrit, rationnel et intuitif est intéressante car elle se retrouve avec la même acuité dans les autres problématiques de gestion des connaissances. Nous allons voir qu'il ne faut pas traduire cette dualité par une opposition, bien au contraire.

Il s'avère en fait que la communication fournit un intéressant parallèle avec la connaissance. En particulier, le modèle de la communication de

---

1. Henry MINTZBERG, *Le management. Voyage au centre des organisations*, The Free Press, New York, 1989 ; tr. fr. Éditions d'Organisation, 1990, nouvelle édition, 2001, Paris, p. 30-31.

Palo Alto peut s'étendre très facilement à la gestion des connaissances en général, à condition d'en adapter les termes.

Observons tout d'abord la relation qui s'établit entre un « expert » (tuteur, enseignant...) et un « apprenant ». La situation de transmission véhicule simultanément plusieurs types de signaux, dont essentiellement la parole et le geste (indications verbales et visuelles de l'expert, questions et réactions de l'apprenant, opérations manuelles...). L'information qui s'échange dans cette situation n'est pas simplement un flux de « stimuli » qui irait de l'expert vers l'apprenant. Ce dernier renvoie toutes sortes d'informations, qui traduisent la façon dont il s'approprie la connaissance, aussi bien au niveau conceptuel que dans les gestes opératoires. Pour représenter la richesse de cet échange, il est donc nécessaire de considérer l'ensemble de la situation, avec toute sa dimension d'interactivité. C'est ce que traduit, schématiquement, la boucle de feed-back : l'apprenant et l'expert ajustent tous deux, en permanence, leurs gestes, leurs discours, leurs représentations en fonction de ce que dit et fait l'autre. La rétroaction de l'apprenant n'est pas chose nouvelle, et les vieux proverbes orientaux le disaient déjà à leur manière : *Le maître apprend plus que l'élève*. Cet exemple montre l'importance omniprésente de la communication humaine dans le partage et l'élaboration de la connaissance.

En outre, il est capital pour la suite de noter que c'est l'*ensemble de la relation*, par les rétroactions et le processus de socialisation, qui permet l'apprentissage et la créativité. Dans le partage maître-élève, c'est bien l'ensemble du couple qui apprend. Nous allons voir que c'est le cas de tous les systèmes de gestion des connaissances véritables.

Lorsque la situation de partage n'est plus directe, comme dans le cas du tuteur et de l'apprenant, mais médiatisée par un support de communication (livre, messagerie, Internet...), une fantastique opportunité s'ouvre : l'espace-temps des bénéficiaires est potentiellement illimité. Mais, dans le même temps, l'éloignement dans l'espace et dans le temps introduit un risque et un piège majeurs : celui de réduire l'apprenant à un *utilisateur* passif.

Le modèle de Palo Alto peut ainsi trouver une extension au cas de la gestion des connaissances telle qu'elle est apparue dans les années quatre-vingt-dix. Il suffit de remplacer les notions d'émetteur et de récepteur par celles, plus pertinentes pour le sujet, de *contributeur* (les producteurs du savoir, les experts, etc.) et d'*utilisateur apprenant*.

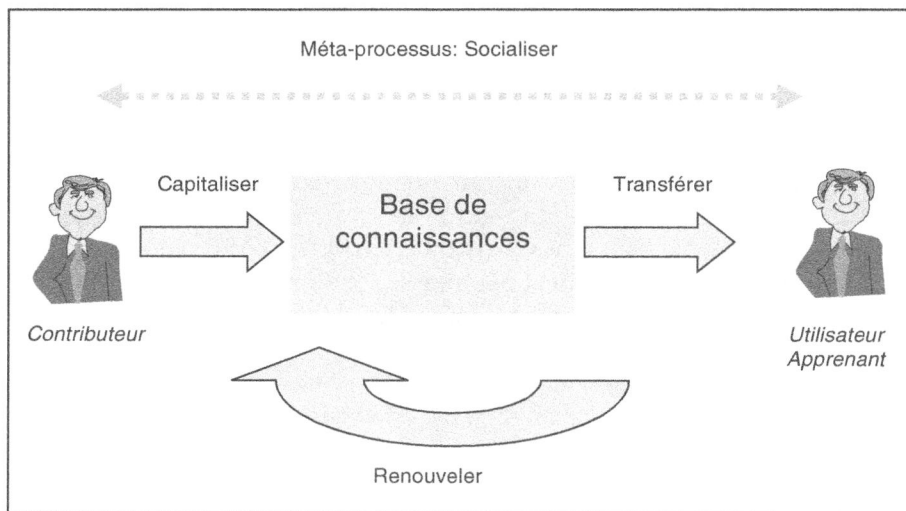

Figure 17. Gestion des connaissances : le modèle CTR-S (© J.-F. Ballay)

En effet, dans le knowledge management de première génération, le modèle restait simpliste, voire mécaniste, et souvent trop centré sur la technologie : en input de la base de connaissances, des informations sont produites pour décrire des connaissances ou, de façon générale, pour signaler comment accéder aux ressources (y compris les individus porteurs du savoir-faire) ; en output, il s'agit, dans le principe, de faire en sorte que ces connaissances soient « utilisées », « exploitées », transférées, valorisées d'un contexte à l'autre. La boucle de retour est la mise à jour régulière de la base de connaissances.

Dans le knowledge management de seconde génération, il s'agira de processus non seulement organisés, mais conçus selon une vision globale. Nous construirons ici un modèle de gestion des connaissances, le modèle CTR, qui s'appuie sur trois concepts fondamentaux : capitalisation, transfert et renouvellement, d'où le nom, auquel nous adjoindrons un métaprocessus, la socialisation, pour obtenir un modèle complet nommé CTR-S.

> ## À retenir
>
> **Capitalisation des connaissances** : l'ensemble des processus par lesquels des informations et des connaissances sont répertoriées, évaluées, rassemblées, formalisées, codifiées, classifiées, commentées, synthétisées[1], de façon à constituer une *base de connaissances*.
> **Transfert des connaissances** : l'ensemble des processus de distribution, d'accès, d'utilisation et surtout d'apprentissage, voire de combinaison et de transposition, par lesquels les utilisateurs s'approprient les contenus de la base de connaissances, de sorte qu'ils deviennent capables à leur tour de créer de la valeur en produisant leurs propres applications ou en créant de nouvelles connaissances.
> **Renouvellement des connaissances** : l'ensemble des processus par lesquels la communauté critique, corrige, ajuste, voire détruit, les connaissances, pour les renouveler aussi bien de façon incrémentale que par des innovations de rupture.
> **Socialisation des connaissances** : l'ensemble des échanges directs, par communication orale, collaboration ou discussion. La socialisation est une condition nécessaire qui sous-tend les trois autres processus de capitalisation, de transfert et de renouvellement. C'est en quelque sorte un métaprocessus de la gestion des connaissances, et non pas, comme le suggèrent des interprétations hâtives et réductrices du modèle de Nonaka, un processus particulier.

On peut ici remarquer que la socialisation, appréhendée comme l'ensemble des échanges directs et permanents entre individus, ne peut se dissocier des trois autres processus de Nonaka : *extériorisation* (explicitation du tacite), *combinaison* (des connaissances explicites entre elles) et *intériorisation*. Autrement dit, le tacite et l'explicite ne peuvent jamais se séparer dans la réalité concrète des phénomènes de communication et de connaissance : quand nous verbalisons la connaissance, nous véhiculons une grande quantité de non-dits ; quand nous combinons des savoirs explicites, nous combinons en même temps beaucoup de tacite, et, bien sûr, quand nous incorporons un savoir, notre cerveau procède à des combinaisons, transpositions, interprétations qui ne sont pas apparentes. Avec le modèle CTR-S, il en va de même ; le tacite est toujours présent, et la *socialisation* est toujours à l'œuvre, entremêlant le tacite et l'explicite.

Dans la suite, nous réserverons donc une place omniprésente à la *socialisation* (communication, interaction, collaboration, etc.), et nous chercherons presque toujours à articuler la dimension tacite et la dimension explicite de la connaissance, plutôt que de les opposer. Le modèle de Nonaka lui-même, qui présente l'avantage de la simplicité, suggère cette opposition, entretenue à tort chez les Occidentaux, entre tacite et explicite.

Quelle que soit la méthode de gestion des connaissances qui est adoptée, nous verrons qu'elle mobilise toujours, plus ou moins, les quatre proces-

---

1. Que le lecteur ne s'effraie pas : tous ces processus ne sont pas toujours présents dans la capitalisation ! Il faut concevoir la capitalisation comme un « menu à la carte », où l'on adapte les moyens aux fins.

sus socialiser, capitaliser, transmettre et renouveler. Ce modèle nous permettra ainsi d'évaluer facilement les différentes méthodes, et notamment de comprendre pourquoi une polarisation excessive sur l'un des quatre processus aboutit en général soit à de grandes difficultés soit à un échec, tandis que les méthodes les plus fructueuses sont celles qui permettent un équilibre harmonieux entre C, T, R et S. Seul l'équilibre global permet pleinement l'apprentissage et la créativité.

Ainsi, par exemple, un portail en Intranet a peu de chances de créer de la valeur à terme s'il n'est accompagné d'une organisation ad hoc permettant à la fois de réguler les contenus par les contributeurs, de susciter les processus d'apprentissage par l'utilisateur et de laisser la place à une socialisation non systématiquement médiatisée par l'informatique.

Un exemple : la méthode Diadème

Dans le projet Diadème, lancé en 1992 au service Matériel électrique d'EDF (400 personnes), le diagnostic initial portait à la fois sur la gestion des compétences et sur la gestion de l'information au quotidien dans les métiers. L'approche qui fut mise en place s'est avérée tout à fait représentative de ce qui a constitué l'approche du knowledge management que l'on peut qualifier de « première génération », c'est-à-dire la *capitalisation de connaissances* en vue de réutiliser et partager au sein de l'entreprise.

Avec l'approche Diadème, le service Matériel électrique a mis en place une organisation dans laquelle chaque ingénieur devient un *contributeur* qui enrichit au fil de l'eau une « base de connaissances métier » accessible par tous. Cette base se matérialise sous forme d'un portail métier en Intranet, qui fédère et indexe des collections de documents, des sites Web, des fichiers d'acteurs permettant de savoir qui sait quoi, et toutes autres informations utiles pour le métier.

Cette approche procure des avantages importants qui découlent de l'accès en texte intégral à la base de connaissances sur l'Intranet, mais aussi de quelques astuces de la méthode de capitalisation mise en œuvre.

Tout d'abord, le processus de socialisation, dans le cas de Diadème, est mis en valeur, et cela de façon aussi indirecte qu'efficace. En effet, la méthode de capitalisation est conçue de façon à ce que toute information intégrée à la base de connaissances soit explicitement *signée* par le contributeur qui a sélectionné et répertorié cette information. Cette signature de l'expert permet de remonter de l'information à l'humain, du problème technique à la socialisation du savoir.

Le second avantage fondamental qui en résulte est la facilitation du processus d'apprentissage. La mise en rapport de l'utilisateur avec le contributeur, du fait de la discussion qui va s'instaurer, transforme l'utilisateur en apprenant. Mieux encore, le contributeur, confronté à un nouveau contexte qu'il n'avait pas prévu au moment où il capitalisait, se trouve lui aussi en situation d'enrichir sa propre connaissance.

Exemple d'utilisation qui favorise la socialisation et l'apprentissage : un cadre technico-commercial est interrogé par un client sur les risques qu'encourt son nouveau transformateur lors des chocs de foudre dans le voisinage. En utilisant la base de connaissances, le commercial obtient tout de suite des pistes : par exemple, il apprend que des phénomènes de « ferro-résonance » peuvent se produire dans ces conditions, et peut télécharger en quelques instants des études de référence sur le sujet. Mais l'information la plus fructueuse qu'il obtient est d'un autre ordre : il apprend qu'il peut interroger M. Alain X, expert sur ces problèmes techniques de transformateur et de foudre. Ainsi, une porte de communication s'ouvre immédiatement. Le jour même, le client peut contacter l'expert et obtenir un rendez-vous pour étudier la façon d'améliorer la protection de son matériel.

Comme le suggère cet exemple, on passe donc d'une culture où l'information se veut presque toujours factuelle et neutre, et donc anonyme, à une organisation où chaque *travailleur du savoir*, chaque contributeur, exprime son opinion personnelle sans pour autant négliger l'objectivité. Dans l'économie du savoir, la connaissance doit avoir ce double statut d'objectivité et de subjectivité, et c'est là un nouveau critère de professionnalisme que de garantir l'efficacité rationnelle tout en sollicitant l'expression du sujet, dans son vécu et son contexte. Ces conditions facilitent à la fois la socialisation et l'apprentissage car la discussion, l'interprétation, la confrontation d'idées sont constamment suscitées.

Pour terminer, soulignons que la gestion des connaissances ne concerne pas seulement le monde des organisations. Voyons-en un exemple avec les communautés d'intérêts sur Internet.

Gestion collective des connaissances : l'exemple des logiciels libres

Nous avons vu apparaître, avec les logiciels libres, un phénomène qui illustre bien ce modèle de gestion des connaissances, dans un contexte très intéressant. Rappelons que, dans le principe, une communauté d'utilisateurs développeurs interagit via Internet pour développer collectivement de nouveaux logiciels.

La capitalisation est la mise en commun des modèles au sein du réseau. Ces modèles sont diffusés à tous, aussi bien des utilisateurs que des développeurs qui s'en emparent pour améliorer progressivement et collectivement le produit (transfert et renouvellement sont étroitement associés par la collaboration). La régulation se fait par un processus organisé de discussion, de réglementation et d'évaluation. Le travail en réseau étant prolongé et consolidé par une *socialisation* soutenue et volontaire, sous la forme des groupes de travail et des commissions garantes d'une régulation efficace et conforme aux principes.

Les logiciels libres obtiennent souvent des résultats convaincants, comme l'a montré, par exemple, la popularité du système *Linux*[1], concurrent du système d'exploitation de Microsoft (sinon au plan industriel, tout au moins au plan intellectuel).

QUOI DE NOUVEAU ?

D'un certain point de vue, on ne peut s'empêcher de constater que tous ces processus étaient déjà utilisés depuis l'Antiquité. À cet égard, nous pouvons voir dans la gestion des connaissances un héritage de ce que fut de tous temps la bibliothèque, en tant qu'espace de construction collective du savoir :

> **« La bibliothèque crée un espace de savoir collectif et évolutif : espace et temps utopiques, où les résultats des uns sont le point de départ des autres, où des calculs et des énoncés peuvent être déconstruits, critiqués, réduits à néant ou, au contraire, validés et devenir ainsi des faits[2]. »**

Pour illustrer la filiation de ce modèle, faisons un détour historique dans la Grèce antique. Rappelons qu'Aristote, avec le lycée, avait mis en place une forme de société du savoir. En cela, il était en rupture avec Socrate, et même Platon. Ce dernier s'oppose à la forme écrite du savoir et considère que tout homme détient en lui-même la connaissance. Ainsi, dans le dialogue de Ménon, il montre comment un esclave est capable de redécouvrir le théorème de Pythagore, sans jamais l'avoir appris explicitement. Il semble ainsi exister une *structure* universelle du savoir, qui se distingue toutefois de la forme concrète que peut prendre la connaissance dans chaque contexte, dans chaque individu. De nos jours, selon Jean Piaget, la connaissance concerne non seulement le « sujet épistémique » (c'est-à-dire la raison) mais aussi le sujet individuel, avec son vécu intime, ses perceptions et ses représentations propres[3]. Mais la forme tacite de la

---

1. Voir notamment BROWNE Christopher, *Linux et le développement décentralisé*, tr. fr. Sébastien Blondel, Gaël Duval, 1998, http ://www.linux-france.org/article/these/lsf-fr/lsf-fr.html#toc2 ; RAYMOND Éric S., « La cathédrale et le bazar », 1998, tr. fr. Sébastien Blondel, http ://www.linux-france.org/article/these/cathedrale-bazar/cathedrale-bazar_monoblock.html

2. Voir Christian JACOB, *op. cit.*, p. 72.

3. Voir J. PIAGET, *Problèmes de psychologie génétique*, Denoël Gontier, coll. Bibliothèque médiations, Paris, 1972.

connaissance ne permet guère l'effet « cumulatif ». C'est le langage (et en particulier les concepts) qui introduit la possibilité de cumuler les expériences et de les sédimenter sous forme de savoirs cumulables.

C'est ce que fait Aristote, en organisant, avec le lycée, l'ensemble des invariants de capitalisation, de transfert et de renouvellement des connaissances qui feront la pérennité et l'universalité de l'esprit encyclopédiste à travers les âges et les pays[1]. On notera que cette organisation et cet « esprit encyclopédiste » dépassent bien sûr largement une vision instrumentale des processus CTR. Il doit en aller de même dans le contexte des entreprises : les outils de communication et de traitement de l'information ne suffisent pas à insuffler cet esprit. Et cela, non pas simplement pour des raisons intellectuelles, mais pour des raisons très pragmatiques : la gestion des connaissances doit être conçue comme un ensemble de processus métier, et non pas comme l'installation d'une base de connaissances greffée artificiellement dans un contexte opérationnel. Que l'on songe, par exemple, à la nécessaire organisation des processus de connaissance dans des secteurs aussi concurrentiels que l'industrie pharmaceutique ou l'industrie automobile...

Aristote apparaît donc comme le grand précurseur de la gestion des connaissances, telle qu'elle s'exprime aujourd'hui dans le monde des entreprises, dans les institutions, dans la recherche, voire dans les communautés d'apprentissage qui tissent le réseau des réseaux. Mais, sous un autre angle, beaucoup de choses ont changé depuis Aristote et l'ère des grandes bibliothèques. La technologie permet bien sûr un énorme progrès, à la fois pour le stockage des bases de connaissances et, plus encore, pour leur accès. Mais il faut également souligner que les systèmes documentaires traditionnels ne donnent qu'un accès... aux documents. En général, la distance entre l'*utilisateur* et l'*auteur* en chair et en os reste incommensurable : au moment où l'utilisateur s'empare d'un document, l'auteur, bien souvent, est mort ou en tout cas éloigné dans l'espace.

Aujourd'hui, les systèmes de gestion des connaissances que nous venons de décrire donnent accès, comme l'illustre l'exemple de Diadème plus haut, non seulement aux documents mais aux personnes. L'*auteur*, dans son statut magistral et élitiste, fait place au *contributeur* : expert, travailleur du savoir, c'est désormais un *voisin* pour l'utilisateur. Mieux, l'un et l'autre se confondent, endossant le matin le rôle d'utilisateur et, quelques

---

1. Voir BARATIN M., JACOB C. et *al.*, *Le pouvoir des bibliothèques. La mémoire des livres en Occident*, Albin Michel, coll. Histoire, Paris, 1996.

heures plus tard, le rôle d'expert à qui l'on demande un renseignement ou une prestation.

LA STRUCTURE DES COÛTS DE LA CONNAISSANCE

Ayant précisé, avec le modèle CTR, en quoi consiste un authentique système de gestion des connaissances, nous sommes en mesure maintenant d'aborder ses propriétés au plan économique.

Les *nouveaux économistes* tentent d'intégrer dans leur approche les différents processus de la connaissance : production, codification, distribution, utilisation. Au demeurant, il me semble préférable de substituer à la *codification* la notion beaucoup plus générale de *capitalisation*. Les expériences récentes de gestion des connaissances dans les entreprises ont montré que l'explicitation et la codification des connaissances ne rendaient pas compte de toute la complexité des processus. La notion de capitalisation regroupe, comme nous venons de le voir, un ensemble de processus dont certains s'appliquent aux cas où la connaissance est tacite.

Par ailleurs, il est indispensable, comme nous l'avons vu, d'établir une distinction nette entre *utilisation* et *apprentissage*. L'*utilisateur* devient *apprenant* au prix d'un travail d'incorporation et d'investissements divers (voir première partie) ; il s'approprie progressivement la connaissance et devient capable de l'exploiter à son tour dans ses propres applications, dans ses propres innovations.

À retenir ─────────────────────────────────────

Le transfert de la connaissance suppose un processus complet (utilisation + apprentissage), contrairement à la diffusion de l'information, qui est une simple *distribution*.

À partir du modèle CTR, la structure des coûts de la connaissance peut être représentée par le tableau suivant (figure 18).

© Éditions d'Organisation

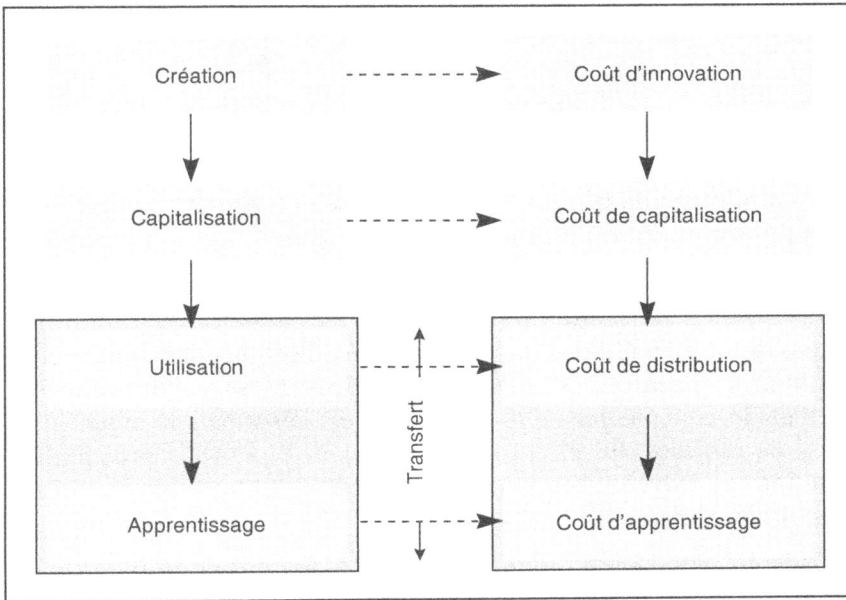

Figure 18. Structure des coûts de la connaissance

On notera que le *coût marginal d'usage* de l'information est nul dans la mesure où celle-ci est disponible et reproductible à l'infini. En revanche, concernant la connaissance, il ne faut pas oublier de prendre en compte le *coût d'apprentissage*, qui est souvent important puisque cela suppose un travail et des investissements de la part de l'utilisateur apprenant et, de façon générale, de tous les travailleurs du savoir[1].

On peut noter au passage une remarque essentielle : du fait de l'existence d'un inévitable coût d'apprentissage, qui est toujours lié à l'humain, il résulte que la connaissance est une ressource qui obéit aux lois économiques de la *rareté*. À cause de l'obstacle de l'apprentissage, elle ne se *distribue* pas, comme c'est le cas de l'information. Celle-ci, comme chacun le sait, est surabondante dans notre société...

---

1. Voir Dominique FORAY, *L'économie de la connaissance*, La Découverte, Paris, 2000, p. 71.

ECONOMISTES, REVOYEZ VOTRE COPIE !

Si maintenant nous nous tournons vers l'économie « pure », nous constatons que les théories de la valeur en économie classique ne prennent pas en compte la place de l'immatériel. De fait, les modèles de contrôle de gestion et de pilotage de la valeur des entreprises ne rendent pas compte de la valeur créée par la connaissance[1]. Ce problème est fondamental pour la gestion des connaissances, et donc pour la pertinence des modèles économiques, et nous devons nous y arrêter un moment.

La connaissance, comme nous allons le voir, est désignée par les économistes comme une *externalité*, c'est-à-dire qu'elle n'est pas directement mesurée dans le système des prix. Pourtant, c'est désormais le moteur de la création de richesse. En effet, dans les pays de l'OCDE, la production et l'utilisation intensive de la connaissance représentent plus de la moitié de la valeur ajoutée (PIB)[2].

Nous proposons donc ici de rendre compte qualitativement de la production de valeur qui accompagne la création des nouvelles connaissances.

Première phase : l'émergence de la connaissance

Quand une connaissance émerge, dans une pratique locale, elle est invisible et surtout elle ne se différencie pas du *chaos cognitif* de l'inventeur dans sa pratique experte. Autrement dit, elle est d'abord essentiellement tacite et intuitive. Mais, progressivement, si le contexte s'y prête, elle commence à se confronter à la répétition des faits, à s'organiser en schémas, plus ou moins conscients mais encore individuels. L'immense majorité de ces schémas, perceptions et idées naissantes retombent ensuite très vite dans le néant ou, au mieux, dans le souvenir de quelques personnes sous forme d'instants uniques et *séparés* qui constituent leur expérience sensible et intuitive. Mais certaines idées parviennent à s'élaborer progressivement et à s'agréger aux autres connaissances, pour se traduire par des applications visibles qui prouvent leur *valeur d'usage*.

---

1. Nous reviendrons sur ce point dans la partie consacrée à l'organisation apprenante.
2. Rapport OCDE, *Science, technology and industry scoreboard 1999..., op. cit.*

© Éditions d'Organisation

Connaissance et application : deux facettes d'une même réalité

À ce stade où s'introduit la notion de valeur (d'usage), il paraît important de noter au passage une distinction entre la connaissance elle-même et ses *applications*. Ces dernières sont plus faciles à « suivre à la trace », donc à mesurer. Les applications constituent les outputs de l'activité créatrice – mais non pas les connaissances elles-mêmes. Ces dernières ont une valeur qui ne se traduit pas uniquement en termes économiques. En effet, les connaissances ont une portée symbolique qui affecte les dimensions sociale, éthique, esthétique, scientifique, philosophique voire métaphysique, et tout cela ne peut se réduire à des intrants et sortants financiers.

Par exemple, les connaissances de la théorie quantique ont une valeur scientifique (validité, cohérence, pertinence...) et sans doute une valeur esthétique et philosophique, mais leur valeur économique tient essentiellement à leurs applications techniques : nouvelles industries créées (électronique, optique...), produits, biens et procédés commercialisés.

En termes philosophiques, on pourrait choisir de parler de *vertu du savoir* et de *valeur des applications*. Mais ce serait laisser la valeur au seul champ de l'économie, ce qui ne semble pas une solution idéale... En outre, que dire alors des nouvelles connaissances et savoir-faire qui émergent de façon informelle dans des innovations sociales, voire artistiques ?

L'impossibilité pratique de mesurer ou même d'évaluer les connaissances proprement dites contribue à accentuer le clivage entre *économie du savoir* et *société du savoir*, au détriment bien sûr des productions intellectuelles « molles » (philosophiques, culturelles...).

À retenir

Nous distinguerons donc par la suite le terme *application,* pour désigner les productions potentiellement marchandes de l'activité de conception (produits, biens, services, procédés, techniques), et le terme *connaissance,* pour désigner les productions intellectuelles de l'activité de conception (savoirs, concepts, modèles, théories, récits...). Ainsi définies, et pour reprendre les deux notions classiques de la valeur chez les économistes, les applications ont une *valeur d'échange,* qui se mesure par les prix, tandis que les connaissances ont une *valeur d'usage,* qui ne peut se mesurer dans le système des prix.

Deuxième phase : mise au point et validation

Ces précisions étant établies, revenons au point où émerge une nouvelle connaissance. Pour développer son idée et prouver sa pertinence, l'inventeur doit trouver des *alliés* : d'abord, des collaborateurs ou des pairs, pour la discuter et la mettre au point ; puis des décideurs, pour financer des prototypes et prouver plus en profondeur la nouvelle connaissance tout en la développant dans les applications ; puis d'autres décideurs et d'autres professionnels – marketeurs, financiers, presse, etc. – pour passer à la phase de diffusion publique. Nous entrons là dans la dimension sociologique de l'innovation, qui a été largement étudiée ces dernières années[1].

Dans cette série de processus, la création se transforme sans cesse pour se mettre au point, s'adapter aux attentes, trouver son meilleur terrain d'application. Ces transformations affectent aussi bien la connaissance elle-même que les applications car il y a un feed-back permanent de l'une vers l'autre, c'est-à-dire que connaissance et application s'ajustent l'une et l'autre. Ces ajustements induisent en général une *instrumentalisation* : au fur et à mesure que se développent les applications, celles-ci *encapsulent* en partie la connaissance et deviennent de plus en plus nécessaires pour la vérifier et la mettre au point. Ainsi, un produit, une machine, un procédé encapsulent de la connaissance (d'où l'existence des musées technologiques, qui ont une vertu documentaire du fait qu'ils exhibent du savoir et du savoir-faire) ; de même, les outils de traitement de l'information instrumentalisent la connaissance par des inputs et des outputs informationnels :

« L'immatériel s'appuie sur le matériel et le transforme en retour, ce dont témoigne la densité informationnelle de plus en plus forte du capital physique[2]. »

Les connaissances les plus « pertinentes » vont ainsi progressivement se diffuser, se valider, se transférer, s'appliquer dans des productions matérielles ou immatérielles, s'intégrer dans l'action individuelle et collective, très lentement au début, puis de plus en plus vite si elles résistent à l'épreuve des faits et si elles répondent à des besoins ou des attentes.

Au long de ce processus, nommé processus de *diffusion-validation*, la connaissance émergente est de plus en plus approuvée et utilisée par la

---

1. Voir par exemple Bruno LATOUR, *La science en action*, Gallimard, coll. Folio essais, Paris, 1994.
2. Patrick ÉPINGARD, « L'investissement immatériel, une réalité essentielle et insaisissable », in *Immatériel, nouveaux concepts*, ouvrage collectif dirigé par Jacques de BANDT et Geneviève GOURDET, Économica, Paris, 2001.

collectivité, et donc sa valeur d'usage augmente. Dans le même temps, elle reste suffisamment *rare*, de sorte que c'est le créateur qui en est le principal bénéficiaire.

La valorisation

Le degré d'utilité et le degré de rareté peuvent aisément s'étalonner au long du processus de diffusion-validation : l'utilité perçue croît proportionnellement à la diffusion (elle se mesure notamment à la quantité d'applications), tandis que la rareté, au sens défini précédemment, diminue bien sûr de plus en plus. Ce processus permet donc de calculer le bénéfice pour le créateur : c'est le produit de l'utilité et de la rareté[1]. Ce bénéfice traduit une première réalité : les applications de la nouvelle connaissance acquièrent une *valeur d'échange* sur le marché.

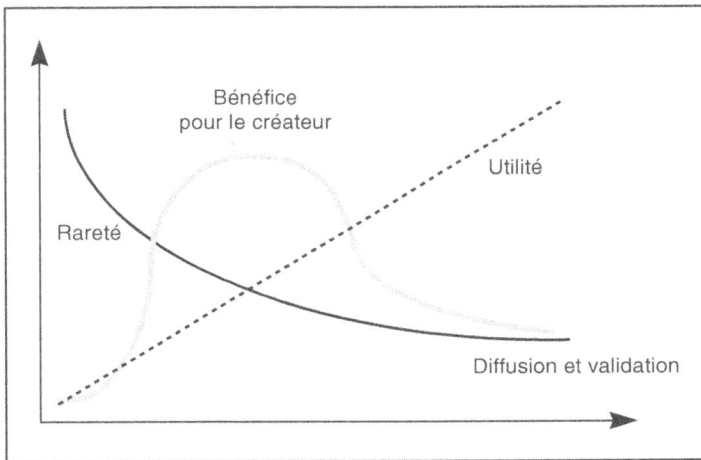

Figure 19. Bénéfice, utilité et rareté

J'appelle *seuil de valorisation* le point maximum de cette courbe, où la connaissance est suffisamment validée et utilisée, tout en restant encore suffisamment *rare,* de sorte que le créateur en tire le bénéfice commercial. En amont du seuil de valorisation, la connaissance émergente monte peu à peu en puissance, au fur et à mesure qu'elle est discutée, utilisée et soumise à l'*épreuve des faits.* En aval du seuil, un autre effet se manifeste :

---

1. Voir J.-F. BALLAY, « La boîte-noire du savoir-faire », *Expansion Management Review*, mars 1997, p. 111-119.

du fait de sa diffusion et du transfert progressif, le bénéfice pour le créateur commence à diminuer, et la nouvelle connaissance entre peu à peu dans le domaine public ; d'autres commencent à se l'approprier et créent eux-mêmes leurs propres applications. À partir de là, l'innovation acquiert une *valeur d'usage* de plus en plus grande pour la société, mais elle ne permet plus au créateur de se différencier – pour ce dernier, elle se *déprécie*.

À retenir

Ainsi, concernant les connaissances, la *valeur d'échange* et la *valeur d'usage* traduisent deux réalités complémentaires : le créateur tire un bénéfice marchand de son innovation jusqu'à un certain seuil (le seuil de valorisation), et au-delà c'est la société qui engrange un bénéfice non plus marchand mais social (phénomène d'*externalité*).

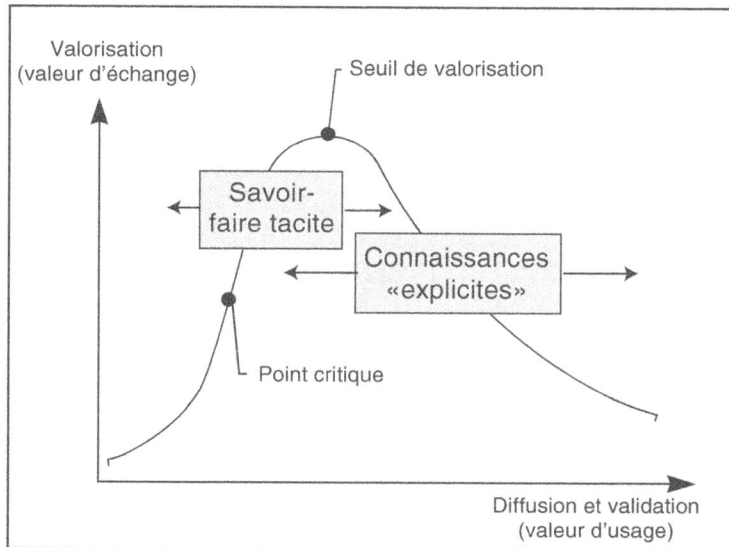

Figure 20. Le processus de valorisation (valeur d'échange) – ou le point de vue du créateur de la connaissance

Signe concret de cet effet de seuil : l'innovateur sait très bien qu'il doit adopter à temps une stratégie de protection, par le brevet, les licences ou le secret. Le moment où le dépôt de brevet est le plus nécessaire est bien sûr la zone où le savoir-faire s'approche du seuil de valorisation. Il ne faut d'ailleurs pas attendre le seuil, à cause de la constante de temps d'obtention du brevet.

Les responsables de la protection industrielle dans l'entreprise cherchent donc à repérer les savoir-faire au moment où ils atteignent ce que l'on peut appeler le *point critique*, qui se situe au point d'inflexion amont de la courbe. Ce point est critique non seulement pour le repérage et la protection, mais aussi pour la *validation* : c'est le moment où la discussion, les essais-erreurs, l'épreuve des faits, la perception des besoins battent leur plein et où la connaissance émergente a donc la plus grande probabilité d'être invalidée par la communauté. Si le point critique est franchi avec succès, la connaissance *s'accélère* par un phénomène de percolation – ses applications se confirment et se démultiplient – et elle a toutes les chances d'atteindre ultérieurement le seuil de valorisation.

De ce fait, le point critique est également, pour l'entreprise créatrice, un premier *seuil d'innovation,* interne en quelque sorte, par contraste avec le seuil de valorisation, qui est le second seuil d'innovation, externe, cette fois. Notons cependant que rien n'est plus difficile, pour l'entreprise, que de repérer le point critique, situé dans la zone où la connaissance est largement tacite !

À retenir

La création des connaissances se développe donc selon un double processus de *valorisation* et de *diffusion-validation*. La valorisation est la création d'une *valeur d'échange* qui traduit le produit de l'*utilité* et de la *rareté* ; elle enrichit, en termes financiers ou de réputation, ceux qui détiennent la connaissance. La diffusion-validation traduit quant à elle une *valeur d'usage*, qui se manifeste par le produit des *besoins* et des *usages* ; utilisation, mise à l'épreuve, application, apprentissage. Dans le premier processus, la connaissance est considérée comme une marchandise, dans le second, c'est un bien public de l'humanité. Ces deux réalités sont inséparables, tout comme les deux hélices de l'ADN.

Les spirales créatrices de la connaissance

En pratique, les processus de valorisation et de diffusion ne sont pas linéaires ni même continus, et il est plus réaliste de représenter le phénomène sous forme d'une succession de spirales (voir figure 21).

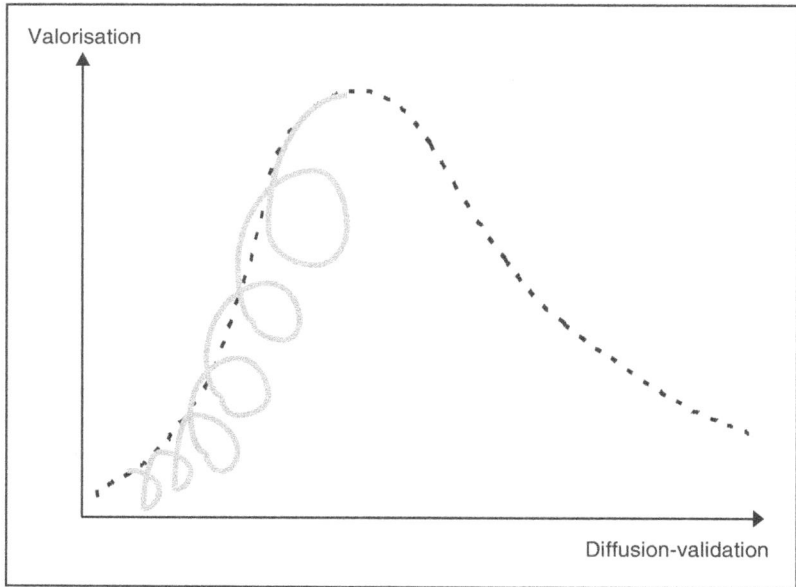

Figure 21. Le processus de création de valeur et les effets de spirale

En effet, la diffusion et la valorisation d'une innovation passent par une série cahoteuse et imprévisible de *transformations* : des sauts en avant alternent avec des retours en arrière, des réajustements puis à nouveau des amplifications. Un des spécialistes français de l'innovation, Norbert Alter, décrit cela en termes de tohu-bohu créateur :

> **« Cette présentation est quelque peu étourdissante. Tout bouge constamment : les acteurs, les situations, les dispositifs et les politiques de gestion, les apprentissages réalisés, les leçons qui en sont tirées et la notion même de rationalité. Et ceci est difficile à suivre. En effet, on a bien plus l'habitude de présenter et de lire des histoires de changement linéaires dans leur déroulement, univoques dans la conception de l'objectif visé, et surtout limitées dans le temps. Mais [...] cela ne permet pas de comprendre les raisons qui font que le mouvement ne permet finalement jamais d'atteindre un nouvel état stable[1]. »**

Ces transformations, *spirales créatrices*, résultent à tout instant des quatre processus du modèle CTR-S. Socialisation, capitalisation, transfert et renouvellement se combinent au hasard des contextes successifs, en fonction des opportunités et des obstacles du moment (jeux d'acteurs, alliances,

---

1. Norbert ALTER, *L'innovation ordinaire*, PUF, coll. Sociologies, Paris, 2000, p. 127.

oppositions, ressources disponibles, discussions en cours, réceptivité des clients, disponibilité des partenaires...).

LE SEUIL MAGIQUE OÙ LE SAVOIR DÉMULTIPLIE LA RICHESSE

Le processus de création de valeur décrit jusqu'à présent concerne le point de vue de celui qui crée l'innovation et l'exploite. Il se traduit par des bénéfices, un revenu, une rente ou une réputation. Nous avons vu que la nouvelle connaissance s'accompagne en général d'applications pratiques, qui sont la façon concrète d'en tirer bénéfice par la vente de produits, de services, de licences et autres dérivés (créations d'emplois, développement, etc.). Ces applications peuvent aussi rester immatérielles (modèle scientifique, concept philosophique...), le bénéfice se traduisant alors en termes d'image ou de réputation pour son créateur (cas typique des chercheurs) ou aussi par l'attribution de subventions publiques supplémentaires (cas des laboratoires de recherche publics).

Voyons maintenant ce qui se passe du côté du marché (utilisateurs, clients, concurrents) et, d'une façon plus générale, du point de vue de la société. Au-delà du *seuil de valorisation*, la nouvelle connaissance a continué à se diffuser, mais l'innovateur voit ses bénéfices décroître : l'*utilité* est validée par le marché et la société, mais il n'y a plus de *rareté*. Cela ne veut pas dire que la valeur de la nouvelle connaissance décroît, bien au contraire. Mais le créateur de la nouvelle connaissance, qu'il soit une personne ou une entreprise, n'est plus seul à tirer bénéfice de son innovation ; celle-ci se diffuse, *fuit*, elle est copiée, utilisée, appliquée par autrui, transposée, améliorée. Il s'est opéré un *transfert de valeur*. La valeur d'échange est supplantée par la valeur d'usage. Or ce phénomène de transfert ne peut s'expliquer de façon satisfaisante et générale si l'on applique à la connaissance les lois économiques élaborées à partir des biens matériels.

Les « externalités positives » de la connaissance

Nous avons vu plus haut les propriétés de la connaissance qui la différencient des biens matériels. La rareté de la connaissance n'est pas le même phénomène que la rareté des biens matériels. Cela induit une allocation des ressources selon des lois à renouveler par rapport à l'économie des biens matériels. Mais cela a aussi des conséquences essentielles sur la façon dont la connaissance se transfère du créateur vers autrui[1] :

- La connaissance est un *bien difficilement contrôlable* : elle se propage par de multiples canaux, et elle a tendance à échapper au contrôle de son créateur malgré les dispositifs de protection qu'il peut chercher à mettre en œuvre (brevets, licences, secret).
- La connaissance est un *bien non rival* : elle peut être partagée sans rivalité, celui qui la donne la conserve ; elle ne s'épuise pas à l'usage, elle peut donc être dupliquée et réutilisée autant de fois que nécessaire sans pour autant venir à manquer à ceux qui l'ont diffusée (à condition d'investir dans le processus d'apprentissage, comme il a été souligné plus haut).
- La connaissance, contrairement aux productions matérielles, *obéit à la « loi des rendements croissants »* du fait qu'elle ne s'épuise pas à l'usage[2]. Au contraire, plus on l'utilise plus elle a tendance à devenir rentable. Ainsi, les savoirs et savoir-faire acquis pour développer une automobile ou un médicament permettent d'envisager un coût de conception et de production plus faible à la seconde génération du produit.
- La connaissance est un *bien potentiellement cumulatif* : celui qui en fait usage peut la combiner avec d'autres connaissances, la transposer, la transformer, l'augmenter et s'enrichir lui-même par de nouvelles innovations.

Ces propriétés apportent un éclairage au phénomène de transfert de valeur évoqué plus haut. On dira que *la connaissance génère des « **externalités positives** »*.

Le transfert de valeur sur le marché

L'exploitation commerciale d'une innovation transfère au marché un bénéfice d'usage et des possibilités nouvelles d'apprentissage. Une entreprise qui crée avec succès une innovation sur le marché génère des externalités positives du simple fait de la diffusion vers ses clients. *Il y a donc*

---

1. Dominique FORAY, *L'économie de la connaissance, op. cit.,* et Baruch LEV, « Les actifs incorporels. Limites de la comptabilité classique », New York University, http ://www.multimania.com/matxer/Investissement/ incorporels.htm#sous
2. Les productions matérielles, au contraire, obéissent à la loi des « rendements décroissants ». La raison en est la suivante : les ressources nécessaires à la production des biens matériels ne sont pas disponibles en quantité illimitée, elles sont *rares*. Au fur et à mesure qu'on les exploite de plus en plus intensivement, il faut dépenser une énergie de plus en plus grande pour gérer l'allocation de ces ressources. La production augmente donc de plus en plus difficilement. Le rendement décroît. Il s'agit là d'une des lois fondamentales de l'économie classique.

un bénéfice partagé. Ce phénomène a été vérifié par les économistes depuis longtemps (dès les années vingt, semble-t-il[1]).

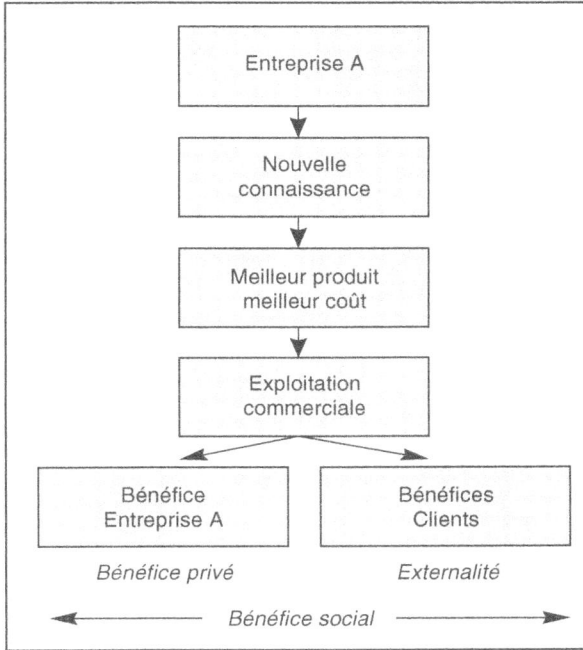

Figure 22. *Bénéfice privé et externalités positives de l'innovation (d'après Adam Jaffe)*

Cela explique en particulier l'attention qui est portée à *la R&D comme activité génératrice de progrès socio-technique*. On comprend ainsi le rôle de l'État qui, en finançant les grands thèmes de R&D, cherche à en faire bénéficier globalement le marché (les utilisateurs comme les PME, par exemple). Ce type de politique relève du modèle *technological push* (pilotage par l'offre plutôt que par la demande).

Mais les *externalités de la connaissance* ne sont pas uniquement *verticales*, de l'entreprise innovatrice vers le client. Elles sont bien sûr aussi *horizontales*, c'est-à-dire vers les concurrents. Ainsi, le schéma suivant représente plus complètement la répartition globale des bénéfices qui s'établit progressivement au fur et à mesure du transfert de valeur sur le marché.

---

1. Voir Adam JAFFE, « The importance of spillovers in the policy mission of the Advanced Technology Program », *Journal of technology transfer*, vol. 23, n° 2, 1998, p. 11-19.

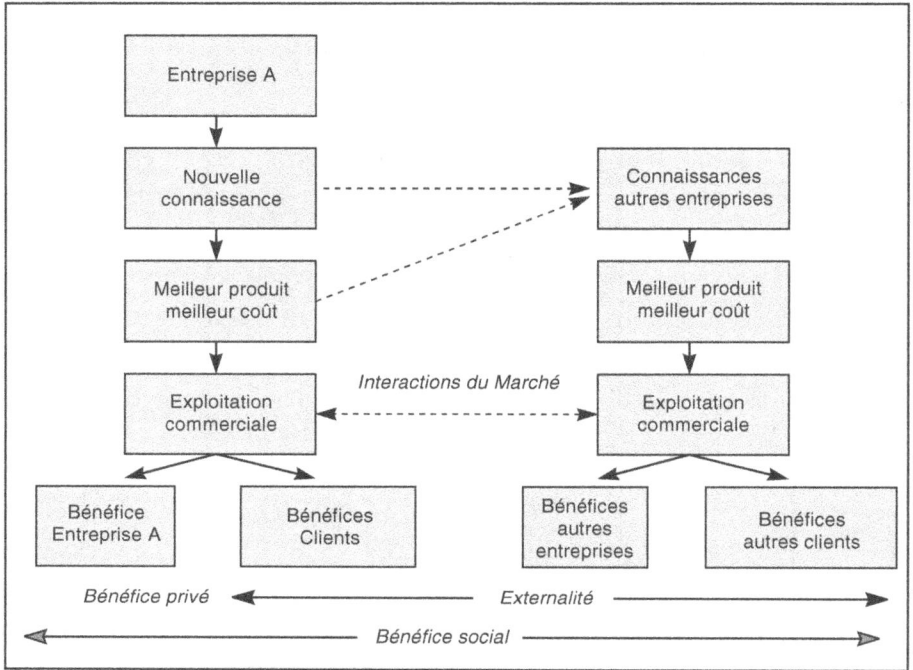

Figure 23. Les différentes externalités sur le marché à la fin du processus de transfert de valeur

Un exemple : les externalités de réseau [1]

On parle d'effets réseau ou d'externalités de réseau lorsque l'intérêt d'un bien pour un utilisateur dépend du nombre de personnes qui le consomment. Dans le cas des réseaux de communication, c'est le nombre d'abonnés qui importe. Schématiquement, il n'y a pas d'intérêt à être seul possesseur d'un téléphone ou d'un fax puisqu'il n'est alors pas possible de l'utiliser. Ce type d'effet ne se limite pas aux seuls réseaux physiques : les utilisateurs d'un même produit ressentent, par exemple, un effet réseau dans la mesure où plus ils sont nombreux, plus les services associés au produit auront tendance à se développer (service après-vente...). Ce qui est particulier aux réseaux comme le téléphone, le fax ou l'Internet, c'est l'importance de ces externalités. Internet a d'ailleurs pour vocation d'être une sorte de réseau des réseaux, c'est-à-dire de permettre l'interconnexion entre différents réseaux préexistants. Son succès repose principalement sur cet effet d'externalités.

Le développement d'une activité concernée par un effet de réseau a une dynamique particulière. À son lancement, les externalités sont encore faibles. À mesure que le marché

---

1. Source : Gouvernement français.

se développe, il devient plus intéressant pour des adhérents potentiels de rejoindre le réseau, dont la taille croît ainsi, ce qui renforce le processus. Ainsi observe-t-on souvent une période assez longue de maturation, avant que le réseau n'atteigne une taille critique qui incite alors à le rejoindre.

L'exemple du fax est révélateur : la technologie a été très tôt maîtrisée, mais il était inutile de s'en doter tant que peu d'autres entreprises en disposaient. Une fois le mécanisme enclenché, la croissance du marché a été très rapide. Les phénomènes actuels d'engouement pour Internet relèvent de ce mécanisme.

Une loi, dite de Metcalfe et basée sur le nombre de contacts que permet le réseau, attribue à un réseau donné une valeur proportionnelle au carré du nombre de membres du réseau. Ceci concorde avec le fait que la fusion ou la mise en compatibilité de deux réseaux conduit à une valeur supérieure à la somme des valeurs associées à chacun des réseaux, du fait de ce principe d'externalités. Il est dans ces conditions naturel que, dans des secteurs d'activité où l'effet réseau est particulièrement important, apparaissent des entreprises dominantes.

Le transfert de valeur vers la société

Voyons maintenant plus particulièrement le point de vue de la société et non plus uniquement celui du marché. À partir du moment où le processus de diffusion de la connaissance est irréversible, celle-ci profite finalement plus aux utilisateurs qu'aux créateurs (et à leurs concurrents qui se sont approprié l'innovation). Il y a globalement amplification de la richesse au sein de la société.

Ainsi, par exemple, le rapport mondial sur le développement humain cite un exemple où les méthodes scientifiques se sont combinées avec les connaissances traditionnelles pour créer un traitement novateur contre le paludisme. Voilà un exemple où le transfert a lieu par un véritable apprentissage en contexte et une inventivité des acteurs locaux.

Le traitement du paludisme au Vietnam[1]

« Au début des années quatre-vingt-dix, le gouvernement vietnamien a profité d'une amélioration de la situation économique pour accroître ses investissements dans la lutte contre le paludisme et en définissant cette lutte comme une priorité nationale. La première avancée significative a été la mise au point et la fabrication d'un nouveau médicament, l'artémisinine, permettant de traiter les cas les plus graves ou résistant à tous les traitements. Cet antipaludéen, extrait d'une variété indigène d'armoise (*artemisia annua*), est

1. Source : Programme de développement des Nations unies 2001 (PNUD), chapitre 2.

utilisé depuis des siècles dans la médecine chinoise et vietnamienne traditionnelle. La collaboration du secteur industriel et des chercheurs a permis de produire localement, à moindre coût, une artémisinine de qualité ainsi que d'autres dérivés. »

La valeur symbolique de la connaissance

En outre, la valeur est une notion qui dépasse largement le simple champ de l'économie, surtout lorsqu'on cesse de l'appliquer à des biens matériels pour aborder le terrain de l'immatériel : connaissances, culture, bien-être, qualité de vie, etc. Ce débat revient aujourd'hui sous les feux de la rampe. Des auteurs, de plus en plus nombreux y compris parmi les économistes, attirent maintenant l'attention sur les insuffisances des théories de la valeur, en particulier parce qu'elles ne tiennent pas compte de l'immatériel[1].

L'hypothèse, évoquée plus haut, selon laquelle la valeur d'échange (marchande) se conçoit comme le produit de l'*utilité* par la *rareté* recèle une difficulté qu'il convient de ne pas éluder. En effet, d'une part, la rareté devient, comme nous l'avons vu, un concept plus complexe dès lors qu'il s'agit de la connaissance, et il est difficile de mesurer la façon dont autrui s'approprie celle-ci ; d'autre part, la notion d'utilité reste, comme elle l'a toujours été, un concept inconsistant, qui s'inscrit dans un courant de pensée purement pragmatique et matérialiste : est utile ce qui est déclaré utile dans un contexte donné. Cette notion tautologique rend seulement compte de la loi de l'offre et de la demande, sans rien dire sur la nature de la demande, c'est-à-dire sur la nature des besoins humains. On se contente simplement de mesurer ce qu'on peut : nombre d'utilisations, de licences, recettes imputées aux produits dérivés, volume d'emplois créés, etc. Bref, on mesure les applications et non pas l'utilité de la connaissance elle-même.

La conception philosophique que l'on peut se faire de la valeur élargit l'horizon et invite, après Kant ou Hegel notamment, à considérer la dimension morale à travers la notion de *projet de société*. La valeur d'un bien renvoie in fine au consensus collectif, à la volonté du plus grand nombre, à la problématique que la communauté cherche à résoudre. Nos besoins, et les solutions proposées pour y répondre, se rapportent à la question : *Qu'est-ce que nous voulons ?* Le projet de société est ici la forme supérieure de la volonté collective – transfigurée par la raison (toujours selon Kant). La valeur paraît fondamentalement intersubjective, tant à l'échelle

---

1. Voir par exemple Dominique MEDA, *Qu'est-ce que la richesse ?*, Flammarion, coll. Champs, Paris, 1999.

individuelle que collective (et il faut être un philosophe positif pour légitimer cette intersubjectivité en la fondant sur la raison objective).

Il va en tout cas de soi que tout modèle de création de valeur, y compris celui décrit plus haut, se rapporte au projet d'une entreprise face au marché et aux demandes formatées par les techniques du marketing, mais ne rend pas compte des autres dimensions humaines. Dans le système plus vaste que constitue l'ensemble de la société, la création de valeur doit aussi se rapporter à d'autres critères comme le bien-être collectif, la santé, la morale publique, la culture, l'équité ou l'environnement. Les conséquences sont multiples : pour la société dans son ensemble, *la diffusion de la connaissance[1] n'est en aucun cas une limite à sa valorisation*, bien au contraire. Il y a bien un transfert de valeur de l'entreprise créatrice vers la société globalement.

Le processus de valorisation atteint certes un *seuil de valorisation*, mais ce seuil ne fait que marquer le moment où s'opère le transfert de valeur. Aux yeux de la société, *le processus de valorisation se poursuit indéfiniment*, si tant est que les usages publics de la nouvelle connaissance le permettent. La connaissance trouve *d'autres applications*, marchandes ou sociales, elle acquiert éventuellement un *statut de savoir* au plan scientifique, voire aux plans moral, social, esthétique ou philosophique.

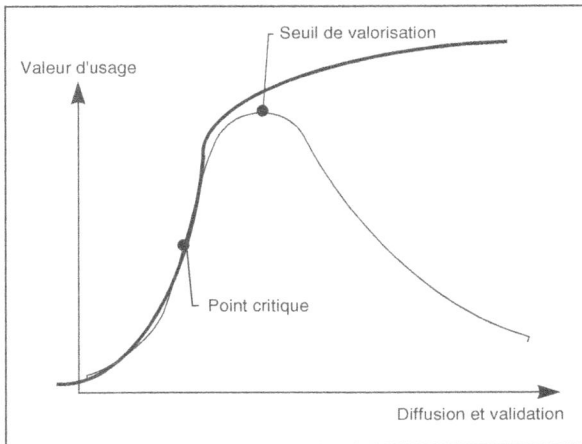

Figure 24. Le processus de la valeur d'usage de la connaissance – ou le point de vue de la société

---

1. Au sens défini plus haut : la connaissance se diffuse véritablement dans la mesure où d'autres se l'approprient et créent de nouvelles opportunités (ce que j'appelle le transfert). Cette notion de diffusion dépasse donc largement la simple diffusion d'information. En d'autres termes, la diffusion d'information n'implique pas qu'il y ait *transfert* de connaissances.

Ainsi, la valeur symbolique de la connaissance englobe et dépasse sa seule valeur marchande. Cette remarque donne un éclairage intéressant dans la perspective du développement durable, thème en vogue aujourd'hui dans les entreprises, sous l'impulsion initiale de l'ONU (cf. 3ᵉ partie).

LA « BASE DE CONNAISSANCES » : UN FONDS DE CAPITAL INTELLECTUEL PLUTÔT QU'UN STOCK D'INFORMATIONS

Revenons à présent à la gestion des connaissances. La ***base de connaissances*** qui résulte du processus de capitalisation n'est pas simplement un réservoir d'informations. Capitaliser, transférer, renouveler ne se fait pas mécaniquement. *La gestion des connaissances suppose une analyse stratégique du métier.* Il faut pour cela envisager la base de connaissances comme l'ensemble des connaissances mises en commun dans chaque processus métier. Un spécialiste de l'innovation, Alain Bienaymé, présente le savoir comme un fonds de richesse :

> « **Contrairement à un simple** *stock,* que l'on épuise s'il n'est pas renouvelé, un *fonds* ne se *désaccumule* pas : sous les apparences d'un stock, la masse des savoirs et des compétences que recèle le personnel de l'entreprise constitue en réalité un fonds. La différence est essentielle, car s'il est de bonne gestion d'éliminer les stocks inutiles pour réduire les frais, une entreprise bien conduite s'attache en revanche à entretenir et à valoriser son fonds[1]. »

À retenir

En adoptant ce point de vue, nous voyons en quoi réside fondamentalement une politique de gestion des connaissances : évaluer, *en fonction des objectifs stratégiques*, son « fonds de capital intellectuel » et l'améliorer, l'organiser, le protéger, le valoriser, le faire évoluer.

Cette vision ouvre des perspectives beaucoup plus larges que l'approche limitée au système d'information, tout en l'intégrant parmi ses préoccupations ; nous retrouvons là toute l'importance des trois dimensions de la connaissance : information, savoir et compétence.

Rappelons à présent très brièvement les principales notions économiques qui caractérisent les systèmes productifs tels que les entreprises et, de

---

1. Alain BIENAYMÉ, *L'économie des innovations technologiques*, PUF, coll. Que-sais-je ? Paris, 1994.

façon générale, toutes les organisations socio-économiques (administrations...). Le modèle classique, typiquement cybernétique, définit le système de production comme une sorte de boîte noire appelée *fonction de production*, qui est constituée de l'ensemble des moyens techniques et organisationnels qui permettent de produire. En entrée (input), la fonction de production consomme différentes ressources appelées *facteurs de production* : ce sont à la fois les matières premières, la force de travail (les employés) et le capital qui permettent d'entretenir et de faire évoluer le système. En sortie (output), le système produit des biens et services qui sont acheminés vers les clients (ou usagers et consommateurs, dans le cas des administrations).

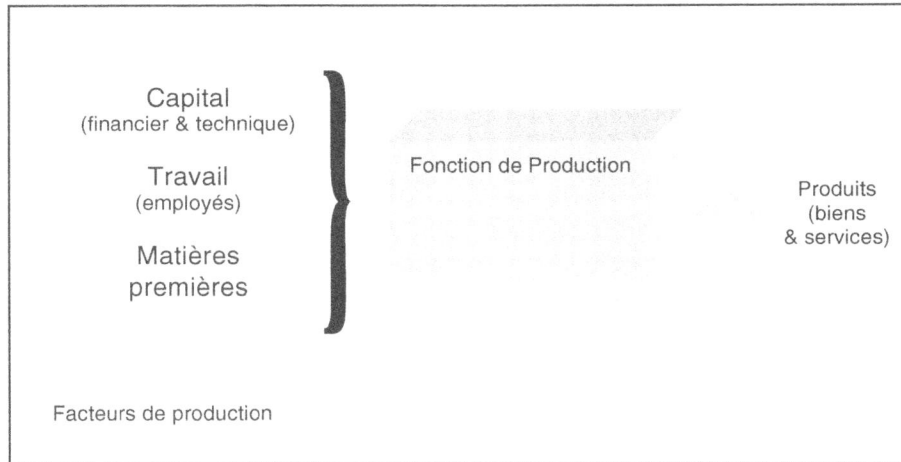

Figure 25. Le modèle classique du système de production

Les capitaux investis dans le système sont financiers au départ, mais ils sont transformés en formes matérielles et en biens d'équipement intermédiaires (le capital technique) qui sont mobilisés dans la fonction de production : les biens immobiliers (bâtiments, locaux...), les machines, les outils. Une des caractéristiques essentielles du capital est qu'il est disponible, pour ainsi dire, jour et nuit, à ceci près qu'il a tendance à se dégrader au cours du temps. Il faut donc l'entretenir et le renouveler. L'amortissement est une première réponse. La seconde est l'innovation technique, qui, au lieu de renouveler à l'identique, renouvelle plus en profondeur, en modifiant la fonction de production (ce qui nécessite de nouveaux investissements). On sait en effet que chaque nouvelle technique nécessite un certain nombre de modifications, à la fois des processus, de l'organisation et des espaces.

La force de travail est une forme radicalement différente de facteur de production : elle n'est disponible qu'autant que les employés sont présents, et cela est valable du bas de l'échelle au sommet, c'est-à-dire jusqu'au P-DG. Au-delà des heures rémunérées, plus d'hommes, et donc plus de travail. Cette ressource est volatile.

La valorisation des produits (biens et services) sur le marché et, plus généralement, au sein de la société (dans le cas des services publics, par exemple) dégage les revenus nécessaires à la rémunération du capital (les investisseurs) et du travail (les employés), ainsi qu'à l'achat des fournitures, des ressources diverses et variées, sans oublier l'amortissement du capital évoqué ci-dessus.

Revenons à présent à la gestion des connaissances qui, comme nous l'avons dit, s'intéresse à l'acquisition, à la gestion, à la valorisation et au renouvellement du **capital intellectuel**. Quelle est la nature de ce « capital intellectuel » ? Est-ce bien un capital, au sens où nous venons de le définir ?

Pour répondre, il nous faut nécessairement avoir à l'esprit ce qu'est la base de connaissances et ce qu'est la connaissance. La base de connaissances a été définie précédemment comme le résultat des processus de capitalisation. En pratique, il s'agit par exemple des différentes formes de savoir commun et de normes du métier, des fonds documentaires et, de façon générale, des ressources accumulées dans les systèmes d'information et de communication (technologies et langages).

Le point intéressant ici est le fait que, dans la mesure où cette *base de connaissances* constitue en quelque sorte le fonds des connaissances mises en commun par les travailleurs du savoir : employés divers et variés – experts, formateurs, auteurs de rapports – ainsi que d'autres contributeurs externes – fournisseurs, partenaires, consultants..., elle peut s'apparenter à une forme de capital technique – puisqu'elle constitue un facteur de production disponible et réutilisable en permanence, du fait de sa nature explicite. Mais c'est l'articulation de la compétence humaine avec ce fonds commun qui permet de produire quelque chose. Comme nous l'avons longuement décrit dans la première partie, la connaissance est fondamentalement incorporée dans les hommes, sous une forme tacite. Même la forme explicite (les savoirs formalisés et l'information) qui est mise en commun au prix d'une certaine *fixation* – ce qui la rend transmissible et réutilisable à l'infini – a toujours besoin de l'intervention humaine pour s'actualiser dans la pensée et l'action. La base de connaissances est donc une *médiation* entre les hommes, qui démultiplie leurs compétences *collectives*, et c'est en même temps une *mémoire collective*, qui fixe la partie explicite des connaissances.

Nous sommes donc à présent en mesure de préciser cette question du capital intellectuel.

À retenir

D'une part, la *connaissance* est fondamentalement incorporée dans l'humain (sous forme à la fois de compétences et de savoirs assimilés). En ce sens, il s'agit bien d'un *facteur de production*, mais en tant que *force de travail* et non pas en tant que capital. Au contraire, la *base de connaissances*, en tant que ressource collective et réutilisable, est bien une forme de *capital*.
La notion de *capital intellectuel* ne peut donc s'appliquer, en toute rigueur, qu'à la base de connaissances, et non pas aux compétences des hommes ni à leurs connaissances tacites – lesquelles constituent l'essentiel de leur apport et doivent être rémunérées en tant que telles.

Il en résulte donc que la notion très en vogue de **capital humain** n'a pas de sens car elle contient une contradiction entre les deux termes. C'est même une absurdité, sauf à considérer l'humain non plus comme une force de travail, mais comme une forme du capital (ce qui reviendrait à dire que les employés sont la propriété des investisseurs...). Nous reviendrons sur ce point dans le chapitre consacré à la propriété intellectuelle, et également à propos de la gestion de la relation client (troisième partie).

Ayant précisé en quoi l'expression capital humain est abusive et tendancieuse, nous nous efforcerons dans la suite de tenir compte quand même de son usage courant, tout en refusant les dérives qui seraient contraires avec ce qui vient d'être discuté ici. L'abus de langage, en l'occurrence, est nuisible à la fois au plan des concepts économiques les plus essentiels et, plus encore, à celui de l'éthique. Lorsqu'il n'y aura pas de risque de telles dérives, nous utiliserons donc, dans la suite, le terme de *capital intellectuel* de façon pragmatique : tantôt au sens rigoureux qui a été précisé ici, en soulignant sa dimension collective et explicite, tantôt en un sens un peu élargi qui satisfera à l'usage moyen, en intégrant implicitement dans l'expression à la fois ses dimensions individuelle et collective, tacite et explicite.

Voyons maintenant comment mettre en place la politique de gestion des connaissances, et donc identifier le « fonds de capital intellectuel » que constitue la base de connaissances.

La courbe de création de valeur, telle qu'elle a été décrite précédemment, permettait d'analyser le processus temporel de la création des connaissances. Mais cette courbe a un autre intérêt : elle peut s'interpréter aussi comme le *spectre* de l'ensemble des connaissances à l'œuvre dans les individus et dans le collectif (voir figure 26).

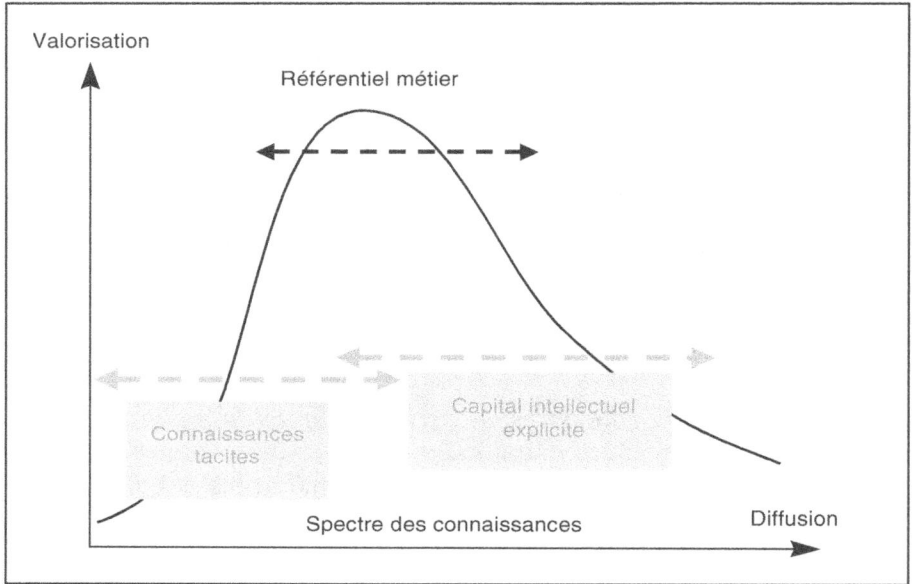

Figure 26. Le spectre des connaissances disponibles constitue le capital intellectuel – incorporé et explicite

La partie gauche du seuil de valorisation, sur la figure, regroupe l'ensemble des connaissances et savoir-faire émergents qui vont renouveler le capital intellectuel de l'entreprise. Localisées dans des pratiques spécifiques, ces ressources ne sont pas valorisées dans tout leur potentiel car elles restent incorporées ; en même temps, à vouloir les transposer ailleurs ou les diffuser, on court le risque de les voir invalider ou de les voir copier par des concurrents avant de les avoir protégées. La partie située au-delà du seuil de valorisation regroupe au contraire l'ensemble des connaissances communes, faciles à trouver sur le marché ou dans les écoles et universités.

La zone médiane, qui culmine autour du seuil de valorisation, regroupe quant à elle les connaissances et savoir-faire les plus valorisés par l'entreprise à un instant donné : c'est son fonds de commerce à cet instant ; elle regroupe les savoir-faire individuels et les différents processus opératoires collectifs qui constituent le *référentiel métier* de l'entreprise (routines, normes, doctrines...).

À retenir

Ainsi, la *base de connaissances* d'une entreprise peut se concevoir comme le spectre des connaissances disponibles collectivement, sous forme validée et codifiée.

Cette analyse *spectrale* de la richesse intellectuelle disponible peut être ensuite croisée avec les objectifs stratégiques de l'entreprise : cela permet de décider de renforcer les connaissances clés et d'acquérir celles qui font défaut, tout en évitant de se limiter aux objectifs à court terme, car cela masquerait l'intérêt des connaissances émergentes et tacites (partie ascendante du spectre) et pourrait conduire à malmener des ressources stratégiques pour la survie et le développement à long terme.

La base de connaissances métallurgiques d'Usinor

Usinor a adopté depuis la fin des années quatre-vingt une politique ambitieuse et innovante de gestion des connaissances, en concentrant ses efforts sur l'analyse stratégique de ses métiers. La base de connaissances peut ainsi être conçue comme l'ensemble des domaines à fort enjeu, dans lesquels sont lancées les actions de capitalisation et de gestion des compétences. Ainsi, par exemple, dans le domaine des hauts-fourneaux, cette politique a porté aussi bien sur la capitalisation des savoir-faire du cœur de métier que sur l'identification et la répartition démographique des compétences clés. La maîtrise de ce capital intellectuel suppose la mise en place de dispositifs visant à faciliter à la fois la valorisation des savoir-faire, la mobilisation humaine au sein des communautés de métier et la politique adéquate de gestion des ressources humaines (recrutements, formation, tutorat...).

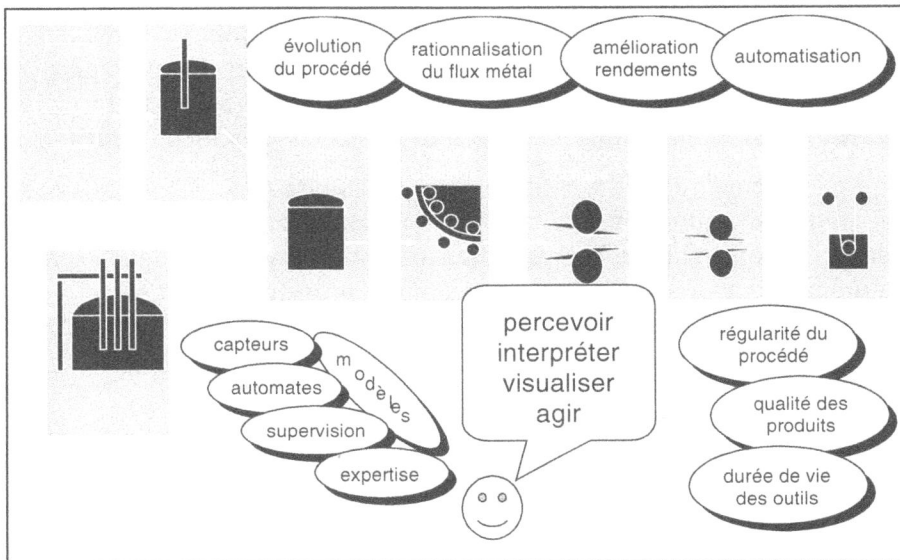

Figure 27. La base des connaissances métallurgiques à Usinor : une vision stratégique des enjeux métier

Cette façon de concevoir la base de connaissances comme un capital peut se décliner pour chaque activité du cœur de métier de l'entreprise. On en comprend dès lors l'intérêt pour bâtir une politique de gestion des connaissances. Plus précisément, les processus de socialisation, de capitalisation, de transfert et de renouvellement, pour être efficaces, intégrés aux processus métier et cohérents avec la stratégie, constituent à la fois des objectifs de professionnalisation et de management. Nous allons maintenant nous intéresser de plus près au rôle de ces processus.

RÔLE DE LA SOCIALISATION : ACCÉLÉRER LE PROCESSUS DE VALORISATION

Revenons à la courbe de valorisation-diffusion de la connaissance qui a été présentée plus haut. Dans la partie amont de cette courbe (en dessous du seuil critique), une grande partie des idées, recettes, observations ou expériences constituant le savoir-faire restent toujours localisées, spécifiques et ne développent donc pas beaucoup de valeur (sans compter qu'elles sont très *volatiles*).

La gestion de ces connaissances *émergentes* doit consister non pas à les fixer, mais plutôt à les faire *monter en puissance*, notamment par des processus de discussion, d'échange, d'exploration, de mise à l'épreuve, qui augmentent leur auditoire et donc les soumettent à une validation plus collective. Les connaissances émergentes doivent être gérées de façon appropriée à leur nature, qui est d'être informelles et largement tacites.

Tant qu'elles demeurent en amont du *seuil de valorisation*, il est parfaitement inutile de vouloir les *sur-capitaliser*. Entendons par *sur-capitaliser* le désir de trop formaliser, trop codifier, trop mesurer, de vouloir fixer prématurément. Le processus de montée en valeur jusqu'au *seuil de valorisation* s'inscrit dans une durée et dans un espace, celui de la collectivité. La sur-capitalisation des connaissances n'est donc pas pertinente et en outre coûte cher.

À retenir _____

La bonne façon de gérer ces connaissances émergentes est donc de promouvoir le travail en groupe et les communautés de pratiques, de susciter des comportements de type « faire savoir » et « confrontation d'idées » pour accélérer leur mise à l'épreuve. C'est donc le processus de *socialisation* entre les acteurs qui est le plus pertinent, en amont du seuil critique.

Le processus de socialisation a toujours été fondamental, comme nous l'avons vu, dans l'apprentissage collectif et l'élaboration des connaissances. Les nouvelles technologies de l'information, le groupware (outils de travail collaboratif en réseau) en particulier, peuvent faciliter ce processus, à condition d'apprendre à les utiliser intelligemment. Dans l'entreprise, le travail en groupe, au sens large, peut prendre deux formes, toutes deux indispensables et complémentaires : d'une part, l'ensemble des discussions *spontanées*, qui se développent dans différentes *communautés de pratiques*, et, d'autre part, les discussions *organisées* qui se développent dans des cadres plus officiels : projets, réseaux, partenariats, groupes de travail, commissions...

La direction a un rôle d'initiateur à jouer dans ces dernières. C'est en effet à partir de sa vision stratégique que les thèmes de discussion pourront être définis de façon visible et transverse[1]. Ceci dit, la direction ne dicte pas tout. Elle doit énoncer les *fondamentaux* et, à partir de là, il est plus facile de prévoir collectivement les relais nécessaires pour identifier et mobiliser les acteurs concernés : managers, experts, formateurs, chefs de projet, chefs de produits, commerciaux, techniciens, juristes – tous les métiers devant être associés et prendre l'habitude de confronter leurs points de vue.

Dans l'industrie automobile, par exemple, comment faire progresser le système de suspension ou le confort de l'habitacle si on ne fait pas discuter ensemble un responsable clients, qui connaît les usages en milieu citadin et rural, un responsable des achats, qui connaît bien les fournisseurs, et le bureau d'études ? En revanche, dans d'autres secteurs, et notamment le tertiaire et l'administratif, la culture du partage d'expériences, de la confrontation d'idées n'est pas aussi naturelle et la gestion des connaissances émergentes ne va pas de soi : il faut accepter de partager ses « idées chères » et non pas les « idées générales », qui sont bien connues ; « *donner une idée* » est souvent vécu comme une perte pour celui qui donne ; sans compter la peur de se tromper et d'être jugé. Par ailleurs, il ne suffit pas de déposer des idées dans un forum, il faut *se soucier de débattre*, voire, ce qui est plus délicat, *de contredire*. Mêmes craintes, mêmes blocages[2]. L'esquive, face à la confrontation d'idées, est une attitude répandue, qui dénote souvent la peur de ne pas être assez compétent ou d'être jugé par les autres. On trouve alors plus confortable de se copier mutuel-

---

1. Le terme *discussion* est bien sûr à prendre ici au sens de la discussion scientifique, argumentée et raisonnée. Il ne s'agit évidemment pas de demander à la direction d'encadrer toutes les discussions !
2. Voir, à ce propos, Serge MOSCOVICI, Willem DOISE, *Dissensions et consensus*, PUF, Paris, 1992.

lement : c'est l'effet *moutons de Panurge*. Le résultat dans ce cas est évident : la base de connaissances coûte beaucoup plus qu'elle ne rapporte ; elle devient un réservoir de banalités et de préjugés.

Enfin, il faut cultiver l'*exploration* active des possibilités nouvelles. Cela suppose de tester pratiquement les idées, d'accepter de se tromper, de procéder par essais-erreurs et surtout de s'ouvrir suffisamment sur l'extérieur, pour s'adapter, pour développer ses *réseaux d'alliés*, pour sentir les besoins du marché, les attentes des clients, la position des concurrents.

En résumé, la *socialisation*, qui est le processus fondamental pour gérer les connaissances émergentes ou incorporées, suppose plusieurs types d'action : « *faire savoir* », *discuter* et *explorer*. Ce sont les véritables leviers à mettre en œuvre en priorité.

Mais comment savoir quel est le bon moment pour commencer ou arrêter ces processus ? Question importante, si l'on veut éviter les dérives. Il s'agit en fait d'apprendre à mieux repérer, dans les différents métiers, les deux moments essentiels du cycle de vie des connaissances : le *point critique* et le *seuil de valorisation*. Au-delà de cette zone, il convient de changer de stratégie et de mettre en œuvre le processus de capitalisation.

RÔLE DE LA CAPITALISATION : ÉVALUER LE SEUIL DE VALORISATION

Quand les connaissances ont franchi le *seuil de valorisation*, l'entreprise doit les comptabiliser et les capitaliser dans un *espace commun* d'une façon plus explicite, plus extensive, pour les valoriser et les rendre disponibles plus largement, via l'organisation, la culture, les langages, les produits, les réseaux, le système d'information. C'est le rôle central de la base de connaissances.

La diffusion prend alors une plus grande ampleur et en même temps ces connaissances sont de plus en plus *validées* : selon le principe de réfutabilité cher à Karl Popper[1], elles seront d'autant plus légitimées qu'elles auront résisté à l'usage, à l'épreuve des faits à large échelle[2], aux besoins

---

1. Karl POPPER, *La connaissance objective*, Oxford University Press, 1979, Flammarion, coll. Champs, Paris, 1991.
2. D'où le caractère toujours plus ou moins *provisoire* de toute connaissance, qui finit tôt ou tard par se heurter à un fait contradictoire, un contre-exemple ou une contre-référence, comme nous l'avons déjà noté.

de la collectivité. Ces connaissances vont s'*intégrer* progressivement dans le cœur de métier de l'entreprise, dans les routines opérationnelles, dans les produits, et enrichir ainsi les connaissances qui relèvent du « prescrit ». La capitalisation, nous y reviendrons longuement, a une tendance presque naturelle à valoriser la fonction normative de la connaissance. Il faut ré-équilibrer cette tendance en *revalorisant la fonction herméneutique*, car à quoi bon une base de connaissances qui ne serait pas le lieu d'une discussion, à chaque fois que nécessaire, sur le sens et sur le pourquoi de l'action ?

Le portail en Intranet est aujourd'hui l'outil privilégié qui permet à tous dans l'entreprise d'accéder rapidement à ces connaissances communes. Nous y consacrerons un chapitre à part entière. Mais ce n'est qu'un outil. Il faut aussi organiser les *processus de capitalisation*. Nous en verrons quelques-uns parmi les plus répandus : la documentation, le retour d'expérience, la formalisation des bonnes pratiques, les récits apprenants, les méthodes de modélisation. La capitalisation seule ne suffit pas, il conviendra, pour chaque méthode adoptée, d'évaluer en quoi elle permet aussi les autres processus : socialisation, transfert et renouvellement.

RÔLE DU TRANSFERT DES CONNAISSANCES : AUGMENTER LA VALEUR D'USAGE

Qui transfère quoi, vers qui ?

Il existe de nombreuses situations où un transfert de connaissances a lieu. Passons-les en revue rapidement :

- L'équipe intègre des nouveaux arrivants et leur transmet des connaissances ; la prise en charge ne se fait pas dans un cadre formel, d'individu à individu, mais progressivement, *sur le tas*.
- Le senior transmet des connaissances vers la communauté, notamment avant son départ (mutation, retraite). L'opération se fait dans un cadre formel par lequel le senior rédige des documents, fait une série d'exposés, voire prend en charge une activité pédagogique.
- Le senior transmet des connaissances vers un junior, par une action officielle de tutorat ou de compagnonnage. La transmission est surtout orale et se fait en situation d'action opérationnelle.
- Un formateur transmet des connaissances vers un groupe d'apprenants. Cette transmission suppose un long processus qui va de l'identification de compétences clés à leur formalisation, à leur intégration au porte-

feuille de la formation continue et à la nomination, voire la formation, des formateurs.
• Une équipe projet diffuse des connaissances vers la communauté, dans le but notamment que les résultats servent à d'autres projets ou à d'autres équipes.
• Une entité de l'entreprise a mis en place un système de capitalisation de connaissances et ouvre l'accès à sa base de connaissances via l'Intranet.
• Une entreprise diffuse des informations et connaissances vers l'externe, dans le but de fertiliser une grappe technologique ou de faire du transfert technologique, par exemple.

La diversité de ces situations pose la question suivante : que doit-on entendre par *transfert de connaissances* ? On voit clairement apparaître dans ces différents exemples que le transfert est une notion plus complexe qu'il n'y paraît. Dans certains cas, notamment celui de l'entité qui a mis en place un système de capitalisation, le transfert se réduit à une simple *distribution* d'informations. Dans d'autres cas, il s'agit véritablement de la *transmission* d'une compétence. Entre ces cas extrêmes s'échelonnent toute une série de cas intermédiaires. Le schéma de la figure 28 résume les différentes possibilités.

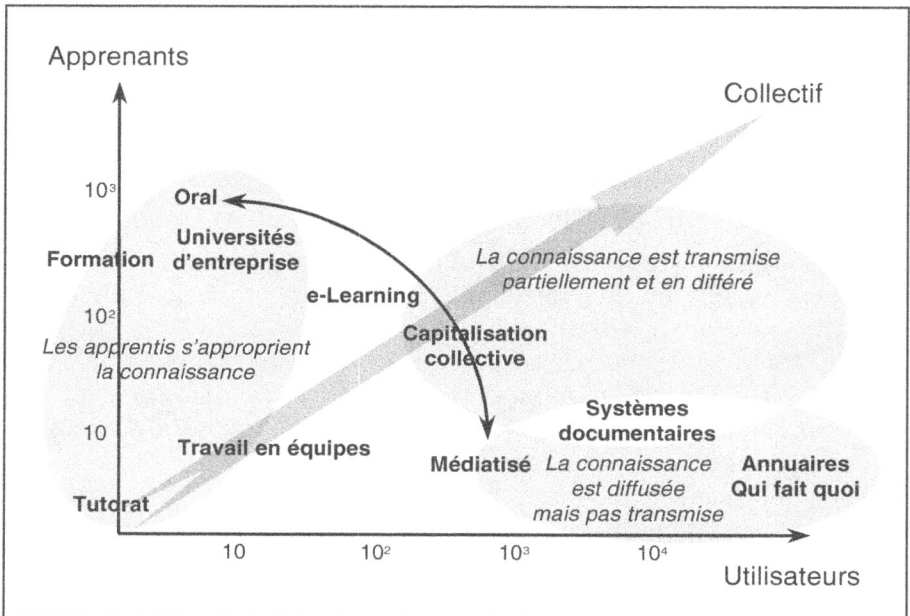

Figure 28. Les différentes situations de transfert : réutiliser ou transmettre ?

À retenir ————————————————————————————

Dans la suite, la *transmission* sera employée pour désigner le type de transfert de compétences et de connaissances où des *apprenants* sont mis en situation d'*apprentissage*. À l'autre bout de l'échelle du transfert, la *distribution* d'informations et de connaissances vers une grande quantité de personnes donne lieu à une simple *utilisation* de l'information, sans qu'il y ait un processus formel d'apprentissage. Dans ce cas, on parlera éventuellement, au mieux, d'*auto-apprentissage*, lorsque l'utilisateur fait l'effort de s'approprier l'information, avec les limites évidentes d'une telle conception.
Distribution versus transmission, utilisation versus apprentissage, utilisateur versus apprenant : telles sont les variables extrêmes du processus du *transfert*, auquel nous attribuerons donc un sens très général qui recouvre l'ensemble des situations.

Transférer et apprendre

Pour appréhender le phénomène du transfert des connaissances dans ses différentes dimensions, il est utile de revenir au modèle de la connaissance en tant que processus d'intégration : la connaissance est à la fois information, savoir et compétence. Elle requiert les deux formes fondamentales de l'apprentissage : l'apprentissage rationnel transforme l'information contextuelle en savoir et l'apprentissage en acte transforme l'information et le savoir en compétence.

Avant de poursuivre, il convient de s'arrêter un instant sur une remarque terminologique dont les conséquences sont essentielles. Dans la langue d'aujourd'hui, « apprendre » signifie tantôt *acquérir des connaissances existantes*, et tantôt *élaborer une connaissance nouvelle* à partir de son expérience. Dans le premier cas, l'apprenant reproduit sans modifier (« j'apprends une langue étrangère », « j'apprends les techniques de marketing »...) ; dans le second cas, il crée et transforme (« j'ai appris beaucoup de ce voyage », « j'ai appris à connaître ce client »...).

Dans la suite, nous parlerons donc d'*apprentissage reproductif* et d'*apprentissage créatif*. On peut aussi, après Jean Piaget, parler d'*apprentissage par assimilation* (le sujet ajoute des informations et savoirs à ses schémas existants) et d'*apprentissage par accommodation* (le sujet effectue une remise en cause et opère des transformations notables sur les schémas de pensée existants). Fondamentalement, au niveau neurobiologique, ces catégories d'apprentissage mettent en jeu les mêmes processus cognitifs et nécessitent à la fois l'apprentissage rationnel et l'apprentissage en acte. Dans les deux cas, en effet, l'individu est soumis à une situation qui exige de lui plusieurs types de réponses qui se combinent : le recours à la mémoire sémantique, pour donner du sens, combiner, transposer, développer du savoir et le recours à la mémoire procédurale, pour réagir physiquement à l'environnement, incorporer de nouveaux schèmes d'action, développer des compétences.

Ainsi, par exemple, l'apprentissage d'une langue intègre aussi bien des savoirs (le vocabulaire, la culture...) que des compétences (la prononciation, la conduite d'un dialogue, la façon devenue inconsciente de construire les phrases...). Dans l'autre exemple, celui qui a appris à connaître un client a lui aussi intégré des savoirs (il peut dire des choses à propos du client, le décrire, interpréter ses attentes...) et des compétences (la bonne façon de l'aborder, de le questionner, de l'écouter, de le faire participer...). La différence entre les deux exemples réside simplement dans le fait que le premier type d'apprentissage (celui de la langue) a reproduit une connaissance déjà existante : des millions de personnes parlent déjà cette langue ; tandis que le second type d'apprentissage (celui du fournisseur et de son client) n'a pas reproduit une connaissance déjà existante, pour la raison suivante : c'est une connaissance qui s'est développée dans une relation humaine unique (celle de *ce* fournisseur et de *ce* client), dans une histoire personnelle. Finalement, le fournisseur a appris des choses qui n'étaient pas déjà écrites ou conceptualisées dans aucune base de connaissance, ni dans aucune mémoire.

L'apprentissage reproductif et l'apprentissage créatif reposent donc sur le même processus cognitif ; ce qui les distingue, c'est la situation et ce qui en ressort. Cette distinction est essentielle car, en termes de management, les leviers pour gérer l'un et l'autre ne sont pas les mêmes :

L'apprentissage reproductif se gère par la formation et les technologies de la communication (donner l'accès aux bases de connaissances à l'utilisateur pour lui diffuser l'information et susciter des processus d'auto-apprentissage) ; ce type d'apprentissage est surtout individuel et requiert en principe la présence d'un coach, d'un tuteur ou d'un enseignant, dont le rôle est essentiel pour la pédagogie et la validation des acquis.

L'apprentissage créatif se gère par le management : il s'agit d'induire des capacités individuelles et collectives à tirer parti des expériences pour « faire toujours mieux » et inventer de nouvelles solutions. Cet apprentissage nécessite une forte ouverture sur l'externe. Il est fondamental. Nous verrons ainsi que le concept d'*organisation apprenante* est une application de la gestion des connaissances à l'échelle de l'entreprise. Il dépasse en fait largement la seule notion de transfert puisqu'il suppose, comme nous le verrons, tout à la fois socialisation, capitalisation, transfert et renouvellement (le modèle CTR-S).

Concernant l'apprentissage reproductif, il faut distinguer deux niveaux de transfert des connaissances : l'utilisation et la transmission. Ainsi défini, le transfert peut prendre les formes suivantes :

La simple distribution d'information, non suivie d'apprentissages formalisés, est le premier degré du transfert, que nous appellerons *utilisation*. Le levier du transfert est ici constitué par l'usage des technologies de communication, qui facilitent l'accès aux bases de connaissances.

La *transmission* de connaissances est le second niveau de transfert, qui se réfère à l'apprentissage individuel. Le levier principal est la formation. On passe d'un simple accès aux bases de connaissances à un véritable processus d'incorporation en situation, condition indispensable pour transmettre la compétence.

En outre, le transfert se réfère aussi au fait de susciter des externalités de connaissances vers différents partenaires : clients, personnel, fournisseurs, firmes situées dans des grappes technologiques... Les leviers utilisés pour ce type de transfert sont, par exemple, le capital-risque, la coconstruction avec les clients ou le transfert technologique. Dans ce type de transfert, on notera que ce n'est pas simplement l'économie marchande qui est concernée, mais aussi l'économie du *don-contre-don*. Ces différentes formes de transfert des connaissances sont résumées dans le schéma suivant.

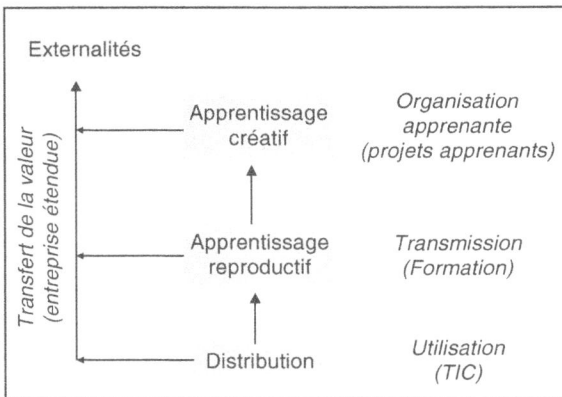

Figure 29. L'équation du transfert

Pour terminer ce survol, rappelons quelques données classiques de la psychologie de l'apprentissage, qui ont des conséquences fondamentales aussi bien sur l'acquisition de connaissances individuelles que sur l'élaboration collective de l'apprentissage – les « connaissances organisationnelles » de l'entreprise : routines, normes, codes...

Le modèle de base de l'apprentissage est celui du *conditionnement*, développé par Pavlov. L'accumulation de signaux et d'informations convergents détermine chez l'individu des réflexes de comportement et de pensée. Le terme « réflexe conditionné » suggère ainsi qu'il suffit de provoquer, de façon répétitive, un type d'information pour induire chez les sujets un conditionnement. On rejoint ici la théorie du behaviorisme déjà évoquée, qui considère que l'*équation personnelle* du sujet est négligeable dans le processus d'apprentissage.

La base de connaissances de l'entreprise, dans ce qui constitue son « cœur de métier », avec l'ensemble de ses normes sociales et professionnelles, induit bien sûr un effet de conditionnement collectif. Les nouveaux arrivants, pour s'intégrer socialement et pour acquérir le métier, incorporent, d'abord consciemment puis inconsciemment, cette base de connaissances. On sait que la transmission des connaissances nécessite ce type d'apprentissage, dans lequel le conditionnement progressif intervient de façon importante.

Un autre apport de la théorie du conditionnement est la notion de *renforcement*, proposée par Skinner à la fin des années trente. Le renforcement suppose non plus simplement l'accumulation d'un type d'information, mais la corrélation entre deux types d'information. Souvent, cela se traduit par un apport émotionnel qui accompagne l'information neutre.

Ainsi, la communauté aussi bien que le sujet individuel ont des opinions et des normes sociales renforcées par des situations de stress ou de crise répétitives. À la longue, l'organisation apprend à répéter une façon de réagir à un type de crise, qu'elle convertit peu à peu en norme ou en « bonne pratique ».

Observons que, pour la collectivité qui cherche à transmettre aux jeunes embauchés ces normes, deux scénarios peuvent se rencontrer : soit les arrière-plans affectifs ont toujours cours, et dans ce cas le jeune y sera vite confronté et subira lui aussi le processus de renforcement ; soit le contexte ou l'environnement se mettent à changer, et le jeune sera en droit de ne pas prendre pour argent comptant des « connaissances » qui doivent être réactualisées.

Ces remarques se vérifient souvent en pratique. Un ancien s'évertue parfois à vouloir transmettre une opinion ou une façon de faire, qu'il a été amené à incorporer par conditionnement et renforcement. Il est important de savoir si le contexte a suffisamment changé ou non. L'objectivité et l'analyse critique ne peuvent dans ce cas être laissées au seul aîné : il peut se tromper. C'est ainsi que l'on constate souvent qu'un œil neuf est bien utile pour renouveler des modèles.

Il en va de même d'une autre théorie, complémentaire des précédentes : celle de l'apprentissage par *imitation,* introduite par Albert Bandura. La socialisation induit en permanence des ajustements mutuels entre les individus, qui conduisent à un comportement et des connaissances partagées par coconstruction.

L'imitation est bien sûr une forme archaïque de la connaissance puisqu'elle ignore tout de ce qui valide la connaissance de façon plus objective : la cohérence, la vérification, le principe de réfutabilité, déjà évoqués. Mais la démarche scientifique est loin d'accompagner toutes les activités, et l'apprentissage par imitation détermine de nombreuses pratiques, considérées comme le savoir-faire. Par ailleurs, l'imitation est bien sûr un processus très puissant pour transmettre un savoir-faire du maître à l'apprenti. Mais il reste vital de considérer la situation de transfert comme une occasion de questionner un savoir-faire, et donc peut-être aussi bien de le consolider, de le partager, que de le critiquer et de l'améliorer.

Ces théories de l'apprentissage illustrent bien la nécessaire dialectique qu'il convient d'opérer entre *transmettre* et *renouveler*. Pour la même raison, une méthode mieux adaptée au transfert a des chances d'induire des faiblesses en matière d'innovation. Ou réciproquement. C'est donc tout naturellement que nous vérifierons, dans les chapitres suivants, combien une méthode peut aussi bien être employée pour transférer que pour renouveler.

RENOUVELER ET TRANSFORMER LES CONNAISSANCES : LA RICHESSE SE RÉGÉNÈRE

La connaissance face à l'inconnu

L'entreprise continue d'achopper sur un point capital : chaque fois qu'un imprévu survient, c'est-à-dire presque tous les jours, les bases de connaissances et les normes habituelles s'avèrent inadaptées. Mais, heureusement, l'homme est doté d'une capacité qui fut soulignée par les premiers penseurs grecs : la *métis*[1], aptitude à contourner l'obstacle, à parvenir à

---

1. Voir à ce propos Philippe BAUMARD, *Organisations déconcertées. La gestion stratégique des connaissances*, Masson, Paris, 1996.

ses fins et à tirer avantage de l'inconnu, du flou, du non-dit. Cette aptitude ne peut pas se capitaliser, ni dans les systèmes d'information, ni dans les dispositifs de management et de gestion des ressources humaines, ni enfin dans les savoirs. Pourtant, c'est elle qui nous donne un avantage décisif dans chaque crise, c'est elle qui nous permet de nous démarquer par rapport à des concurrents moins habiles.

Ainsi, dans l'action et ses différents degrés d'aléas, la compétence intègre plusieurs types de ressources intellectuelles :

– les savoirs *prescriptifs*, issus de notre histoire, qui regroupent les règles, routines, normes et façons de faire constituant notre « référentiel métier », notre savoir-faire ;
– les savoirs et informations qui proviennent de nos relations avec notre environnement externe : attentes et pratiques des clients, fournisseurs, partenaires, etc. Tout ce capital constitue un ensemble de *spécifications* qui orientent et renouvellent l'exercice de notre métier ;
– la capacité que nous avons à nous adapter aux *imprévus*, aussi bien les incidents que les opportunités qui surviennent. Cette capacité d'adaptation suppose une bonne alliance de notre mémoire et de la *métis* évoquée – deux aptitudes souvent difficiles à concilier ;
– enfin, la capacité que nous avons, comme Ulysse, à naviguer dans une situation totalement inédite et *imprévisible*, éventuellement dangereuse. On peut évoquer ici les aptitudes suivantes : la *métis* encore, et aussi l'imagination, la créativité et d'autres valeurs purement affectives telles que le courage, la ténacité, la volonté.

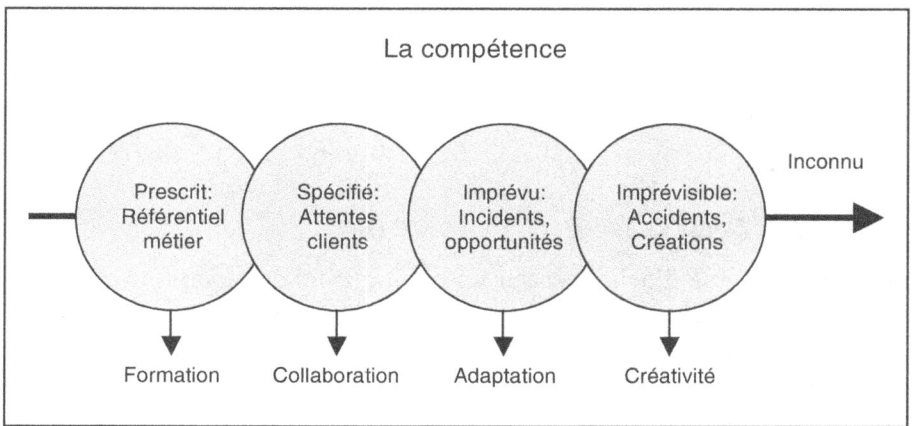

Figure 30. La compétence et l'incertitude dans l'action

Ces différents registres que prend la compétence en fonction du degré d'inconnu des situations montrent la nécessité de gérer le capital intellectuel à plusieurs niveaux. La capitalisation du « prescrit » et du « spécifié » sur l'Intranet permet déjà de faire un progrès parfois considérable : l'entreprise y gagne en cohérence, en réactivité, en efficacité, en qualité. Voilà donc un point déjà important et il est normal de s'en féliciter.

Mais à s'en tenir là, l'entreprise risque de subir rapidement un effet pervers qu'il convient de souligner. Forts de ce gain de productivité et d'efficacité, les acteurs attribuent un excès de confiance à leurs outils. Bientôt, chaque collaborateur en consultant la base de connaissances croit y trouver toute la vérité : les procédures, les normes, les modes opératoires, les dossiers de projets, les dossiers clients... On risque de tomber dans le piège de *décider sans connaître*, ou bien de s'engluer dans un système rigide de consignes.

La partie des ressources cognitives qui permet de faire face à l'inconnu est fondamentale. La difficulté est qu'elle est plongée dans ce que Polanyi puis Nonaka ont appelé la *dimension tacite. Très difficiles à repérer, encore plus à mesurer, à gérer, ces ressources n'en sont pas moins vitales, tant du point de vue opérationnel que stratégique.* Vouloir les expliciter, les modéliser est la plupart du temps illusoire. Notamment, précisément, à cause du lot d'inconnu qui survient chaque jour et qui oblige à évoluer sans avoir le temps de formaliser l'expérience sous forme d'un savoir ou d'un catalogue de recettes. La valorisation de cette capacité d'adaptabilité, de créativité se gère bien sûr par d'autres moyens que par un système d'information, même si celui-ci joue un rôle d'accélérateur.

L'influence du conformisme

L'entreprise devra également compter avec le conformisme des acteurs. La psychologie sociale s'est beaucoup intéressée à ce sujet, à la façon dont l'individu peut être influencé par le groupe ou l'autorité. Citons deux expériences parmi les plus célèbres.

L'expérience de Jacobs et Campbell (1961) illustre très bien la dualité qui existe entre transmission et renouvellement des connaissances, en étudiant la façon dont un groupe est capable de perpétuer des idées fausses. La procédure de l'expérience est la suivante : quatre sujets sont soumis à un même test ; plongés dans l'obscurité complète, ils doivent évaluer le mouvement d'un signal lumineux[1]. Ce signal est toujours fixe, mais les individus, dépourvus de points de repère du fait du noir absolu, peuvent avoir une illusion de mouvement apparent. Trois des quatre sujets sont de connivence avec l'expérimentateur pour donner des estimations très exagérées sur le mouvement du signal. Le quatrième est le sujet de l'expérience. La première phase de l'expérience consiste à évaluer une série d'une vingtaine de signaux. Peu à peu, il s'avère que le sujet naïf se rallie à l'opinion majoritaire, malgré son désaccord avec celle-ci. À la fin de cette première phase, il a appris à faire les mêmes choix que ses partenaires. Dans la seconde phase, l'un des trois compères est remplacé par un nouvel arrivant, naïf comme le premier. Dans cette seconde phase, le groupe est donc constitué de deux compères de connivence qui falsifient volontairement leurs opinions, et de deux sujets naïfs, dont l'un a appris. À la fin de la nouvelle série de vingt signaux, les résultats sont largement faux, comme dans la première phase, bien que les faussaires ne soient pourtant plus en majorité. Dans les phases suivantes, le plus ancien se retire à chaque fois du jeu et est remplacé par un nouveau naïf. L'expérience montre finalement qu'il faut cinq générations pour corriger l'erreur de départ. Pendant quatre générations, l'erreur est perpétuée, malgré la disparition progressive des sujets falsificateurs.

Une autre expérience emblématique est celle de Salomon Asch (1956), reprise et adaptée par la suite pour l'étude du conformisme. Une série de 18 dessins est proposée à un groupe. Chacun de ces dessins représente une ligne étalon et trois autres lignes plus ou moins semblables. Seule une des trois lignes est strictement identique à la ligne étalon ; les deux autres présentent une différence assez sensible à l'œil nu. Chaque dessin est soumis successivement à l'avis du groupe, qui est composé de 7 personnes dont 6 sont en fait de connivence avec l'expérimentateur. Dans la série d'évaluations, les six premiers dessins sont correctement évalués par tout le monde, ce qui semble être logique du fait que les différences entre les trois lignes sont assez nettes. Mais, à partir du septième dessin, les 6 personnes de connivence indiquent à l'unanimité un résultat erroné (le même pour les 6 personnes), et cela jusqu'au 18e dessin. Cette expérience a été réalisée un grand nombre de fois et donne les résultats suivants : en moyenne, sur les 12 dessins falsifiés, le sujet naïf se rallie 4 à 5 fois à la majorité ; sur l'ensemble des réponses, un tiers sont des réponses conformistes et une petite minorité de gens ne se rallient jamais à l'opinion du groupe.

---

1. Cette expérience reprend celles de Muzafer SHERIF de 1936 (étude dite de *l'effet autocinétique*).

Sur la base de ce type d'expériences, les psychologues font l'hypothèse de deux types de conflit intérieur expliquant le conformisme, qui peuvent d'ailleurs se conjuguer. Le *conflit cognitif* est le doute sur ses propres capacités et connaissances. L'expérience quotidienne montre à chacun d'entre nous que, lorsque notre entourage exprime un avis *unanime*, il a en général raison. En cas d'unanimité du groupe, nous prenons donc l'habitude de faire confiance. Le *conflit normatif* provient du désir d'avoir de bonnes relations avec les autres. Nous sommes habitués à faire toutes sortes de « petites concessions » au groupe pour ne pas apparaître comme un élément perturbateur. Pour s'intégrer, il faut accepter la majorité des normes, ce qui permet éventuellement d'en contester quelques-unes.

Ainsi, dans l'organisation professionnelle, l'intégration suppose d'incorporer une grande quantité de savoirs et de normes, depuis les savoirs fondamentaux appris à l'école jusqu'à la base de connaissances que constitue le cœur de métier. Dans l'activité quotidienne, toutes ces connaissances sont mises en œuvre constamment pour produire, décider, vendre, acheter. La situation normale valide en général à 95 % ce corps de connaissances et les mettre en cause reviendrait à se confronter simultanément aux deux conflits : cognitif et normatif. Seuls les individus les plus créatifs acceptent quotidiennement cette double contrainte et passent soit pour des gens aux opinions bizarres, soit pour des contestataires irréductibles.

Cela explique que, dans la plupart des modèles, qu'ils soient psychologiques ou économiques, *le renouvellement des connaissances ne peut se produire que par une minorité active*. Mais la condition préliminaire pour que cette minorité puisse infléchir des changements est qu'elle démontre dans un premier temps qu'elle est intégrée dans le corpus des normes et des connaissances, qu'elle s'y conforte globalement, qu'elle adhère aux valeurs directrices. Dans ces conditions, il est possible pour une minorité active, voire pour un individu volontaire, de susciter des évolutions, des innovations, des apprentissages créatifs.

Apprendre au sens de renouveler

Nous avons déjà évoqué plus haut deux niveaux d'apprentissage : reproductif et créatif. C'est maintenant ce deuxième niveau qui va nous intéresser. Les acquis de la psychologie apportent là encore un éclairage pertinent sur l'apprentissage et ses caractéristiques lorsqu'on passe au niveau créatif. Ces aspects théoriques nous seront utiles pour comprendre les conditions de réussite pratique de la gestion des connaissances et de l'organisation apprenante.

Les conditions dans lesquelles se développe l'apprentissage ne sont pas nécessairement répétitives ; elles peuvent être ouvertes et évolutives. Le schéma d'apprentissage typique est celui de la résolution de problème. C'est le fait d'être confronté à un problème qui stimule l'apprentissage créatif et le renouvellement des connaissances.

Une condition première est la *motivation*. Être concerné personnellement et intimement par un problème à résoudre est un facteur déterminant pour l'efficacité du résultat, même si ce n'est bien sûr pas une condition suffisante.

À cet égard, il est évident que le management et la culture de l'organisation jouent un rôle décisif sur les capacités de créativité et d'apprentissage collectif. À quoi bon proposer un système de récompense des idées dans un environnement hiérarchique pesant, où le goût du risque, l'esprit d'initiative et même l'esprit critique ne sont pas les ressorts principaux de l'évaluation ? C'est pourtant là une situation courante aujourd'hui, où l'on voit des entreprises de ce type tenter pathétiquement de susciter l'innovation et le changement sans donner l'exemple.

Une théorie célèbre de l'apprentissage par résolution de problème est celle que Wolfgang Köhler a développée dans les années vingt : la *restructuration*. Le sujet, face à un problème, cherche par essais-erreurs différentes combinaisons des éléments du problème et structure ainsi progressivement sa solution. Ce type d'apprentissage créatif est très efficace car il combine à la fois l'apprentissage rationnel et l'apprentissage en acte. L'incorporation est forte, le tacite et l'explicite se composent l'un et l'autre. Par là même, il sera d'autant plus difficile à désapprendre si un nouveau type de problème, incompatible avec le précédent, survient. La *combinaison* des connaissances est une illustration de cette forme de créativité. La méthode scientifique, qui procède par essais-erreurs, recompositions, est structurante et cumulative pour les mêmes raisons.

Recadrer pour renouveler

La psychologie cognitive et les modèles de la communication apportent un éclairage sur la façon dont la connaissance se renouvelle. Le modèle cybernétique, tel qu'il a été présenté à travers le modèle de Palo Alto (et encore plus avec le modèle behavioriste), présente une limitation essentielle. La rétroaction est-elle plus qu'une simple *régulation* : les erreurs sont corrigées, mais cela permet-il un véritable processus de *création* ?

Si l'on adopte le point de vue de Schumpeter, les innovations de rupture ne sont possibles qu'au prix d'un processus de *destruction créatrice*. Il faut détruire pour faire autrement, et non pas améliorer petit à petit. Ce débat n'est pas nouveau. Il faut remonter aux sciences du XIXe siècle pour en trouver l'origine, en particulier avec le second principe de la thermo-dynamique et les théories de l'évolution issues de la pensée de Charles Darwin. Le monde évolue-t-il par régulations successives ou au contraire par sauts qualitatifs ? La première hypothèse est légitime dans la mesure où de nombreux phénomènes évoluent pas à pas ; mais elle peine à rendre compte des nouveautés radicales qui surviennent parfois, aussi bien dans la nature que dans la société. Par exemple, comment expliquer une muta-tion d'espèce ? Comment expliquer les grandes transitions de systèmes techniques ?

Le modèle de la rupture créatrice semble mieux adapté à ces transforma-tions radicales. Le problème est qu'il tend à induire une position *fina-liste* (que notre époque athée n'aime pas beaucoup) : si des créations radicales peuvent se produire, par destruction, comment ne pas penser qu'elles répondent à une volonté divine, à une téléologie de l'Histoire ? En dehors de la tentation métaphysique, comment expliquer le fait que le monde abandonne un modèle pour en choisir un autre qui, rétrospective-ment, s'avérera plus performant ? La réponse finaliste est contestée par les esprits rationalistes, au prix de ce qu'il faut bien appeler un artifice : pour eux, rien n'est joué d'avance ; le monde détruit un modèle tout sim-plement parce qu'il n'est plus adapté, et, tout naturellement, il tâtonne pour en élaborer un autre. Parfois, les tâtonnements n'aboutissent pas et le monde ancien sombre alors purement et simplement. Mais parfois, le nouvel essai s'avère performant. Rétrospectivement, nous avons l'illusion qu'il était nécessaire, mais il aurait pu tout aussi bien ne pas se produire. Ce raisonnement permet de sauver la théorie de la destruction créatrice sans pour autant accepter une position métaphysique (finaliste). Ces dif-férentes approches de l'évolution ne sont guère palpables, et, en définitive, chacun, selon son tempérament et ses croyances, reste libre de choisir celle qui lui convient le mieux.

Toujours est-il que le modèle cybernétique de la rétroaction paraît insa-tisfaisant pour expliquer les innovations de rupture. Pour cette raison, l'école de Palo Alto a enrichi le modèle avec des notions comme celle de *recadrage*.

À retenir

Le recadrage est une approche qui consiste à *sortir* du système de pensée habituel, pour considérer les choses tout autrement.

Prenons un exemple exposé par l'école de Palo Alto[1] : le siège du château d'Hochosterwitz en 1334 dans le Tyrol. Le siège de cette forteresse juchée sur un rocher escarpé durait depuis de longs mois ; les assiégés arrivaient à la limite de leurs provisions et l'issue paraissait fatale. C'est alors que le commandant de la forteresse eut une idée géniale. Il fit abattre le dernier bœuf, dont on remplit les entrailles avec de l'orge. Puis on jeta la carcasse, du haut des remparts, en pâture aux assiégeants. Ceux-ci avaient eux-mêmes dépensé beaucoup d'énergie et de sacrifices pour tenir le siège. La vision de ces victuailles ainsi gaspillées par leurs ennemis les plongea soudain dans un découragement total. Ils eurent la certitude qu'ils ne parviendraient jamais à forcer la citadelle et levèrent le camp.

Sur cet exemple, nous voyons la puissance du recadrage pour résoudre un problème insoluble. *Normalement*, la cité assiégée aurait dû faire durer le plus longtemps possible ses dernières provisions, puis n'aurait eu d'autres choix que de se laisser mourir de faim, de se rendre ou de livrer l'ultime bataille. Ces trois scénarios sont les réactions normales, dans le modèle mental que la majorité des assiégeants et des assiégés partagent. Dans cette vision des possibles, personne ne peut imaginer l'option choisie par le commandant de la forteresse. D'où le désespoir soudain des assiégeants et l'issue stupéfiante.

Le recadrage permet un changement totalement inattendu, un changement de système de pensée. Pour cette raison, l'école de Palo Alto a considéré deux types de changement : le type 1, obtenu par une simple régulation (rétroaction) au sein d'un système stable ; et le type 2, obtenu par le processus du recadrage, qui consiste à changer le cadre de l'ancien système pour élaborer une solution à un autre niveau.

Nous avons évoqué précédemment l'exemple de Shell dans les années soixante-dix. Le choix de cette firme, qui pressentait l'imminence d'une crise dans le secteur pétrolier, est un exemple célèbre de recadrage et de changement de type 2. En effet, en décidant de rompre avec son modèle centralisé, elle a dû remettre en cause sa façon de penser son organisation. Le choix de la diversification du processus d'exploration supposait un changement radical du métier et un redéploiement important de sa base de connaissances et de compétences.

Fondamentalement, le changement de type 2 est un changement de point de vue, et non pas une négation de la réalité. L'ancien système n'est pas révoqué en tant que tel. Il continue à être pertinent pour la plupart des

---

1. Paul WATZLAWICK, John WEAKLAND, Richard FISCH, *op. cit.*

situations. La « réalité objective » n'est pas changée, c'est le point de vue qui est changé. Partant de là, tout est possible à l'homme s'il veut bien accepter de modifier son point de vue sur le monde :

> « L'éthique – la tolérance, le pluralisme, la distance qu'il nous faut prendre à l'égard de nos propres perceptions et valeurs pour pouvoir prendre en compte celles des autres – est le fondement même de la connaissance, mais aussi son point final[1]. »

---

1. Francisco VARELA, « Le cercle créatif », in *L'invention de la réalité*, sous la direction de Paul WATZLAWICK, Le Seuil, coll. Points Essais, Paris, 1988, p. 344.

Les méthodes: comment créer un capital de connaissances?

Les modèles que nous venons de présenter sont utilisés en pratique dans différentes méthodes de gestion des connaissances, qui mettent l'accent tantôt sur la socialisation, tantôt sur la capitalisation, le transfert ou le renouvellement. La plupart des méthodes combinent en effet ces processus, avec une pondération qui diffère selon les objectifs liés à chaque situation ; il s'agit donc simplement de faire le bon choix.

Avant de parcourir ces différentes approches, nous évoquerons les principales problématiques qui caractérisent généralement la préparation du projet de gestion des connaissances.

INTÉGRER LA GESTION DES CONNAISSANCES : UN ENJEU MÉTIER

Tout d'abord, il faut noter que *la gestion des connaissances pose un problème culturel*. Tout le monde a affaire à la connaissance, mais chacun a une façon de l'appréhender en fonction de son propre rôle dans l'entreprise. Ainsi, les uns et les autres n'ont guère de chance de « parler le même langage », et donc de s'entendre. À commencer par s'entendre sur les objectifs.

Par exemple, quand le projet de gestion des connaissances est piloté par la *direction des systèmes d'information*, la solution proposée concerne en général des outils. Le résultat visé peut être typiquement un portail de connaissances en Intranet, éventuellement couplé avec des systèmes de gestion de bases de données, un ERP (*Enterprise Resource planing*) ou un système de gestion électronique de documents (GED). Ce type de solution constitue un *paradigme* pour les informaticiens (maîtrise d'œuvre aussi bien que maîtrise d'ouvrage), dont il paraît souvent difficile de sortir. Toute la problématique de la connaissance est ramenée à une question de gestion de l'information – les NTIC étant la clé. Le modèle information-savoir-compétence proposé pour analyser la façon dont la connaissance s'intègre montre bien pourquoi cette approche est incomplète. Le système d'information ne suffit pas à créer des processus d'apprentissage, même s'il peut s'avérer un levier efficace : l'apprentissage a lieu dans le cerveau humain et non pas dans l'ordinateur. Pour l'informaticien, la connaissance est donc trop souvent réduite à l'information, et la gestion des connaissances se trouve donc limitée à un outil de capitalisation et de diffusion de l'information.

Prenons un autre point de vue, celui des *opérationnels*, dont le métier est la production[1]. Pour eux, la connaissance est appréhendée d'une tout autre manière : c'est avant tout de l'*expérience*. On ne connaît pas véritablement *tant que l'on n'a pas fait par soi-même*. Ce point de vue pragmatique est lui aussi réducteur, mais il est plus profond qu'il n'y paraît. En effet, nous avons vu à quel point l'apprentissage « en acte » est essentiel dans la connaissance et dans la compétence. On note bien sûr au passage que, dans cette vision opérationnelle de la connaissance, la dimension tacite est en général prédominante.

Le point de vue du *management* est lui aussi spécifique. Pour le manager, la connaissance est quelque chose d'abstrait qu'il se représente avant tout à travers les *ressources* dont il a la charge : son équipe, d'abord, et, en arrière-plan, l'ensemble des normes du métier (procédures, plans qualité...). C'est l'homme qui est au centre de cette représentation – mais l'homme en tant que ressource inscrite dans une organisation collective. Là aussi, la dimension tacite de la connaissance est dominante, mais elle interagit avec la dimension explicite puisque l'équipe travaille sur la base de la conformité aux normes et aux règles.

---

1. Le terme de production est à prendre ici au sens large, recouvrant aussi bien les métiers tels que la fabrication, l'exploitation ou la vente.

Pour le *top-management*, la connaissance est conçue principalement à travers les *objectifs stratégiques*, le pilotage, le contrôle de gestion, la relation avec les parties prenantes, et en particulier les actionnaires et les institutions de régulation de l'entreprise. Dans cette représentation, on peut dire que la connaissance est de plus en plus conçue comme du capital. La force de travail des employés ne prend sa valeur qu'en articulation avec le capital et, à cet égard, la base de connaissances de l'entreprise est appréhendée comme le cœur de métier, qu'il s'agit de faire fructifier, de valoriser dans la fonction de production mais aussi dans l'image (médiatique, financière, sociale...).

Pour la direction des ressources humaines, nous l'avons déjà évoqué, la connaissance est conçue encore autrement. Le paradigme ici est celui de la *fonction* : les employés sont porteurs de connaissances, mais ils sont avant tout inscrits dans une structure, au sein de laquelle ils occupent un *emploi* qualifié et encadré. Chacun est porteur de compétences dans la mesure où il est un nœud du maillage fonctionnel. Les compétences clés sont les nœuds dont dépend l'ensemble du système. Nous avons vu que la méthode de la GPEC (gestion prévisionnelle des emplois et des compétences) illustre cette conception.

Ce panorama des représentations des acteurs de la connaissance est certes simpliste, comme toute généralisation, mais l'expérience de la gestion des connaissances confirme largement les remarques qui précèdent. Ces différences de représentation induisent une des principales difficultés pratiques pour lancer un projet de gestion des connaissances. Selon la personne à qui l'on s'adresse, il faut impérativement savoir adapter son langage. Pour parvenir à impulser une dynamique globale, il faut déjà convaincre les différents acteurs du rôle qu'ils peuvent jouer et, pour cela, trouver le langage adéquat. *Le chef de projet doit donc être capable d'articuler ces différents systèmes de représentation*, notamment en dialoguant en tête à tête avec chaque décideur, et en faisant à chaque fois un nouveau travail de *traduction* pour susciter l'adhésion.

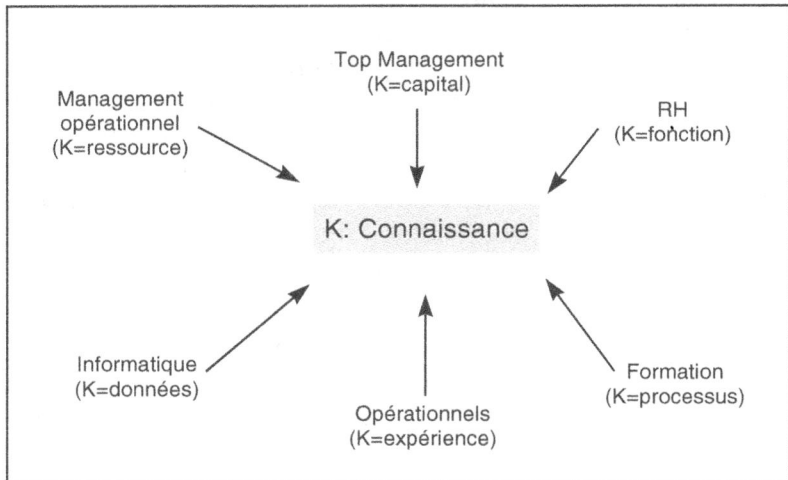

Figure 31. Des points de vue différents sur la connaissance

Ensuite, la gestion des connaissances, comme nous l'avons vu au chapitre précédent, nécessite une approche coordonnée des trois piliers : management, système d'information et gestion des ressources humaines. Dans quel ordre traiter le problème ?

La plupart des retours d'expérience aujourd'hui font apparaître qu'il est souhaitable, pour mettre en place le projet, de commencer par réunir les trois conditions suivantes :

- *Le management doit expliciter la stratégie de l'entreprise,* ou a minima la décliner dans l'entité concernée (service, direction, filiale...).
- *Le management et l'équipe projet doivent préciser au préalable dans quelle mesure les processus métier – et donc l'organisation – peuvent être influencés par leur propre action.* Faut-il s'attendre à des évolutions du métier dans les années à venir, notamment sous la pression de l'environnement et des parties prenantes ? L'entreprise a-t-elle une autonomie sur ses propres processus ? Enfin, un point fondamental : analyser les interactions et les coordinations qui existent au sein de ces processus (coopérations internes, relations client et partenaires, réseaux de compétences, réseaux de veille, etc.), discuter et évaluer les dysfonctionnements et les potentialités de ces interactions. Cette analyse sur les processus d'interaction et de coordination est une des conditions essentielles pour préparer la démarche de gestion des connaissances.

- Dernière condition : *établir une analyse globale – mais simplifiée – du système d'information*, bien sûr en rapport avec les deux questions précédentes (stratégie et processus d'interaction). Il s'avère généralement que préexistent un certain nombre d'outils et de bases de connaissances (documentations, bases de groupware, GED, sites Internet, bases de données...) ; il est utile d'inventorier les principaux avant de se lancer dans le développement d'un $n+1^e$ outil.

Ces trois conditions constituent le socle du projet de gestion des connaissances qui, on le voit, est bien un enjeu métier avant d'être une technologie. Peut-on faire l'économie de cette phase de préparation ? Dans le cas d'un simple projet de capitalisation de connaissances, peut-être. Mais de façon générale, s'abstenir de l'analyse stratégique et de l'analyse des processus de coordination dans les métiers est un bon gage d'aboutir à terme à l'échec du projet.

LANCER LE PROJET DE GESTION DES CONNAISSANCES

Le lancement d'un projet de gestion des connaissances s'appuie ainsi en général sur une phase de diagnostic, ou plus précisément d'auto-évaluation. Cette auto-évaluation est le moyen de s'assurer que l'on a une vision assez claire du contexte et elle permet de préparer, dans leurs grandes lignes, les objectifs et le périmètre du projet.

Il faut à cet égard distinguer deux types de projet de gestion des connaissances. Le premier, le plus répandu pour l'instant, est le cas de l'entité opérationnelle qui décide d'améliorer ses capacités à gérer ses compétences et connaissances. L'encadrement décide d'organiser des processus de capitalisation pour constituer des bases de connaissances qui vont répondre à ses besoins opérationnels. Le second cas est le projet *top-down,* qui, en principe, se concentre sur un objectif stratégique de gestion des connaissances. Ces deux scénarios demandent chacun un diagnostic adapté et spécifique.

Nous allons examiner les différents besoins opérationnels et stratégiques qui motivent la gestion des connaissances dans les différents scénarios.

Besoins opérationnels

Il est facile, au vu d'une décennie de projets de capitalisation des connaissances, de dresser une liste à la Prévert des différents enjeux et besoins concrets qui la motivent. Cette liste se passe pratiquement de commentaires :

- *Perte de compétences individuelles* : turnover, départ en retraite d'experts ; démission ; fuite de compétences ; copie de savoir-faire mal protégé.
- *Perte de compétences collectives* : dispersion des équipes projets, réorganisations, fusions difficiles.
- *Connaissances tacites oubliées* : acquis antérieurs, solutions « rejetées », échecs et erreurs instructifs, historique des décisions ; ces connaissances peuvent être encore disponibles, mais sont inexploitées, du fait de leur caractère tacite ou de leur éloignement dans le temps.
- *Compétences et connaissances ignorées* : on ne connaît pas toujours ceux qui savent faire ; « on partage mal nos connaissances des clients », on ignore des solutions nouvelles.
- *Compétences collectives fragmentées* : division du travail, éloignement, cloisonnements, logiques de territoires.
- *Apprentissage collectif lent et difficile* : besoin de mieux apprendre collectivement, de tirer les leçons du passé, de construire des visions partagées.

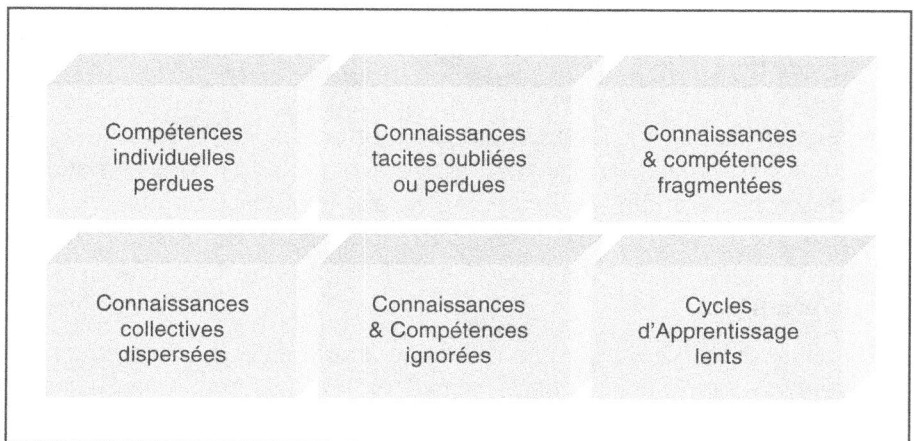

Compétences individuelles perdues	Connaissances tacites oubliées ou perdues	Connaissances & compétences fragmentées
Connaissances collectives dispersées	Connaissances & Compétences ignorées	Cycles d'Apprentissage lents

Figure 32. Besoins opérationnels de gestion des connaissances

Enjeux stratégiques

Les besoins qui sont évoqués ici brièvement seront longuement développés dans le chapitre sur les enjeux pratiques de l'organisation apprenante. On y verra plus en détail comment la gestion des connaissances est orchestrée selon ces objectifs stratégiques.

- *Intelligence économique* : la connaissance des risques et opportunités d'ordre commercial, économique, géopolitique, écologique apparaît de plus en plus comme une des principales illustrations pratiques de la gestion stratégique des connaissances. Il faut ajouter le problème de la protection du patrimoine intellectuel (brevets, licences...).
- *Capital clients* : la base de connaissances clients, c'est aussi bien la connaissance contenue dans les bases de données que la connaissance tacite qui se développe dans la relation avec les clients. C'est l'un des enjeux stratégiques les plus évidents et les plus consensuels de la gestion des connaissances. La nécessité pour l'entreprise d'être proactive par rapport aux attentes du marché rend très sensible la question de renouveler ces connaissances en permanence et d'exploiter les signaux précurseurs des changements.
- *Relation aux parties prenantes* (stakeholders) : la relation aux partenaires, mais aussi avec les institutions nationales et transnationales, avec les ONG, ainsi que les parties internes telles que les employés et les syndicats est devenue un des éléments clés de la stratégie d'entreprise et d'une « gestion durable des connaissances ». De plus en plus, il ne s'agit pas seulement d'une relation institutionnelle (communication, régulation...), mais, dans un certain nombre de cas, d'un véritable engagement mutuel dans un processus de codéveloppement de la connaissance intégrant la responsabilité et la perspective éthique. En effet, les différentes parties prenantes sont toutes porteuses de savoir-faire, de savoirs et d'interprétations qui gagnent à être combinés les uns avec les autres dans les projets d'intérêt collectif, notamment lorsqu'ils ont une dimension éthique. Nous en verrons une illustration de façon plus approfondie avec le cas du développement durable, en fin d'ouvrage.
- *Capacités d'innovation (technologie, business, organisation)* : le renouvellement du métier, par l'apport de nouvelles technologies mais aussi par des innovations organisationnelles, est un enjeu stratégique qui apparaît de plus en plus évident dans une économie fondée sur le savoir. La gestion des capacités d'apprentissage et d'innovation se place donc désormais au cœur des préoccupations stratégiques, au même titre que la concurrence par les prix et la qualité. La connaissance devenant un facteur majeur de différenciation : pour être leader, il ne suffit plus

d'intégrer les innovations techniques, mais, plus encore, d'inventer les formes d'organisation qui permettent de tirer un meilleur parti de la technologie.

• *Capital humain* : connaissances et compétences clés à détenir et à valoriser. La stratégie par rapport au capital humain peut se traduire de différentes manières. Citons-en trois. La première est l'acquisition de filiales. Certes, les statistiques des fusions-acquisitions montrent que, jusqu'à présent, le principal objectif se limite en général à l'augmentation des parts de marché. Mais, de plus en plus, le projet peut aussi viser à acquérir des compétences clés qu'il serait trop long de chercher à développer en interne. Une autre stratégie pour développer des compétences clés est bien sûr le partenariat. Enfin, une troisième stratégie est la politique de recrutement de cadres à potentiel et d'experts dans des domaines clés.

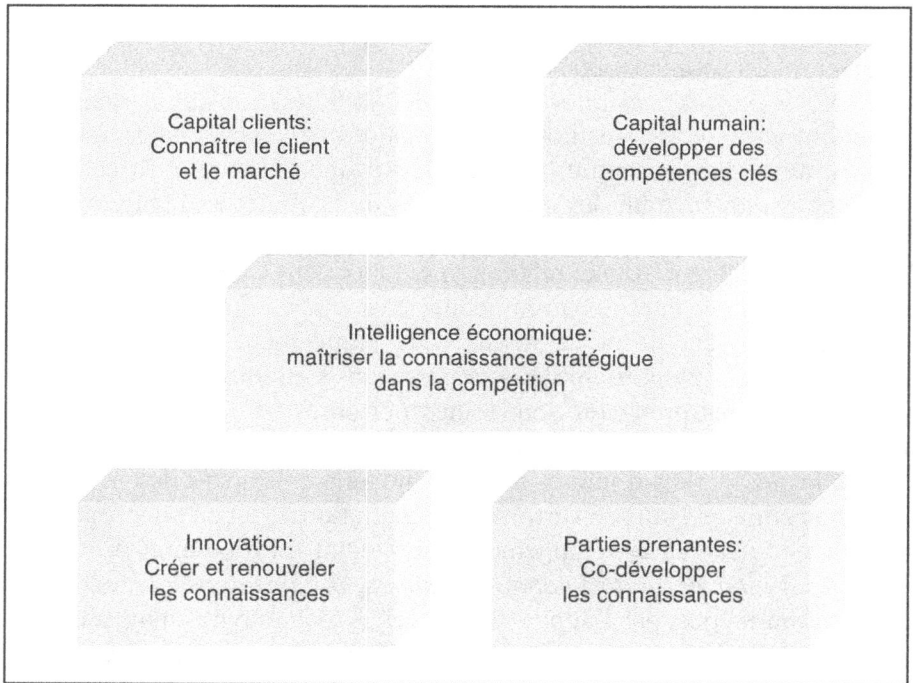

Figure 33. Enjeux stratégiques de gestion des connaissances

Énoncer clairement l'objectif et définir des priorités

Ces différents besoins conduisent à énoncer quatre types principaux de projets de gestion des connaissances, entre lesquels il faut parfois faire des choix si l'on veut aboutir à des résultats tangibles et pragmatiques.

- *Renforcer la culture de partage* : animation de réseaux, veille technico-économique, travail en équipe, projets apprenants, bonnes pratiques, *success stories*, normes, référentiels métier, coopérations entre équipes. Il s'agit essentiellement d'identifier, de formaliser, de fédérer et de diffuser les connaissances en utilisant les technologies de communication et de travail collaboratif (Intranet, GED, groupware...). Mais il s'agit aussi, et surtout, de mettre en place les innovations organisationnelles qui permettent de tirer parti du levier de la technologie.
- *Assurer la transmission du savoir-faire* : valorisation des connaissances produites dans un projet, transmission des compétences clés, tutorat, compagnonnage, formation continue... Nous verrons comment ces aspects relèvent de l'évolution en cours de la fonction RH.
- *Renouveler son cœur de métier* : intelligence économique, conduite du changement, transformation de la vision et des habitudes normatives, nouveaux partenariats, capital-risque, acquisition de compétences clés...
- *Valoriser le capital immatériel* : évaluer le capital intellectuel et le faire apparaître explicitement dans le bilan de l'entreprise, pour donner des signaux aux actionnaires et aux marchés.

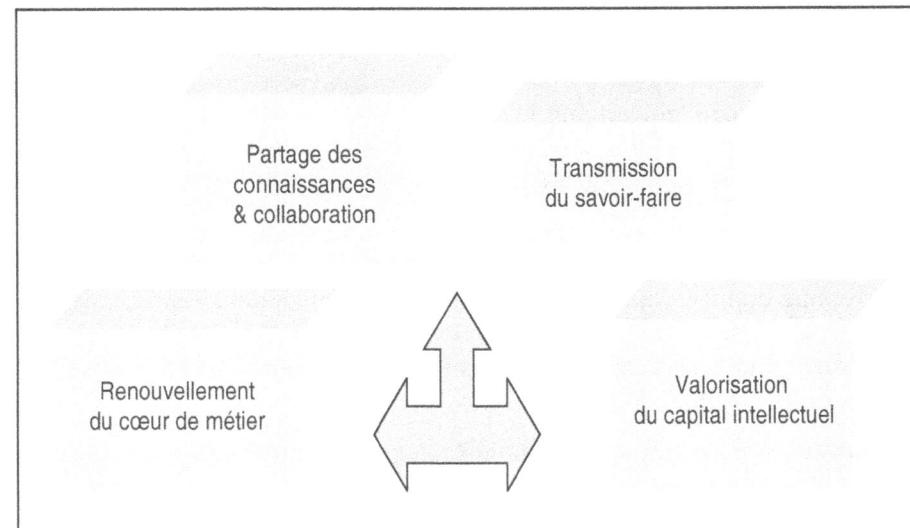

Figure 34. 4 types de projets de gestion des connaissances

Ces objectifs induisent des approches (méthodes et outils) assez différentes les unes des autres. Il s'agit donc tout d'abord de se mettre au clair sur l'objectif principal, même si, dans la réalité, ces différents enjeux se trouvent souvent imbriqués.

Ainsi, un chef de service ou un directeur de branche qui souhaite impulser la gestion des connaissances dans son entité peut être tenté de faire un diagnostic indifférencié de ses besoins, sans établir clairement de priorités. Il est alors conduit à lancer des *injonctions paradoxales* ou à provoquer rapidement des contre-références. Par exemple, tenant un discours confus et global sur, à la fois, le système d'information et la gestion des compétences, il induit des attentes vite déçues : on croira résoudre des problèmes de transmission de compétences grâce à la mise en place d'un processus de capitalisation et d'un Intranet. Le résultat se fera attendre longtemps...

Établir un diagnostic de gestion des connaissances est donc une première chose ; la suivante est de faire des choix stratégiques et de définir clairement les priorités, notamment en se positionnant sur l'un des quatre objectifs cités.

Le diagnostic consolidé de gestion des connaissances

Dans la phase suivante du projet, on est parfois amené à mettre en place une évaluation un peu plus poussée, afin de consolider le diagnostic global et surtout de construire une vision commune. On oriente ainsi les priorités tout en impliquant les différents acteurs. Cette analyse concerne les différentes ressources qui constituent le capital intellectuel ou qui permettent de mieux caractériser les bases de connaissances du cœur de métier.

Si l'on ne veut pas entretenir les confusions qui existent presque toujours entre connaissance tacite et explicite, il est recommandé, à cette phase, de s'intéresser aussi bien aux gisements explicites (systèmes documentaires, bases de données, forums Intranet...) qu'aux gisements de connaissance incorporée (compétences, expertises...), ce qui conduit à s'intéresser non seulement aux systèmes d'information mais, plus encore, à l'analyse « métier » de l'activité.

Cette analyse prolonge et approfondit le diagnostic préalable et permet de choisir, parmi les méthodes de gestion des connaissances qui seront présentées dans ce chapitre, celle qui est la mieux adaptée à chaque situation.

© Éditions d'Organisation

Analyse de l'activité

Pour identifier les principales ressources de connaissances et établir une vision dynamique du savoir-faire, il est utile de rencontrer différentes personnes clés dans l'organisation (managers, chefs de projet, experts...). Il ne s'agit pas de faire un inventaire exhaustif des enjeux et problèmes à résoudre, mais plutôt d'évaluer globalement les pratiques de coordination, de collaboration, d'apprentissage, et d'analyser le rôle du management vis-à-vis de ces pratiques.

Il peut s'avérer utile de structurer cette analyse en s'inspirant de l'organisation matricielle des entreprises : un ensemble de questions et de problématiques portera sur le *métier* (les compétences et connaissances qui existent dans les structures, c'est-à-dire dans les pôles d'expertise) ; un autre groupe portera sur le *fonctionnement des projets*, et en particulier sur la façon dont ils mobilisent, exploitent et renouvellent les compétences et connaissances.

Dans ces entretiens, il importe de glaner le maximum d'anecdotes, de récits, de témoignages et d'exemples concrets. Le fait de pouvoir énoncer différents récits où la gestion des connaissances a, ou n'a pas, permis de résoudre tel problème particulier est un argument souvent décisif pour emporter l'adhésion des décideurs et l'implication du management dans la démarche. En un mot, plutôt que des chiffres et des concepts, ce sont les faits et les récits du métier qui emportent la conviction et amènent des décisions. Cela suppose toutefois un mode de restitution et de synthèse qui garantisse la confidentialité, lorsque les propos recueillis ont un caractère sensible.

Nous présentons ici un canevas des questions qui peuvent être abordées lors de ces rencontres.

• *Analyse orientée « métier »* (expertise, compétences, connaissances, information)

Enjeux métier – Quels sont, de votre point de vue, les principaux enjeux de votre métier ? Comment voyez-vous l'évolution de votre marché, de vos clients et autres parties prenantes ? Quelles sont les difficultés à coopérer, à échanger ? Exemples ?

Turnover – Comment se passe le départ des experts ? Quelles difficultés à anticiper ? Connaissez-vous des bonnes pratiques en la matière ? Quelles sont les attentes des anciens, vis-à-vis du transfert de compétences ? Est-ce qu'ils jugent que *cela se passait mieux* à leurs débuts de carrière (tutorat...) ?

Intégration des jeunes – En termes de tutorat, avez-vous identifié des difficultés, des bonnes pratiques ? Y a-t-il des besoins concrets ? Quelles sont les bonnes pratiques des managers de première ligne pour intégrer les jeunes et les aider à monter en compétences ? Par exemple, comment peut-on les aider à se familiariser plus vite avec le métier, à connaître les clients, les acteurs ? Par ailleurs, a-t-on des exemples où un nouvel arrivant a pu mettre à jour, par son regard neuf, des habitudes ou des normes implicites qui entravent le changement et l'innovation ?

Formation continue – Quel diagnostic faites-vous en termes de formation continue ? Quelles difficultés récurrentes, quelles attentes ? Concernant les formations qui fonctionnent le mieux, qu'est-ce qui, selon vous, les différencie (contenu, forme, sujet...) ? Faudrait-il impliquer les anciens pour les inciter à faire de la pédagogie active, voire devenir formateurs en fin de carrière ? Identifiez-vous des besoins en *e-learning* dans votre métier (modules pédagogiques en ligne, formation à distance...) ? Pour quelles raisons ? Pouvez-vous identifier un sujet de votre métier qui devrait absolument faire l'objet d'un montage pédagogique afin de systématiser le transfert de connaissances sur ce sujet ? Serait-ce, par la même occasion, une opportunité de valorisation à l'externe ?

Compétences clés – Considérez-vous qu'il y a, dans votre équipe ou dans votre direction, des compétences clés, c'est-à-dire à la fois rares sur le marché et très utiles pour l'entreprise ? Lesquelles ? Pourquoi ? Quels sont les besoins ou difficultés pour les valoriser ou simplement les entretenir ?

Culture du travail en équipe et du travail collaboratif – Quelles difficultés récurrentes pouvez-vous identifier ? Existe-t-il des obstacles culturels au travail en équipe, et aussi aux échanges transverses de coopération ? Y a-t-il, selon vous, un hiatus entre les structures de l'entreprise et le fonctionnement transverse des projets ? Quelles difficultés génériques, quelles bonnes pratiques, quelles attentes d'amélioration vis-à-vis du management ? Avez-vous connaissance de bonnes pratiques permettant de capitaliser et surtout de valoriser les fruits d'un travail d'équipe ?

Sous-traitance – Le recours à la sous-traitance dans votre métier occasionne-t-il des problèmes de coopération ou de capitalisation ? En particulier, peut-on citer des exemples où l'on n'a pas su conserver et valoriser des résultats de prestations ?

Exploitation et renouvellement des connaissances – Peut-on trouver des exemples précis où l'on considère que l'on a « réinventé la roue » ? Des exemples où l'on n'a pas su tirer les leçons du passé, ou pas su tirer les leçons d'un échec ? À contrario, y a-t-il des cas où l'on n'a pas su valoriser des acquis antérieurs, dans un procédé, une technologie ou un usage astucieux ? Est-ce que vous utilisez parfois des documents anciens ? Avez-vous des exemples importants où l'on n'a pas su s'informer ou obtenir une information pourtant disponible ailleurs ? Que pensez-vous du syndrome « *not invented here* » ? Avez-vous des exemples ?

Documentation – La production des documents vous semble-t-elle optimale ? Quelle qualité moyenne ? Quelles difficultés pour améliorer la qualité ? Utilisez-vous des systèmes documentaires ? Consultez-vous des sources d'information en Intranet ou Internet, et qu'est-ce que cela vous apporte ? Quels sont vos besoins en termes d'accès aux sources d'information par réseau ? Faut-il augmenter les contraintes de confidentialité des documents ou au contraire inciter à plus les partager ?

Veille – La fonction de veille (technologique, économique ou autre) est-elle bien organisée ? Les responsables de la veille font-ils bien circuler l'information ? Savent-ils la transformer en connaissance, leur donner du sens dans votre contexte ? Vous sentez-vous impliqué personnellement dans la veille ? Pour quelle raison ? Faites-vous, pour votre métier, une analyse des menaces et opportunités de votre environnement externe ? Pensez-vous qu'il pourrait y avoir un impact majeur sur votre métier ? Le cas échéant, de quelle nature ? Quel est le périmètre géographique de ces enjeux ? Quels seraient éventuellement les progrès prioritaires à faire ?

• *Analyse orientée « projets »*

Gestion de projet – Dans les projets, quelles sont les difficultés de travail en équipe, de collaboration ou de coopération avec l'externe ? Quelles bonnes pratiques éventuelles ? Quelles difficultés rencontrées avec les commanditaires, les maîtres d'ouvrage ou les fournisseurs ? Quels dispositifs d'information et de communication sont utilisés, et quels sont les principaux besoins ? Quelles sont les difficultés récurrentes dans les processus de décision et de programmation des projets ? Exemples...

Démarrage des projets – La mobilisation des ressources pose-t-elle des problèmes ? Sait-on exploiter les informations d'origine externe qui pourraient être utiles ? Sait-on exploiter les acquis antérieurs ? Donnez des exemples précis, si possible.

Retour d'expérience – Comment se terminent les projets ? Comment se fait le retour d'expérience en pratique, et comment expliquer les difficultés ? Est-ce qu'il donne lieu à une discussion critique entre les acteurs, notamment les commanditaires, prescripteurs et maîtres d'ouvrage ? Sait-on remonter, à la fin du projet, à la demande initiale pour en améliorer l'expression ou la recadrer dans un contexte plus large ? Quelles en sont les difficultés (manque de temps, manque de méthode, manque de reconnaissance...) ?

Valorisation des acquis – Quels sont les freins à la valorisation active des résultats ? Sait-on « pousser » les résultats intéressants vers les acteurs qui pourraient en tirer profit ? Plus précisément, existe-t-il des processus de discussion permettant d'exploiter pleinement les résultats des projets là où ils pourraient être valorisés (exploitants, maîtres d'ouvrage, concepteurs...) ? Que deviennent les connaissances acquises ? Existe-t-il des projets marquants pour lesquels il vous semblerait utile de bâtir un *récit collectif*, en vue d'en tirer les enseignements et de les transmettre ? Existe-t-il une mémoire collective, au-delà des projets ? Si ce n'est pas le cas, identifiez-vous des raisons précises ? Avez-vous des exemples concrets ?

Apprentissage collectif – Connaissez-vous des projets qui ont contribué de façon importante à un cycle d'apprentissage collectif ou à une innovation significative ?

L'inventaire des connaissances explicites

Nous franchissons ici un pas de plus dans le détail du diagnostic. Il va sans dire qu'il faut savoir s'arrêter. Dans la plupart des cas, il est inutile et trop coûteux d'inventorier en détail l'ensemble des ressources de capital intellectuel. Toutefois, il se présente des situations où c'est indispensable. Ces cas sont plutôt rares et doivent être traités dans un cadre un peu élargi de la gestion des connaissances : en particulier, dans le cadre d'une démarche de certification ou lors de la reconception des processus. Lorsque l'on est certain que l'approche par les processus s'impose, l'inventaire des connaissances explicites et la cartographie des compétences doivent être mis en œuvre. Il existe encore peu, à vrai dire, de retours d'expérience de ces projets. On ne peut que recommander d'être très attentifs et exigeants sur l'évaluation du retour sur investissement et sur le pilotage du projet lui-même, car le risque de dérives de coûts et de non-appropriation des résultats par les utilisateurs paraît important.

On se contentera d'évoquer ici brièvement les principaux processus et ressources à répertorier concernant à la fois les stocks et les flux d'informations.

Flux d'informations	Stocks d'informations
Processus documentaires (production & gestion documentaire, gestion de courrier...) Processus contractuels (gestion de contrats, traitements des exceptions...) Processus de retour d'expérience (saisie des incidents, évaluation, recommandations) Processus de normalisation Processus d'assurance qualité	Bases documentaires Bibliothèques Archives locales & institutionnelles Bases de données Gestion électronique de documents Forums collaboratifs Armoires de bureau Sites Web, bases-on-line Sources externes «papier» (Courrier, Catalogues fournisseurs, Presse, éditeurs, abonnements)

Figure 35. Inventaire des connaissances explicites

L'ANNUAIRE D'EXPÉRIENCES : STIMULER LA SOCIALISATION

Nous l'avons vu précédemment, le premier des processus que suppose la gestion des connaissances, et qui en accélère les effets, c'est la socialisation. Sans communication, sans interactions, sans coordinations humaines, la fonction de production ne peut être efficace, et la base de connaissances reste inexploitée.

Pour stimuler cette socialisation, en particulier dans les grands groupes d'aujourd'hui mais aussi entre les différents acteurs d'un tissu économique quelconque, il est devenu indispensable de signaler les lieux vivants de l'expertise et du savoir-faire. Ceci est un premier objectif de gestion des connaissances, dont le banal carnet d'adresses est la version ancestrale – mais toujours utile.

La « brique de base » pour stimuler la socialisation est donc l'annuaire d'entreprise. Cet outil est de plus en plus indispensable pour pouvoir joindre une personne ou une équipe quelconques. Sa fiabilité devient un critère important pour la performance collective, que ce soit pour les activités commerciales, techniques, managériales, institutionnelles ou autres. À l'ère des réseaux et de la technologie Internet, l'annuaire fait en général l'objet d'un projet en soi. Il comporte une dimension technique (l'architecture, les normes d'échange de données, les procédures d'accès, de mise à jour, de validation) et une dimension organisationnelle : comment mettre à jour, qui peut le faire, comment détecter les problèmes, etc. L'annuaire est ainsi un projet important et délicat, surtout à cause des difficultés à assurer les mises à jour et donc la fiabilité de la base ; même si, dans le même temps, ce n'est que le « degré zéro » des interactions : il ne permet rien de plus que de pouvoir contacter telle personne. En termes de gestion des connaissances, c'est peu.

Le but, dans l'idéal, est d'arriver à ce que, à travers les bases de connaissances disponibles, tout collaborateur puisse en quelques instants identifier une ressource qui pourrait lui être utile pour résoudre un problème. Ces ressources peuvent être non seulement des savoirs mais plus généralement des personnes en chair et en os, qui détiennent une compétence, une expérience, du savoir-faire.

Notons que, pour être pragmatique, il paraît préférable de ne pas confondre cette élaboration avec une approche RH, souvent jugée trop lourde, qui consiste à « cartographier les compétences ». Il n'est pas nécessaire ici de chercher à cartographier, et encore moins à modéliser ou évaluer les compétences.

Le principe est de signaliser dans la base de connaissances des informations disponibles chez telle ou telle personne. Cette capitalisation « light » est à la fois assez simple à organiser et surtout très utile. En effet, à travers les informations ainsi répertoriées, les utilisateurs du portail ont la possibilité d'identifier les personnes qui ont signalé l'information, et ainsi de « détecter » une probable source de compétence et d'expérience. Grâce à ce processus, une nouvelle dynamique d'interaction est stimulée entre des collaborateurs qui auparavant ne se connaissaient pas, souvent tout simplement à cause de l'éloignement. *On peut résumer cette approche par le slogan : « faire savoir ».*

Il faut encore souligner que, dans ce processus, l'exhaustivité est l'ennemi de l'efficacité. À trop vouloir en faire, plus personne n'est d'accord pour coopérer... La méthode est donc la suivante : signaler et commenter les principales informations « utiles » détenues oralement par les collaborateurs, ou rangées dans leurs armoires individuelles et leurs archives locales. La façon pratique de mettre cela en place est d'instaurer une fiche très simple fournissant quelques renseignements élémentaires mais très utiles.

Enfin, une autre façon de stimuler les interactions est bien sûr de permettre les échanges en réseau. Il peut s'agir aussi bien des échanges en ligne (chat, e-learning, téléconférences...) que des échanges en asynchrone dans des forums de discussion et dans des communautés de pratiques.

L'exemple de Siemens[1]

Sous la houlette de Joachim Döring, l'un des directeurs adjoints du groupe, Siemens a mis en place un portail, intitulé ShareNet, accessible en Intranet pour diffuser les connaissances des quelque 460 000 collaborateurs dans le monde.

ShareNet intègre plusieurs fonctions qui stimulent les interactions sociales au sein du groupe : des forums de discussion, un moteur de recherche et une base de connaissances. Les salariés peuvent y stocker, à l'aide d'un formulaire ad hoc, les informations qu'ils jugent utiles pour leurs collègues, sans aucune contrainte : tous les documents sont acceptés, dès lors qu'ils sont porteurs d'une expérience réutilisable. Les salariés de Siemens peuvent, grâce au moteur de recherche, identifier les informations qui les intéressent et prendre contact avec les auteurs par courrier électronique s'ils désirent obtenir plus de détails.

Les résultats obtenus jusqu'ici sont jugés tout à fait convaincants. Le projet a d'abord été déployé au sein de la division Réseaux d'information et de communication, qui fournit des services et des équipements de télécommunication. Près de 12 000 commerciaux ont ainsi expérimenté le site depuis sa mise en service en 1999. L'outil, qui a coûté 8,4 millions d'euros, aurait généré un chiffre d'affaires de 131 millions d'euros.

Un exemple concret de succès : les commerciaux locaux, qui ne disposaient pas de l'expérience nécessaire pour soumettre une proposition solide, ont découvert qu'une équipe opérant au Danemark avait participé à un projet semblable. Tirant parti de l'expérience acquise par l'équipe danoise, le groupe basé en Malaisie a remporté l'appel d'offres.

Le P-DG de Siemens a décidé de généraliser ShareNet à l'ensemble du groupe. C'est maintenant une difficulté culturelle qui doit être surmontée. Il reste en effet à inciter les salariés à modifier leurs habitudes. Pour y arriver, Siemens a créé une fonction de knowledge manager : cent « évangélistes » sont missionnés à travers les différentes divisions pour former et sensibiliser le personnel. Mais l'incitation principale reste le chiffre d'affaires réalisé : « Les commerciaux, rémunérés à la commission, ont compris qu'ils pouvaient décrocher des affaires très lucratives en faisant appel aux compétences de leurs lointains collègues », indique Roland Koch, P-DG de la division Télécommunications de Siemens.

Un tel *annuaire des expériences* ne peut s'envisager que sur le principe du volontariat et de la liberté d'expression. Une volonté de contrôle affi-

---

1. D'après Jack EVING et Faith KEENAN, « Siemens veut partager ses richesses », *Le Monde* du 21 mars 2001.

chée constituerait, aux yeux de tous, ce que l'école de Palo Alto a nommé une *injonction paradoxale*. Paul Watzlawick en donne un exemple célèbre avec la phrase du professeur adressée à ses élèves : « Soyez spontanés ! » La psychologie la plus élémentaire permet de comprendre qu'une telle injonction ne peut que provoquer la non-spontanéité. Il en irait de même d'une direction qui imposerait à ses collaborateurs de signaler ou décrire leurs savoirs et expériences, tout en s'empressant aussitôt de vérifier, valider, contrôler. Rapidement, une telle démarche aboutirait soit au rejet pur et simple, soit à un système de type « évaluation des compétences ». Ce dernier passe tout à fait à côté de l'objectif initial, qui est de faciliter le processus de socialisation pour faire bénéficier les uns des expériences des autres (comme dans l'exemple indiqué par Siemens).

Mais si l'*annuaire des expériences* prône la libre expression (comme dans le cas des *curriculum vitæ*), la question demeure ouverte : comment valider les informations présentes dans la base de connaissances ? En effet, si chacun peut, comme il l'entend, décrire une expérience, une activité, une compétence, un savoir, alors il se trouvera inévitablement des collaborateurs pour surestimer leurs apports ; d'autres, préférant ne pas être importunés par n'importe qui, se réfugieront dans le silence ; d'autres encore afficheront une modestie excessive pour éviter de se voir jugés ou contredits par leurs collègues. Devant ces contre-arguments très cartésiens, qui paraissent à première vue tout à fait solides, faut-il renoncer au projet d'annuaire d'expériences ? Faut-il, finalement, renoncer à stimuler les interactions transverses entre collaborateurs ? Une entreprise japonaise a choisi la solution suivante, inspirée sans doute par le système des *hits* sur les sites Internet : chaque collaborateur intègre tout ce qu'il veut dans l'annuaire, mais chacun peut aussi librement réagir aux CV des autres. Ainsi, un processus de régulation collective, très oriental, se met en œuvre. Compte tenu de l'éventualité de se voir contester par d'autres, les contributeurs ont à cœur d'être aussi objectifs que possible dans l'évaluation de leurs savoirs et compétences. Cette solution fonctionnerait-elle partout, et notamment dans des pays comme la France ? La question est ouverte.

Ou bien, ne peut-on pas imaginer que la régulation des contenus de l'annuaire des expériences se fasse de façon beaucoup plus implicite ? À partir du moment où un auteur (écrivain, scientifique, journaliste...) décide de publier un texte de sa main, que fait-il d'autre que d'accepter implicitement le pari suivant : « Je cours le risque de voir mon texte déplaire ou laisser indifférent ; mais s'il a du succès, je peux y gagner beaucoup » ?

N'est-ce pas la solution la plus sage que de concevoir l'annuaire des expériences comme un pari collectif ? L'entreprise peut y gagner en pro-

© Éditions d'Organisation

fessionnalisme, en esprit de coopération, en décloisonnement, et, en fin de compte, en capacités d'innovation. À l'échelle du marché, on a vu apparaître ces dernières années des « bourses aux talents » et autres « places des marchés des talents ». Certes, on peut penser qu'il est très difficile de mesurer la productivité de ces tribunes, et beaucoup d'organisations hésitent à investir en interne dans ce type de systèmes.

Si une solution existe, elle doit être pragmatique et reposer sur plusieurs idées simples et claires. Par exemple :

- bien réfléchir au nom que l'on donne au dispositif (tribune, annuaire, forum... des talents, expériences, compétences, savoirs...) ;
- afficher clairement un but de professionnalisation pour éviter l'effet gadget ;
- afficher dans le même temps une volonté managériale (au plus haut niveau) de décloisonner et de donner de l'autonomie ;
- établir une charte éthique du dispositif ;
- donner l'exemple de haut en bas de la hiérarchie ;
- au-delà de l'annuaire, qui n'est en fait qu'un prétexte à créer l'esprit de coopération, reconnaître et rétribuer l'expertise et le professionnalisme, surtout lorsqu'ils sont validés par la profession et le marché !

FAIRE VIVRE LA BASE DE CONNAISSANCES : LE TRAVAIL COLLABORATIF

Le processus de socialisation des connaissances ne se limite bien sûr pas aux interactions informelles ; il faut organiser la création, la discussion, la validation à travers des formes de collaboration appropriées. Deux exemples courants : les projets apprenants et la coopération avec les clients et autres parties prenantes de l'organisation (voir la troisième partie). Tenons-nous-en, pour l'instant, à ce qu'est le *travail collaboratif* – que l'on a coutume de diviser en trois processus : coopération, coordination, communication (3C) – et interrogeons-nous sur la façon dont la collaboration contribue à renouveler la *base de connaissances*.

On peut aborder cette problématique sous deux angles : celui de l'usage des technologies de communication (groupware, forums électroniques, e-learning, télétravail, chat...) et celui du travail en groupe proprement dit, ce qui suppose, comme nous allons le voir, de distinguer différents types de groupes et de communautés, car cela entraîne des conséquences importantes vis-à-vis des processus d'apprentissage et d'élaboration des connaissances.

Les formes de collaboration et leur impact sur la connaissance

Les nouvelles technologies de communication ont bouleversé la forme des interactions professionnelles. Le temps, l'espace, la durée sont requis dans des conditions de fonctionnement qui nécessitent de nouveaux modes d'apprentissage. La matrice de Johansen représente les quatre combinaisons du temps et de l'espace que l'on trouve dans le travail collaboratif.

Le travail se déroule…	Au même instant	À des instants différents
Au même endroit	Réunion	Planning Agenda partagé
À distance	Téléphone Vidéo conférence *Chat*	Courrier Messagerie électonique Forums & groupware

Figure 36. La matrice du travail collaboratif de Johansen[1]

Les innovations technologiques s'accompagnent ainsi de nouveaux usages, notamment en ce qui concerne les façons de coordonner et d'exploiter les ressources. On en voit un exemple avec le télétravail, qui gagne tout doucement du terrain ; de façon plus générale, ce sont la mobilité et le *nomadisme* qui changent la donne dans un certain nombre de métiers, commerciaux en particulier. Du fait de l'impact organisationnel de ces techniques, c'est à des modifications de la fonction de production et de la chaîne même de valeur des organisations (nous y reviendrons plus en profondeur dans la troisième partie).

De nombreuses études sociologiques s'intéressent aux mécanismes de la collaboration, mais elles se concentrent essentiellement sur la relation de travail. Il reste beaucoup à faire quant à la nature des problématiques de savoir et d'apprentissage. Pour avancer, demandons-nous d'abord quelles sont les variables qui déterminent les différentes formes de savoir et d'apprentissage.

À commencer par *le type de groupe* : les formes de communication et de collaboration se caractérisent par des objectifs, des enjeux et des modalités

---

1. R. JOHANSEN, Groupware : computer support for business teams, *The Free Press, New York, 1988.*

qui peuvent différer profondément, comme le montre bien le tableau de la figure 37.

Types de groupes	Formes de collaboration
Équipe projet	Transverse, à durée limitée, opérationnelle, coconstruction
Structure hiérarchique	Localisée, permanente, opérationnelle, division des tâches
Réseau d'expertise	Transverse, épisodique, à durée non limitée, discussion
Commissions de travail	Transverse, échelonnée, temporaire, décisionnelle ou normative, coconstruction
Client-fournisseur (agence en ligne)	Face à face, ponctuelle ou épisodique, normative, décisionnelle
Télétravail	Délocalisée, permanente, opérationnelle
Communautés d'intérêt (newsgroups)	Dispersée, épisodique, à durée non limitée, expression libre

Figure 37. Type de groupe

On peut aussi prendre en compte une typologie basée sur la *nature des relations humaines dans le groupe*, déterminantes pour les formes d'implication et les systèmes symboliques à l'œuvre. Le tableau ci-dessous (figure 38) permet de souligner ces différences, dont on peut se douter qu'elles expliquent en grande partie les difficultés dites « culturelles » que l'on rencontre dans les projets de gestion des connaissances.

Nature des relations	Formes d'implication
Transactionnelle	Dépersonnalisation, objectivité
Commerciale	Négociation, subjectivité, séduction
Autoritaire	Contrôle, stratégies de contournement, gestion de conflits
Institutionnelle	Dépersonnalisation, objectivité, minimalisme
Influence	Leadership, recherche de compromis, différenciation et identification
Consensuelle	Dialogue, adhésion aux normes communes
Scientifique	Discussion, raisonnement, essais-erreurs, créativité
Solidarité	Engagement, dialogue, confiance, identification

Figure 38. Nature des relations

Les formes de collaboration et les formes d'implication qui caractérisent le groupe sont déterminantes pour la capacité à produire des connaissances, à enrichir et renouveler la base de connaissances, à développer des compétences collectives. Comparons, à titre d'exemple, plusieurs situations fréquentes :

• *L'entité hiérarchique basée sur l'autorité* : la capitalisation des connaissances est codifiée sous forme de règles de contrôle et de traçabilité (assurance qualité, contractualisation...). La base de connaissances évolue par accumulation d'informations (le suivi des affaires, les dossiers, les contrats, les rapports officiels) ; cette évolution est purement quantitative car le processus de discussion critique des connaissances antérieures n'existe pas, ou peu. Le résultat est que la base de connaissances se réduit à une archive documentaire qui n'est consultée qu'en cas de litige ou de besoin opérationnel immédiat. La valeur ajoutée est assez faible, même si le système répond à une utilité immédiate (qui n'est certes pas contestable) : satisfaction du besoin de contrôle de la hiérarchie et meilleure productivité du suivi des affaires. En revanche, il n'a aucun effet sur les compétences collectives : pas de processus d'apprentissage, pas de fertilisations croisées, pas de réutilisation de l'expérience d'autrui.

• *L'équipe projet basée sur des relations d'influence et d'autorité* : la capitalisation est structurée sous forme de dossiers, en fonction des contributions des uns et des autres ; les informations capitalisées sont fortement protégées et « marquées » par leurs auteurs ; elles sont rarement recoupées ou discutées et sont même très peu exploitées une fois intégrées dans la base. Les discussions sont codifiées et les décisions sont basées sur beaucoup d'implicite ; la base de connaissances évolue par accumulation et négociations ; elle ne permet guère de se rendre compte de l'historique des décisions et ne contient pas les enseignements tirés de l'expérience. Le résultat est que la production du projet a atteint ses objectifs mais la base de connaissances est, ici aussi, une archive peu exploitée. La compétence collective a un peu augmenté, du fait des échanges, mais elle est très volatile : elle va disparaître après la clôture du projet et la dispersion de l'équipe. Les leaders ont beaucoup appris individuellement, mais ils n'en font guère profiter le collectif.

• *L'équipe projet basée sur des relations scientifiques et d'influence* : la capitalisation est structurée par le fait d'avoir un objectif commun, par l'intensité des discussions et des échanges, et aussi par l'ouverture sur l'externe. La base de connaissances évolue vite, au gré des enseignements tirés et de l'exploitation des signaux faibles venus de l'environ-

© Éditions d'Organisation

nement (la veille est un facteur clé pour faire évoluer la base). L'apprentissage collectif a lieu, d'une part, dans les coopérations directes entre individus, mais aussi à travers les forums en ligne qui permettent de conserver une partie de l'historique des décisions. Le bilan du projet donne lieu à une analyse collective qui profite non seulement aux participants mais aussi aux futurs utilisateurs de la base de connaissances. Le leadership a permis d'augmenter la créativité et d'accélérer les processus d'apprentissage collectif, quoique parfois au détriment d'une analyse aboutie.

S'intéresser au groupe est donc une première étape pour mieux comprendre la dimension humaine qui est à l'œuvre dans les projets de gestion collaborative des connaissances. Mais il faut aller plus loin, car c'est surtout aux *interfaces entre les groupes* que se produisent les *étincelles* de la connaissance. C'est dans les frottements et combinaisons entre plusieurs types de savoirs et d'enjeux que germent souvent les *externalités* et les *spirales créatrices*. Il est donc utile d'élargir le cadre d'interaction du groupe et de prendre en compte ses relations hors de l'organisation, en particulier avec les parties prenantes (prescripteurs, régulateurs, investisseurs, clients, partenaires) et, plus généralement, la société.

Le modèle proposé par la sociologue Mary Douglas nous ouvre une perspective à cet égard, même si au départ il est limité au contexte de la gestion sociale des risques[1].

L'idée générale est d'identifier plusieurs types culturels sociaux qui conditionnent, pour une large part, les systèmes symboliques, les interprétations, les savoirs et les comportements des groupes. Pour caractériser ces types, Mary Douglas prend en compte deux dimensions fondamentales de toute organisation sociale : le degré de structuration interne (ou degré de hiérarchisation) et le degré d'ouverture sur le reste de la société. Ces deux dimensions permettent de construire une matrice constituée de quatre types principaux de groupe :

La structure hiérarchique est caractérisée à la fois par des relations internes hiérarchisées et cloisonnées (modèle bureaucratique) et par une frontière marquée avec le monde environnant.

L'individualisme, à l'opposé, est caractérisé par une ouverture quasi totale sur l'externe et par des relations non hiérarchisées. Cette culture correspond à l'entrepreneur type du marché libéral, ou encore aux opportunistes,

---

1. Je m'appuierai ici sur une synthèse qui en est donnée par Patrick Peretti-Watel : *La société du risque*, La Découverte, coll. Repères, Paris, 2001.

profiteurs et autres catégories de *passagers clandestins* du système social. Dans les organisations, ce sont les va-t-en-guerre, les électrons libres, ceux qui roulent pour eux, qui tirent leurs marrons du feu, mais aussi, faut-il le souligner, les iconoclastes capables, s'ils trouvent un but transorganisationnel, de générer des innovations.

Le sectarisme égalitaire est caractérisé par des communautés fermées sur elles-mêmes, avec des relations d'égal à égal, de type confréries, corporations, associations spécialisées, mouvements de contestation...

L'isolement est caractérisé par des ensembles non structurés d'individus qui, en général, subissent des contraintes de subordination de la part de la société, sans pour autant parvenir à s'organiser pour se défendre. Ce sont en quelque sorte les exclus, qui n'ont pas de frontières tout en étant conditionnés par des règles et hiérarchies externes.

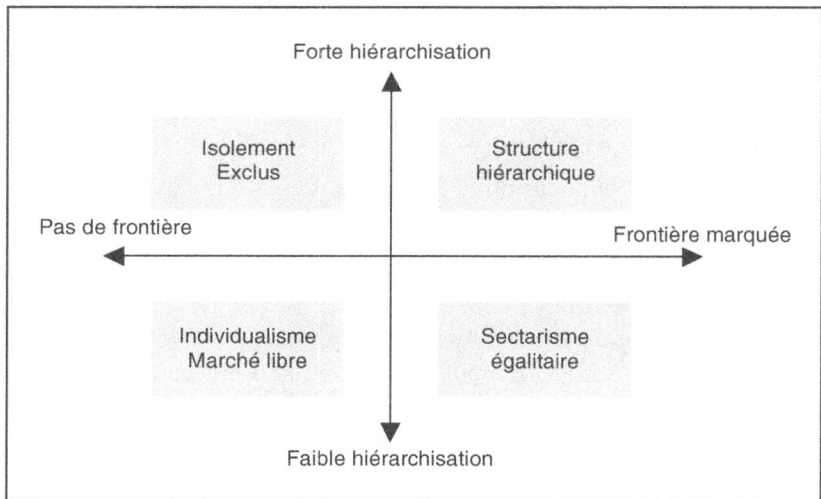

Figure 39. Les quatre types culturels de Mary Douglas

Ces types culturels peuvent être repérés assez facilement dans la plupart des problématiques de notre société contemporaine, à travers les grands dossiers qui ont trait à la santé (affaire du sang contaminé, vache folle...), à l'environnement, à la justice, etc.

Par exemple, il est intéressant de voir comment ont évolué des catégories sociales telles que les victimes du Sida qui, au départ très isolées, exclues, démunies, ont su heureusement s'organiser, se constituer en une communauté, avec une identité, des valeurs et une organisation qui lui donnent un statut d'acteur à part entière, non seulement dans la solidarité, la lutte, le soutien aux malades, mais également la construction de nouveaux savoirs que les scientifiques seuls n'auraient sans doute pas pu développer. Dans cet exemple, l'évolution d'un groupe, du type *isolé* au type *sectarisme égalitaire* (pour nous en tenir à la typologie de Mary Douglas), peut ainsi remodeler fortement les possibilités d'apprentissage de la société dans son ensemble, grâce aux nouveaux *frottements* qui se produisent entre catégories d'acteurs collaboratifs (ici, scientifiques et associations de malades).

On peut aussi croiser la matrice de Mary Douglas avec la liste des différents groupes présents dans une organisation que nous avons présentée plus haut. Il est assez clair, par exemple, que l'entité hiérarchique et l'équipe projet ont tendance à s'opposer culturellement, l'une étant plutôt sur le mode frontière-hiérarchie, l'autre cherchant souvent à se positionner sur le mode « ni frontière-ni hiérarchie ». L'obligation de résultat qui caractérise (en principe) le projet tend à développer une culture individualiste, que l'on constate aisément dans les équipes qui ont vécu une période intense. Il n'est donc pas étonnant de voir, de façon presque récurrente, se confronter deux types de groupes dans les organisations : l'un soudé au sein des projets, l'autre, autour d'un statut hiérarchique. Chefs de projet et chefs de département développent des représentations, des compétences, des savoirs qui sont de deux natures différentes.

Le modèle de Mary Douglas explique par ailleurs des différences de nature entre les savoirs produits dans ces groupes et à leurs interfaces. Précisons que les concepts employés ici n'ont d'autre but que d'analyser des catégories générales, hors jugement de valeur.

Dans la culture hiérarchique, le savoir est conçu comme un *objet presque institutionnel*, qui s'élabore selon des règles, des normes organisationnelles, des principes d'objectivité rationnelle. Il bénéficie d'un statut symbolique fort, en relation avec le statut de la science et de l'enseignement supérieur. Il ne peut se construire individuellement. Il est conçu comme le fruit d'un long processus, qui mobilise des moyens, des structures, des procédures de validation. Il doit être neutre, dépourvu de subjectivité et d'intuition. La part d'ombre est la forme tacite de la connaissance, qui est perçue comme une réalité évidente, mais non pas assumée. Le *sentiment d'insécurité face au tacite* se traduit par la volonté d'expliciter, de rationaliser, de modéliser. L'interprétation des règles est vécue, consciemment ou non, comme une opposition au système normatif officiel.

Ainsi, le travail collaboratif devra obéir à des programmes, des règles et se limiter à des périmètres qui reflètent la structure. Un expert qui donnera son point de vue personnel ne sera pas entendu, tant qu'il ne se réfugie pas derrière un formalisme qui en atténue la subjectivité. Bien sûr, tout cela est très schématique, mais c'est tout de même une tendance forte qui caractérise globalement assez bien le type de système de gestion des connaissances et de collaborations qui se mettent en place dans les organisations à caractère bureaucratique.

Dans la culture de type sectarisme égalitaire, au contraire, les membres de la communauté se caractérisent par leur tendance à se méfier des savoirs officiels et normatifs. Ils préfèrent généralement opter pour une opinion déviante, une thèse nouvelle, pour des connaissances de marge, où la critique, l'opposition, la transgression sont prépondérantes. Le génie d'une minorité agissante est préféré au lent processus de maturation collective du savoir. On ne peut pas nécessairement en conclure que la fonction herméneutique (interpréter) de la connaissance soit mise en avant par rapport à la fonction normative. Car si cette culture est critique, c'est tout de même en fonction d'une anti-norme, c'est-à-dire d'une *norme minoritaire*. Ce qui guide les valeurs et le choix de telle forme de connaissance, c'est le sentiment d'appartenir à une communauté soudée et déviante, qui traverse voire transgresse le système officiel. Une grande importance est donnée, subjectivement, à la détection de *signaux faibles* que les structures et la hiérarchie en place ne savent pas repérer. Ces valeurs ont bien sûr une importance déterminante sur la nature des connaissances et informations qui sont échangées, partagées, discutées.

Dans la culture individualiste, il n'y a pas, contrairement aux deux précédentes catégories, de système de valeur commun ; pas de pression du groupe, pas de croyance forte. La résistance au savoir officiel n'est pas exacerbée comme dans le cas précédent, car une norme peut être tenue pour correcte dès lors qu'elle répond à l'utilité du moment. Ceci étant, dès qu'un signal faible apparaît, dès qu'une nouvelle connaissance ou une nouvelle technique se profilent à l'horizon, ils sont aussitôt envisagés et sereinement pesés. Si la nouveauté donne un avantage personnel, elle est aussitôt adoptée, sans pour autant acquérir une valeur forte. Curieusement, la fonction herméneutique est appauvrie car on ne cherche pas de sens, on n'interprète pas. Dans le même temps, si la fonction normative est présente, ses *variables d'état* changent souvent, c'est-à-dire que chaque norme n'est utilisée que comme commodité, en attendant la suivante, qui la remplacera. La collaboration est donc orientée ; elle se développe par petits groupes mobiles, mouvants. *L'information et la connaissance sont utilisées dans une logique de la demande* : on cherche et on prend au moment où l'on a besoin. Formaliser et capitaliser n'a guère de sens puisqu'il n'y a pas de retour sur investissement immédiat et local. Les

© Éditions d'Organisation

externalités positives du savoir sont exploitées à sens unique : on reçoit mais on ne donne pas.

Les exclus n'ont pas de stratégie spéciale, en général, donc vis-à-vis du savoir ou de l'apprentissage, il n'y a ni sens, ni valeur, ni pourtant opposition farouche. Au nom de quoi s'opposerait-on à tout prix ? Le savoir est de toute façon vécu comme un pouvoir qui vient d'ailleurs. On ne peut se l'approprier. Il faut donc *être utilisateur sans être apprenant*. La fonction normative est à l'œuvre, mais là aussi vidée de la substance que contient la norme, c'est-à-dire vidée de sens, de finalité. La fonction herméneutique est presque inexistante.

Nous voyons donc, d'après cette typologie, que, selon les cas, les savoirs, les valeurs et le sens donnent lieu à des représentations assez antinomiques. Dans une controverse, une crise, ou même tout simplement dans une coopération entre plusieurs parties prenantes d'un problème ou d'un dossier, *il est important d'analyser la nature des différents groupes en présence* ; aussi bien *pour améliorer les productions de savoirs et les apprentissages* propres à chacune des parties que *pour faciliter les médiations, les traductions, les articulations, les confrontations aux interfaces*. La discussion et la traduction des problématiques, à ces interfaces, sont des processus tout à fait essentiels pour la gestion collaborative des connaissances.

On rejoint là une conception qu'a développée Nonaka avec la notion de *spirale de création de connaissances*. Dans un groupe, le processus de socialisation est intense et le non-dit est très présent, véhiculant un ensemble relativement fermé de croyances partagées et de normes implicites. Pour que les effets de spirale créatrices puissent se développer, il faut chercher à *combiner les savoirs*. Cela implique de passer par des *formes appropriées d'explicitation*. Mais en prenant garde à une chose fondamentale : l'enjeu de l'explicitation, et donc de la capitalisation, est, comme nous venons de le voir, non pas tant de modéliser ou formaliser la connaissance locale *en soi*, mais plutôt de *traduire* et *recomposer* cette connaissance *en fonction de chaque contexte où l'on souhaite transposer et combiner*.

L'erreur habituelle est de penser l'explicitation dans l'absolu, indépendamment du contexte d'utilisation et de valorisation. On retrouve là encore la réduction behavioriste, selon laquelle l'émetteur pense et explicite son message en fonction de sa stratégie personnelle, sans tenir compte de la population à laquelle il s'adresse. Explicitation et combinaison des connaissances doivent se mettre en œuvre *dans un esprit de coconstruc-*

tion avec l'autre. Cette loi est difficile à accepter car elle suppose toujours un surcroît d'effort : prendre en compte la différence.

L'articulation entre collaboration et capitalisation

C'est dans cet esprit qu'il convient d'organiser la transition entre les phases de collaboration et de capitalisation. C'est le cas lorsque l'on cherche à exploiter et transmettre les acquis d'un projet, et les valoriser au profit de certaines parties prenantes.

Revenons donc un instant aux processus de collaboration, afin de les situer par rapport à la problématique de capitalisation. *La plupart des spécialistes subdivisent le travail collaboratif en trois grands processus[1] : communication, coordination, coopération (3 C)*. Cette subdivision, certes un peu arbitraire, correspond à trois besoins génériques au sein d'un groupe : discuter, se répartir les tâches et faire ensemble.

Discuter, cela peut prendre différentes formes, qui sont plus ou moins efficaces pour enrichir la base de connaissances : discuter une idée pour l'évaluer comme les scientifiques, dialoguer et échanger des idées sans but précis, échanger des informations pour réaliser une transaction, débattre pour parvenir à un consensus, recouper des informations pour prendre une décision... Toutes ces formes de discussion déterminent fortement le *contenu de la base de connaissances commune*.

Se répartir les tâches, cela relie l'univers du sens à celui de l'action, mais aussi la dimension individuelle à la dimension collective. La coordination a besoin de la base de connaissances pour *utiliser au mieux* les ressources existantes. Inversement, la façon dont s'établissent les coordinations a un impact indirect sur la base de connaissances.

Faire ensemble, cela conduit à *produire* et *exploiter* collectivement de l'information et des savoirs ; la coopération entre humains s'établit non seulement de façon directe, mais aussi à travers l'espace et le temps grâce aux technologies de la communication.

Par ces trois fonctions collaboratives, *l'interaction avec les « couches superficielles » de la base de connaissances* est permanente : échanges de messages et d'informations, comptes-rendus, forums, etc. Ces couches sont les informations brutes utilisées dans l'action.

---

1. Pour une présentation détaillée du travail collaboratif, voir par exemple Jean-Claude COURBON, Silvère TAJAN, *Groupware et Intranet. Vers le partage des connaissances*, Dunod, Paris, 1999.

C'est le passage du processus de collaboration au processus de capitalisation (et inversement) qui renouvelle les « couches profondes » de la base de connaissances et qui permet en même temps les apprentissages, et donc le transfert et le renouvellement des compétences. Nous allons développer cette problématique dans les chapitres qui suivent (en particulier avec le retour d'expérience ou les récits apprenants). Mais, compte tenu de ce qui a été dit plus haut, nous pouvons déjà souligner un point essentiel : la capitalisation doit s'envisager non pas en tant que telle, mais dans la perspective du transfert[1], c'est-à-dire en permettant aux « utilisateurs » de s'approprier et d'apprendre, par les traductions, combinaisons et confrontations nécessaires.

La figure 40 résume la relation qui unit les trois fonctions de collaboration et la capitalisation des connaissances.

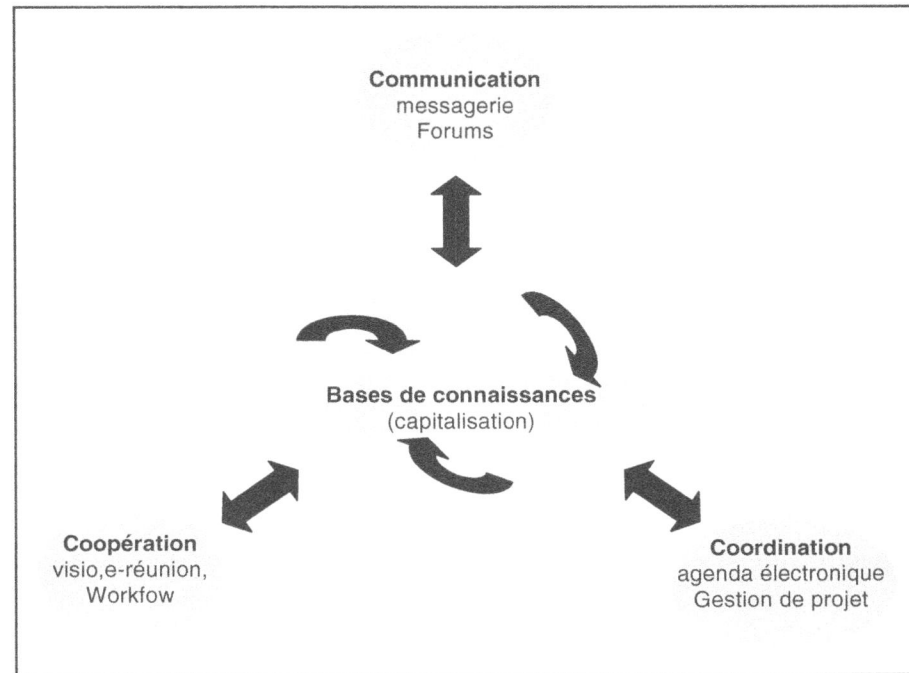

Figure 40. Les dynamiques entre collaboration et capitalisation

---

1. On retrouve bien sûr ici l'approche que préconise le modèle CTR-S.

Un exemple : collaboration et travaux de normalisation

Les normes constituent une base de connaissances qui doit être en permanence interprétée, adaptée, modifiée, pour pouvoir répondre à l'objectif fondamental qui est d'orienter les acteurs vers les solutions les plus satisfaisantes au plan à la fois de la santé et de l'efficacité industrielle. Pour l'exprimer en un mot, on peut dire que « toute règle doit être régulée ». Cette régulation se fait par un processus d'interaction et de collaboration continue entre les institutions, les entreprises et les autres parties prenantes (par exemple, dans le cas de la microbiologie, les instances de défense des consommateurs et les ONG).

Une norme n'est jamais autosuffisante ni fixe, pour de nombreuses raisons : la formulation explicite, dans sa généralité, ne peut décrire tous les cas particuliers ni s'adapter telle quelle à tous les produits indifféremment ; la pertinence et la validité ne sont jamais absolues mais représentent en partie l'expression de choix et de valeurs contextualisés (par exemple, en fonction de la sensibilité conjoncturelle d'un problème) ; plus une norme est précise, plus elle risque d'être fausse dans certains cas ; la mise à jour des normes prend du temps et il y a toujours un décalage entre la prescription et la réalité du jour.

LES COMMUNAUTÉS DE PRATIQUES

Les communautés de pratiques sont déterminantes dans la création et l'utilisation des connaissances. Nous l'illustrerons ici par deux exemples.

« Les gens ne sont pas très motivés pour partager leurs connaissances ; ils ne jouent pas le jeu, et c'est un frein important. » C'est le manager du savoir de la direction qui parle. Dans cette direction d'études, une politique de gestion des connaissances a été définie, en complément de l'organisation matricielle qui structure l'activité en départements métier et en projets. Prenons le cas d'un ingénieur qui travaille sur le développement de nouvelles technologies, dans le secteur des énergies renouvelables. Cet ingénieur ne contribue guère à la démarche collective de gestion des connaissances. Par exemple, il utilise peu le portail Intranet de la direction, et le manager du savoir se plaint de ce type de comportement, qualifié de « perso ».

« Chez nous, les commerciaux ne font pas bien remonter l'information. Je ne suis pas tenu au courant, et du coup on loupe des opportunités ou on reproduit les problèmes. » Cette fois-ci, c'est le chef d'une grosse agence commerciale qui parle. Le chiffre d'affaires stagne, des clients sont mécontents car les mêmes erreurs sont souvent reproduites d'un contexte à l'autre. Tout le monde est d'accord pour incriminer le manque d'esprit collectif. L'agence n'arrive pas à capitaliser sur ses expériences, et sa productivité s'en ressent.

À travers ces deux exemples, le constat est toujours le même : les gens ne sont pas motivés pour partager leurs connaissances avec leurs collègues. La faute est située du côté de l'humain, de la culture ; explication qui s'avère en fait un peu rapide, si l'on se donne la peine d'y regarder de plus près. En effet, on découvre au bout de quelque temps que l'ingénieur est membre actif d'une communauté d'experts, dans laquelle il partage toutes sortes de connaissances sur les énergies renouvelables : retours d'expérience, innovations, savoirs scientifiques, veille technologique, etc. De son côté, le commercial est lui aussi intégré à des réseaux apprenants qui regroupent des gens de terrain, des clients, des fournisseurs, des prestataires de services.

L'intérêt accordé au partage des connaissances est en fait un objet *à géométrie variable*. La qualité de la motivation est appréciée différemment selon le point de vue que l'on adopte sur une même réalité. L'organisation institutionnelle a son point de vue, qui est légitime puisqu'elle attribue un salaire aux collaborateurs. Mais ce point de vue n'a jamais été centré sur la connaissance. Le savoir est absent des métriques de production, et donc d'évaluation. Dans ces conditions, que faire de l'injonction soudaine, et récente, de devoir partager les connaissances au sein de la structure ?

Que demande l'employeur à l'ingénieur et au commercial ? D'être productifs, certes, mais au vu de quels critères ? Dans un cas, cela se traduit par une capacité à développer des produits et à conduire des projets. Dans l'autre cas, cela se traduit par du chiffre d'affaires. De plus, l'organisation demande autre chose aux collaborateurs : ils doivent se mouler dans une structure hiérarchique, en observant les normes en vigueur et en se pliant aux exigences du management ; ils doivent aussi contribuer aux projets de développement. Bref, l'employé doit à la fois produire des résultats et être conforme aux normes qui disent comment faire.

Cette série d'exigences n'est pas idéale : elle place l'employé face à une *injonction paradoxale* : « Tu dois obtenir tel résultat *et* tu dois faire de telle façon. » Ce n'est pas l'un ou l'autre, c'est les deux à la fois. Celui qui obtient de bons résultats, mais d'une façon qui sort des normes, c'est bien connu, est mal vu. Ceci étant, on comprend que, jusqu'à un certain point, les normes organisationnelles soient indispensables à la fois pour communiquer, collaborer, éviter de faire de grosses erreurs et permettre l'évaluation. Du reste, toutes ces normes ne sortent pas d'un chapeau : ce sont les résultats de pratiques antérieures et de modèles établis dans la durée. L'organisation cherche toujours à se rapprocher de la « *one best way* » validée par le marché, par la profession, par la théorie. Aujourd'hui, c'est le modèle matriciel.

L'organisation matricielle représente ainsi la conjonction de deux histoires managériales. La première a montré au cours des siècles que le travail collectif doit être organisé verticalement, en se répartissant les rôles, en structurant la fonction de production, en mettant en place une ligne hiérarchique qui conduit les opérations et gère les moyens. La seconde histoire, plus récente, montre que l'activité d'innovation gagne à être organisée en projets, ce qui suppose une organisation transverse aux structures métier. Cette approche permet d'identifier clairement un client et un résultat ; c'est en fonction de cela qu'elle mobilise les ressources. Nous sommes donc parvenus à un modèle matriciel qui cherche à conjuguer les bénéfices complémentaires de la structure métier et du mode projet, en combinant la logique des moyens, dont la hiérarchie est garante, et la logique de résultat, évaluée par le client. C'est ce que représente le schéma suivant (figure 41).

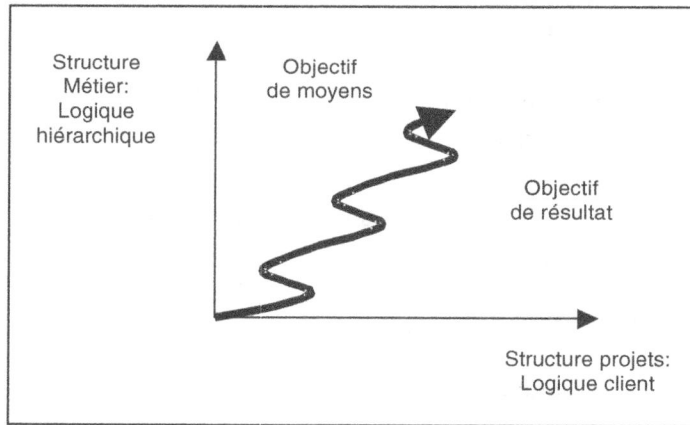

Figure 41. *L'organisation matricielle et ses logiques d'évaluation*

Revenons à la question du partage de connaissances et au problème de la motivation. Ni la logique hiérarchique ni la logique client ne donnent une place explicite au savoir. Ni la structure métier, ni la structure projet ne sont conçues en fonction de la connaissance. Exiger le partage de connaissances dans ces deux structures est certes un vœu légitime, puisque l'on perçoit l'importance du savoir et de la compétence, mais complexe, puisqu'il s'agit de répondre à ce qu'il faut bien nommer une injonction paradoxale.

Ainsi, très concrètement, le travailleur du savoir n'a pas le temps de partager ses connaissances avec des collègues qui ne sont que des « voisins de structure », mais avec qui, en pratique, il ne travaille pas ! De même, dans un projet, la collaboration se limite à une répartition des tâches selon la bonne vieille logique de la division du travail ; ce n'est pas spontanément un partage de savoir, même si les contributeurs du projet sont amenés à gérer des interfaces et à communiquer entre eux pour articuler leurs résultats.

L'échange de connaissances a pourtant bien lieu quelque part, puisque les savoirs circulent et se combinent. Mais où ? La réponse est : ailleurs que dans la structure matricielle, ailleurs que dans les dispositifs institutionnels. C'est en fait essentiellement dans les *communautés de pratiques*, ces lieux hors structures, transverses, souvent informels, que *les connaissances s'élaborent, se partagent, se diffusent*. Chaque travailleur du savoir se trouve face à cette nécessité de sortir de sa structure institutionnelle, de la transgresser en quelque sorte, pour progresser, partager, apprendre. Les communautés de pratiques sont donc une troisième dimension tout à fait essentielle, centrée, elle, sur la logique du savoir. C'est ce que traduit le schéma de la figure 42.

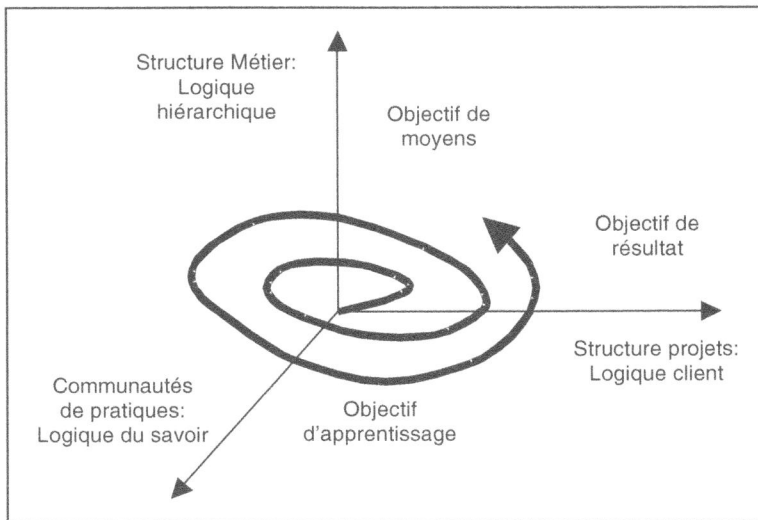

*Figure 42. **Les communautés de pratiques : la dimension du savoir** (© J.-F. Ballay)*

Qu'est-ce qui caractérise ces communautés de pratiques ? Comment fonctionnent-elles ? Comment vivent-elles ? Quels liens peuvent-elles entretenir avec l'organisation institutionnelle ? Voici les questions qu'il nous faut maintenant approfondir.

Certains auteurs anglo-saxons, comme Étienne Wenger ou William Snyder, ont spécialement étudié ces questions[1] ; résumons-en les points essentiels. Wenger analyse les communautés sous l'angle de leur *cycle de vie*, en considérant que tout groupe social naît, vit et meurt – ce qui le situe dans une tradition clairement évolutionniste de la sociologie. Il modélise le cycle de vie des communautés de pratiques en *cinq phases, caractérisées à la fois par leur degré de maturité et d'expansion et par le type d'activité qu'elles privilégient.*

- *La phase de latence* constitue la préhistoire de la communauté, lorsque des individus d'un milieu professionnel font face à des situations analogues, sans toutefois encore s'organiser pour en partager les bénéfices. Des connexions s'établissent peu à peu, les gens se découvrent des points communs et cherchent des alter ego pour affirmer leur identité.
- *La phase de regroupement* voit les gens se réunir et se constituer en une communauté qui se reconnaît des buts communs, des intérêts convergents, des savoirs de même nature. La communauté s'organise, définit des objectifs et établit des principes d'action.
- *La phase d'activisme* est celle où les membres passent à l'acte, formalisent leurs pratiques et développent des connaissances communes. Ils mettent en œuvre des processus productifs, dans lesquels ils s'engagent activement, créant des liens, élaborant de nouveaux objets. Ils consolident leur leadership au sein de la société et se font reconnaître.
- *La phase de dispersion* voit peu à peu un désengagement des membres, qui restent toutefois unis par une identité commune, des savoirs et des normes qu'ils partagent. Les gens continuent à se voir, maintiennent leurs relations mais l'activité principale se dilue progressivement. Les applications sont transférées vers d'autres domaines. Les externalités de savoir ont donné leurs fruits, ou au contraire la communauté n'est pas parvenue à rénover son cœur de métier et se disperse.
- *La phase de commémoration* est celle où les gens se souviennent, où leur action passée prend du sens dans le recul de l'Histoire. Les témoins racontent l'histoire de la communauté, constituent des archives. C'est l'heure des bilans, des leçons, de la mémoire.

---

1. Étienne WENGER, « Communities of practice : learning as a social system », *Systems Thinker*, juin 1998, http ://www.co-i-l.com/coil/knowledge-garden/cop/cols.shtml.
William SNYDER, « Communities of practice : combining organizational learning and strategic insights », août 1997, http ://www.co-i-l.com/coil/knowledge-garden/cop/cols.shtml.

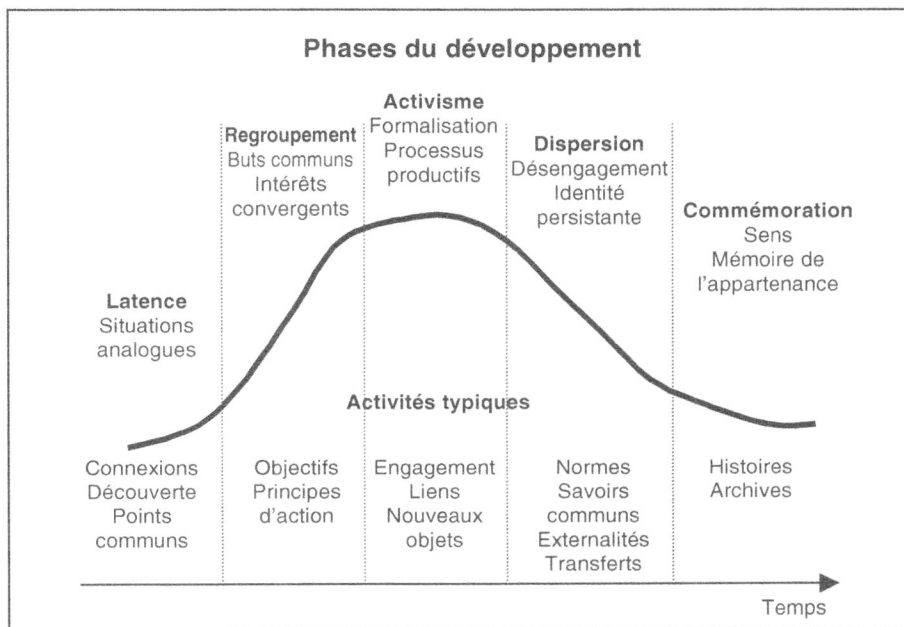

Figure 43. Le cycle de vie des communautés de pratiques (d'après Wenger)

Wenger insiste sur *la différence de nature* qui existe *entre les communautés de pratiques et les trois autres types de groupe socioprofessionnel* : les structures métier, les équipes projets et les réseaux. Les communautés de pratiques *se distinguent des structures métier* par le fait qu'elles définissent elles-mêmes leurs objectifs et leurs moyens d'action, en dehors des contraintes directes du marché. Elles se distinguent des équipes projets par le fait qu'elles sont centrées sur la logique du savoir, et non pas sur la logique du client (avec la planification de l'activité qui en résulte). Enfin, elles se distinguent des réseaux, car, beaucoup plus qu'un simple ensemble de connexions, elles ont un objet commun, qui exerce une force d'identification importante.

La question est alors celle des *relations qui s'établissent entre les communautés de pratiques et les organisations institutionnelles.* Wenger, dans sa typologie, identifie cinq types de relation, qui sont résumés dans le tableau suivant (figure 44).

Type de relation	Caractéristiques de la communauté	Problématique de la relation
Ignorance	Souterraine, ignorée par l'institution et par la quasi-totalité de ses membres	Prise de conscience de la valeur ou bien des dangers ou limites
Contrebande	Visible par un cercle restreint de personnes de l'institution	Obtenir des ressources ; créer un impact ; ou rester secret
Légitimité	Officiellement reconnue d'utilité professionnelle	Évaluation, observation ; transactions
Intérêt stratégique	Considérée comme stratégique pour l'institution	Pression du court terme ; ne pas être aveuglé par le succès ; ne pas céder à l'élitisme ou aux effets de clivage
Transformation	Remodèle l'organisation de l'institution et le métier, dans lesquels elle introduit une innovation de rupture	Consolider les liens systémiques ; acculturation, intégration ; gestion des interfaces

Figure 44. Les relations entre communautés de pratiques et organisations hiérarchiques (d'après Wenger)

Nous avons vu que les communautés de pratiques sont régies par la logique du savoir. On peut préciser un peu plus *ce qu'elles apportent à l'institution*, en matière de création et de valorisation des connaissances.

Tout d'abord, elles constituent des nœuds d'accumulation, d'échange de savoir et, plus encore, d'interprétation. Pour simplifier à l'extrême, il est presque tautologique de dire que l'institution valorise la fonction normative de la connaissance, tandis que les communautés de pratiques valorisent d'abord la fonction herméneutique en donnant un sens nouveau à ce qui émerge. Les membres sont motivés et font circuler rapidement l'information, la discutent pleinement, la mettent en valeur.

Par ailleurs, elles utilisent la connaissance d'une façon vivante, favorisant la socialisation du savoir, privilégiant l'incorporation. Elles permettent aussi de contextualiser les connaissances émergentes, de les tester, de les appliquer sans à priori, en modifiant ce qui doit être amélioré.

Stimulant les compétences, elles sont un lieu à la fois de facilitation de l'innovation et de professionnalisation. En cela, elles constituent, pour les organisations qui savent les promouvoir, une interface qui permet la diffusion de l'innovation vers l'institution.

Enfin, elles exercent une force d'identification, de stimulation, de motivation professionnelle, du fait que, contrairement aux autres formes de groupes qui se concentrent sur la seule productivité marchande ou institutionnelle, elles se focalisent sur un objet commun, elles réunissent les gens autour d'un centre d'intérêt.

Si les organisations institutionnelles veulent que leurs approches de gestion des connaissances soient efficaces, elles ont donc tout intérêt à comprendre le point de vue des communautés de pratiques. Se mettre à la place de l'autre, *s'ouvrir à cette troisième dimension de l'organisation*, certes informelle mais complémentaire de la dimension structure et de la dimension projets, *voilà un défi pour le management hiérarchique*. Le caractère largement informel et autogéré des communautés de pratiques peut déclencher des réflexes de peur, de protection, de contrôle, qui ne font que renforcer les dysfonctionnements si on y cède.

Pour revenir aux deux exemples évoqués au début de ce chapitre, on comprend que le manager du savoir de la direction d'études et le chef d'agence ont tout intérêt à recadrer leur point de vue. Car qu'est-ce qui importe le plus : que l'autre (l'ingénieur d'études et le commercial) obéisse à l'injonction de capitaliser dans *leur* système, ou qu'il obtienne des résultats et qu'il se professionnalise dans des communautés transverses ?

La capitalisation des connaissances, pour éviter l'effet d'injonction paradoxale, doit être stimulée et organisée là où elle a du sens, là où cela devient un processus de création de valeur. Capitaliser dans des communautés de pratiques crée de la valeur ; par contraste, capitaliser dans un système institutionnel d'archivage est certes utile du point de vue de la mémoire, mais c'est à la fois lourd, coûteux et pas nécessairement profitable. C'est pourquoi il est essentiel que les Intranet métier accordent une place et une reconnaissance aux communautés de pratiques, même si cela suppose un effort d'ouverture et de transversalité. Et même si cela suppose donc un certain degré de risque. Le zéro risque, en l'occurrence, conduit à un simple système institutionnel ou à une sorte d'archive électronique. Il faut choisir.

Il est donc judicieux de commencer par reconnaître la valeur des communautés de pratiques et d'*aménager des passerelles entre ces communautés et l'organisation institutionnelle*, en l'occurrence l'organisation matricielle. Ce sont *les interfaces entre la hiérarchie, les projets et les communautés de pratiques* qui doivent faire l'objet de la plus grande attention. C'est sur ces interfaces que l'on a des opportunités de combiner les savoirs, de les transformer, de les intégrer dans les processus métier et la chaîne de création de valeur.

Un exemple : les communautés de pratiques d'IBM Global Services

À partir de 1995, IBM Global Services a développé un nouveau *business model* qui intégrait le développement de communautés de pratiques. Le but était de créer une culture de partage, de collaboration et de capitalisation dans les principaux métiers du groupe, et cela à l'échelle internationale. L'esprit qui anime ces communautés est la confluence entre expertise et passion, selon la conception de Wenger et Snyder. Il existe aujourd'hui une soixantaine de ces communautés, qui ont fait l'objet d'une récente synthèse dans un rapport disponible sur le site de la communauté européenne[1]. IBM Global Services s'appuie sur le modèle de Wenger, qu'elle a légèrement adapté pour définir sa démarche. Ainsi, les cinq âges des communautés qu'elle cherche à repérer et à inciter sont : latence, construction, engagement, activisme et adaptation. Aujourd'hui, la majorité des communautés existantes se trouvent en fait dans les trois premières phases. Malheureusement, le rapport reste assez général et ne donne aucun exemple concret permettant de comprendre à la fois le contexte, l'histoire vécue, les difficultés et les apports, notamment en termes d'innovation et de professionnalisation des experts.

DOCUMENTER LES CONNAISSANCES

Un autre travail important pour la valorisation du savoir est l'organisation de la documentation des connaissances, au fur et à mesure des activités ; c'est fondamentalement une démarche de qualité. À cet égard, le référentiel est la norme ISO 9001-9002[2], qui fournit un guide succinct pour les différents processus de cette démarche. Ceux-ci sont très classiques et nous ne faisons ici que les signaler pour mémoire :

– fiabilisation de la documentation ;
– production ;
– validation ;
– classement ;
– diffusion ;
– protection ;
– pérennisation.

---

1. P. GONGLA, C. R. RIZUTO, « Evolving communities of practice : IBM Global Services experience », juin 2001.
2. L'ISO est l'*International Standardization Organisation*, en français, organisation internationale de certification.

Le *plan qualité* peut aller plus loin, en précisant notamment comment doivent être formalisés la documentation des projets, les contrats avec les partenaires, les normes internes et autres rapports de synthèse. Il peut également spécifier des modèles de documents, en particulier dans des activités à forte teneur technique ou dans les services. Ainsi, tout bon document doit contenir une méta-information qui en facilite à la fois le classement, la recherche et la lecture. On citera en particulier les éléments indiqués sur le tableau suivant (figure 45).

Métadonnées d'un document (fiche d'information de document)
Titre
Auteur(s)
Source
Date
Type de document
Référence chez l'émetteur
Accessibilité
Résumé
Synthèse
Table des matières
Références bibliographiques
Documents associés
Index, glossaire...

Figure 45.

La documentation, en dehors des secteurs où elle exige un formalisme rigoureux et une grande exigence de traçabilité (industrie aéronautique, nucléaire...), est, dans la plupart des métiers, un simple critère de professionnalisme. L'approche qualité appliquée à la gestion documentaire ne donne qu'un élément de réponse. Elle apporte une garantie minimale à l'échelle collective mais peut aussi être signe de lourdeur ou de rigidité si elle devient trop systématique. À l'échelle individuelle, seule la formation à l'expression écrite apporte une solution sérieuse. Ceci étant, le coût de cette formation est en général trop lourd pour l'employeur. C'est donc le système éducatif qui porte une grande part de responsabilité dans cet enjeu.

Apprendre à rédiger, à élaborer un discours structuré et critique, à commenter, à faire des synthèses est long et tout le monde n'y est pas prédisposé.

Faut-il en faire un critère d'intéressement ? La réponse est ouverte. Cela supposerait de résoudre en même temps la question de l'évaluation : le chef, généralement, n'a pas plus de disposition à la rédaction de rapports que quiconque. On peut donc se montrer sceptique sur la volonté d'en faire un critère d'intéressement. Plus pragmatique est l'approche « culturelle », par laquelle l'expression écrite est collectivement reconnue comme un critère de professionnalisme. Cela semble être le cas au Japon, pays dans lequel les écoles comme les entreprises perpétuent l'apprentissage des qualités de synthèse, de clarté, de structuration de l'écrit[1].

Il existe diverses méthodes qui proposent des façons de concevoir un document pour en faciliter la lecture. Ainsi, par exemple, Louis Timbal-Duclaux a développé la méthode SPRI : S pour situation, P pour problème, R pour résolution, I pour information (détaillée). Il s'agit d'exposer d'abord le contexte (situation, enjeu), puis d'énoncer clairement le problème posé, ou l'obstacle à vaincre, ensuite de formuler les principes retenus pour résoudre le problème et, enfin, de détailler le contenu de la solution. On peut ajouter à ces éléments d'autres points utiles à expliciter : les solutions envisagées et rejetées (pourquoi), les scénarios pour la suite, les propositions concrètes à discuter ou mettre en action, les conséquences éventuelles à prévoir ou à anticiper, l'accompagnement et le suivi nécessaire dans la mise en œuvre de la solution... Globalement, il paraît raisonnable de penser que c'est un dosage de ces différents éléments qui est le plus indiqué, si l'on veut améliorer progressivement la qualité des documents, et donc l'efficacité du processus de capitalisation à vaste échelle.

En outre, dans l'optique de la capitalisation des connaissances, l'entreprise peut être amenée à gérer de nombreux documents ou références documentaires d'origine externe accessibles soit par le portail métier, soit par une GED ou une gestion documentaire classique. C'est le cas avec les documents de veille, les revues de presse, les contrats, normes, nomenclatures, dossiers de fabrication, etc. Toute cette information d'origine externe constitue une part importante du savoir et du savoir-faire de tout expert, et de tout professionnel en général. Traditionnellement, chacun gère depuis longtemps ce savoir dans son armoire de bureau et dans ses boîtes de rangement. Système pragmatique, mais individuel... Le processus de capitalisation n'a pas pour but de faire disparaître ces armoires ; il essaie de les alléger considérablement et surtout de rendre le dispositif plus collectif. En outre, de plus en plus de documents étant disponibles

---

1. Voir à ce propos Jean-Claude MARTIN, *Le traitement de l'information dans l'entreprise. Le secret de l'efficacité japonaise transposé en Europe*, FransOrient, 1994.

sous forme électronique, il est maintenant aisé de les rendre accessibles par le portail en Intranet.

Notons que la capitalisation de ces informations externes impose plusieurs contraintes :

- Il faut s'assurer des droits de propriété intellectuelle pour définir dans quelles conditions ils peuvent être utilisés dans l'entreprise.
- Un processus de sélection est indispensable, à défaut de quoi la base de connaissances va vite devenir une poubelle ; chaque collaborateur est en mesure d'opérer cette sélection, mais dans certains cas le filtrage peut être plus sophistiqué (validation par un expert, par le management, par un chef de projet...). Cette fonction de sélection fait du collaborateur un « contributeur » du système de capitalisation.
- En plus des informations de structure interne du document décrites dans le tableau précédent, il convient, pour les documents d'origine externe, d'ajouter une autre méta-information indispensable explicitant l'intérêt du document et surtout le situant dans le contexte d'utilisation interne (voir tableau de la figure 46). Ce point est très important car un document externe possède son intérêt propre dans son contexte d'origine, mais il possède aussi un intérêt spécifique et souvent subjectif pour telle entreprise qui l'utilise dans un contexte particulier. Cette dualité est importante à souligner et à assumer.

Renseignements complémentaires pour les documents d'origine externe
Contributeur (celui qui a identifié et sélectionné le document)
Commentaire du contributeur (intérêt du document pour notre métier, contexte d'utilisation)
Date de capitalisation

Figure 46.

Ces informations sur le contributeur et le contexte d'utilisation ont un effet induit très utile auquel on ne pense pas spontanément a priori mais qui mérite que l'on s'y arrête un instant. L'utilisateur de la base de connaissances, à la recherche d'une information sur tel sujet ou tel problème, trouve des documents aussi bien d'origine interne qu'externe – ceci est tout à fait essentiel puisque le savoir n'est pas circonscrit au périmètre de l'entreprise. Ainsi, l'utilisateur retrouve dans la base de connaissances non seulement des contenus (savoirs) mais aussi des métainformations, qui le renseignent sur les ressources vivantes du savoir-faire : *auteurs* et *contributeurs* des documents capitalisés. Il a ensuite tout loisir de se mettre en contact direct avec ces personnes pour approfondir l'échange et élaborer la solution de son problème.

À retenir

La base de connaissances est donc, encore une fois, beaucoup plus qu'un simple stock de savoirs enregistrés ; c'est un carrefour potentiel des interactions sociales qui se développent concrètement sur le terrain. On comprend dès lors l'importance de la documentation : elle relie les hommes aux savoirs mais aussi les hommes aux hommes.

Nous retrouvons là un exemple pragmatique et efficace de levier pour favoriser le processus évoqué précédemment des interactions humaines. Ces interactions sont aussi la façon de faire vivre la base de connaissances.

ORGANISER LE RETOUR D'EXPÉRIENCE

La notion de retour d'expérience a été développée dans l'industrie, mais elle peut s'appliquer, dans ses principes, à de nombreuses activités de service (conseil, vente, marketing...). Il s'agit de mettre en place un processus visant à évaluer l'activité productive en recueillant les données et témoignages nécessaires dont on pourra tirer les enseignements pour améliorer ou optimiser la fonction de production. De façon plus générale, il s'agit de tirer les enseignements de l'expérience, dans un projet, une affaire ou toute autre forme d'activité.

Le retour d'expérience illustre très bien le modèle CTR-S car il suppose effectivement les trois processus *capitaliser*, *transférer*, *renouveler*, ainsi que le métaprocessus *socialiser* (ce dernier étant, comme toujours, transverse et sous-jacent aux trois autres).

La capitalisation est ici une procédure de recueil d'informations et d'évaluation, qui reste en général plutôt descriptive et analytique (elle s'appuie d'ailleurs, dans certains métiers, sur des processus de traitement automatisés). Cette procédure de recueil consiste, pour les exploitants et la maintenance, à identifier un incident et à le décrire dans une base de connaissances adaptée qui constitue une véritable *mémoire collective* de l'activité : fiches d'avaries, fiches de reprise de service, fichiers de service après-vente, catalogue de défauts types... Dans le cas du retour d'expérience d'un projet, la capitalisation peut aussi inclure le recueil de témoignages, d'opinions, de points de vue des acteurs du projet.

Le transfert est le premier niveau de valorisation, il suppose un *travail de synthèse* qui doit être *mené collectivement* afin de se mettre d'accord sur les *enseignements tirés* et de déterminer *à qui peuvent bénéficier* les recommandations et prescriptions éventuelles. Cette phase est trop souvent négligée car, contrairement au recueil, elle nécessite une coordination collective : analyse du défaut, comparaison avec d'autres cas, discussion sur les améliorations possibles et sur les conséquences à prévoir, diffusion aux acteurs concernés par les propositions.

Enfin, *les acteurs* qui se trouvent interpellés par ces recommandations et prescriptions *doivent élaborer une réponse*, qui va du refus motivé à l'intégration corrective. C'est donc le deuxième niveau de valorisation, celui qui donne tout son sens au retour d'expérience puisqu'il conduit à renouveler la fonction de production de l'entreprise.

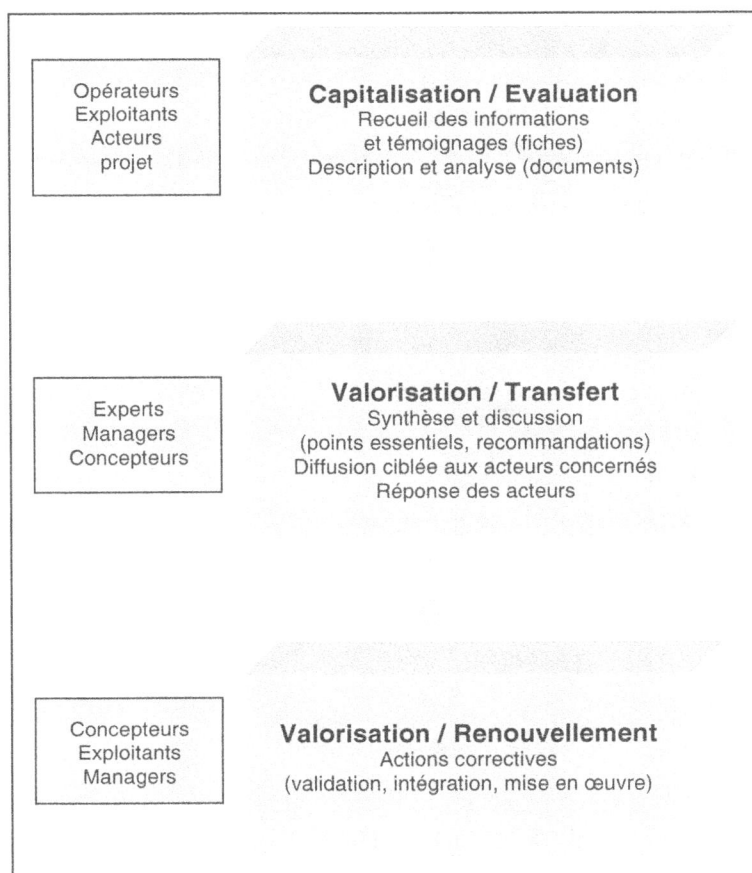

| Opérateurs Exploitants Acteurs projet | **Capitalisation / Evaluation** Recueil des informations et témoignages (fiches) Description et analyse (documents) |

| Experts Managers Concepteurs | **Valorisation / Transfert** Synthèse et discussion (points essentiels, recommandations) Diffusion ciblée aux acteurs concernés Réponse des acteurs |

| Concepteurs Exploitants Managers | **Valorisation / Renouvellement** Actions correctives (validation, intégration, mise en œuvre) |

Figure 47. Les trois phases du processus de retour d'expérience

Le retour d'expérience constitue donc non seulement un processus de mémorisation mais plus encore un processus d'apprentissage. Selon la profondeur des corrections à prévoir, l'apprentissage peut être *technique* (réparation d'un outil ou d'une machine, modification d'un procédé, mise à jour d'un outil, révision d'une spécification ou d'une norme...) ou *organisationnel* (ré-allocation d'une ressource, action de formation, réorganisation d'une équipe, refonte du processus de conception). L'ajustement technique est en général, pour reprendre la typologie de Chris Argyris, un apprentissage en *simple boucle*, tandis que l'évolution organisationnelle correspond à un apprentissage en *double boucle*. On comprend dès lors l'importance des deux phases de valorisation (transfert et renouvellement) et la raison fondamentale pour laquelle elles sont généralement négligées voire court-circuitées.

Un exemple : le cas de l'aérospatiale

La société SNECMA (propulsion spatiale) a organisé la capitalisation de connaissances autour de son processus de retour d'expérience (voir schéma ci-dessous). Lors de la phase d'analyse, deux questions sont systématiquement débattues par les experts en présence :

Figure 48. Le processus de retour d'expérience (SNECMA)[1]

1. Yves HALIN, Séminaire Cercle républicain, Paris, septembre 1998.

1° Qu'aurait-il fallu faire au niveau de l'exploitation pour éviter l'incident ? 2° Que faudrait-il modifier au niveau de la conception ? La distinction explicitement faite entre exploitation et conception illustre bien la différence entre les apprentissages simple boucle et double boucle.

Le retour d'expérience peut aussi concerner non plus simplement un fait ponctuel (incident, panne...), mais un événement majeur tel qu'une crise touchant l'ensemble de l'organisation. Le processus de capitalisation dans ce cas est beaucoup plus complexe car il fait appel à un ensemble de jeux d'acteurs et à un grand nombre d'interactions. La phase de recueil doit s'intégrer au plus près du déroulement de l'action et donc être accessible aux personnes concernées, selon des modalités à la fois simples et structurantes.

Retour d'expérience de crise

Durant la crise de la tempête, en décembre 1999, EDF a mis en place une base forum de retour d'expérience, accessible en réseau par les professionnels dans toutes les régions, y compris depuis un ordinateur portable[1]. Cette base a été structurée selon un *plan de classement* qui a permis à chacun de témoigner, de décrire les difficultés rencontrées, d'exprimer tout ce qui pouvait être utile (le tableau de la figure 49 en est inspiré).

1. Organisation du recueil d'expériences
2. Gestion de la crise 2.1 Les questions posées 2.2 Gestion de crise vue par les cellules de crise 2.3 Gestion de crise vue par tous
3. Communication 3.1 Les questions posées 3.2 Communication externe 3.3 Communication interne 3.4 Articulation communication locale-nationale 3.5 Communication collectivités locales
4. Relations avec nos clients
5. Système d'information 5.1 Les questions posées durant la crise 5.2 Quelles informations utiles pendant la crise ? Pour qui, pour quoi ? 5.3 Difficultés rencontrées (collecte – traitement – circulation) 5.4 Remarques complémentaires sur les outils

.../...

---

1. Source : Hélène MEYNAUD, Matthieu BRUGIDOU, Jérôme CIHUELO, *Tempête sur le réseau (l'engagement des électriciens en 1999)*, L'Harmattan, Paris, 2002.

---

6. Politique d'investissement et de développement
6.1 Les questions posées
6.2 Normes techniques de construction
6.3 Choix d'investissement
6.4 Les matériels des réseaux
6.5 Comparaison avec l'étranger
6.6 Utilisation des moyens de production localisée et groupes électrogènes

7. Aspects humains

8. Aspects financiers et assurances
8.1 Assurer demain les ouvrages
8.2 Quelle assurance demain pour les clients ?
8.3 Contrats d'achats préventifs des crises
8.4 Stocks stratégiques
8.5 Quoi de neuf sur les fournisseurs ?
8.6 Coût de la crise : collecte des informations comptables et de gestion

9. Management

Figure 49. Plan de classement d'un forum Recueil d'expériences tempête

Un forum comme celui-ci doit répondre à deux nécessités qui ne sont pas évidentes à concilier : d'une part, il doit être suffisamment simple pour permettre la libre expression de chacun ; d'autre part, il doit quand même être structurant en termes de capitalisation, afin de permettre les exploitations ultérieures. Dans cette optique, la cellule de crise a établi quelques règles du jeu élémentaires qui transparaissent à travers le plan de classement de la base :

« Pour certains thèmes, quatre questions d'ordre général étaient posées : vos deux étonnements majeurs pour l'ensemble de cette crise et son traitement, les deux points faibles majeurs, les deux initiatives positives inédites, vos deux propositions pour l'avenir. [...] Des questions plus précises étaient posées aux agents : quel est votre avis sur la vie des cellules de crise ? Que pensez-vous de la circulation de l'information ? Quel regard portez-vous sur l'anticipation, la réflexion stratégique, la perception de la crise ? Comment a été menée la conduite stratégique de la crise[1] ? »

En parallèle et dans le même esprit, EDF a mis en place un forum public accessible par Internet. Le but étant cette fois d'informer et de partager avec les acteurs externes, les élus locaux, par exemple, les clients, et toutes personnes impliquées sur le terrain. Cet outil reste bien sûr un simple complément de ce qui est en réalité le moyen de collaboration irremplaçable dans l'action : le lien humain direct. Son intérêt principal, au-delà d'un moyen de communication, est de préparer la phase de retour d'expérience. L'exploitation de la base de connaissances a aidé à mettre en évidence certains traits saillants

---

1. Dominique LE ROUX, « Analyse de discours du forum interne Rex Crise tempête », *idem*, p. 153.

de la crise. Ainsi, en plus des leçons qui ont été tirées par le management, une équipe de sociologues a pu exploiter les différents récits explicités dans la base et dégager les thématiques socio-techniques à l'œuvre dans le forum.

Par exemple, pour analyser les phénomènes de coordination et de communication entre acteurs sur le terrain, il est possible d'accéder en texte intégral à tous les témoignages recueillis. Ces informations ont permis de mettre en relief les thématiques suivantes : problèmes liés à l'utilisation d'alimentations de secours, mobilisation des hommes, réactivité des intervenants, relations avec les collectivités locales, écroulement du réseau téléphonique classique, utilisation du fax, des téléphones portables ou des moyens radio.

Ainsi, un exploitant de la région Charente et Périgord analyse les points qui ont facilité ou au contraire entravé l'utilisation des groupes électrogènes. Parmi les points positifs évoqués :

« Le fait que les transporteurs aient des *téléphones portables* et devaient nous appeler régulièrement pour savoir si l'objectif était maintenu ou si l'on déroutait.

Le fait d'avoir utilisé les compétences locales pour déplacer les groupes ; cela nous a rendu autonomes et plus réactifs. Un chauffeur du garage disposait d'un camion-grue de location et deux agents de l'exploitation Gaz avaient chacun un camion-grue... et tous, un *téléphone portable*. »

Au-delà de cette *analyse de la base de connaissances*, qui a déjà des impacts concrets sur le terrain, le processus d'apprentissage à grande échelle ne s'amorce véritablement qu'au prix d'un *ensemble de discussions, concertations, travaux en groupe* : c'est, là encore, la *socialisation* qui fait le lien entre capitalisation et apprentissage. *Des leçons sont tirées, des recommandations sont produites*. Mais ce n'est pas tout. Il faut ensuite traduire l'apprentissage en *décisions effectives*. C'est la boucle de feed-back du modèle CTR-S : le renouvellement. Dans cette phase, le management joue bien sûr un rôle crucial.

Ainsi, dans le cas de la tempête de 1999, différentes mesures ont été prises, dont certaines ont un caractère public visible. C'est par exemple le cas de campagnes de simulation de crise, qui mettent en œuvre de gros moyens logistiques pour se préparer en *grandeur nature* à faire toujours mieux, si une prochaine fois devait se reproduire. Nous avons ainsi, avec cette approche globale du retour d'expérience, un exemple de gestion des connaissances à grande échelle, qui caractérise les organisations apprenantes.

FORMALISER LES CONNAISSANCES TACITES

La capitalisation des connaissances, rappelons-le, regroupe un ensemble de processus : répertorier, évaluer, rassembler, formaliser, codifier, conceptualiser, documenter, classifier, commenter, synthétiser. On ne peut donc la réduire au seul processus de la *formalisation*, et pourtant celui-ci tient une place à part dans l'essor de la gestion des connaissances. En effet, c'est souvent à la suite d'une opération de fusion ou d'une réorganisation structurelle que l'on prend conscience que des compétences clés ont été perdues ou détruites. La réaction naturelle consiste en général à vouloir *expliciter* au maximum les connaissances, de façon à créer une mémoire pérenne, susceptible de survivre aux évolutions des structures et au turnover humain. Il y a dans cette réaction une tendance à confondre compétence et savoir : une mémoire électronique ne peut contenir que des informations et des savoirs, elle ne permet guère de réactualiser la compétence et la connaissance vivante. Autant espérer voir se réincarner le fantôme d'un acteur disparu, à partir de la pellicule d'un film...

L'expertise et l'expérience sont incarnées, elles ne peuvent donc se modéliser, sauf dans des cas particuliers, assez simples, où l'on parvient à les automatiser. Le problème de l'automatisation n'est pas passé de mode, mais il n'est pas l'élément moteur qui détermine le courant de la gestion des connaissances. Beaucoup de métiers ont été remplacés par des chaînes robotisées. Remplacés n'est d'ailleurs pas le terme exact : c'est en général une autre façon de penser et gérer l'organisation qui a permis de « remplacer » le travail humain par des processus automatisés, globalement plus efficaces dans la mesure où ils ont pris la place d'emplois peu qualifiés. C'est donc la *fonction de production* qui a été transformée. Pour en revenir à la formalisation, un gisement phénoménal de richesse reste à identifier, qui demeure souterrain voire invisible dans toutes les activités : les connaissances tacites.

Le dilemme des connaissances tacites

Cela ne va pas sans mal... la formalisation des connaissances, pour ceux qui l'ont pratiquée, pose plusieurs problèmes très concrets :

– Jusqu'où faut-il essayer d'extérioriser les connaissances tacites d'une personne ou d'un ensemble de personnes ?
– Jusqu'où est-ce possible, et à quel coût ?
– Jusqu'où est-ce utile, et pour faire quoi ?

Il s'avère en effet très rapidement qu'*il n'y a pas de limites au processus de formalisation*. La moindre tranche de vie peut donner lieu à des kilomètres de documentation : récits, romans, correspondances, films, vidéos, reportages, photos, analyses d'historiens, interprétations contradictoires. Ceci a été exploité de façon éclatante par différentes disciplines depuis longtemps : l'histoire, la littérature (que l'on songe à des auteurs comme Stendhal, Balzac, Tolstoï ou Proust, sans oublier ceux du Nouveau Roman dont, par exemple, Michel Butor, qui se sont amusés, si l'on peut dire, à décrire longuement des fragments de vie et à reconstituer une mémoire disparue) et, bien sûr, la psychanalyse (la recherche du savoir enfoui dans l'inconscient d'une personne est, comme on le sait, une tâche inépuisable). Sans revenir sur ce qui a été déjà dit à propos de la mémoire, il convient de rappeler ici qu'elle est une perpétuelle *reconstruction*. Un même fait peut être revécu, réinterprété d'une infinité de manières, toutes plus pertinentes et exactes les unes que les autres.

La notion de « connaissance tacite » doit évidemment tenir compte de ces réalités. La fonction herméneutique de la connaissance (interpréter) indique la *possibilité à tout moment de reconsidérer la même connaissance, dans un nouveau contexte ou dans une nouvelle perspective.*

Compte tenu de ces remarques, c'est à bon escient que la question se pose : jusqu'où faut-il chercher à formaliser ? À quoi bon, en effet, fournir un effort et un coût importants, si c'est pour comprendre – trop tard – que tout cela était inutile car, entre-temps, le contexte ou le besoin a changé, l'axe d'interprétation doit être modifié, et le jugement, révisé ? Cette question est donc capitale.

Il convient de trouver le bon équilibre entre une socialisation exacerbée des activités, qui ne laisse pas le temps de mettre en forme et d'expliciter, et, à l'autre extrême, *une culture de traçabilité et de formalisation constantes,* qui empêchent l'action, enrayent la créativité. Tel est le dilemme de la connaissance tacite, auquel il n'y a pas de réponse générale. Seuls le jugement, la perspicacité et l'organisation permettent globalement de satisfaire à ces exigences contradictoires. C'est pourquoi la documentation des connaissances est une activité productive essentielle, qui nécessite un savoir-faire spécifique, de l'organisation et du pragmatisme.

Quand et pourquoi formaliser ?

De nombreuses situations appellent un processus de mémorisation de l'expérience et de formalisation de la connaissance, sans toutefois aller jusqu'à l'élaboration de savoirs et de concepts telle qu'évoquée plus haut.

Ces situations sont en général *organisationnellement situées* et donc bien repérables. Mentionnons-en quelques-unes :

– les étapes d'un projet ou d'une affaire ;
– une crise vécue par l'entreprise ;
– le départ d'un expert ;
– le retour d'une mission (services, expatriation...) ;
– une réorganisation ou un chantier de changement important ;
– une opération de fusion-acquisition.

Bref, tout *événement marquant* nécessite en principe une mémorisation explicite, un retour d'expérience, une verbalisation, une analyse critique, car c'est presque toujours une occasion de créer de la valeur ou, a minima, d'éviter d'en perdre. La plupart du temps, le dialogue et la discussion sont des conditions indispensables pour mener à bien ce processus de formalisation.

Dans les situations évoquées ci-dessus, le processus de formalisation doit être préparé. Il s'agit de fixer un but à cette formalisation, de repérer les gisements de connaissance tacite et de choisir une méthode appropriée.

Le but n'est pas toujours évident à fixer de façon explicite. Concernant par exemple le bilan d'un projet, l'opération de formalisation vise souvent d'abord le client ou le commanditaire ; il ne s'agit en général pas d'un *objectif de gestion de connaissances* mais plutôt d'un *objectif contractuel*. Il convient de distinguer les deux. L'autre but est de tirer les enseignements du projet, d'en pérenniser la mémoire et surtout d'en valoriser les acquis, ce qui constitue bien un objectif de gestion des connaissances. Dans ce cas, il ne s'agit pas d'obtenir un satisfecit de la hiérarchie, mais d'analyser la production du projet de façon critique et de lui donner une forme qui puisse transmettre du sens dans d'autres contextes (projets suivants...).

Le retour d'expérience d'une crise est un autre but possible. Dans ce cas, ce n'est plus une équipe qui détient les connaissances tacites, mais une population de personnes dispersées. Ces acteurs n'avaient pas un but commun, ni une culture commune ; ils ont été entraînés dans la crise malgré eux et probablement sans y être préparés. La crise, bien souvent, peut avoir des effets extrêmes : elle soude des gens auparavant disparates ou au contraire elle crée (ou révèle) des fractures entre des gens qui se connaissaient. Tirer les enseignements, pérenniser la mémoire de cet événement n'est pas chose facile. Le but de ce retour d'expérience est-il d'éviter que cela se reproduise ? De se préparer mieux pour la prochaine fois ? De transposer à d'autres cas possibles de crises ? De définir de nouvelles règles, une nouvelle organisation, de nouveaux outils ? De créer une cellule de crise ? La réponse est d'ordre stratégique. C'est la projection vers l'avenir qui doit donc déterminer le type de formalisation utile.

Autre cas emblématique, celui du départ en retraite d'un expert. La situation est très différente. C'est une tranche de vie qu'il s'agit de mettre en perspective. Vouloir formaliser « l'expérience » ou les compétences de l'expert senior est un objectif couramment énoncé. Il est pourtant simplement aberrant. La terminologie, ici, révèle plus qu'un problème de définition. Compte tenu de ce qui a été dit de la connaissance en début de cet ouvrage, l'expérience et la compétence ne sont pas formalisables. Et encore moins automatisables : remplacer un humain compétent par un système expert relève du fantasme cybernétique. Certains systèmes experts opérationnels existent. Il est facile de voir que, dans ces cas, ils n'ont pas remplacé un expert ; ils ont été mis en œuvre dans le cadre d'un processus plus large, dans lequel l'organisation du travail, dans un domaine d'activité, a été globalement repensée. Nous en verrons un exemple avec le cas d'Usinor. L'évolution industrielle au cours du XXe siècle, avec le taylorisme et le fordisme puis la robotisation et l'informatisation, montre l'ampleur de ces transformations. Il est indéniable que des métiers ont été transformés, voire détruits, par ces changements techniques. On peut également penser que, demain, ce sont les métiers du tertiaire (services, administration...) qui vont faire l'objet d'une nouvelle vague d'automatisation. C'est une question fondamentale, mais elle n'a rien à voir avec le problème évoqué ici : le départ d'un expert. Ce qui est faisable à *l'échelle collective* en termes d'organisation du travail et d'informatisation n'est pas transposable à une *personne individuelle*.

Paradoxalement, il est aussi difficile, voire plus, de « modéliser » les savoirs d'un individu que de modéliser un savoir collectif. Il n'existe pas d'opération magique qui *enregistrerait* l'esprit, la mémoire et les aptitudes incorporées dans une personne. Ceci étant, ce qui est légitime et réaliste, nous allons le voir, c'est de chercher à récupérer un ensemble d'informations, de documents et de récits, et de leur donner une forme attractive et utile pour autrui.

Nous retiendrons de ces remarques que *formaliser des connaissances tacites* ne doit pas se confondre avec le fantasme d'une *modélisation de la compétence*. Cela vaut pour la plupart des situations. La modélisation peut toutefois être envisagée pour capitaliser une *mémoire de processus*. En effet, dans certaines activités industrielles centrées sur un process et donc sur un savoir-faire formel, la modélisation permet de préparer la transition vers la mise en œuvre d'outils de traitement automatique de l'information, tels que le *workflow* ou le système expert. Elle peut aussi permettre la structuration d'un dossier que certains auteurs ont appelé « livre de connaissances ». On remarquera que ces deux objectifs sont très différents : dans le premier cas, la formalisation vise à produire un système utilisable dans l'action, et pratiquement en temps réel ; dans le second, il s'agit de créer une mémoire utilisable en asynchrone par rapport à l'action routinière (par exemple, lors d'une panne, d'une crise, d'un projet nouveau...).

Les autres cas où il est nécessaire de formaliser des connaissance tacites sont des expériences collectives, à caractère social : réorganisations, fusions, par exemple. Nous allons voir que ces situations se prêtent à un certain type de formalisation : le récit apprenant. Il s'agit de donner une forme à la mémoire collective qui vise non pas, là encore, à modéliser, mais à créer du sens, le partager, le transmettre. La forme du récit, à l'instar de l'épopée, se prête particulièrement à cet objectif.

Signalons enfin un point essentiel : *le projet de capitalisation des connaissances* (et en particulier la phase de formalisation) *est avant tout l'occasion d'une évaluation collective du métier*. Plusieurs bénéfices peuvent en être retirés concrètement dès la fin du projet, et cela au-delà de l'objectif de mémorisation :

- *Une dynamique collective de changement* : l'opération induit un certain nombre d'échanges, de rencontres ; elle mobilise l'attention, recentre les préoccupations sur le cœur de métier ; elle crée ou recrée du lien et contribue à donner du sens et à partager la vision des enjeux de l'entreprise. Ce point avait déjà été mis en avant par le centre de gestion scientifique de l'École des mines, à l'époque des projets de systèmes experts[1]. Ces projets n'ont pas conduit nécessairement au résultat pratique visé au départ. Nombre d'entre eux ont même échoué en cours de route, mais, dans la plupart des cas, c'est une retombée sociale et un professionnalisme accru qui furent constatés, parfois à la surprise générale.
- *Un processus de transformation de la connaissance* : le fait de mettre en forme des connaissances tacites – ce n'est pas une nouveauté pour les littéraires – est une opportunité fantastique de prendre du recul sur son savoir-faire, sur son expérience et de voir les choses autrement. Certains points de vue sont approfondis, adaptés, simplifiés. Ce travail opère une transformation de la connaissance en même temps qu'il

---

1. Armand HATCHUEL, Benoît WEIL, *L'expert et le système (gestion des savoirs et métamorphose des acteurs dans l'entreprise industrielle)*, Économica, Paris, 1992.

contribue à la mettre en forme. Mais, comme toujours, l'essentiel de cette transformation a lieu dans l'esprit des personnes beaucoup plus que dans la « mise à jour » des documents.

• *Une amélioration de la qualité* : la formalisation nécessite une analyse des processus métier, des procédures existantes, des normes en cours. Des défauts, des dysfonctionnements, des coûts inutiles, des redondances ont toutes les chances d'apparaître. Ainsi, ces différents diagnostics permettent de « réduire la non-qualité » et éventuellement de dégager des marges d'optimisation.

Le répertoire des connaissances tacites

S'il est possible, et assez simple, de répertorier des gisements de connaissances tacites, afin d'extraire du savoir à partir de l'expérience empirique incorporée, un tel répertoire ne peut prétendre remplacer l'expérience et la compétence des hommes. Son but est à la fois plus modeste et plus ambitieux qu'il n'y paraît au premier abord. Comme nous l'avons indiqué précédemment, le travail de mémoire, d'analyse critique, de discussion que nécessite l'élaboration de ce répertoire est une occasion fantastique de transformation et de changement. Autrement dit, on peut estimer que, toutes proportions gardées, *les gens ne sont plus tout à fait les mêmes avant et après ce travail*. En d'autres termes, leur vision s'en trouve renouvelée. En outre, bien sûr, la synthèse ainsi obtenue possède une valeur ajoutée importante par rapport aux documentations existantes. C'est à la fois une réactualisation critique et un complément utile de la base de connaissances du métier.

Le répertoire de connaissances tacites constitue donc une vision partagée, porteuse de mémoire, de sens, de potentiels d'action. Pour cela, un certain nombre de questions types peuvent être passées en revue. Il faut insister sur le fait que ce répertoire ne vise pas l'exhaustivité. Il est préférable de trier, de retenir l'essentiel. D'une part, c'est moins cher, d'autre part, le résultat n'en est que plus utilisable : le mieux est l'ennemi du bien. Par ailleurs, la pratique montre que, bien souvent, c'est le détail, le fait rare, qui ont de la valeur.

Ainsi, la société Usinor considère que ce sont *les incidents rares* qui méritent d'être mémorisés en priorité. Leur rareté fait qu'on a tendance à les oublier ; quand ils surviennent, c'est une source de perte de temps importante. Il est donc capital de les mémoriser et de mettre en place un dispositif qui permet de les identifier dès qu'ils surviennent pour déclencher la fonction de « rappel ». Dans sa base de connaissances métallurgiques, Usinor a ainsi choisi de ne retenir que 60 fiches de défauts.

Quant aux « questions souvent posées », appelées aussi « foire aux questions » (en anglais, les FAQ, ou *frequently asked questions*), à l'opposé des faits rares, elles sont utiles à répertorier car elles font perdre beaucoup de temps à tout le monde (aussi bien aux novices qui redécouvrent le fil à couper le beurre qu'aux experts qui sont dérangés régulièrement et doivent répéter toujours la même chose). Pour les mêmes raisons que précédemment, les FAQ gagnent à être répertoriées en nombre limité. Il est préférable que la liste soit courte, mais les réponses, soignées. Le site de l'Inpi (Institut national de la propriété industrielle) propose ainsi une liste des questions typiques sur le dépôt des brevets (étapes, délais, prix...).

Les 3 pièges à éviter – La difficulté, le tâtonnement, l'erreur sont – nul ne l'ignore – une source féconde d'apprentissage. De nombreux écrivains en ont tiré une grande inspiration et ont livré des témoignages d'une grande valeur. Que l'on songe par exemple à Goethe, Stendhal ou Baudelaire. Mais il est rare que de telles confessions émergent spontanément dans le monde du travail. Reconnaître son erreur, admettre un problème, est une pratique peu courante. La compétition habitue les salariés à construire des protections et à développer leur ego. Il est également de bonne guerre d'attendre un collaborateur au tournant. La prise de risques, la recherche de la difficulté, sont hélas ! trop souvent sanctionnées par l'entourage. Créer un répertoire des erreurs serait une action des plus profitables, mais il ne faut pas y compter. Une façon de contourner le problème consiste à employer une forme qui neutralise et objective les difficultés, voire qui les tourne en une possibilité de prouesse. Ce ne sont pas les « difficultés que j'ai rencontrées », mais les « pièges à éviter ». Dans cette version, l'accent n'est plus mis sur la faute humaine, mais sur le risque technique. Ainsi, celui qui répertorie les 3 pièges à éviter peut se prévaloir d'une maîtrise acquise, d'une prise de recul, d'une preuve de compétence.

Les 3 faits marquants principaux – Dans le système de la mémoire, nous l'avons vu, le contexte joue un rôle essentiel (mémoire épisodique). Généralement, un fait considéré comme marquant se rattache à des détails spécifiques et à une forte intensité émotionnelle (danger, crise, séparation, succès...). Il en va de même à l'échelle collective. Lors d'une crise, par exemple, les employés subissent un grand stress, mais aussi des solidarités de groupe ou, à l'inverse, un conflit intercommunautaire. Ces faits marquants sont donc porteurs d'une mémoire avivée, riche ; ils ont marqué de leur empreinte les réponses, les attitudes, les opinions, et même les savoirs. Il est donc essentiel de les répertorier.

Mais l'expérience n'est pas seulement une mémoire, c'est aussi une capacité d'intuition, un guide pour l'action. Elle exprime une vision des possibles : risques et opportunités. Cette vision est subjective et doit être assumée comme telle. Il ne s'agit pas de faire une prédiction du futur mais d'en éclairer certains aspects pressentis.

Les alertes pour l'avenir – Il s'agit d'expliciter les risques perçus, aussi bien dans l'environnement externe que dans l'utilisation des ressources de l'entreprise. Tout expert a une vision de ces risques et est enclin à en discuter avant de partir en retraite.

Les opportunités pour le métier – De même, il existe souvent des potentiels inexplorés, que l'expert a cherché plusieurs fois à valoriser. Le répertoire des connaissances tacites est une occasion d'en discuter.

Les « signaux faibles » à surveiller – La connaissance du métier perçoit des signes précurseurs, par exemple, l'émergence probable d'un nouveau concurrent, l'arrivée prochaine d'une nouvelle technologie clé, l'évolution d'une norme. Ces signaux sont perçus de façon tacite car ils supposent des liens et des corrélations complexes, des informations grises récupérées oralement.

Les actions préconisées – La perception des risques et opportunités conduit à pressentir des réponses possibles, à proposer une action de progrès, une amélioration, une piste, une idée ou un rapport d'étonnement.

La prophétie – L'homme d'expérience recèle en lui-même une intuition des évolutions probables. Il peut être utile et instructif d'expliciter cette intuition sous forme d'un scénario ou, plus simplement, d'une prophétie.

Enfin, les connaissances tacites contiennent une vision des jeux d'acteurs, des réseaux et relations qui détiennent des potentiels d'influence et de création de valeur. Les principaux de ces *filons* peuvent également être répertoriés.

Les domaines d'influence – Il s'agit de préciser les points sur lesquels une action peut être prometteuse. Toute innovation suit des cheminements cahoteux ; il existe des chemins de moindre résistance, des portes virtuellement ouvertes qu'il suffit peut-être de pousser pour ouvrir un nouveau passage, pour trouver un allié ou une combinaison de forces.

Le carnet d'adresses – Une bonne adresse est une porte vers plus de lumière. Chacun détient les siennes, élaborées grâce à une relation de confiance avec des partenaires. Beaucoup d'entre elles sont trop individuelles pour être transmises. Aucun expert ne livrera toutes ses adresses, tel n'est pas le but. Mais l'examen du carnet d'adresses peut déjà être l'occasion pour l'expert, le manager, le chef de projet de se remémorer des potentiels de partenariats, des alliés à réactiver, des idées ou des pistes laissées en friche.

Les réseaux utiles – Les communautés, clubs, associations et autres groupes constituent un maillage inter-organisations qu'il est indispensable de connaître. Aujourd'hui, l'intelligence économique et la veille sont parfois centralisées dans une war-room qui surveille l'environnement et utilise des réseaux d'information et d'influence. Mais, au-delà de cette spécificité, chacun intervient et s'informe dans ses réseaux propres. Il n'est pas nécessaire d'avoir une fonction officielle de *veilleur* pour appartenir à des réseaux. C'est au contraire une condition indispensable de professionnalisme. Répertorier quelques-uns de ces réseaux et en indiquer l'importance constitue un élément important du répertoire des connaissances tacites.

Les 3 principaux alliés – Comme le souligne la sociologie de l'innovation, chaque nouveau projet, chaque affaire importante, chaque nouveau développement nécessitent de trouver des alliés, bien au-delà de la structure immédiate que constituent le comité de pilotage ou le comité de direction. Si le répertoire des connaissances tacites a l'ambition de proposer quelques nouvelles idées pour l'avenir, alors il doit aussi indiquer les alliés potentiels pour les faire grandir.

Les 3 clients de référence – La relation avec les clients est l'une des principales sources de connaissances tacites porteuses de richesse. Il s'agit donc de *raconter cette relation*, tout en respectant la liberté individuelle. Cela est possible si l'on s'attache simplement à rappeler les éléments essentiels du cahier des charges du client, la ligne directrice de ses attentes, de ses projets, tels qu'ils sont apparus explicitement dans les contrats et les affaires passés. Répertorier ces éléments est un gage pour le client d'un meilleur suivi dans l'avenir et d'une attention particulière qui sera portée sur ses intérêts et ses besoins.

Les 3 bibles du métier – Il peut sembler paradoxal d'évoquer des bibles, c'est-à-dire des documents, dans un répertoire de connaissances tacites. Pourtant, combien de fois n'a-t-on pas vu un expert exhumer un document précieusement rangé dans son armoire, et que lui seul connaît ? La dimension tacite est donc évidente : « savoir que cela existe » est une chose qui n'existe que dans quelques têtes. Pour tout le monde, la bible en question n'est qu'un document parmi les millions d'autres qui circulent ou dorment dans les archives. Une bonne raison pour la signaler dans le répertoire.

Les événements rares à mémoriser
Les « questions souvent posées » (FAQ)
Les 3 pièges à éviter
Les 3 faits marquants
Les alertes pour l'avenir
Les opportunités pour le métier
Les « signaux faibles » à surveiller
Les actions préconisées
La prophétie
Les domaines d'influence
Le carnet d'adresses
Les réseaux utiles
Les 3 principaux alliés
Les 3 clients de référence
Les 3 bibles du métier

Figure 50. Le répertoire des connaissances tacites (ou répertoire d'expériences)

LE RÉFÉRENTIEL DES « BONNES PRATIQUES »

La notion très anglo-saxonne de « best practice » est au cœur du processus de capitalisation des connaissances. Toute entreprise, toute institution détiennent un trésor de pratiques professionnelles, de façons de faire, qui ont conduit, en plusieurs circonstances, à un succès. Qu'il s'agisse de méthodes détenues par des techniciens, de pratiques relationnelles développées par des commerciaux, ou encore de méthodes personnelles d'un manager, dans bien des cas, il existe dans ces gisements largement tacites des potentialités d'en faire bénéficier autrui.

La connaissance, rappelons-le, est l'intégration de trois formes fondamentalement différentes : l'information, le savoir et la compétence. L'apprentissage rationnel (sémantique) transforme l'information en savoir, tandis que l'apprentissage en acte (procédural) transforme informations et savoirs en une compétence, c'est-à-dire en capacité à produire des résultats. Nous avons vu que si la compétence est incorporée et peu objectivable, il n'en reste pas moins qu'elle génère des processus cognitifs qui permettent d'obtenir une efficacité pratique : c'est la définition de la technique.

La « bonne pratique » est une forme technique largement tacite, peu rationalisée, non systématisée, mais qui peut tendre à le devenir. Elle peut acquérir une fonction *normative*, c'est-à-dire servir à prescrire des actes et des décisions, dans le but de l'efficacité. *Le processus de formalisation des bonnes pratiques est donc, par nature, un processus de technicisation.* La capitalisation des bonnes pratiques est donc une source de gain de productivité très importante, car elle généralise, déploie, démultiplie ces formes techniques à travers l'entreprise, au sein d'une communauté de métier.

La fiche de description d'une « bonne pratique » doit permettre de situer le contexte, de caractériser précisément le problème qu'elle résout, la réponse apportée, les ressources ou partenaires nécessaires, l'impact et les résultats qu'elle autorise, la valeur ajoutée pour l'entreprise, les facteurs de succès et le degré de validation.

Rubrique	Description
Contexte et problème	Domaine concerné (financier, humain, technique, commercial, juridique, management, RH...) À quelle situation l'équipe était-elle confrontée ?
Réponse apportée	Éléments historiques : qu'est-ce qui a conduit au choix de cette solution ? Contenu de la réponse Moyens mis en œuvre Difficultés rencontrées
Impact et valeur ajoutée	Impacts constatés et avérés Mesure éventuelle du résultat Possibilités de transposition
Degré de validation et niveau de maturité	Une bonne idée Une bonne pratique récemment identifiée Validée par un retour d'expérience Qualifiée et validée ailleurs
Ressources et partenaires	Types de ressources Qualifications ou compétences Complémentarités
Anecdotes et témoignages	Quelques faits précis Un exemple de témoignage
Facteurs de succès	Humains et culturels Organisationnels et collectifs Techniques Externes
Risques	Culturels Organisationnels et collectifs Techniques Externes

Figure 51. Un exemple de fiche « bonne pratique »

Renault a mis en place un système de capitalisation nommé Merex qui vise à retenir les principales astuces de conception et à les valoriser d'un projet à l'autre. Il s'agit d'élaborer des fiches et des check-lists qui sont discutées et mises au point par les différents experts qui interviennent au long du processus de conception. Ce sont les attentes client qui constituent le critère principal pour trier et extraire le « juste nécessaire » des connaissances utiles. Pour élaborer les fiches, les points de vue et les expériences des uns et des autres sont confrontés collectivement, avec un objectif précis qui est de répondre à chaque nouveau défi et de « faire toujours mieux ». En outre, chaque fiche permet d'identifier les experts qui ont contribué aux recommandations. La base de connaissances est rendue accessible en situation aux opérateurs, de façon à les inciter à réutiliser et améliorer les bonnes pratiques lors de la création de nouvelles pièces.

Renault a évalué le gain de cette méthode de la façon suivante. Dans l'automobile, le coût de l'expertise varie considérablement en fonction de la phase du projet : une expertise qui coûte 1 en amont du processus de conception, coûte 10 en phase de conception (il faut refaire les dessins...), 100 en fabrication (s'il faut modifier les outillages) et 300 si les problèmes à résoudre induisent un retard d'un mois sur l'ensemble du projet. Globalement, les actions curatives coûtent 30 fois plus cher que les actions préventives. On comprend donc aisément l'enjeu d'utiliser systématiquement la base Merex pour éviter de reproduire une erreur.

La fiche Merex contient les éléments suivants :

N° d'ordre Date	
Énoncé/Croquis	
Conséquence d'un non respect Support pour vérifier les règles Contexte Jalon Solution de rechange Éléments de validation Origine et documents de référence	

Rédigée par	Validée par	Gérée par	Exploitée par

Figure 52. La fiche Merex (Renault)[1]

---

1. Jean-Claude CORBEL, « Démarche Merex de Renault », in Connaissances et savoir-faire en entreprise, *sous la direction de Jean-Marc FOUET*, Hermès, Paris, 1997.

La formalisation et le partage des bonnes pratiques est donc l'un des processus clés de la gestion des connaissances, mais il convient en même temps de prendre conscience des effets pervers possibles. Nous avons vu, en effet, que la connaissance a besoin de temps pour se développer, se consolider, se mettre au point. Entre l'idée ou la façon de faire qui a donné quelques résultats localement, chez une personne ou dans une équipe, et la connaissance aboutie, validée par l'usage et la communauté, il y a un processus temporel et collectif, d'interactions, de vérifications, de réajustements. La « bonne pratique » est une connaissance qui n'a pas eu le temps de subir ce processus de validation. Passer trop vite de la pratique locale à sa capitalisation et à sa diffusion tous azimuts constitue donc *un risque : celui de normaliser trop tôt*. Il faut éviter de *copier-coller* une méthode d'un contexte à l'autre sans prendre le temps de l'ajuster, de la modifier, de l'améliorer, voire de la réfuter (ce qui est le propre de la connaissance). Ce risque est affaire de management : la capitalisation des bonnes pratiques est extrêmement efficace entre les mains d'un management perspicace et pragmatique, qui ne cherche pas à imposer à tous la « méthode du bon élève ».

Un jeune chef d'entreprise scandinave, à la tête d'une start-up renommée, s'exprimait dans un article de presse à ce sujet. Il indiquait que, dans son entreprise, si une *bonne pratique* existait quelque part, alors nul n'avait le droit de l'ignorer. Façon de transformer la connaissance en dogme. La fonction normative, nous l'avons vu, doit toujours cohabiter avec la fonction herméneutique qui donne du sens et relativise.

La formalisation et la capitalisation des bonnes pratiques est donc un processus essentiel et fructueux, mais *à condition de l'associer au processus de la discussion*. Là encore, la discussion est un garde-fou contre le dogmatisme ; elle permet de donner au lien social et à la communauté professionnelle toute sa puissance et sa finesse. Dans cet état d'esprit, tout le monde est gagnant : celui qui a proposé une bonne pratique sait qu'elle doit être discutée et adaptée par les autres, et il ne risque donc pas de se voir jugé à posteriori et pris en défaut. Sa pratique doit être soumise au principe de *réfutabilité* de Karl Popper. Le praticien qui détient cette connaissance accède ainsi au véritable professionnalisme car il apprend à combiner en lui-même compétence et savoir. Ceci est vrai tout autant à l'échelle collective.

Il faut enfin souligner que, bien souvent, la véritable « bonne pratique » constitue *en fait une transgression de la règle*. Par exemple, dans le secteur automobile, l'équipe projet en charge de la conception d'un nouveau véhicule est soumise à une pression et à des contraintes qui l'obligent à contourner certaines prescriptions. Ainsi, les prescriptions de traçabilité imposent, en principe, d'établir un compte-rendu en bonne et due forme lorsqu'un problème est détecté : rédaction, validation hiérarchique, diffusion. Cette procédure, en introduisant un jeu d'acteurs et un délai de formalisation, retarde le moment où le problème pourra être discuté par les opérateurs vraiment concernés. Le fait d'aller discuter du problème, de vive voix, dans l'atelier de tôlerie doit-il être qualifié de transgression à la règle ou au contraire de bonne pratique ?

Si *la bonne pratique se réfère bien à l'expérience, et non pas à la théorie*, alors elle doit rendre compte de *l'efficacité pragmatique du résultat* avant toute autre considération. On conçoit la difficulté et l'ambiguïté de cette notion : dans une culture où prévaut la loi du politiquement correct, les bonnes pratiques ne font que démultiplier l'effet « moutons de Panurge » ; au contraire, dans un contexte où c'est le résultat et la compétence qui sont recherchés, les bonnes pratiques sont souvent le fait des mauvais élèves, c'est-à-dire de ceux qui innovent.

Ainsi, la bonne pratique peut être rapprochée de la notion de *métis* que nous avons déjà évoquée, cette qualité spécifique de l'intelligence humaine : la capacité à parvenir à ses fins, quels que soient les obstacles. Le personnage d'Ulysse incarne la métis. Il sait se tirer de toutes les embûches. Mais le lecteur d'Homère sait aussi combien ce personnage est parfois ambigu, rusé, voire fourbe. Si le résultat est le seul critère, alors, en effet, tous les moyens sont bons, et la morale, la loi, la norme sont mis de côté. La métis est une intelligence par nature tacite, incorporée, individualiste. Elle constitue une *mystérieuse alchimie entre rationalité et intuition* : Ulysse *invente* à tout moment la parade, tirant parti à la fois de son sens de l'observation, de son instinct et de son esprit calculateur, voire manipulateur. Cette alchimie personnelle ne peut donc en aucun cas se codifier et se reproduire.

C'est le point d'orgue de la « bonne pratique » : en son sommet, elle relève plus de la *légende* que de la *norme*. Nous voyons clairement par là que la fonction d'interprétation, qui donne le sens, est tout aussi essentielle que la fonction normative de la connaissance. La gestion des bonnes pratiques doit donc viser non pas simplement à normaliser les pratiques qui ont donné de bons résultats, mais, plus profondément, à expliquer en quoi elles ont conduit au succès. Il s'agit plus de tirer les enseignements de l'expérience que de chercher à la reproduire à l'identique.

LES RÉCITS APPRENANTS

La culture et les valeurs d'une entreprise ne se révèlent jamais autant que dans les histoires informelles qui constituent la mythologie sociopro-fessionnelle. Cette mythologie se développe et se transmet de bouche à oreille, permettant à chacun d'interpréter les événements, les décisions, les stratégies. Non écrite, elle reste invisible et peu compréhensible pour ceux qui n'ont pas participé directement à l'événement. La mémoire collective d'une équipe, d'une communauté, d'une organisation réside non pas tant dans les normes formelles et les documents officiels que dans les histoires transmises oralement.

Il peut sembler à première vue que cette mythologie se confonde avec ce qu'on appelle le jargon du métier, avec pour corollaire d'être indéchif-frable d'un contexte à l'autre. Ce n'est pas tout à fait faux, mais il serait dommage de s'en tenir à cette constatation de surface. Le jargon réside dans les termes techniques, les sigles, les noms propres, c'est-à-dire dans la chair externe.

Mais, à y regarder de plus près, il s'avère que les ***récits professionnels***, comme les autres formes traditionnelles de récits, peuvent véhiculer du sens très au-delà de leur contexte initial. L'explication de ce phénomène repose sur la thèse que toutes les formes de récits humains – vrais ou fictifs – ont des *structures* plus ou moins universelles, qui en révèlent la dimension tacite – et donc le sens profond. Voyons tout de suite un exemple avant de nous attarder sur les fondements théoriques de cette thèse.

Supposons que l'on vous raconte les déboires d'une jeune femme – appelons-la Bénédicte – qui est tombée amoureuse lors d'un dîner d'affaires, prolongé par une soirée dans une boîte de nuit. L'homme, plutôt mûr, l'a séduite aussitôt, non par son intelligence, non par sa beauté physique, mais plutôt par son comportement : il se dégage de cet homme une plé-nitude, une force, une puissance et, en même temps, une impression de danger, qui procurent un trouble profond. Bénédicte n'a pas résisté plus de deux jours, alors qu'elle n'avait pourtant pas l'habitude de se donner si vite. L'aventure dure plusieurs semaines et se transforme en passion. La vie de Bénédicte est transformée. Plus rien n'est comme avant ; tous les détails et soucis du quotidien paraissent désormais dérisoires, tandis que d'autres choses, jusque-là mises de côté, prennent une importance démesurée. Puis, brusquement, l'homme la rejette, non sans une belle envolée lyrique pour lui expliquer qu'elle l'oubliera, que l'avenir est devant elle, etc. Le lendemain, Bénédicte le surprend dans les bras d'une autre jeune femme. Sa passion, au lieu de diminuer, s'intensifie de jour en jour. Elle poursuit l'homme, supplie, rencontre sa rivale. Mais en vain. Puis, au fil des mois, les rivales se succèdent, une à une, remplacées chacune à leur tour. Il ne reste plus à Bénédicte que la tristesse, le désespoir.

À qui fait penser cet homme ? Et cette jeune femme ? Ce bref récit est-il pour le lecteur une simple anecdote, un événement isolé, sans équivalent, sans lien avec d'autres histoires, vécues ou légendaires ? Qui ne débusque presque immédiatement ici le mythe de Don Juan ? Dans le même temps, tout cela est très quotidien et réel : qui n'a pas vécu ou entendu cette histoire dans son entourage ? Le quotidien et la fable se rencontrent spontanément. Dès la première scène, il se trouvera une amie, un parent, un collègue de la jeune femme pour prononcer le nom du mythique séducteur. La dimension tacite de la connaissance est ici évidente. Les commentaires, les soupçons, les mises en garde que la jeune femme peut recevoir de son entourage, tout cela ressort de l'impression immédiate et profonde de *déjà connaître cette histoire* avant même d'en voir la conclusion. Cette connaissance profonde, qui interprète tacitement l'événement vécu, banal et quotidien, révèle la structure des *scénarios de vie*.

L'activité professionnelle, à travers les projets, les affaires, les crises, ou aussi bien les contextes de réorganisation et les plans stratégiques, *révèle de même différentes structures* qui peuvent être interprétées, du fait de leur analogie avec des mythes, des fables, des contes traditionnels, voire des films, des romans ou des pièces de théâtre célèbres. Présentes en arrière-plan dans les interprétations, les opinions, les décisions et les actions de chacun d'entre nous, *ces structures sont agissantes* – pour le meilleur et pour le pire. Mais avant de voir comment les débusquer et en tirer parti, attardons-nous un instant sur les apports théoriques.

Rappelons que les questions de morphologie des récits ont été analysées par le courant du structuralisme, et même un peu avant : des auteurs comme Vladimir Propp, étudiant les contes de la tradition folklorique russe[1], ont fait apparaître des archétypes communs à tous les contes.

« En se fondant sur l'analyse d'un corpus, les contes merveilleux recueillis par Afanassiev dans la Russie du milieu du XIXᵉ siècle, Propp démontre que tout conte peut être ramené à une séquence unique, composée d'une série de fonctions : méfait initial, départ du héros, acquisition d'un auxi-

---

1. Vladimir PROPP, *La morphologie des contes*, 1928, tr. fr. 1970. Les travaux de Propp ont été popularisés, à la fin des années soixante, par le courant du structuralisme (Claude Lévi-Strauss) et ont donné lieu à de nombreux développements, notamment par A. J. Greimas.

liaire magique, combat victorieux et retour triomphal sont parmi les principales[1]. »

De nombreux chercheurs, spécialistes de la structure des récits, ont proposé des modèles permettant de faire apparaître les invariants universels que l'on trouve dans les différentes formes narratives. Ainsi Vladimir Propp dégage *trente et une fonctions du récit* (qui apparaissent plutôt comme des situations types). On peut également citer des auteurs comme Greimas ou Étienne Souriau, qui ramènent toutes les formes dramatiques à une *combinaison de six fonctions tout à fait universelles* : le protagoniste, le but, le destinataire, l'opposant, l'arbitre, l'adjuvant.

Le protagoniste : celui qui veut et désire passionnément obtenir ce qu'il considère comme un but, un idéal, une valeur ; il est le centre de l'action, celui auquel le spectateur ou le lecteur s'identifie.

Le but : il peut s'agir du personnage aimé dans le cas de la passion amoureuse, mais plus généralement de l'objet de la quête : la liberté, la richesse, la consécration, un vase en or...

Le destinataire : celui pour lequel œuvre le protagoniste ; par exemple, le peuple si la quête du protagoniste est quête de justice sociale.

L'opposant : par les obstacles qu'il oppose à la quête du protagoniste, l'opposant crée chez celui-ci un conflit intense, et, indirectement, c'est ce qui provoque un phénomène d'identification chez le spectateur ; sans opposant, pas d'action dramatique, pas de conflit, pas de suspense, pas d'identification.

L'arbitre : celui qui attribue le bien ; par exemple, le roi dans un conte de fées, le juge, etc.

L'adjuvant : celui qui vient en aide au protagoniste ; une fée dans un conte, un ami dans un roman...

Figure 53. *Les six fonctions dramatiques*

On notera que ces fonctions ne se réduisent pas nécessairement à des personnages ; elles désignent plus généralement des principes ou des objets. Ainsi, dans *Antigone*, le véritable opposant n'est pas tant Créon que la loi des dieux de la cité, qui dicte à Créon sa conduite et ne lui laisse pas le choix : il doit condamner Antigone, au nom de l'interdit qu'elle a violé. Cela enrichit d'ailleurs considérablement le drame, car Créon lui-même n'est pas un simple bourreau, mais un être très humain qui se débat dans un conflit intérieur insoluble. L'opposant d'Antigone, c'est un objet complexe, la loi, qui unit les dieux, le peuple et le chef qui

---

1. Jean VERRIER, article « Récit » de l'*Encyclopædia Universalis*.

l'incarne (Créon). Un récit dramatique met donc en œuvre six fonctions universelles, mais cela n'impose rien sur le nombre de personnages, qui peut varier de un ou deux jusqu'à plusieurs dizaines comme dans les récits shakespeariens. En revanche, on imagine mal un protagoniste qui ne soit pas un personnage en chair et en os (humain ou animal) ; l'histoire serait alors trop abstraite car le lecteur ou le spectateur n'aurait rien à quoi s'identifier et le récit tournerait alors à un simple exercice littéraire.

La *situation dramatique* est la notion centrale qui met en scène les six fonctions et donne au récit toute sa force pour le lecteur ou l'auditeur :

« Qu'est-ce qu'une situation dramatique ? C'est la figure structurale dessinée, dans un moment donné de l'action, par un système de forces ; par le système des forces présentes au microcosme ; et incarnées, subies ou animées par les principaux personnages. Système d'oppositions ou d'attractions de convergences ou d'explosion destructrice, d'alliances ou de divisions hostiles. Ces forces sont des fonctions dramatiques ; chacune d'entre elles, d'une part, existe en fonction du système d'ensemble, et, d'autre part, y travaille fonctionnellement selon sa nature. Elles ont ceci de remarquable, ces fonctions dramatiques, que, bien qu'inhérentes à ces personnages, d'un autre côté, elles les transcendent, les dominent, les tiennent unies à tout l'univers de l'œuvre[1]. »

La situation dramatique universelle qui, depuis les premiers mythes de l'humanité jusqu'à aujourd'hui, détermine l'action et l'intérêt du spectateur est structurée comme suit :

À retenir

Un personnage (le *protagoniste*) est investi d'un *but* (sujet ou objet de désir, de quête) ; un *obstacle* s'interpose entre le protagoniste et le but (rôle de *l'opposant*) ; cet obstacle crée chez le protagoniste un *conflit intérieur* et provoque du même coup chez le spectateur une *identification* émotionnelle et un sentiment de suspense.

Remarquons que ce schéma typiquement structuraliste ne doit pas pour autant dévaloriser *la dimension concrète d'un récit* ; les personnages les plus riches du répertoire (Hamlet, Don Juan, Faust, Antigone...) ne peuvent se réduire à un schéma type. On peut même les trouver plus riches encore que les êtres humains réels, du fait de leur portée symbolique et dramatique et du fait des situations auxquelles ils se trouvent confrontés. Il faut retenir ici que c'est bien la confrontation entre un type de person-

---

1. Étienne SOURIAU, *Les deux cent mille situations dramatiques*, Flammarion, Paris, 1950, p. 55.

nage et un type de situation qui crée l'étincelle, met le feu aux poudres, c'est-à-dire provoque la tension dramatique, le suspense, l'aventure, l'action.

Pour en venir au cas des organisations économiques, ce qui ressort de façon évidente, c'est que la forme narrative (récit, épopée, fable, conte, scénario...) possède une vertu extraordinaire que ne possède aucune autre forme de document ou de discours : elle suscite l'attention de l'auditeur ou du lecteur ; elle lui donne envie d'écouter, de lire :

> « Tout ce qui tend à rendre l'information plus mémorable a plus de chances d'être porteur de signification. Par leur forme vivante, agréable, stimulante, les histoires sont plus représentatives des expériences que les règles et les directives, et l'on peut prédire qu'elles vont se transmettre et influencer de plus en plus les comportements. De plus, du fait de leur caractère résolument contextuel et concret, les histoires sont un véhicule idéal pour transmettre les connaissances tacites[1]. »

Qui n'est pas frappé par les récits biographiques des *self made men*, partant en quête de la réussite, comme le Rastignac de Balzac, et franchissant les barrières les unes après les autres ? Il en va de même de l'épopée de ces petites entreprises qui se hissent progressivement sur le marché, pour devenir des leaders. Il suffit de jeter un coup d'œil à l'incroyable succès médiatique des start-up, à l'orée de l'an 2000, pour saisir à quel point la structure universelle décrite plus haut (le protagoniste, sa quête, ses embûches) provoque un sentiment d'identification puissant chez le spectateur.

Ce *processus d'identification* est une clé des croyances et des désirs. Le héros devient un exemple à suivre, la start-up, un modèle. On cherche à copier leur méthode. On peut ne pas en être conscient et dédaigner ces structures profondes des récits. Mais on ne peut être maître du processus d'identification.

Cet arrière-plan inconscient influence en profondeur la gestion des connaissances : nous interprétons les phénomènes (par exemple, dans la visée et les résultats d'un grand projet) largement en fonction des *modèles héroïques* auxquels nous nous identifions, et non pas seulement en fonction des concepts rationnels et de la logique. Reconnaître ce processus ne signifie pas en faire l'apologie ; cela n'entraîne pas un déni de la raison.

---

1. Walter Swap, Dorothy Leonard, Mimi Shields, Lisa Abrams, *Journal of Management Information Systems*, été 2001.

En résumé, la puissance de la forme narrative s'explique par la conjonction de plusieurs propriétés universelles :

- elle crée un *suspense* qui embarque le lecteur ou le spectateur et l'entraîne à faire le voyage jusqu'au bout ;
- elle suscite une *identification* et donc une participation active du lecteur-spectateur (il se reconnaît dans les personnages et se sent intimement concerné) ;
- elle ouvre le champ de l'*interprétation* – et donc du *sens* – et provoque ainsi l'envie, non seulement, de discuter, de commenter, de confronter les points de vue, mais aussi d'agir, de se lancer soi-même *dans l'aventure* ;
- elle stimule le *plaisir* et permet donc une mémorisation beaucoup plus efficace.

Le document technique, la norme, la doctrine, le plan stratégique, le contrat, le bilan de projet sont à peu près le contraire : ils sont structurés d'une façon entièrement différente de la réalité factuelle et historique afin de répondre aux lois de la logique ; cette structuration logique évacue le temps et la durée qui caractérisent la vie, de sorte que ces formes de discours rationalisés, au sens propre du terme, *n'avancent pas*. Il en résulte pour le lecteur un effort constant pour continuer et « aller jusqu'au bout ». En outre, toute subjectivité, toute opinion personnelle de l'auteur sont évacuées consciencieusement, comme pour prouver une vérité objective et neutre. Le lecteur ne se sent donc pas concerné à titre personnel, son intérêt éventuel reste intellectuel, avec le risque de voir son attention *décrocher*.

Plus gênant est le fait que la plupart des discours techniques ou normatifs ne laissent guère de *marge d'interprétation*, cherchant à canaliser la lecture dans une direction précise, despotiquement voulue par l'auteur. Le lecteur est donc confiné dans un rôle d'automate, de machine à lire et à enregistrer. Pas de discussion. De surcroît, pas de plaisir et donc, en final, peu de choses restent incrustées dans la mémoire. Bien sûr, encore une fois, ces caractéristiques du discours technique sont justifiées : il s'agit de décrire, de rapporter des faits aussi objectivement que possible. Le but recherché est la fiabilité, la reproductibilité, la prescription et non pas l'interprétation, la créativité, l'imagination. Mais le prix à payer est la quantité supplémentaire d'effort pour le lecteur.

Qu'est-ce qui empêche, à côté du discours technique, d'aménager un *espace de discussion*, d'une part, et un *espace narratif*, d'autre part ? Nous aurions là *trois scènes de la connaissance*, qui permettraient une meilleure articulation entre ses différentes modalités et fonctions. Nous pourrions envisager dès lors une sorte de *théâtre du savoir*, qui aurait le mérite de définir explicitement des portes et des frontières entre ces différents espaces de la connaissance – qui de toute façon sont toujours à l'œuvre inconsciemment, comme nous allons le voir. *L'espace normatif et technique* aurait pour fonction d'objectiver et de prescrire ; l'espace de discussion viserait à permettre des phases d'émergence de pensées nouvelles par essais-erreurs, glissements, combinaisons, confrontations entre savoirs scientifiques et profanes ; enfin, l'espace narratif viserait à débusquer des sens profonds, des structures tacites éventuellement perverses et ainsi à libérer des potentialités de mémoire et de changement.

On notera au passage, pour éviter toute méprise, que *la narration ne s'oppose nullement à l'usage de la raison*. La narration, au même titre que le discours normatif auquel elle s'oppose, est une forme du discours et du savoir. La raison, quant à elle, se situe au-delà des formes. Ce serait donc une erreur de rejeter les récits dans l'arrière-cour de l'irrationnel, des émotions, des désirs. Ici, un penseur (et poète) nous est d'un apport indispensable : Bertolt Brecht. Cet auteur dramatique s'est opposé aux conceptions émotionnelles et spectaculaires de l'œuvre et a prôné la *distanciation*. Pour lui, le récit doit être construit de telle façon que le spectateur, loin de s'identifier passionnellement aux héros, soit mis en position de *surplomber* l'histoire qu'on lui présente. Dans cette conception, que l'on peut d'une certaine manière rapprocher de la psychanalyse, le récit se fixe un objectif d'apprentissage : le spectateur voit et il éprouve du plaisir, mais en même temps il voit qu'il voit et réfléchit sur la nature de son plaisir, sans en rien le diminuer. Le risque de cette approche est le didactisme. Un récit qui cherche trop à expliquer, dévoiler, prouver ne fonctionne pas, n'atteint pas son but, ou même provoque la réaction inverse.

À retenir

C'est la preuve qu'il faut un véritable talent pour bâtir ce que nous appellerons un **récit apprenant**. Cette forme doit trouver le juste milieu entre un didactisme étroit, qui ne suscite aucun apprentissage, et à l'inverse un flot de spectaculaire, qui suscite une identification excessive, empêchant toute mise à distance et donc toute connaissance. C'est le mystère du récit que d'être capable d'exploiter le pouvoir des symboles tout en permettant à la raison critique de s'exprimer.

Retenons que *les récits ont des applications tout à fait complémentaires par rapport aux discours techniques*. Nous avons vu que la formalisation des connaissances tacites se justifiait surtout dans des situations un peu exceptionnelles, ou en tout cas qui sortent de l'ordinaire : la fin d'un grand projet, une fusion ou une acquisition, une crise, une mission spéciale, ou peut-être un départ en retraite. Dans ces situations hors normes, hors routine, la fonction d'interprétation de la connaissance prend toute sa dimension. C'est pourquoi la forme narrative est l'approche idoine qui est adaptée à ces contextes (et cela de façon non exclusive !).

En outre, l'espace ouvert par le récit à l'interprétation, au sens, à la discussion sont des atouts considérables qui stimulent la collectivité, l'incitant à élaborer une vision, à partager des principes et, surtout, à se transformer, à changer. Nul n'ignore à cet égard le pouvoir de la littérature pour changer la vie d'un homme. Nul n'est plus le même après la lecture de Dostoïevski, Kafka ou Proust.

Le récit peut être, en fait, à la fois *un facteur de changement et un facteur de répétition des erreurs*. La psychologie nous montre de nombreux cas où un être humain est enfermé dans une perpétuelle répétition inconsciente du passé (c'est ce que la tradition bouddhiste nomme le *karma*). Le psychiatre Jean Cottraux décrit ce phénomène dans son ouvrage *La répétition des scénarios de vie*[1] et propose une approche de thérapie cognitive basée sur le décryptage de ces scénarios. Cette approche peut s'appliquer aussi bien à de nombreuses situations individuelles que collectives. Les bases en sont les suivantes. La cohérence de notre fonctionnement mental est permise par notre mémoire, qui projette sur nos décisions au présent les structures de nos souvenirs et de nos savoirs antérieurs. Nos comportements et nos décisions sont largement conditionnés par les *schémas cognitifs*, largement inconscients, qu'a élaborés progressivement notre mémoire. C'est à l'aide de ces schémas que nous interprétons le monde, et c'est en fonction d'eux que nous réagissons aux événements.

Nos schémas cognitifs inconscients nous incitent à surévaluer telle chose et à ne pas voir telle autre, à attendre et anticiper tel événement ou au contraire à nous laisser prendre au dépourvu. Ces dysfonctionnements se traduisent par plusieurs types d'erreurs très répandues : *l'inférence arbitraire* (tirer des conclusions sans preuve), *la généralisation abusive* (tirer une loi générale à partir d'une seule expérience), *l'exagération* (monter en épingle un problème anodin) ou, au contraire, *la minimisation* (nier l'importance d'un problème). Il s'avère en fait que, chaque fois que nous identifions ce type d'erreurs de jugement, il y a en général un indice d'un schéma cognitif – et donc une opportunité de progresser dès lors qu'on

---

1. Jean Cottraux, *La répétition des scénarios de vie. Demain est une autre histoire*, Odile Jacob, Paris, 2001.

en prend conscience. Manifestement, le monde professionnel offre à cet égard un terrain privilégié...

Le fait que les schémas cognitifs soient inconscients est à la fois un atout important et un piège. Un atout car, pour être efficaces, nous devons pouvoir nous reposer sur des *automatismes*. Grâce aux automatismes, notre esprit conscient est libéré des tâches de bas niveau et peut accomplir des opérations plus complexes (il en va ainsi, par exemple, de la conduite automobile). Tout va donc bien tant que nos schémas sont le fruit d'un apprentissage enrichissant, effectué dans de bonnes conditions psychologiques. Mais lorsqu'un traumatisme survient dans une vie (chose non rare), des *schémas « parasites »* se mettent en place, qui, dès lors, conditionnent nos réponses futures.

Ces schémas deviennent responsables de réponses inadaptées, de troubles, de pathologies. Nous commençons à reproduire nos erreurs, en inventant à chaque fois de nouvelles formes mais qui ont toutes une structure commune, celle du schéma parasite lié au traumatisme initial. Tout se passe alors comme si notre vie se développait selon un scénario au lieu de s'ouvrir à la liberté :

> « Les schémas représentent en général un système rigide de prédictions sur le monde qui s'autoréalisent à partir d'expériences banales de tous les jours qui viennent les renforcer. Il s'agit d'éléments organisés à partir des expériences et des réactions du passé, qui forment un ensemble de connaissances cohérent et durable, capable de guider les perceptions et les évaluations ultérieures[1]. »

Dans les cas plus anodins, nos « petits traumatismes » induisent toutes sortes de répétitions inconscientes que nous pouvons identifier si nous voulons progresser. Le schéma de répétition des scénarios de vie est décrit sur la figure suivante (figure 54).

1. *Idem*, p. 157.

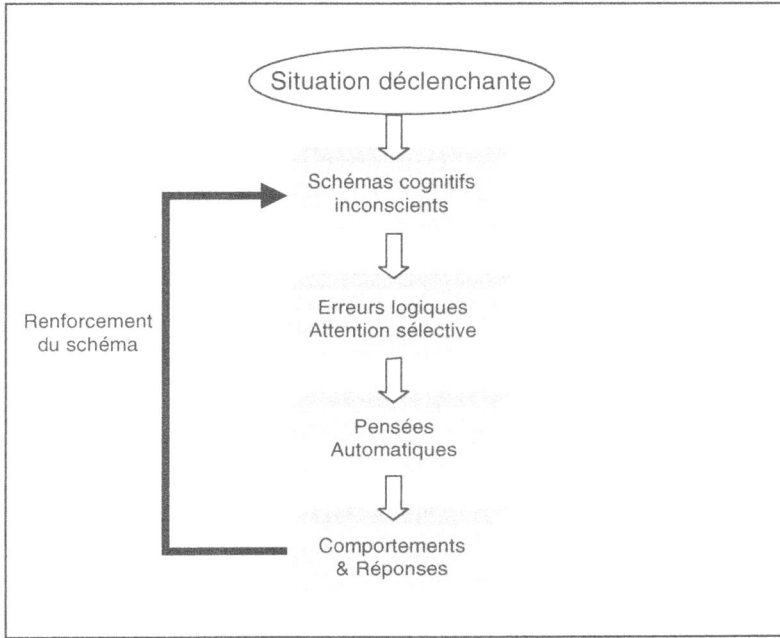

Figure 54. Structure des scénarios de vie[1]

L'approche des récits apprenants consiste en premier lieu à débusquer ces *scénarios de vie*, pour libérer nos réponses et nos connaissances des schémas parasites qui les rigidifient. S'agit-il d'une psychanalyse collective ? Surtout pas. Ce serait, au mieux, comique et, au pire, une atteinte à l'intégrité des salariés. Les récits apprenants sont une approche très utile et intéressante, à condition de *respecter une position éthique* qui consiste à s'en tenir à une *analyse critique* des schémas cognitifs collectifs et à en rester à cette *dimension collective*.

À retenir

De même que lire, c'est déjà écrire, et qu'écrire, c'est relire, de même, le récit apprenant a deux faces en miroir l'une de l'autre :
Décrypter, à partir des témoignages vécus, *les schémas cognitifs* qui structurent les réponses collectives et génèrent des scénarios de répétition des erreurs.
Élaborer, à partir de cette analyse, *des « contre-feux »* que nous appellerons *récits apprenants*, afin de révéler les schémas et de libérer ainsi dans l'imaginaire collectif de nouvelles possibilités de réagir, d'interpréter, de concevoir.

---

1. D'après Jean COTTRAUX, idem, *p. 155.*

Il va de soi qu'*un tel résultat est le fruit d'un art, plutôt que d'une méthode*. Transcrire une expérience humaine en un *récit apprenant* demande un savoir-faire spécifique. Ce savoir-faire est décrit et enseigné dans les écoles de cinéma. Du fait de son caractère à la fois artistique et industriel, le cinéma, en tant qu'entreprise collective, ne laisse pas grand-chose au hasard, et l'écriture du scénario est une étape essentielle dont dépend en grande partie le succès du film. C'est pourquoi il existe une « offre » de formation en la matière. Outre les écoles, on trouve cette offre également présente dans une abondante littérature consacrée à l'écriture des scénarios[1]. Ces guides mettent en général l'accent sur la construction de l'intrigue, les personnages, l'action dramatique, les dialogues, le style. Donc sur tout ce qui contribue à créer le suspense, l'identification du lecteur, le plaisir.

Les entreprises ont de plus en plus souvent recours à des professionnels du cinéma ou du documentaire pour réaliser un film, une vidéo ou même un spectacle de théâtre, dans le but de rendre compte d'une expérience ou d'une culture. Le but est souvent lié à un travail sur l'image, à l'accompagnement du changement, ou également à la transmission pédagogique dans une activité technique. Le théâtre se prête bien aux projets où la cohésion est recherchée.

On voit ainsi se développer une *forme de théâtre en entreprise* depuis quelques années. Le principe est d'élaborer une coconstruction d'un spectacle, en partant des matériaux réels et concrets de l'entreprise. Parfois, comédiens et employés vont jusqu'à monter ensemble sur scène. Le travail réalisé collectivement entre le personnel et l'équipe de comédiens peut créer un événement essentiel dans la vie de l'entreprise ; le point d'orgue, le moment où se cristallise le résultat, ce sont les représentations, devant le public de l'entreprise (et éventuellement ses proches : amis, famille, partenaires voire clients).

Mais tout cela ne va pas sans risques. Le premier est de rester au milieu du gué, faute d'un engagement réel et approfondi de part et d'autre. *L'engagement humain* est la condition indispensable pour la réussite. En outre, la direction doit clairement se positionner vis-à-vis du projet, ce qui signifie de ne pas interférer. Le résultat ne peut se traduire en un simple effet d'image, au sens de la communication ou de la publicité. Le but est tout autre et il serait désastreux pour les uns et les autres de se

1. Voir, par exemple, Michel CHION, *Écrire un scénario*, Édition des Cahiers du cinéma-INA, 1985 ; ou Yves LAVANDIER, *La dramaturgie. Les mécanismes du récit*, Le clown & l'enfant éditeur, 1994.

méprendre sur ce point : il s'agit d'une *véritable expérience collective*, que l'on doit plus rapprocher d'une démarche d'innovation sociale. Le « retour sur investissement » d'un tel projet ne peut donc évidemment être analysé qu'en termes d'externalités sur le savoir-être et la créativité de groupe. Enfin, du côté du prestataire, une déontologie particulière s'impose également. Il ne s'agit pas, pour le metteur en scène ou le documentariste, de « se faire plaisir », ni, a contrario, de se mettre trop au service du personnel, ce qui aboutirait à rester collé à l'anecdote. Toute communauté professionnelle est porteuse d'un génie humain qui lui est propre, mais aussi de « tares congénitales ». Concilier l'écoute, la distanciation et l'exigence mutuelle est donc nécessaire pour faire *œuvre commune de création*. Le risque d'erreur n'est pas négligeable, c'est dire que le choix de l'équipe intervenante est un facteur déterminant. Mais en cas de succès, les fruits peuvent être immenses.

L'approche anthropologique nous fournit une autre forme de récit. La méthode et le résultat diffèrent par rapport au film et au spectacle vivant. La part d'émotionnel et d'engagement est moindre, le résultat est intermédiaire entre subjectivité et objectivité. Le processus d'élaboration du récit apprenant, par l'approche anthropologique, peut se schématiser comme suit[1] :

- *Remémoration et recueil d'anecdotes* : cette phase consiste à observer, interviewer, recueillir différentes anecdotes issues de l'expérience.
- *Analyse narrative* : cette phase consiste à analyser les moments critiques des scénarios de vie « collectifs » et à révéler les schémas cognitifs formant la structure sous-jacente des histoires vécues. Nous soulignons le terme « collectif » car il est impensable de débusquer, dans un contexte professionnel, des scénarios de vie individuels...
- *Élaboration du récit apprenant* : cette phase consiste à utiliser les techniques narratives pour donner vie au récit sous une forme dramatique. En outre, il est possible de puiser éventuellement dans les fables du répertoire pour transposer l'histoire dans une situation mythologique.
- *Socialisation de l'apprentissage* (vision partagée) : la dernière phase consiste à « mettre en scène » le récit (c'est-à-dire lui donner une forme ad hoc : histoire orale, conte, bande dessinée, lecture à voix haute...), le diffuser et le faire discuter dans la communauté pour susciter l'apprentissage collectif.

---

1. Librement inspiré de Eddie SOULIER, « Les techniques de *story telling*. Récit et apprentissage par l'expérience », dans *Extraction des connaissances et apprentissage*, congrès EGC, Nantes, 2001, Hermès, vol. 1, n° 1-2, 2001, p. 303.

Les phases d'analyse et de socialisation (restitution) sont particulièrement sensibles car, d'une part, elles demandent des compétences très pointues de la part du maître d'œuvre, et, d'autre part, elles peuvent prêter à confusion et donner lieu à des contre-références. C'est un peu la même question que celle qui a été évoquée concernant la forme « spectacle vivant ». D'une part, il y a une dimension éthique dont il importe de prendre conscience pour éviter les dérives toujours possibles (récupération, manipulation, instrumentalisation, pressions de groupes...). D'autre part, il existe un risque réel de ridicule. Cela ne tue pas mais on a vu, avec certains séminaires de communication d'entreprise, des formes d'animation qui, vues de l'extérieur, sont comiques et, vues de l'intérieur, provoquent un mélange de rire et de malaise, du fait de leur caractère caricatural. Il est donc préférable, dans certains cas laissés à l'appréciation de chacun, de court-circuiter ces deux phases et de s'en tenir à un honnête travail d'enquête et de narration.

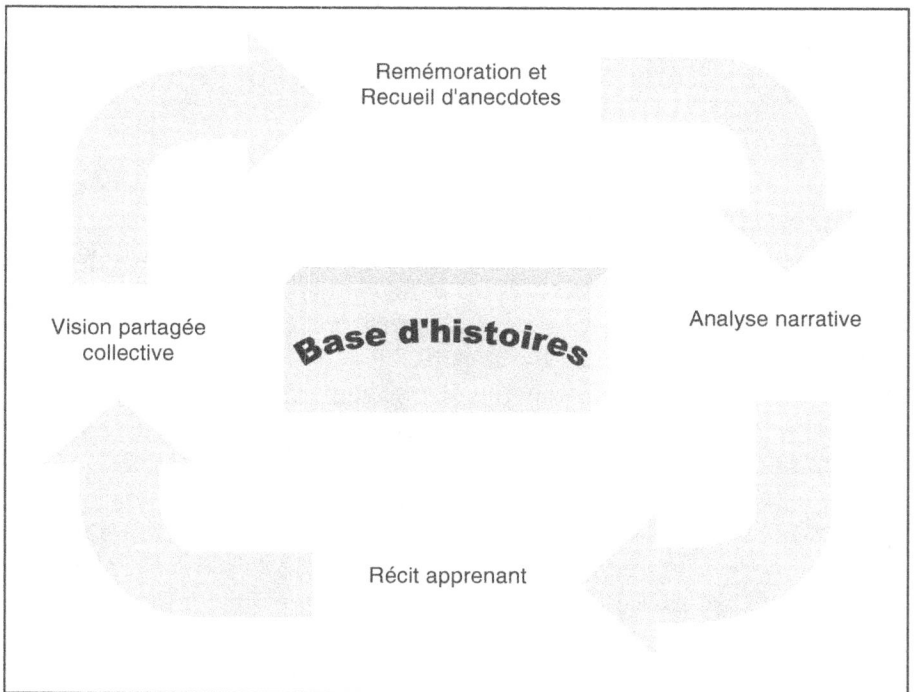

Figure 55. Cycle d'apprentissage du récit apprenant

Le passage de la remémoration à l'analyse est une étape déterminante (et sensible comme nous venons de le souligner) pour *faire apparaître les schémas cognitifs collectifs.* Cette étape peut être abordée en pratique de la façon suivante :

– définir un thème précis que l'on souhaite explorer ;
– choisir un problème concret, précis, typique, qui se renouvelle souvent dans l'organisation (par exemple, le rôle de la hiérarchie, le fonctionnement des projets, etc.) ;
– identifier les déclencheurs des comportements collectifs, notamment les situations où les affects se développent ;
– mettre à jour les pensées automatiques et les raisonnements implicites qui donnent forme au *scénario de vie* de l'équipe ;
– mettre à jour les croyances, normes culturelles, règles qui gouvernent les réponses dans ces situations ;
– identifier comment se produit le renforcement des schémas cognitifs dans les situations concrètes quotidiennes.

Exploitant ces propriétés, un nouveau courant du management anglo-saxon – le *story telling* – s'est développé ces dernières années. Des consultants viennent recueillir les matériaux anecdotiques sédimentés dans l'expérience collective, puis ils les transposent à l'aide du répertoire des fables et des contes populaires. Cette transposition permet une distanciation qui tend à désamorcer les conflits et à transgresser les interdits[1]. Ainsi transfigurées, les expériences collectives douloureuses (crises, projets, fusions et acquisitions, réorganisations...) se voient intégrées à la mythologie de l'organisation. Les applications sont nombreuses, comme en témoigne l'essor actuel du story telling chez les Anglo-Saxons.

Mais, de plus en plus, il semble que la méthode cède à un *certain prosélytisme*, lorsqu'elle accompagne un chantier de changement ou la mise en place d'une politique. L'équipe dirigeante et le consultant peuvent être tentés, consciemment ou non, de chercher ainsi à exploiter la fibre émotionnelle pour *faire passer* leurs idées. Une telle récupération de la mythologie ne peut que discréditer un peu plus le domaine de la communication interne, en quête de professionnalisation dans de nombreuses entreprises.

Nicole d'Almeida, dans un ouvrage récent, fait le point sur l'utilisation des formes narratives dans la communication et le pilotage institutionnel de l'entreprise. L'auteur étudie comment les organisations élaborent une mémoire collective, suscitent une vision partagée, « produisent un ordre temporel, social et symbolique », en mettant en scène les récits des « inte-

---

1. Voir par exemple David SNOWDEN, « Narrative patterns – the perils and possibilities of using story in organisations », Knowledge management ARK, juillet 2001.

ractions et coopérations de partenaires engagés dans le processus productif » :

> « L'histoire des entreprises présente cette caractéristique d'être fondamentalement au service de l'action présente. Elle est intégrée dans la stratégie de l'entreprise comme un moyen de capitaliser sa mémoire, de restituer les choix passés, de retrouver les conditions du succès. Elle participe des politiques de recentrage conduites ces dernières années, visant à effectuer un choix parmi les pans d'activités qu'il convient de maintenir ou d'abandonner. Contrairement à la politique de diversification menée par les entreprises dans les années soixante-dix, ces dernières cherchent aujourd'hui à revenir à ce qu'elles nomment leur métier ou cœur d'activité. Dans cette perspective d'élagage, l'appel à l'histoire permet d'orienter les choix et devient un paramètre dans la prise de décision[1]. »

Le recours à la forme narrative permet ainsi à l'entreprise, sous les conditions discutées plus haut, d'aller au-delà d'une capitalisation de savoir-faire et lui donne des moyens de mobiliser son histoire et sa mémoire non pas pour reproduire le passé mais au contraire, selon le principe schumpétérien, pour générer de la « destruction créatrice » :

> « La réussite professionnelle tant de l'individu que de l'organisation passe par la maîtrise du *kaïros*, art de saisir l'opportunité ou de transformer une contrainte en opportunité. La réactivité, maître mot de l'ordre économique, est une injonction de type paradoxale. Il faut réagir vite dans un cadre plus complexe, plus difficile, donc plus lent à comprendre et à maîtriser[2]. »

La technique du récit répond donc à des enjeux souvent majeurs de représentations collectives et de changement, et il est d'autant plus important de les manier avec discernement. Cela suppose une capacité à combiner son savoir-faire opératoire et sa capacité à interpréter. La tension qui s'instaure entre mémoire et devenir, patrimoine de savoir et capacité d'innovation, peut s'analyser dans la perspective des deux fonctions de la connaissance.

La connaissance, par sa fonction normative, prescrit ce qu'il faut faire, oriente l'action en la soumettant au critère de conformité (conformité à une attente, à une volonté, à une politique, à une rentabilité). D'où la dimension technique de la connaissance. C'est le résultat immédiat qui compte. À l'échelle d'une entreprise aussi bien que d'un État, la création

1. Nicole D'ALMEIDA, *Les promesses de la communication*, PUF, Paris, 2001, p. 25.
2. *Ibid.*, p. 70.

de *valeur ajoutée* est le critère visible de cette efficacité, que mesure le PIB. La connaissance, par sa fonction normative et sa dimension technique, contribue massivement à l'augmentation des quantités produites ; c'est pourquoi elle est désormais reconnue comme l'un des facteurs essentiels de la croissance.

Mais la valeur ajoutée, la croissance, l'efficacité, la rémunération ne disent rien de l'utilité, de la satisfaction, du bonheur, de la justice, du bien. Autrement dit, la valeur d'échange ne se confond pas avec la valeur d'usage, comme nous l'avons vu précédemment. La connaissance a une seconde fonction, tout aussi essentielle : sa fonction herméneutique. L'interprétation répond au *désir fondamental de connaître* :

> « Le savoir a rapport au désir, et aussi au dévoilement de la cause de ce désir. Mais dans la maîtrise du savoir, tout comme dans la maîtrise du désir, une part échappe au sujet. Cette part renvoie à ce qui peut surgir comme interdit, ainsi que l'illustre le *Tu ne toucheras pas à l'arbre de la science* de la Genèse[1]. »

Les résultats bruts de l'efficacité croissante ne suffisent pas. Il faut aussi, et surtout, trouver du sens aux choses, aux événements, aux actes. Ce processus est une recherche permanente, et la connaissance est une transformation de chaque instant. Nous ne savons jamais définitivement. Cette *précarité* n'est pas purement métaphysique, elle est aussi économique : c'est parce que nous cherchons sans cesse le mieux, l'utile, le bien, le sens, que nous sommes amenés à prôner l'efficacité, et donc la technique, le travail, la production. La compétition mondiale actuelle tend à nous faire prendre les moyens pour les fins, et c'est un jeu dangereux quand le sujet se transforme peu à peu en objet. Mais il n'en reste pas moins, que, en deçà de notre effort conscient et rationnel d'efficacité, nos mobiles sont largement inconscients et aucune technique ne peut nous assurer une maîtrise sur nos désirs. La force inconsciente de nos désirs se manifeste chaque jour dans les controverses, les débats, les conflits qui jalonnent l'activité productive. Aucun fait, aucun objet ne peut être connu d'une seule façon, d'un seul point de vue. Nous ne sommes jamais tous d'accord, nos connaissances ne s'alignent pas sur une seule norme. Et cela n'est pas un problème ; au contraire, c'est une chance énorme à la fois pour l'activité économique et pour la vie de tous les jours. Terminons donc ce chapitre sur cette question du désir.

---

1. Maud MANNONI, *La théorie comme fiction (savoir et transmission dans la psychanalyse)*, Le Seuil, Paris, 1979, p. 39.

Que nous apprend la psychanalyse concernant le *désir de savoir* ? Tout d'abord, elle nous dit que tout savoir porte en lui, dans ses propres fondements, une interdiction et une menace, avec les effets de frustration et de fuite en avant à l'infini qui en découlent. Nous n'en finissons pas de *ne pas pouvoir savoir*, tout en ayant toujours le désir de savoir. Il faut la sagesse d'un Socrate pour renoncer à l'illusion et admettre que « tout ce que je sais, c'est que je ne sais rien ». Ensuite, le désir de savoir nous renvoie sans cesse à l'*autre* : nous avons besoin d'autrui pour nous aider à franchir le mur de l'inconnu. Pour voir en soi-même, la parole est nécessaire – et l'écoute qui la rend possible. Et pour voir l'ailleurs, l'extérieur, il en va de même. L'inconnu qui gît au fond de soi est du même ordre que l'inconnu qui se tient dehors :

> « Voilà l'énigme qui brouille nos esprits. La peur d'une terre inconnue dans l'au-delà est telle que nous préférons endurer nos épreuves ici, plutôt que de nous échapper vers d'autres dont nous ne connaissons rien. Et c'est ainsi que la conscience fait de chacun de nous un couard. C'est ainsi que la fraîche fleur de nos résolutions s'étiole à l'ombre pâle de la pensée. C'est ainsi que nos projets les plus nobles et les plus ambitieux tournent court, brisés dans une écume, et que nos rêves d'action s'engloutissent dans le néant. »

Celui qui prononce ces paroles n'est pas l'homme du XXe siècle adossé à un siècle de psychanalyse et immergé dans la compétition économique. C'est Hamlet. Tout semble dit, dans cette tirade de Shakespeare[1]. Le sens, l'explication des choses, se dérobent sans cesse, pour une raison première qui est toujours la même : *au cœur de l'inconnu qui nous hante, une porte interdite fait obstacle à la connaissance.* D'où la succession jamais achevée de ces interprétations que nous multiplions, en écho aux autres interprétations. À la conscience raisonnante, qui trouve toujours une cause antérieure à la cause apparente et qui, de cause en cause, se perd dans un labyrinthe, s'oppose l'inconscient qui dérobe la cause première : l'interdit.

Ainsi, l'interprétation ne révèle fondamentalement rien d'autre que le désir. Dans les histoires que les organisations se racontent, c'est cela qu'il convient de chercher et de transmettre. La leçon que nous pouvons tirer d'une expérience est de l'ordre du désir : la question « pourquoi avons-nous agi de telle façon ? » appelle non pas tant une réponse objective et logique, qui n'est que la surface de l'événement, mais, plus profondément, une réponse subjective concernant la nature du désir – et des erreurs que

---

1. *La tragique histoire d'Hamlet*, Shakespeare, acte III, scène 1.

celui-ci peut occasionner. C'est la condition pour que l'histoire racontée soit porteuse de sens et c'est donc la condition pour apprendre.

PEUT-ON METTRE LA CONNAISSANCE EN BOÎTE ?

Les approches de gestion des connaissances que nous avons décrites jusqu'ici mettent en jeu les deux fonctions de la connaissance : la fonction herméneutique (interpréter) et la fonction normative (prescrire). Il existe une autre catégorie d'approche, plus polarisée sur la fonction normative, qui consiste à *modéliser* les connaissances. La modélisation porte en général sur la partie la plus visible de la *mémoire procédurale* : il s'agit d'expliciter des processus ou des savoir-faire bien rodés, soit en vue de les automatiser ou de les piloter, soit encore de les mémoriser et de les transmettre.

La modélisation suppose une méthode formelle pour « mettre en boîte » la connaissance pour la rendre reproductible et éventuellement mesurable. Contrairement aux autres approches abordées jusqu'à présent, les méthodes de modélisation s'intéressent moins à la discussion subjective sur l'expérience qu'à une description objective et exhaustive des processus. À la multitude des interprétations s'oppose ici l'uniformité normative et routinière du processus métier.

On reconnaîtra dans ces principes l'héritage direct de la cybernétique et de l'intelligence artificielle. Toutefois, dans la décennie quatre-vingt-dix, les méthodes de modélisation des connaissances ont cherché à étendre leurs domaines d'application en développant notamment la phase amont de la modélisation (le recueil d'expertise) et en exploitant les possibilités logicielles. Les méthodes de modélisation peuvent ainsi viser la mise en place, in fine, d'un logiciel (système expert, workflow...) ou d'une nouvelle organisation (re-conception d'un processus), ou se contenter de l'élaboration d'un dossier d'expertise.

Les approches de modélisation se regroupent en deux grandes familles qui se distinguent par leurs origines et leurs applications : les méthodes qui visent à modéliser un processus et les méthodes qui visent à modéliser un savoir-faire expert, généralement issues de l'intelligence artificielle.

La modélisation des processus

Si l'organisation des entreprises reste largement déterminée par la structure hiérarchique, l'activité de production est de plus en plus pilotée par processus. Rappelons qu'un *processus*, au sens actuel du management par la qualité[1], est un ensemble d'activités qui se combinent et interagissent pour fournir un produit ou un service commun destiné à un client (externe ou interne). Le résultat peut être aussi bien matériel qu'intellectuel.

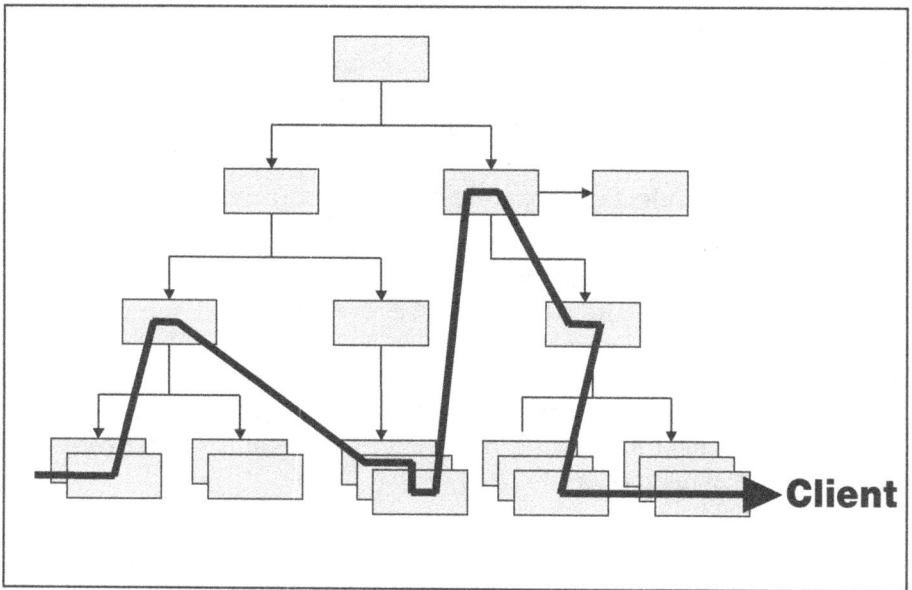

Figure 56. La différence entre processus et structure hiérarchique

Quelques exemples de processus illustreront leur diversité : l'achat de matériel informatique, l'approvisionnement d'une unité en matières premières, la mise sur le marché d'un nouveau produit, la conduite d'un appel d'offres, le lancement d'une campagne publicitaire, le recrutement, la gestion des mutations internes, la conception d'un nouveau module de formation, le traitement des réclamations de clients, le traitement des notes de frais... Ces processus sont des fonctions courantes dans les ERP (*Enterprise Resource Planning*).

---

1. Dans ce chapitre, c'est ce sens qui est utilisé. Dans le reste de ce livre, la notion de processus est employée au sens le plus large. Rappelons au passage que l'identification des processus de l'entreprise est une exigence de la norme ISO 9000 version 2000.

Le management par processus a été introduit dans les années quatre-vingt aux États-Unis. Le but est de *rendre compte de l'origine des différents coûts* de l'activité, plutôt que de leur nature, comme dans la comptabilité classique. Il peut s'agir aussi bien de coûts de production que d'autres types de coûts : la non-qualité, l'innovation, etc. Cette analyse des causes permet d'avoir une meilleure compréhension sur le « pourquoi » de la performance (ou de la non-performance). C'est donc fondamentalement une logique de pilotage du couple valeur-coût. On notera toutefois que la focalisation sur les coûts ne favorise guère l'émergence d'innovations de rupture. Les modèles de processus d'innovation généralement proposés illustrent la limite de l'approche...

Ainsi, la méthode ABC/ABM (*Activity Based Costing*) propose une comptabilité des coûts basée sur l'analyse des processus, de façon à identifier et optimiser ceux qui créent de la valeur et à adapter les budgets et investissements dans chaque activité en fonction des objectifs stratégiques :

> « Les apports des méthodes de gestion ABC/ABM renouvellent fondamentalement le pilotage (contrôle de gestion) des entreprises en facilitant le repérage rapide et précis de l'origine des résultats d'exploitation (recettes moins dépenses), afin de pouvoir décider et agir en toute connaissance de cause. À travers la mise en évidence des facteurs clés de succès et des activités qui créent de la valeur pour les clients, la démarche ABC/ABM apporte des éléments indispensables à la définition et à l'évolution d'une formule de croissance pour l'entreprise[1]. »

Une des questions importantes qui se posent dans la modélisation des processus est de choisir une forme de représentation adaptée. La description par des documents textuels classiques (avec schémas et tableaux) est encore très utilisée, mais n'exploite pas pleinement les possibilités logicielles actuelles. De plus, la lecture en est plutôt fastidieuse, ce qui limite l'application pratique. Enfin, les mises à jour des documents sont elles aussi très fastidieuses et sources d'erreurs. La représentation graphique est beaucoup plus adaptée, surtout sous la forme de logiciels spécifiques. Ainsi les méthodes de modélisation par *logigrammes* ont été largement diffusées ces dernières années.

Toutefois, il faut tout de même noter que ces méthodes informatisées ne sont pas dénuées de défauts non plus : elles sont souvent soit trop complexes, soit trop simples pour être vraiment pertinentes ; elles indui-

---

1. Serge LEVAN, *Le projet workflow*, Eyrolles, Paris, 2000, p. 91.

sent un mode de pensée ultranormatif du fait du *typage* des objets et des *relations* qui sont censées représenter les interactions ; et surtout, la forme graphique ne se commente pas elle-même. Il est évident que la fonction d'interprétation de la connaissance, si essentielle, est totalement absente de ces modes de représentation quand ils sont utilisés seuls.

Cette discussion n'est pas nouvelle ; elle renvoie à l'éternel débat sur les vertus relatives du langage parlé et des langages plastiques ou graphiques. Il est donc banal de conclure que le mélange des deux formes est la meilleure solution pour expliciter la connaissance.

Selon la norme ISO, un processus se représente sous la forme suivante :

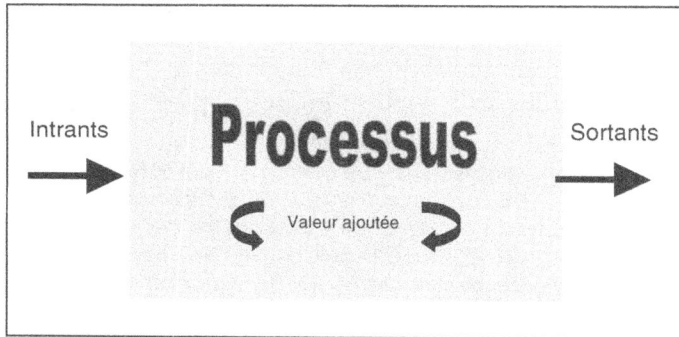

Figure 57. Représentation normalisée d'un processus

La méthode Ossad (*Office Support System Analysis and Design*) a été développée en Europe dans le cadre d'un projet Esprit regroupant des entreprises et laboratoires universitaires. Contrairement à beaucoup de méthodes de représentation (réseaux de Petri, Merise, SADT...), cette méthode cherche à modéliser tous les aspects d'un système, qu'ils soient techniques, organisationnels ou humains, du fait qu'elle permet de prendre en compte les objets immatériels de l'organisation[1]. Ossad consiste à représenter l'organisation dans deux dimensions : les objets abstraits (les finalités de l'entreprise, les savoir-faire) et les objets descriptifs (les réalisations matérielles et concrètes).

Sur la base de la méthode Ossad a été développé un langage graphique nommé *Qualigram*. Ce langage vise à représenter les différents types

---

1. Voir Cédric BERGER et Serge GUILLARD, *La rédaction graphique des procédures. Démarches et techniques de description des processus*, Afnor, Paris, 2000, p. 33.

d'objets et de relations pour implémenter un modèle Ossad. Une forme normée est attribuée aux objets suivants : actions, entités, outils et informations. Les processus, modélisés selon le principe des poupées russes, sont décomposés en fonction du degré de précision recherché (processus, procédures et instructions). Par ailleurs, l'entreprise est conçue comme une pyramide, qui se décompose en trois parties : stratégique, organisationnel et opérationnel. La cartographie permet de représenter plusieurs types de processus : macroscopiques, relationnels, détaillés ou transverses.

Exemple de processus : « *Faire émerger et développer un nouveau système d'information* »

Le développement d'un nouveau système d'information peut se décomposer en un ensemble de processus : faire émerger, préparer, concevoir, réaliser, qualifier-expérimenter, déployer, faire le bilan. Chaque processus, dans le modèle représenté ci-dessous (figure 58), fait intervenir plusieurs acteurs : décideurs, experts et utilisateurs.

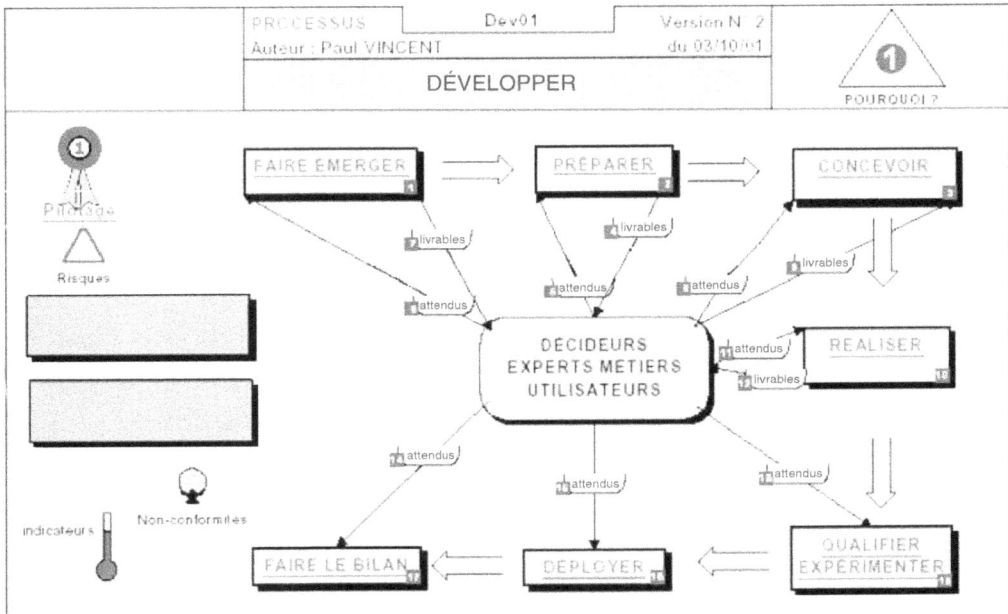

Figure 58. Le macro-processus « Développer un nouveau système d'information » par la méthode Ossad/Qualigram[1]

1. D'après Paul VINCENT, EDF.

Le processus « préparer » fait intervenir différents acteurs : commanditaire, directeurs des projets, pilote stratégique, pilote opérationnel, commission de soutenance, comité des engagements (nous le représentons plus en détail sur la figure 59). Les étapes clés du processus sont : nommer le pilote, préciser le besoin, vérifier l'opportunité, étudier la rentabilité, décider, faire le cahier des charges. Les connaissances explicitées dans ces différentes étapes sont la lettre de mission, la note de cadrage, l'étude d'opportunité, l'étude de rentabilité, le cahier des charges et le contrat de projet.

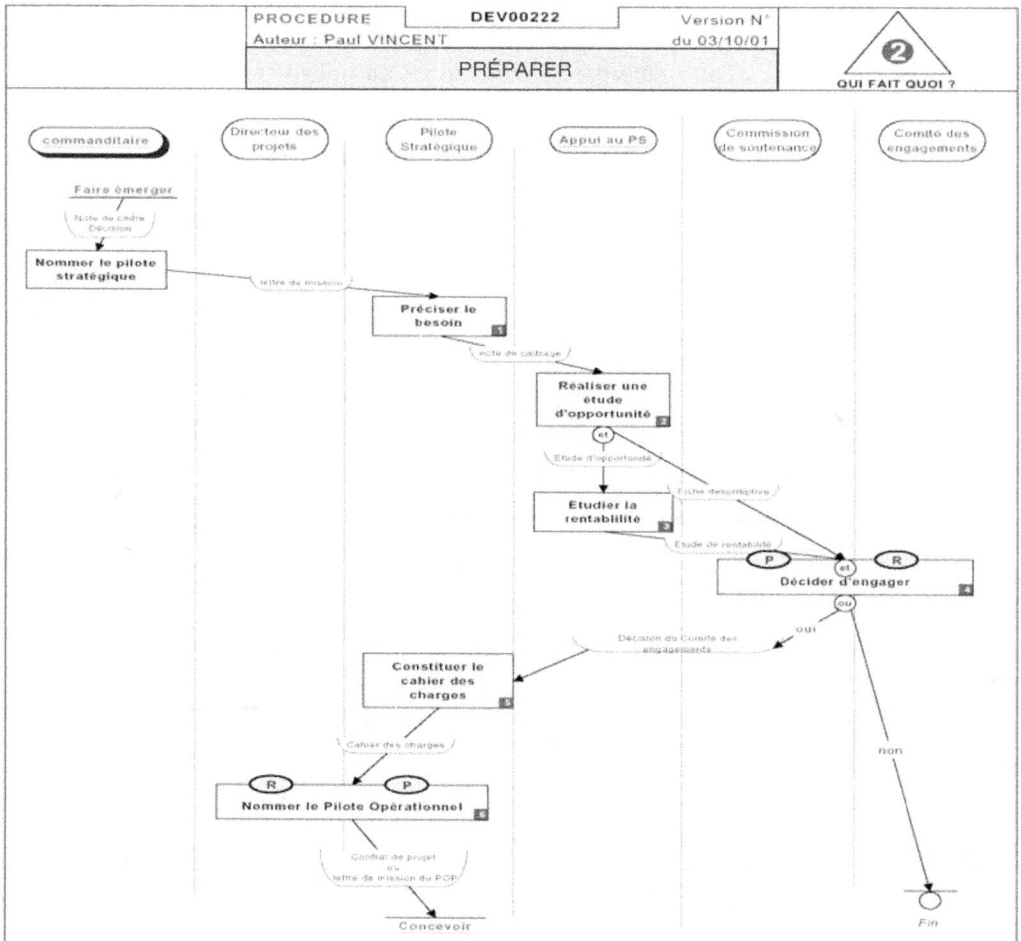

Figure 59. Le processus « Faire émerger un nouveau système d'information »[1]

1. *Ibidem.*

L'exemple montre comment la modélisation des processus, en bonne conformité avec les principes de la démarche qualité, crée à la fois un cadre de référence favorisant la communication et la collaboration entre les acteurs, et structure une base de connaissances contenant les différentes informations produites dans l'activité.

Cette capitalisation induit une culture très « normative », mais libre aux acteurs de capitaliser aussi sur l'interprétation des faits. À condition toutefois de ne pas oublier que la fonction herméneutique ne peut se programmer ni se modéliser : c'est à chaque nouveau projet que l'interprétation, le vécu, l'histoire, la discussion se développent, de façon unique, en fonction de chaque contexte.

La modélisation des savoir-faire d'experts

Une autre préoccupation des entreprises, dès la fin des années quatre-vingt, a été de résoudre le problème de la perte des savoir-faire d'experts. La vague des restructurations et des fusions-acquisitions a conduit beaucoup d'entreprises à perdre des compétences clés, soit par licenciements ou départs en retraites anticipée, soit par différents mouvements de personnels (démissions, rotations). Ayant pris conscience après coup de ces problèmes, de nombreux responsables ont alors cherché à en tirer les enseignements pour l'avenir, d'autant que la pyramide des âges, avec le creux de recrutement de jeunes au début des années quatre-vingt-dix, s'est retrouvée souvent très déséquilibrée –certains DRH constatent aujourd'hui qu'un quart voire un tiers du personnel est amené à partir en retraite dans les cinq ou dix années à venir.

La capitalisation des connaissances est alors apparue à beaucoup comme la réponse indispensable. Le schéma type est celui de l'expertise des anciens qui détiennent des compétences clés pour le cœur de métier. On sait à quel point l'expertise se prête difficilement à une capitalisation, du fait de sa dimension tacite. Dans ces conditions, le coût de modélisation est élevé. Les méthodes mises en œuvre pour modéliser ce type de connaissances sont au départ inspirées de l'intelligence artificielle (Kads, Kod). S'il s'est avéré que les systèmes experts ont donné peu de véritables applications, ils ont tout de même constitué une étape intéressante pour structurer l'acquisition de connaissances d'experts et leur formalisation sous forme de dossiers.

En France, le CEA a largement exploré cette voie, en mettant au point plusieurs méthodes comme Rex et MKSM, et en déployant un programme ambitieux nommé Accore. Un autre pionnier a été Usinor, avec le projet

Sachem consacré à la formalisation du savoir-faire de conduite des hauts-fourneaux. On peut aussi évoquer l'action d'un collectif inter-entreprises animé par l'université de technologie de Compiègne : IIIA. En une décennie, une grande quantité de projets et de méthodes de modélisation des connaissances d'expertise ont vu le jour, à la fois dans les entreprises et dans les travaux universitaires. Pour un panorama très complet de la question, on peut se reporter à l'excellente synthèse effectuée par l'Inria[1].

La méthode Rex a été conçue au départ dans le contexte de l'expertise du CEA sur la technologie des réacteurs à neutrons rapides (Superphénix). Cette méthode a ensuite été implémentée dans un atelier logiciel pour faciliter son application dans différents domaines industriels (aéronautique, automobile...). Le principe consiste à mettre en place une phase d'entretiens avec des experts, en s'inspirant de méthodes d'intelligence artificielle, puis à construire progressivement le modèle sous forme d'un assemblage de fiches appelées « éléments de connaissances ». Ces fiches

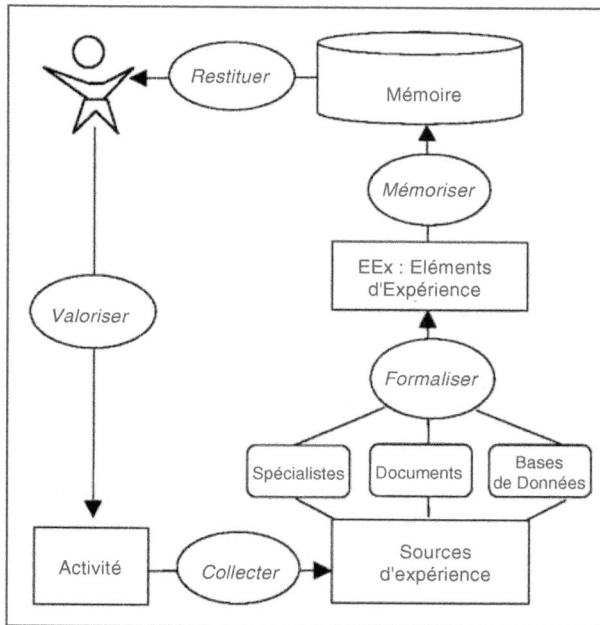

Figure 60. Le processus de formalisation par la méthode Rex[2]

---

1. Sous la direction de Rose DIENG, *Méthodes et outils pour la gestion des connaissances*, Dunod, Paris, 2001.
2. D'après P. MALVACHE, C. EICHENBAUM, P. PRIEUR, « La maîtrise du retour d'expérience avec la méthode Rex », journal Performances humaines et techniques, *n° 69, avril 1994.*

sont structurées de façon à faire apparaître systématiquement, pour chaque connaissance élémentaire, le contexte, la description et le point de vue interprétatif de l'expert. Ensuite, les différents éléments sont assemblés à la façon de la méthode SADT sous forme de schémas blocs reliés entre eux par différents réseaux sémantiques pour constituer le modèle du domaine d'activité.

La méthode MKSM, conçue par Jean-Louis Ermine au CEA[1], se décompose également en plusieurs phases : recueil d'expertises, modélisation et élaboration d'un dossier appelé « livre de connaissances ». La phase de modélisation met en œuvre le « macroscope de la connaissance », un modèle inspiré de l'approche systémique développée en France dans les années soixante-dix (Jean-Louis Le Moigne, Joël de Rosnay, Edgar Morin...). Le macroscope repose sur deux modèles : le modèle sémiotique, qui définit la connaissance par le triptyque information-sens-contexte ; le modèle systémique, qui la définit par le triptyque structure-fonction-évolution.

À partir de ces hypothèses théoriques, la méthode MKSM propose de modéliser différents aspects de l'expertise : modèle des concepts (à rapprocher d'un thésaurus structuré), modèle des tâches (la description des opérations élémentaires), modèle du domaine d'activité (l'enchaînement des tâches selon un formalisme de type SADT).

Un exemple d'application : modéliser la lutte contre les feux de forêts[2]

La formalisation de l'expertise liée à cette activité consiste à appréhender ce qu'est un feu de forêt, à expliciter les règles d'organisation des secours, à définir le rôle et le métier de chaque acteur ainsi que leurs relations de coordination. La capitalisation concerne non seulement l'inventaire des documentations existantes, mais aussi la modélisation des tâches de façon à optimiser la mise en place des plans de lutte contre le feu. Le gestionnaire chargé de combattre le feu doit faire face à deux tâches complémentaires : établir un diagnostic de la situation et mettre en place le plan le plus adapté, ce qui peut conduire à modifier des plans existants (voir figure 61). En particulier, la tâche de planification suppose de connaître : l'état physique du feu, le contexte topographique, la végétation, les infrastructures présentes sur le site, les moyens de lutte disponibles. Dans ces opérations, la capacité à réutiliser les expériences antérieures et à partager les expertises est

---

1. Pour des descriptions détaillées de cette méthode, voir, par exemple, *Capitaliser et partager les connaissances avec* MKSM, ouvrage collectif Traité IC2, Hermès, Paris, 1999 ; ou *Les systèmes de connaissances*, Hermès, Paris, 1996.
2. Source : Sabine DELAÎTRE, Sabine MOISAN, Alain MILLE, « Instrumentation d'un processus de retour d'expérience pour la gestion des risques ».

fondamentale pour l'efficacité du résultat. Cela a conduit les auteurs à proposer la notion d'*atome d'expérience*, pour décomposer la tâche de planification-révision en expériences élémentaires ; chaque atome décrit les actions et décisions, les justifications et commentaires liés à ces actions, les effets des modifications d'un plan.

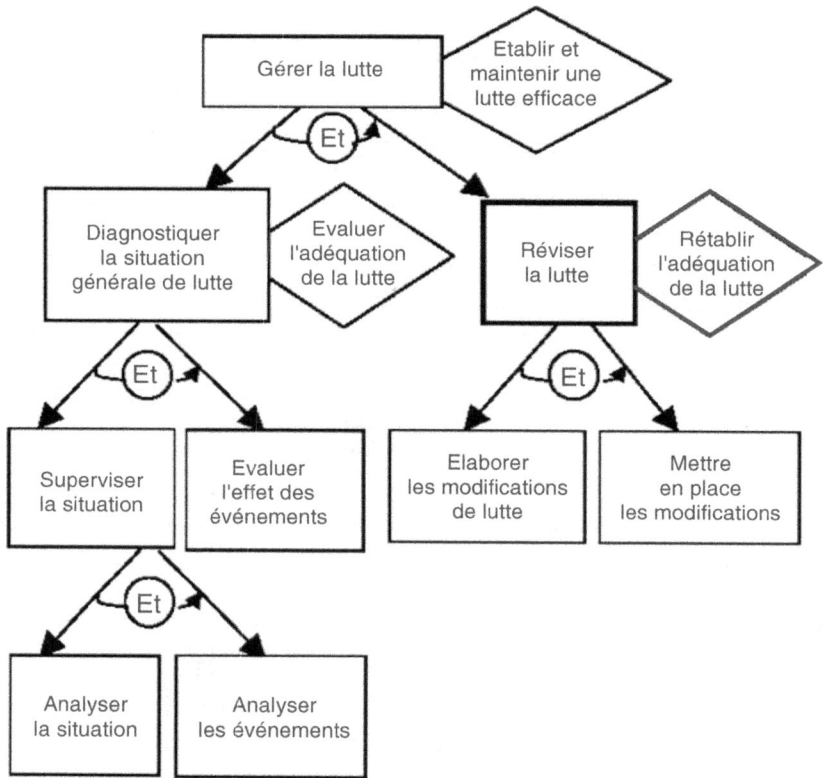

Figure 61. Graphe des tâches de l'activité de gestion de lutte contre les feux de forêt (Sabine DELAÎTRE, Sabine MOISAN, Alain MILLE)

Pour citer un autre exemple emblématique, Usinor a depuis longtemps développé des projets de modélisation des connaissances, en cohérence avec une démarche ambitieuse de gestion des compétences, sous l'impulsion de son DRH, Daniel Atlan. Ainsi, il y a une dizaine d'années, le projet Sachem a utilisé des méthodes issues de l'intelligence artificielle pour modéliser et optimiser les savoir-faire de conduite des hauts-fourneaux. Le but était triple : renforcer l'appartenance à une communauté d'expertise sur ce métier, formaliser les connaissances génériques, capitaliser et valoriser les bonnes pratiques sous forme d'un *référentiel métier*. Au-delà, il s'agissait de passer d'une expertise individuelle à une logique de compétence collective.

L'exemple d'Usinor est intéressant car il illustre bien la globalité du modèle CTR-S et sa portée pratique. La modélisation et la capitalisation des savoir-faire, notamment dans le projet Sachem, sont une première étape. Celle-ci donne déjà lieu à un processus de socialisation qui s'avère déterminant pour obtenir une bonne adhésion collective : les modèles sont élaborés sur la base de rencontres et de discussions qui permettent de les mettre au point, de les valider, mais, plus encore, qui ont un effet indirect pour souder la communauté des experts et partager la vision du métier. La mise en forme du référentiel métier donne lieu à une exploitation effective, qui est suscitée par le management. En outre, la base de connaissances contient des supports pédagogiques (vidéos...) qui sont utilisés en renforcement des actions de formation continue. Tous ces dispositifs sont enfin un véritable levier de l'innovation et du renouvellement. Ils contribuent à l'amélioration globale de la qualité, du fait des actions correctrices qu'ils induisent.

PARTAGER LA CONNAISSANCE PAR L'INTRANET

Nous avons examiné plus haut les différents processus de capitalisation et de collaboration qui permettent d'enrichir et d'alimenter la (les) base(s) de connaissances. Il reste à voir comment la technologie Intranet/Internet constitue un levier qui facilite l'exploitation collective de ces bases de connaissances, en particulier à travers les portails.

Les fonctions du portail de connaissances

À retenir

Au sens large du terme, un ***portail de connaissances*** est une interface informatique permettant à chaque utilisateur d'accéder facilement aux différentes ressources, humaines ou informationnelles, dont il a besoin pour son métier. C'est le lieu fédérateur, accessible en réseau, où chacun peut venir chercher ou apporter de l'information professionnelle et de la compétence, proposer ou utiliser des services, discuter et échanger avec ses pairs, ses clients, ses fournisseurs.

Voilà pour la définition théorique et quasi idéale... La pratique n'en est pas encore tout à fait là. Lorsqu'on lance un projet de portail, quel objectif peut-on se fixer en priorité ? Un regard sur les projets lancés ces dernières années fait apparaître trois *paliers* de portail en Intranet, qui constituent autant d'étapes vers ce qu'on peut appeler un portail de gestion des connaissances. Voici très schématiquement les caractéristiques de ces paliers (elles se cumulent d'un palier à l'autre) :

- *Diffuser* : édition et publication d'informations institutionnelles par un responsable éditorial ; simple consultation par les utilisateurs ; peu de possibilités de dialogue (éventuellement, une fonction de « réaction ») ; pas (ou très peu) de fonctions de collaboration et de discussion entre utilisateurs, et donc pas d'effet de réseau induit.
- *Capitaliser* : agrégation des sources d'information utiles pour un métier (internes et externes : bases Notes, sites Web, GED...) ; processus d'édition et de validation pour les utilisateurs ; gestion et classement des documents par dossiers métier (thèmes, affaires, projets...) ; fonctions de consultation évoluées (moteur de recherche, *full text*, cartographies...) ; le rôle de l'animateur s'étend à un appui au classement collectif des documents ; répertoire de compétences, « qui fait quoi », carnet d'adresses, et donc effet indirect de réseaux d'utilisateurs.
- *Collaborer* : forums de discussion ; fonctions de dialogue évoluées ; espaces projets ; services interactifs en ligne (relations client, e-learning...) ; accès à des ressources logicielles métier (outils de calcul, de simulation, etc.) ; il peut y avoir un animateur spécifique pour chaque forum, dossier ou service ; les fonctions de travail collaboratif induisent des effets de réseaux de compétences et de communautés reliant les utilisateurs.

On peut dresser une typologie en fonction des sources d'information et des cibles d'utilisateurs (voir figure 62).

	Informations destinées à l'intérieur de l'organisation (capitalisation de connaissances)	Informations destinées à l'extérieur de l'organisation (e-business)
Informations en provenance de l'intérieur de l'organisation	Capitalisation interne	Service de e-business : commerce électronique
Informations en provenance de l'extérieur de l'organisation	Capitalisation externe : service de veille, intelligence économique	Portail généraliste, portail vertical

Figure 62. Quatre principaux services couverts par les portails

Aujourd'hui, les principales rubriques et fonctions à prévoir dans un portail de gestion des connaissances sont les suivantes :

Annuaire des expériences – Ce point est essentiel car un portail doit permettre avant tout de faciliter l'accès aux ressources dont l'utilisateur peut avoir besoin dans son métier (experts, partenaires, prestataires...). Du qui-fait-quoi à la cartographie des compétences, on peut imaginer toute une gamme de possibilités, comme nous l'avons vu précédemment.

Plan de classement – Quelle que soit la puissance des outils informatiques, une base de connaissances ne peut être efficace que si les informations et documents sont classés de façon soigneuse et pertinente. Cela suppose en principe la contribution de plusieurs experts métier, qui doivent discuter ensemble pour mettre au point progressivement un plan de classement. La difficulté augmente bien sûr avec le volume de la base... Il peut donc s'avérer nécessaire de faire appel à une compétence de documentaliste pour aider à élaborer et gérer cette classification. D'autant plus que l'expérience du savoir scientifique depuis plusieurs siècles a montré à quel point la connaissance nécessite d'organiser et de classifier en permanence les événements, les objets, les informations disponibles. Si la base de connaissances est plus modeste, on peut essayer d'utiliser des outils informatiques qui proposent des classifications automatiques... Il commence à en exister mais le recul n'est pas encore suffisant pour pouvoir établir un diagnostic sérieux. À suivre...

Recherche en texte intégral – La recherche par mots-clés peut s'avérer suffisante en matière de recherche documentaire. Mais les moteurs de recherche en texte intégral sont depuis quelques années très opérationnels et faciles d'utilisation puisque l'utilisateur ne s'aperçoit même pas de toutes les opérations invisibles que cela suppose (explorer le réseau, identifier les informations cherchées, les ramener sur l'espace accessible à l'utilisateur, les classer)... Ces outils permettent à l'aide d'une requête très simple de retrouver tous les documents, voire les paragraphes des documents et les phrases des bases documentaires et des sites Web contenant les termes recherchés. L'utilisateur peut désormais « naviguer dans l'océan des connaissances », comme Francis Bacon l'avait rêvé dès la Renaissance. Encore convient-il pour la maîtrise d'œuvre du portail d'étudier soigneusement le processus d'indexation automatique des documents. Il est fortement conseillé de se renseigner sur ce sujet auprès d'un bon spécialiste.

Profils utilisateurs (possibilité pour un utilisateur d'enregistrer les mots décrivant ses thèmes d'intérêt) et *fonctions d'alerte automatique* – Ils sont certes utiles pour simplifier la distribution des nouvelles informations à chaque utilisateur, en fonction de ses sujets d'intérêt. En effet, c'est le portail qui trie toutes les données et les « pousse » vers l'utilisateur. Avantageux pour les paresseux et les gens très pressés... mais attention aux effets pervers : aucun outil n'est intelligent et vous risquez comme la CIA de vous réveiller trop tard si vous ne faites jamais l'effort de la curiosité...

Rubrique Actualités – Il s'agit de disposer d'une page réunissant les nouveautés. Utile pour savoir d'un coup d'œil ce qui vient de sortir.

Dossiers institutionnels : documents de doctrine, assurance qualité, communication, stratégie, normes...

Dossiers projets – Chaque projet a besoin d'un dossier assemblant tous les documents utiles pour le projet. Cela peut aller des documents complets directement intégrés « dans la base » aux liens vers d'autres sources d'information.

Forums de discussion – Il est essentiel de proposer des espaces collaboratifs dans le portail (pour les raisons déjà évoquées). Il peut s'agir de liens vers des bases où se déroulent ces forums, mais aussi de forums purement Intranet. Peu importe la technologie (qui évolue très vite). La difficulté pour le chef de projet de portail est de préparer le terrain, c'est-à-dire de susciter des communautés de discussion et de travail collaboratif « en chair et en os ». Que ce soit dans un portail ou dans une base Notes, aucun forum ne peut fonctionner efficacement et longtemps si la communauté humaine n'existe pas en dehors de l'outil.

Édition de nouveaux documents – Il est important de concevoir l'édition des documents comme un processus puis d'en déduire les fonctions nécessaires ; définir des modèles de fiches de saisie (simples) ; les règles d'accessibilité par défaut, un champ « accessibilité » et le lien avec le carnet d'adresses électronique de l'entreprise ; définir les règles et fonctions de validation : faut-il désigner des responsables de dossiers ?

Les contenus – Il s'agira d'évaluer grossièrement, dès le début de la conception du portail, les principales sources d'information internes et externes qui devront être accessibles (bases documentaires, forums, répertoires de compétences, liens sites Internet, archives documentaires papier...). Dans le cas d'archives papier, il peut s'avérer utile et pragmatique de constituer un fichier synthétique décrivant grossièrement les contenus de ces archives et la façon d'y accéder ou les personnes à contacter pour en savoir plus.

Flux d'informations externes – Proposés sous forme de composants prêts à l'emploi, des flux d'informations externes peuvent être directement insérés dans le portail par l'administrateur du système ou l'utilisateur final. Le format est le plus souvent du XML.

Abonnements – Le portail permet de s'abonner à des sources d'information externes ou internes. L'abonnement, combiné avec les profils d'utilisateurs et les fonctions d'alerte, permet de recevoir quotidiennement les informations nouvelles sur des thèmes définis par chaque utilisateur.

Sécurité et accessibilité – Les portails sont dotés en principe de fonctions de *single sign on*. L'utilisateur peut s'identifier une fois pour toutes (*login* et mot de passe unique), pour accéder à l'ensemble des applications du système. Pour connaître les droits de l'utilisateur et autoriser ou non l'accès aux applications, le portail s'interface avec l'annuaire de l'entreprise via le protocole LDAP.

Personnalisation – L'interface du portail peut, en partie, être personnalisée. L'administrateur peut forcer l'affichage de certains composants qui ne seront pas modifiables par l'utilisateur. Celui-ci doit en revanche pouvoir en ajouter quelques-uns, pour adapter le standard choisi à ses besoins spécifiques (autres sources d'information, abonnements, « mes préférés »...)

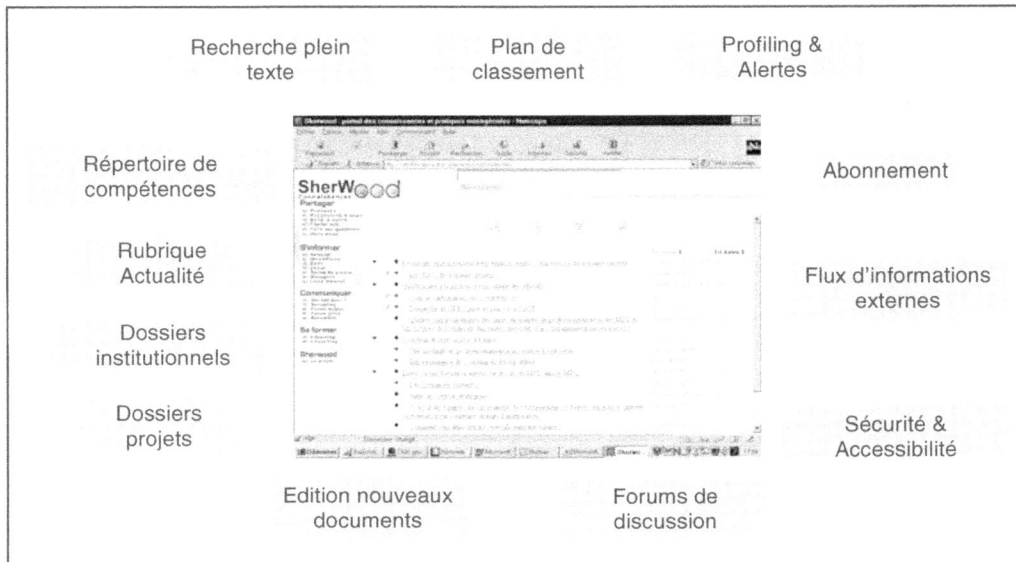

Figure 63. Les rubriques et fonctions essentielles d'un portail de gestion des connaissances

Les Intranet développés dans les entreprises depuis quelques années facilitent l'accès aux informations dans la plupart des métiers. De ce point de vue, il s'agit d'un important levier de la gestion des connaissances. Mais ce n'est qu'un levier. Rappelons-nous que la connaissance ne se réduit pas à l'information. Elle suppose en plus deux processus d'apprentissage, qui lui donnent toute sa valeur : l'apprentissage rationnel, qui transforme l'information en savoir, et l'apprentissage en acte, qui incorpore informations et savoirs pour nourrir la compétence. Pour emprunter une métaphore à l'aérospatiale, l'Intranet ne peut donc être que le « premier étage » de la gestion des connaissances ; un étage qui a tendance à focaliser toute l'attention. Cet outil n'est pourtant que le lanceur de la fusée ; il permet le décollage. Mais pas la mise en orbite, ni l'alunissage. Que penserions-nous d'un programme spatial qui se contenterait de cela ? Sans doute que ce n'est que la préhistoire de l'ère spatiale. Aujourd'hui, les TIC en général, et l'Intranet en particulier, constituent des outils de gestion de l'information, mais il faut les penser dans le triptyque outil-métier-management pour que la gestion des connaissances fasse un véritable progrès. Illustrons cette problématique sur un exemple d'application de l'Intranet[1].

Un exemple : l'Intranet pour la conduite de la production

La conduite de production implique, de plus en plus, l'utilisation de machines outils à commande numérique. Ces systèmes intègrent désormais des interfaces IP qui permettent une connexion par l'Intranet. Cette configuration amène à concevoir de nouvelles façons d'articuler compétences et traitements de l'information. Cela suppose ainsi à la fois des processus de traitement automatisé de l'information et des compétences d'opérateurs, pour assurer la gestion des commandes, le contrôle des travaux, la maintenance, le dépannage, etc. L'opérateur peut accéder à distance au système, pour des opérations de télémaintenance ou de téléapprovisionnement. Ces nouvelles combinaisons produisent de nouvelles compétences (maîtriser les interfaces, utiliser des logiciels d'aide au diagnostic, des logiciels de simulation en 3D...) mais aussi de nouveaux processus d'apprentissage puisque l'opérateur peut lui-même se former à distance. C'est le cas des techniciens de maintenance dans les centrales nucléaires (du moins en tendance, car beaucoup d'opérations nécessitent encore un contact direct avec la réalité !).

De même, le savoir existant sur les procédés de construction et les conditions de maintenance des machines est accessible par Internet ou Extranet, sur les sites des fabricants

---

1. Nous verrons d'autres exemples plus en détail dans les chapitres consacrés à la gestion de la relation client et à l'université d'entreprise (avec notamment le cas du e-learning).

et des cabinets d'expertise. Un exemple[1] : Techspex (*www.techspex.com*), fédérateur de la communauté des professions liées à la machine outil.

L'apprentissage n'est pas seulement individuel : les forums et les newsgroups réunissent en ligne les opérateurs et favorisent le déploiement d'une compétence collective, en particulier pour le diagnostic de pannes.

Toutes ces innovations provoquent ou vont provoquer une transformation en profondeur des processus métier et du système de production, dans de nombreux secteurs. Les possibilités de combinaison des ressources à distance font voler en éclats l'organisation, mais aussi la distribution du pouvoir, du savoir et des « centres » de décision. La propriété intellectuelle est également concernée du fait de l'extension du système productif hors des frontières de l'entreprise : le savoir circule et se partage, l'expertise s'échange, des communautés extra-organisationnelles se développent.

Notons que les informations, savoirs et compétences qui se déploient et circulent à travers ces processus sont captés *en acte* par l'Intranet. Cette captation peut être vue comme un transfert de la mémoire individuelle – incorporée – vers un système de mémoire collective ; des flux complexes d'informations, de savoirs et même de compétences se créent de l'homme vers l'organisation et réciproquement. Peut-on parler de gestion des connaissances ? Il y a, à l'évidence, capitalisation, transfert et renouvellement des connaissances. Mais c'est surtout la fonction normative qui est à l'œuvre (le yang). La connaissance est instrumentalisée par la technologie pour « prescrire ce qu'il faut faire ». Tout ce processus ne dure que l'instant de l'acte collectif de production. Qu'en est-il au-delà de cet acte ? La connaissance étant partagée, elle est fragmentée. L'individu ne détient ni la connaissance ni la propriété complètes du processus. C'est le prix à payer d'une optimisation de la productivité.

Seule la situation de crise, semble-t-il, redonne à l'individu le pouvoir et revalorise la fonction herméneutique de la connaissance (le yin). Lorsqu'un incident imprévisible survient, la conduite de production appelle une interprétation neuve, une réponse à inventer. Selon la gravité de l'incident, la décision se polarise plus ou moins sur l'homme ou sur l'outil. En cas d'incident mineur, l'Intranet permet à la communauté de diagnostiquer la panne à distance. Dans ce cas, l'outil semble faciliter la solution. Mais n'y a-t-il pas des cas où seule l'intelligence purement humaine détient la clé du problème, où seuls le cerveau et le corps humains

---

1. Voir *Internet et entreprises : mirage ou opportunité ?*, ministère de l'Économie et des Finances, sous la direction de Jean-Michel YOLIN, août 2001.

restent capables d'élaborer une réponse satisfaisante ? Dans certains cas, en effet, il faut aller voir sur place, « descendre dans la soute » et se rendre compte de visu, pour évaluer et interpréter le problème. Le cerveau semble demeurer le dernier bastion de l'expertise en situation de crise. C'est le cas limite où la gestion des connaissances trouve son point d'arrêt, où la technologie reste muette.

Comment échouer son portail de gestion des connaissances

Voici un « récit apprenant » qui décrit les phases typiques qui mènent un projet de gestion des connaissances à un relatif échec. Il est présenté sous forme d'un témoignage : c'est l'un des acteurs qui parle ; il décrit ce qu'il a vu et vécu... (Toute ressemblance avec des cas réels est bien sûr pure coïncidence.)

Le constat initial

Dans notre direction (500 personnes), on a constaté depuis longtemps divers « dysfonctionnements récurrents ». Par exemple, dans la gestion quotidienne, chacun a tendance à être accaparé par toutes sortes d'urgences.

« Mes commerciaux ne font pas assez remonter l'information du terrain », se plaint un manager.

Pourtant, quand on interroge l'un de ces commerciaux, voilà ce qu'il nous répond :

« Vous croyez que j'ai le temps de tout raconter à mes chefs ? Je n'avancerais pas ! D'ailleurs, mon chef, quand je veux lui parler d'un problème, je sens bien qu'il n'a pas le temps d'entrer dans les détails. Je dirais même que, souvent, ça le dérange, de gratter là où ça fait mal. Il lui faut une information de synthèse. Mais les synthèses sont creuses. C'est dans le détail que se loge l'information utile ! »

De l'avis général, les gens passent donc le plus clair de leur temps à « éteindre des incendies ». Beaucoup de choses jugées importantes ont tendance à être reportées à plus tard, malgré la bonne volonté de tous.

Ainsi, les projets se déroulent plutôt bien dans l'ensemble, mais on n'a jamais le temps de conclure de façon satisfaisante. Les revues de projet se font dans la hâte, car tout le monde est pressé de passer à un autre projet qui attend sur le feu. Ou tout simplement, le bilan a été fait de façon tacite depuis des mois. On considère que le chef de projet a été bon et il aura de la promotion ; ou au contraire, il a été mauvais et on vient au bilan pour l'écouter poliment, mais tout le monde s'en fiche. L'autre jour, par exemple, un chef de projet est arrivé à son bilan annuel. Voici son témoignage :

« J'avais une question que je voulais absolument discuter avec la hiérarchie. Un gros problème sur les besoins du client. Il aurait fallu une heure pour traiter le problème, mais, à peine la réunion commencée, le directeur a annoncé qu'il était pressé ; qu'il fallait aller droit au but. J'ai tout de suite compris que c'était râpé... J'ai bien essayé d'écrire quelque chose après. Mais personne ne l'a lu. »

Au démarrage du projet suivant, celui qui attendait sur le feu, les gens ont du mal à faire une véritable étude d'opportunité. Les sources d'information sont peu accessibles ou incomplètes ; il n'existe pas de cartographie pertinente des compétences déjà existantes. Plus grave peut-être : les hypothèses de départ ne sont pas bien explicitées, notamment les besoins et les objectifs. Ce qui est sûr, c'est que ça urge, car un directeur vient de déclarer que c'était important, tout à coup.

De même, les affaires courantes sont traitées dans l'urgence. Les gens n'ont jamais le temps de tirer le meilleur parti des informations et dossiers déjà existants. Ils ont donc tendance à réinventer la poudre régulièrement. Réinventer la poudre, la roue, la brouette, le fil à couper le beurre... Au moins, on ne manque pas d'expressions pour ça ! Du coup, par oubli ou ignorance, on néglige des acteurs clés, des points de vue importants (les besoins précis du client, par exemple). Ou alors on a oublié un problème qui s'était déjà posé il y a dix ans. Sur le même sujet.

Globalement, on peut le dire : l'organisation est assez cloisonnée. On a beaucoup de mal à coopérer de façon transverse, aussi bien avec des collègues en interne qu'avec des fournisseurs, des clients, des partenaires. D'ailleurs, on se connaît mal. Et quand on commence à bien se connaître, il est de temps de changer de job. Parce que les experts, c'est plutôt mal vu par la hiérarchie. Ceci dit, n'exagérons pas ; comme disait un chef l'autre jour, nos relations avec les clients sont tout de même en lente amélioration...

Voilà dans ses grandes lignes le contexte, et quelques constats sur lesquels tout le monde est à peu près d'accord, du moins quand on en parle en tête à tête. Au fait, j'ai oublié de le dire, dans la version officielle, le constat est plus bref et possède l'avantage des synthèses : la direction doit consolider ses domaines d'excellence et se perfectionner sans cesse, pour satisfaire ses clients et partenaires. Pour cela, elle a une richesse fantastique – son expérience – et des opportunités à saisir.

Commentaire intermédiaire

À propos des projets en général : on le voit dans ce récit, les équipes projet sont vite dispersées après le bilan de clôture. Les résultats ne sont pas discutés de façon critique et « apprenante » : qu'est-ce qui a bien marché, et pourquoi ? Qu'est-ce qui n'a pas marché, et pourquoi ? Quels scénarios envisager pour la suite et comment suivre les futurs déroulements ? Comment transmettre à d'autres les principaux acquis ? Comment tirer parti de cette expérience collective ?

Voilà des questions concrètes de gestion de la connaissance. Des questions métier. Le bilan de projet en offre une occasion exemplaire. Inutile de mettre en place un système de capitalisation si ce travail sur les bilans est mal fait...

Le triptyque management-outils-compétences : le portail Intranet est un système d'information. Ce sera peut-être un bel outil. Mais on peut être presque sûr qu'il ne servira pas à grand-chose s'il n'a pas été pensé dans le contexte du métier. Le récit montre les défauts de coordination, de collaboration, d'organisation du travail dans le contexte de cette direction. C'est de là qu'il faut partir. Pour que l'outil soit efficace, il doit être pensé dans le triptyque : management-outils-compétences. Le portail est un levier, qui démultiplie les capacités de coordination et les interactions... à condition que ces capacités existent. Le portail n'a donc aucune chance d'être *la* solution aux problèmes, si on ne travaille pas, en même temps, à développer ces capacités de coordination, et donc les compétences collectives qui en découlent.

La décision de démarrage du projet

L'état-major a décidé qu'il était grand temps de construire un portail de gestion des connaissances en Intranet. Du fait que les pressions et la concurrence sont de plus en plus fortes, il faut agir vite et bien. Nous visons une « victoire rapide ».

Un chef de projet a été nommé pour réaliser le portail de la direction. Son nom est Éric. Voici ce qu'il raconte :

« La hiérarchie m'a demandé pour la fin du mois prochain un cahier des charges. On m'a commandité un prototype d'ici cinq mois. Côté budget, ça va à peu près. Le problème, c'est que je suis un peu seul. J'ai posé des questions sur la stratégie de la direction. Silence radio. Je m'aperçois en plus que le management intermédiaire n'a pas d'idées. Ils attendent le proto pour voir. Mais ils ne veulent pas se mouiller. On me fait confiance, mais on m'attend au tournant... »

La position du directeur adjoint fait preuve d'un peu plus de recul :

« Pas question de préciser trop vite le résultat final. Laissons place à la créativité dans la phase préliminaire. Par contre, quand le projet sera bien ficelé, il nous faudra être rigoureux sur le suivi. »

Deux semaines plus tard, nous rencontrons à nouveau Éric :

« Pour éviter les dérives de budget, on m'a recommandé de répondre à "80 % des besoins". La loi des 80-20. Ok, ça paraît pragmatique, sauf que personne n'a su les définir, les besoins. »

Éric a donc décidé de faire un benchmark des Intranet dans quelques grandes entreprises. Il fait intervenir un consultant qui vient présenter deux exemples de portails (Cisco et Microsoft). Cela donne une idée plus concrète du résultat. Pourtant, cela ne permet pas de savoir précisément ce qui est le plus utile pour notre portail. D'ailleurs, chez Cisco et Microsoft, ils ne savent pas dire où se trouvent les 80 % et où sont les 20 % de fonctions rejetées. Nous en restons donc à la décision suivante : notre page d'accueil sera fortement inspirée des deux portails du benchmark. Ainsi est résolue à 80 % la question épineuse du cahier des charges. Pour le reste, on verra plus tard.

En parallèle, Éric a pris contact avec les partenaires internes, notamment pour la maîtrise d'œuvre informatique. Les choix techniques relèvent de cette démarche. Cela permet d'éviter de réinventer la poudre et de perdre du temps à chercher sur le marché le produit le plus à la mode. Faisons confiance aux spécialistes pour déterminer le bon choix.

« La difficulté avec la maîtrise d'œuvre, c'est le vocabulaire. Des fois, j'ai l'impression qu'on ne parle pas la même langue. Quand je parle de mon métier et de nos besoins, ils me montrent des fonctions sur étagère, et j'ai un peu de mal à juger », constate Éric.

Le prototype

Le processus de démarrage du projet est donc lancé. Compte tenu des contraintes de calendrier, il faut faire simple. Le prototype se présentera sous forme d'une page d'accueil permettant de donner accès aux informations institutionnelles de la direction. Elle devra inclure quelques liens vers des sites Intranet et Internet jugés utiles.

Au-delà des discussions parfois un peu nébuleuses, tout le monde semble d'accord sur un point : il faut mettre l'accent sur l'ergonomie. Pas question de risquer un rejet futur par les utilisateurs. Le choix des couleurs, du logo, des menus, des liens doit permettre une utilisation aisée. On s'inspirera notamment de l'exemple de Yahoo. Il est par ailleurs décidé de normaliser au plus tôt l'interface. Pas question non plus que les utilisateurs puissent faire n'importe quoi. Le portail doit être unique et avoir le même look pour tous.

« Le même look pour tous, c'est un vaste débat, dit Éric. Les utilisateurs que j'ai rencontrés, ils veulent pouvoir personnaliser leur page d'accueil. Chacun veut avoir ses boutons, ses couleurs. Par contre, sur le contenu du portail, ils restent très vagues. On leur a dit partout que l'outil permet d'obtenir la bonne information au bon moment. C'est ce qu'ils ont lu dans *01 Informatique*. Donc, ils attendent de voir... »

Décision de la hiérarchie : seules les informations dûment validées et pertinentes doivent être accessibles, donc avant tout les informations institutionnelles : doctrine, plan stratégique, plan qualité, plan de communication... On y ajoutera quelques rubriques d'agrément, conçues pour attirer l'utilisateur tout en étant d'intérêt général : liens vers des sites comme la SNCF, la météo et, bien sûr, la Bourse en ligne. À la question de l'accès à des sites permettant de faire ses achats personnels en ligne (« courses à domicile », etc.), après une longue discussion, il a été jugé que c'était encore trop tôt.

Le comité de direction a entériné la décision de lancement. Elle attend le jalon intermédiaire pour décider de la suite à donner.

Deux mois plus tard, sur ces bases, un prototype est disponible. L'équipe a travaillé vite et a tenu ses délais et ses coûts. Le prototype est montré au comité de direction. Celui-ci est plutôt satisfait, mais reste perplexe. On voit un outil, c'est bien, mais que faire de plus ? On discute longuement du nom de baptême. C'est le directeur qui finit par trancher : ce sera Omeg@. La racine du nom fait allusion à la fois à Hommes et à Ohm. Pas mal pour une compagnie d'électricité.

La mise en service opérationnelle

C'est maintenant à l'équipe projet de « transformer l'essai ». Une formation des utilisateurs est jugée trop coûteuse. On préfère se contenter d'une réunion plénière de communication où sera présenté le portail au personnel (deux heures). Surtout, il est demandé de mettre en place des indicateurs statistiques permettant de juger du succès vis-à-vis des utilisateurs. Le feu vert est donné pour la mise en service du portail. Rendez-vous dans six mois pour évaluer la réussite. La question majeure qui est ouverte par le directeur : quel sera le retour sur investissement du projet ? Il est décidé d'en reparler à cette échéance.

Une réunion de communication est donc organisée. Les avis sont partagés. Les fanatiques d'Internet accueillent l'outil avec enthousiasme. Les autres trouvent que c'est intéressant et que ce sera sans doute utile, mais n'ont pas plus d'avis.

Le portail est mis en service et déployé à l'échelle de la direction : la moitié des 150 cadres auront librement accès au portail. En outre, on ajoutera deux postes en accès libre (moyennant mot de passe) dans le hall de la cafétéria, de façon à « démocratiser l'Intranet ».

Dans les trois premiers mois, on relève une montée en puissance du nombre des consultations. Puis cela atteint un plateau. On en déduit que la phase opérationnelle est atteinte. Le portail permet d'accéder à une centaine de documents officiels et fournit une dizaine de liens utiles vers des sites Internet.

À la fin de l'année, le projet est considéré comme terminé. Éric n'a plus guère de temps à y consacrer. L'administration informatique est maintenant assurée par le webmaster de l'entreprise. Voilà un nouvel outil de plus qui tourne. La direction possède maintenant un portail, en plus des quelque 250 bases Notes déjà existantes dans les différents départements. Mais personne en réalité n'a fait le compte exact de ces bases Notes. De temps en temps, la cellule Notes observe qu'une base est inactive et propose son archivage. Le portail continue de fonctionner avec le même taux de connexions. Sur les 500 collaborateurs de la direction, une cinquantaine utilisent le portail. Les autres n'ont sans doute pas le temps. Ou n'en ont pas vraiment besoin. Quant aux deux postes en accès libre à la cafétéria, ils ont été pris d'assaut au début, puis bizarrement, au bout de six mois, ils sont restés inoccupés. La direction en a déduit que cela n'intéresse pas le personnel non cadre et les a supprimés.

Mais de nouveaux outils apparaissent déjà sur le marché. D'après certaines informations, il semblerait que de nouvelles fonctions soient disponibles. Il faudrait pour cela changer de portail. Ou de technologie. Rien ne presse. Nous verrons un peu plus tard...

Cherchez l'erreur

Où est le problème, dans ce récit ? Globalement, c'est plutôt réaliste. Le diagnostic initial est pertinent et lucide. Qu'en est-il des résultats ? Et de la démarche ? Est-ce vraiment un récit d'échec ? Après tout, cela semble s'être plutôt bien passé. Un outil existe. Il semble fonctionner. Comment faire mieux ? Faut-il d'ailleurs essayer à tout prix de faire mieux ?

Pourquoi le résultat n'est pas suffisant ?

Seule une fraction des collaborateurs utilise le portail (seulement une cinquantaine de cadres pour 500 personnes dans la direction). Les non-cadres sont écartés du processus. L'utilisation du portail consiste en une simple consultation d'informations. Celles-ci sont réduites aux informations officielles, institutionnelles. La valeur ajoutée est mince. Il s'agit d'une diffusion top-down. Les utilisateurs ne contribuent pas à enrichir les contenus du portail. Ce n'est donc pas un outil métier : la consultation d'informations officielles est certes utile mais ne contribue que peu au processus métier au quotidien. Il n'y a guère de chance de voir les compétences collectives augmentées.

En quoi les capacités de coordination et les interactions avec l'externe ont-elles été améliorées ? On peut gager que le portail ne contribuera pas vraiment à l'augmentation de la compétitivité, si ce n'est par des effets de bord très secondaires. Dans ce récit, le portail est considéré comme un simple outil. Tant que les processus métier ne sont pas impactés par l'existence d'un portail, les gens ne se sentent pas véritablement concernés dans leur travail quotidien. Le coût global paraît certes acceptable, mais la valeur ajoutée est faible. Globalement, on a plus satisfait à un effet de mode qu'à une transformation en profondeur de l'organisation et du fonctionnement.

Comment faire mieux ?

Au départ, le projet est lancé *dans la précipitation*, alors que, de l'avis général, les dysfonctionnements évoqués existent depuis longtemps. Pourquoi une telle précipitation, qui nuit à la définition claire d'objectifs et à l'élaboration d'une vision partagée ? L'arbre cache la forêt : on parle d'urgence, de « victoire rapide », mais *les questions de fond* évoquées plus haut n'ont pas été discutées. Il est préférable de *commencer par la construction de cette vision partagée*. Il faudrait d'abord discuter sur ce *diagnostic* et surtout *impliquer* plus largement le *management*, ainsi que plusieurs représentants acteurs de la direction (notamment des chefs de projet, d'autres cadres et aussi des non-cadres). Souhaite-t-on vraiment que le portail soit l'occasion de réfléchir plus fondamentalement au métier, aux objectifs stratégiques et aux capacités collectives insuffisantes ?

Au lieu de se contenter d'un simple accès aux informations, il serait préférable, dès le début, de *prévoir des processus (et fonctions)* qui permettent aux collaborateurs de communiquer, d'enrichir le portail, de développer des forums, des communautés, des réseaux de compétences. Cela suppose aussi qu'une vraie réflexion soit mise en place pour progresser collectivement en matière de travail en groupe, de gestion de projet, de travail à distance, d'animation de réseaux métier. C'est là un véritable objectif de conduite du changement, qui doit concerner l'ensemble de la direction et non pas seulement un outil. Cela suppose donc une forte implication de l'état-major et une volonté de développer une véritable culture de relations (clients, partenaires...), de réseaux (de compétences) et de travail en groupe (plateaux projets, processus de discussion des bilans de projets, etc.). Il s'agit notamment de professionnaliser le travail collectif, les interactions, l'ouverture et la transversalité.

Dans ce récit, le chef de projet est un simple pion dans le système. Il n'a aucune influence au sein du comité de direction, lequel reste très lointain par rapport au projet. Pour cette raison, le portail ne peut être qu'un outil. Le lien avec le management et la stratégie est inexistant.

Le benchmark est certes utile. Mais il reste trop superficiel. Il ne fait que susciter un effet de mimétisme : on copie simplement sur les autres, sans vraiment s'interroger sur la possibilité réelle de transposer dans ce contexte. Le benchmark reste focalisé sur la technologie.

Le clivage de la population en cadres et non-cadres se traduit à l'arrivée par une désaffection importante. Il est probable que ce projet ait été interprété à la base comme un signe de mépris de la hiérarchie. La mise à disposition dans la cafétéria a dû faire rire (jaune) beaucoup de collaborateurs. Si l'on veut que le portail soit un outil métier, ce n'est pas à la cafétéria qu'il doit être installé, mais sur le bureau de chacun.

Les indicateurs statistiques de connexion ne suffisent pas. Ils sont nécessaires, mais totalement insuffisants pour évaluer l'apport. Seuls des effets de réseau permettraient peu à peu de voir s'améliorer *la culture du partage d'informations et de la collaboration*.

En matière de GRH, rien n'a été évoqué. Le projet de portail ne semble pas avoir été relié avec les démarches RH en cours. La formation a d'ailleurs été écartée comme trop coûteuse. De plus, si la formation aux nouvelles technologies est utile, il faut d'abord faire porter les efforts de formation sur des questions comme le travail partagé, les évolutions du management, le travail en réseaux, etc.

L'accent est trop mis sur l'ergonomie. Les liens vers des « sites d'agrément » utiles sont complètement anecdotiques. C'est un cas de « cliché » évident. Surtout du fait que l'essentiel, à savoir la réflexion sur les processus métier, sur le management, le travail collectif ont, eux, été négligés. L'ergonomie est certes importante, mais pas toute seule...

Dans ce bilan, un autre problème apparaît en filigrane : le portail n'a pas contribué à résoudre les questions de fond, et pourtant tout le monde semble satisfait. La direction adopte un statu quo silencieux. À moins que ce soit l'ensemble de l'entreprise qui partage cette attitude...

Quelques recommandations pour la gestion des connaissances en Intranet

Connaître les fonctions d'un portail de gestion des connaissances « sur le papier » ne suffit pas. C'est le passage à la pratique qui est source de problèmes, comme l'illustre le récit présenté plus haut.

Si le portail Intranet est défini de façon *trop simpliste*, on risque de ne plus avoir la possibilité de le faire évoluer ultérieurement. Au contraire, si le cahier des charges est *trop compliqué*, le portail est une *usine à gaz* qui a peu de chances de donner satisfaction, tout en coûtant trop cher ; de plus, dans ce cas, la communication et la coopération entre maîtrise d'ouvrage et maîtrise d'œuvre sera difficile. La difficulté pratique est donc de *faire des choix à la fois précis et assez simples*, de *définir des règles simples mais claires* de fonctionnement, de *désigner des rôles*.

Voici quelques points qui, d'après les expériences existantes, s'avèrent importants dès le lancement d'un projet de portail de gestion des connaissances. Les « bonnes pratiques » en la matière consistent essentiellement à savoir répondre clairement sur ces différents points prioritaires. Il convient en principe de bien distinguer plusieurs phases clés du projet.

La définition des objectifs

La définition des objectifs doit avant tout viser à bâtir une *vision partagée* sur les objectifs du projet, avec le management et un échantillon d'utilisateurs finaux. Cette phase doit être circonscrite dans la durée. Au-delà de quelques mois, le risque se pose en termes d'image ; le manque de visibilité partagée devient important et la contre-référence guette.

La définition des objectifs doit partir d'une question centrale (tout à fait indépendante de la technologie du portail !) : *quels sont nos enjeux métier pour les années à venir* ? Dans quelle stratégie explicite se situe notre métier ? Quels processus métier sommes-nous prêts à reconsidérer ? Avons-nous une influence réelle sur l'évolution de ces processus ? Quelle valeur ajoutée attendons-nous d'un portail de gestion des connaissances, qui est fondamentalement un outil de communication opérationnelle (et non pas un simple outil de diffusion) ?

Exemple d'un portail groupe.

Dans la perspective de développement d'un grand groupe industriel, le projet de portail, sous l'impulsion notamment de la direction internationale, s'inscrit dans une démarche plus large. Il s'agit de développer et de professionnaliser des réseaux d'expertise métier (marketing, gestion, RH, production, etc.) pour faire expliciter et circuler des « bonnes pratiques », les valider, les discuter, les transcrire dans d'autres contextes de façon à obtenir des effets de fertilisation croisée. Ces processus ne résultent pas d'une technologie, aussi puissante soit-elle, mais d'une implication de la direction et d'un pilotage fort du changement.

Cela conduit à s'interroger sur les *objectifs opérationnels en termes de « coordination métier »* : comment et avec qui collaborons-nous dans nos métiers au quotidien ? Que voulons-nous améliorer ? Quels sont les obstacles (humains, culturels, matériels) ? Savons-nous cultiver la confiance constructive avec nos partenaires ? Quels sont nos réseaux métier ? Qui sont nos clients, nos partenaires, nos fournisseurs ? Quels modes de coordination et quelles interactions devons-nous développer avec eux ? Que faut-il ne pas attendre du portail ?...

Il est utile de distinguer entre ces objectifs métier et les fantasmes qui sont véhiculés et médiatisés à propos des nouvelles technologies... Ces questions de fond peuvent sembler inutiles à certains. Certes, mais si c'est là l'opinion majoritaire, alors il convient de se demander si le projet n'est pas prématuré... Par ailleurs, poser ces questions de fond ne veut pas dire qu'il faut en discuter indéfiniment !

La conception du portail de gestion des connaissances

Dans le cas d'un projet important, on peut distinguer et relier *conception* et *prototypage*, même si les deux sont liés, comme dans tout projet basé sur les nouvelles technologies (concevoir en faisant). La phase de conception peut intégrer dès le départ un travail de maquettage, mais avec un nombre restreint d'acteurs. Un *travail d'explicitation des enjeux et des besoins* est indispensable. On ne redit jamais assez que les outils ne représentent qu'une partie des problèmes. Les enjeux sont trop vite confondus avec les fonctions de l'outil. Par exemple, dire que l'objectif est de « partager les connaissances » ne fait pas beaucoup avancer les choses... Ce n'est pas une finalité du métier. Il est plus fructueux de dresser très tôt des scénarios très concrets de processus métier pour indiquer comment et en quoi le portail va aider à transformer et améliorer tel processus.

Le veilleur et la gestion de crise

Dans un métier comme celui de veilleur, l'activité ne peut se réduire à l'utilisation d'un outil sur Internet. Les fonctions de recherche, d'alerte, de push, etc. sont désormais indispensables au quotidien. Mais la valeur ajoutée du veilleur réside dans le croisement entre l'usage de ces nouvelles techniques et l'habileté à intégrer différents réseaux et à en tirer le meilleur parti. Ce sont les métiers de la veille et de la documentation dans leur ensemble qui sont en voie de profonde transformation. Pour que le portail soit réellement efficace, il est utile de concevoir différents scénarios. Par exemple, en cas de crise (économique, financière, écologique, etc.), que se passe-t-il concrètement pour le veilleur ? Comment peut-il anticiper ? Quels réflexes inhabituels doit-il mettre en œuvre pour réagir et appuyer les décideurs ? Les fonctions techniques du portail ne répondent pas à ces questions. Au contraire, elles risquent de créer des effets pervers si leur usage n'est pas pensé dans le cadre concret d'un scénario de type crise (ou pré-crise).

Le prototypage est plutôt moins problématique et, en tout cas, pas très spécifique d'un projet de portail. Il peut démarrer dès que la phase de conception semble bien engagée, sans nécessairement attendre la fin de celle-ci. Un certain parallélisme des tâches est donc souhaitable, mais à condition que les points essentiels soient déjà clairement explicités quand on choisit un outil et qu'on commence le prototypage.

La mise en service du portail de gestion des connaissances

Voici quelques points qui peuvent être utiles pour faciliter la mise en service du portail.

Communication par l'animateur – Il est préférable que l'animateur fasse son possible pour être présent sur le terrain (c'est vrai en général, mais en particulier à ce moment !). Il a tout intérêt à montrer une image d'homme du sérail, investi dans le métier, plutôt qu'une image de technicien de l'informatique. Cela paraît évident et banal, et pourtant...

Implication du management – Diverses occasions doivent être mises à profit par la hiérarchie pour appuyer la communication faite par l'animateur. Cette communication doit être relayée et se déployer. Mais il y a une difficulté : il s'agit de propager un processus de discussion et non pas un processus de communication descendante. Le management n'a pas les réponses sur la bonne façon d'utiliser le portail ; en revanche, on lui demandera de montrer en quoi il est impliqué dans une dynamique plus large de communication dans le métier, de décloisonnement entre les départements, de coopération et de collaboration transverse, d'ouverture sur l'externe. C'est son implication dans tous ces changements qu'il doit prouver pour donner envie de faire du portail un levier collectif de communication et de coopération.

Accompagnement aux utilisateurs – En appui à l'animateur, il peut être nécessaire de prévoir une campagne de sensibilisation-formation. Un professionnel peut être requis pour cette tâche (consultant...). Le coût de ces formations sera d'autant réduit que les deux autres processus de communication évoqués ci-dessus seront efficaces. En outre, il est recommandé que la hiérarchie suive cette séance de formation, avec les mêmes hypothèses de travail. En effet, c'est l'occasion d'une prise de conscience collective sur des problématiques nouvelles et c'est l'occasion de créer une situation de réflexion sur les évolutions des métiers. Pour ces raisons, la formation envisagée doit être très interactive et conviviale : éviter à tout prix de la préformater avant usage.

Quelques conseils pour faire vivre le portail au-delà du projet

Les phases de conception, de prototypage et de mise en service sont assez classiques par rapport aux autres projets de systèmes d'information. En revanche, la phase opérationnelle qui suit la mise en service, tout en étant en principe postérieure au projet lui-même, est sensible et doit être envisagée dès le projet. Elle nécessite, comme la définition des objectifs, une attention véritable de la part du management et elle possède des spécificités par rapport aux systèmes d'information classiques.

Voici quelques *points clés à définir avant la clôture du projet* :

– formaliser le rôle de l'animateur (titre, reconnaissance, lettre de mission, imputation temps...) ;

- formaliser le rôle du management (dans le système qualité éventuellement) ;
- prévoir un retour d'expérience formel un an après ; il ne suffit pas de se contenter de simples statistiques d'utilisation, mais de mettre en place un véritable processus d'observation et d'évaluation collective du portail ;
- mesurer la fréquentation du portail (nombre de connexions, nombre d'utilisateurs, nombre de contributeurs, nombre de nouveaux documents par mois) ;
- mettre en place des indicateurs de satisfaction (qualitatifs et quantitatifs) ; et surtout établir une communication active avec les utilisateurs en animant les communautés et réseaux nécessaires.

LES ENSEIGNEMENTS DES PIONNIERS

Il est aujourd'hui possible de tirer quelques enseignements de la première génération des projets de gestion des connaissances.

Tout d'abord, il convient de ne pas réfréner l'enthousiasme des pionniers. Rien n'est plus naturel que d'en passer par ce premier âge, et les résultats ne sont pas négligeables. Naturel, tout d'abord, dans la mesure où, depuis Aristote, la connaissance est conçue comme un produit organisé de l'activité humaine. Avec l'organisation du lycée, Aristote a popularisé une organisation sociale dans laquelle la société rassemble, trie, classe, utilise, discute et enrichit les connaissances. C'est un processus nécessaire pour augmenter et cumuler les savoirs et savoir-faire. C'est aussi un processus indispensable pour les renouveler. De plus, les résultats peuvent s'évaluer, sinon quantitativement, du moins qualitativement. Les moyens de communication modernes sont des leviers indéniables qui permettent cette prolifération et cette accélération des connaissances. La mesure, certes, est nécessairement indirecte et le retour sur investissement peut être assez long. Mais, au bout du compte, on constate progressivement une augmentation de la productivité et des innovations. La gestion des connaissances est donc un moyen pour créer de la richesse.

Toutefois, l'expérience montre que tout cela a aussi un coût évident, qui devient lourd si l'on réduit la gestion des connaissances à un simple dispositif de capitalisation. En outre, il existe des obstacles récurrents, voire des risques d'effets pervers. Passons en revue rapidement ces limitations.

Un premier obstacle est le *manque de motivation*, vieux serpent de mer des problématiques de « conduite de changement ». L'individu en société développe généralement des stratégies de communication et d'échanges qui sont directement liées à son désir de gagner quelque chose dans toute transaction. Partager de l'information et de la connaissance constitue une transaction dans laquelle ce qu'on donne et ce qu'on reçoit n'est pas nécessairement visible, pas quantifiable (heureusement) et même souvent pas indispensable pour accroître nos motifs de satisfaction. En outre, cet échange est assimilé par beaucoup à un risque de perte de pouvoir ou de crédibilité. Dire, écrire, informer, c'est produire un effort, se confronter à des tâtonnements, des hésitations, des essais-erreurs. C'est *se montrer à découvert...*

Un second obstacle est la « logique de territoire ». Les *barrières territoriales* sont une manifestation des enjeux de pouvoir qui existent entre des entités d'une même organisation ou, encore plus, entre plusieurs types d'acteurs économiques et sociaux. Ces barrières sont confortées en général aussi bien au niveau du management qu'au niveau du terrain, notamment chez les « experts » qui craignent une perte d'influence voire une dépossession de certaines de leurs attributions. La pratique semble montrer que ce dernier point n'est pas la principale résistance. En effet, les experts trouvent finalement une source de satisfaction non négligeable au partage de connaissances dans des réseaux, en particulier si les managers du savoir ont la bonne idée de leur montrer que ces réseaux de partage sont des leviers d'une plus grande professionnalisation. En revanche, la logique de territoire au niveau hiérarchique est manifeste dans de nombreux cas. Le management trouve l'une de ses principales sources de légitimité à être l'interface incontournable entre les collaborateurs internes et le reste de l'organisation. Il est ainsi fréquent de débusquer un point de vue implicite du genre : « Je n'ai pas trop envie que mes collaborateurs partagent avec les autres sans passer par moi. »

Un troisième obstacle est lié à *l'ensemble des normes sociales et organisationnelles* qui, au-delà de leur objectif d'efficacité collective, produisent du stress, des habitudes, des routines et de la passivité intellectuelle. Ainsi, nos activités quotidiennes sont jalonnées et structurées par toutes ces normes. Tout cela est simplement antinomique de la connaissance. Ou, plus précisément, cela représente la phase vieillissante de toute connaissance incorporée. Ces « vieilles connaissances » produisent chaque jour de l'efficacité puisqu'elles sont consensuelles et intégrées dans nos automatismes ; mais, dans le même temps, elles *constituent un obstacle épistémologique et psychologique à tout renouvellement, à tout changement*. Or la connaissance est fondamentalement un processus de transformation.

Cela nous amène à un quatrième obstacle : *les connaissances sont liées aux contextes* dans lesquels elles ont été façonnées et mises en œuvre. Cette limite explique un phénomène que l'on constate dans tous les systèmes de capitalisation des connaissances. Ceux-ci nous permettent certes de trouver un document utile, d'identifier un partenaire ou un expert « qui sait faire » ; heureux de cette trouvaille, nous cherchons à en tirer parti... mais on nous dit alors que ce n'est pas la réponse, que « dans notre cas, c'est différent ». Manque de curiosité ? Individualisme ? Peut-être. Mais l'explication est insuffisante. Si nous faisons l'effort de « réutiliser » cette ressource existante, alors nous découvrons qu'il faut encore travailler à la *transformer*. La connaissance produite dans un contexte A ne s'applique pas à l'identique dans le contexte B. *Il faut la modifier, la recomposer.* Non pas uniquement parce qu'elle ne convient pas, mais, plus fondamentalement, parce que nous devons pouvoir lui donner du sens, pour l'assimiler, pour l'exploiter par nous-même. Est-ce la faute du contexte qui change ? Ou bien de nos limites cognitives propres ? Les deux. La connaissance n'existe qu'au moment où un être humain l'actualise dans son esprit et dans ses gestes. Sa médiation par un système de communication, aussi puissant soit-il, n'est pas immédiate. Ce n'est pas non plus une simple diffusion. Cette médiation suppose le processus de transformation et le processus d'incorporation.

Les outils du knowledge management actuel – portails Intranet, moteurs de recherche, groupware, etc. – ne sont que des leviers qui accélèrent la médiation des connaissances. Mais ils ne permettent en rien les processus de transfert et de renouvellement. D'où les désillusions dans bien des cas où l'on constate que la base de connaissances « n'est pas assez utilisée ».

Citons également un effet pervers possible. La capitalisation, à l'instar de tout système de communication, introduit un risque : celui de développer nos tendances à nous comporter en « moutons de Panurge ». Capitaliser et communiquer, c'est très bien ; mais si le processus est trop mécanique, s'il ne s'inscrit pas dans une culture de discussion, de veille permanente, d'esprit critique, alors la connaissance a tendance à se figer dans *les travers du « politiquement correct »*. C'est alors le mimétisme et la passivité qui prennent le dessus. Trop de capitalisation peut finalement étouffer des opportunités d'innovation et de changement.

Par exemple, comme nous l'avons vu, la notion très anglo-saxonne de « bonne pratique » peut mener facilement à vouloir reproduire trop vite, et sans esprit critique, une façon de faire qui semble avoir donné de bons résultats dans un ou deux cas. Or, comme l'a analysé la sociologie des organisations (notamment à la suite des travaux de March et Simon), les processus de décision ne suivent pas une logique purement rationnelle. C'est plutôt la logique de l'intérêt des acteurs qui prévaut (Crozier et Friedberg) : une communauté établit ses consensus en fonction de « ce qui l'arrange ». De plus, les informations qui fondent une décision sont en général réunies en fonction des hasards du contexte : au moment de décider, il faut composer avec les incohérences et les silences informationnels, et cela avec des contraintes de temps qui empêchent de consolider en profondeur les sources.

De même, la phase de bilan d'un projet ou d'analyse d'un dossier élude souvent un certain nombre de difficultés pour ne valoriser que l'opinion la plus *politiquement correcte*. Mais, heureusement, la réalité résiste à cette tendance très humaine, et la capitalisation des bonnes pratiques ne fonctionne pas toujours aussi bien qu'on veut le croire. Des déviances sont inventées pour résoudre les nouveaux problèmes, et les règles sont discrètement contournées au moment de passer à l'action. Encore faut-il que la culture de l'entreprise tolère, voire reconnaisse, ces *déviances pragmatiques*.

LANCER UN PROJET DE KNOWLEDGE MANAGEMENT DANS UNE DIRECTION : UN EXEMPLE

Nous pouvons maintenant évoquer un exemple qui illustre la mise en œuvre des méthodes présentées jusqu'ici.

Prenons le cas, très classique, d'une direction de quelques centaines de personnes, organisée de façon matricielle. Le comité de direction a décidé de lancer une démarche de gestion des connaissances, à la suite d'une auto-évaluation telle que nous l'avons décrite précédemment. Une équipe projet KM (knowledge management) est mise en place et doit proposer un plan d'action.

La phase d'auto-évaluation a permis de se faire une idée assez claire des besoins liés à la gestion des connaissances. La direction peut maintenant élaborer une vision commune sur le projet, en utilisant le modèle CTR-S qui permet de définir des axes de progrès avec une bonne cohérence d'ensemble. Nous obtenons ainsi un plan d'action structuré en quatre axes qui a le mérite de paraître très vite concret au comité de direction et à la

© Éditions d'Organisation

majorité des collaborateurs (la figure 64 illustre un exemple des préconi-
sations qui sont discutées et validées avec le comité de direction).

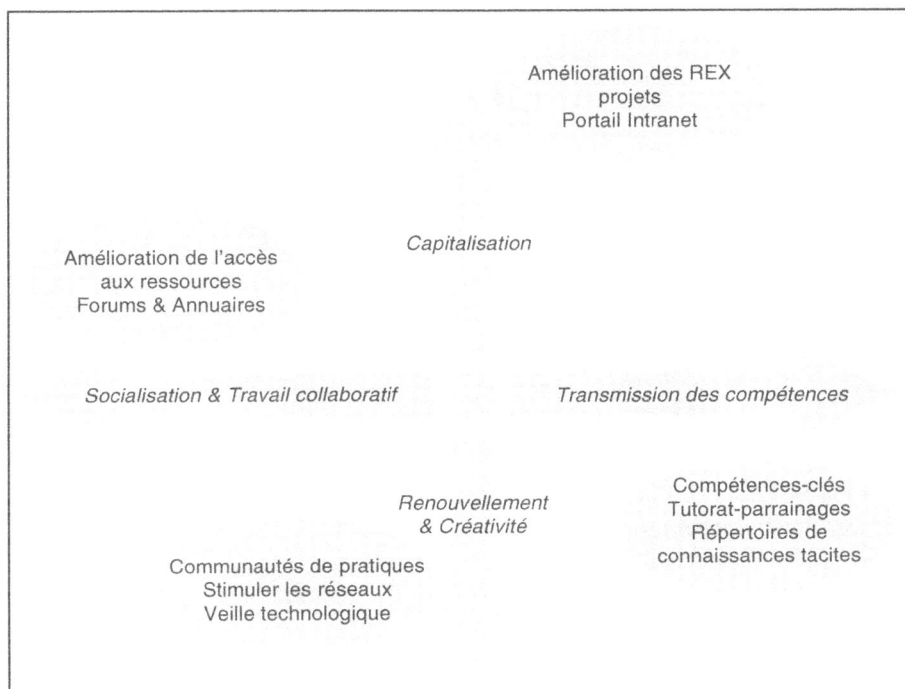

*Figure 64. **Un exemple de plan d'action basé sur le modèle** CTR-S : 4 axes de progrès*

L'axe capitaliser : on a choisi ici de mettre l'accent sur l'amélioration des
pratiques de retour d'expérience des projets. Le management s'engage à
attribuer explicitement quelques jours, sous forme d'un séminaire avec
toutes les parties prenantes, pour faire une évaluation des résultats, quelques semaines après le projet. Elle peut d'ailleurs faire la même chose en
début de projet. Mais il s'agit ici d'ajouter quelque chose de plus par
rapport aux habituelles revues de projet. Le but est de créer les conditions
d'une mise à distance par rapport à la simple production des résultats. Il
s'agit là d'un processus explicitement centré sur l'*apprentissage*. Sans
revenir en détail sur les projets apprenants, voici quelques points clés de
ce type de séminaire : analyse approfondie des *difficultés* en prenant en
compte tous les points de vue d'acteur et en s'engageant à *les respecter* ;
analyse approfondie de ce qui a bien marché, en réfléchissant à la façon
de le *valoriser au-delà de l'application immédiate* du projet (qui pourrait

également bénéficier des résultats ?) ; élaboration éventuelle d'un *récit du projet* (selon le temps et le budget disponibles dans chaque cas particulier).

L'axe transférer se réfère à l'identification des *compétences clés* (c'est-à-dire à la fois rares et non substituables) et à des actions avec des seniors pour élaborer avec eux des *répertoires d'expériences*. En outre, l'équipe dirigeante s'engage à promouvoir la notion de *parrainage* des jeunes embauchés, en allouant un peu de temps aux seniors concernés.

Les axes renouveler et socialiser visent essentiellement à instaurer un climat qui facilite la créativité, avec deux décisions fortes : d'une part, l'attribution de moyens adaptés pour rendre le système de veille technico-économique aussi efficace que possible en regard des enjeux stratégiques et environnementaux ; d'autre part, l'attribution de moyens pour identifier, stimuler et animer quelques communautés de pratiques liées à des domaines de compétence et d'expertise clés et/ou émergents. Le portail Intranet, destiné à faciliter l'accès aux ressources et documents, n'est que le socle technologique et apparaît comme tel.

Ces quelques décisions sont à la fois claires, visibles, et elles ont une dimension de management, de culture, d'organisation. Ce sont donc des points essentiels pour susciter des améliorations profondes et durables. Il faut en plus les accompagner, ce qui relève d'une démarche de communication. Soulignons ici que, dans cet *accompagnement incitatif*, c'est avant tout le signal de clarté de la vision et de l'approche qui est la principale condition d'adhésion. Les collaborateurs pourront aisément évaluer que ce projet collectif de gestion des connaissances évite les travers de bien d'autres démarches de conduite de changement : flou de la vision, outils compliqués, volonté cachée de manipulation, volonté de capturer l'expertise dans des bases de connaissances instrumentales.

Terminons en soulignant qu'il ne s'agit là, précisément, que d'un exemple parmi de nombreux autres. Il serait absurde d'en faire un modèle unique. Le lecteur imaginera sans peine des dizaines d'autres contextes, des dizaines d'autres méthodes possibles. Nous voyons cependant que le modèle CTR-S n'est pas un carcan. On peut d'ailleurs tout à fait s'en passer, tout en appliquant les mêmes méthodes, les mêmes pratiques. L'illustration qui a été proposée ici ne montre qu'une chose : ce modèle facilite la *vision partagée sur le projet* ; il aide à *donner du sens, et donc à convaincre et à mobiliser*. Ce qui n'est pas négligeable...

3

Les métiers du savoir

La gestion des connaissances commence aujourd'hui à sortir de sa phase de jeunesse et d'expérimentation, du moins chez les entreprises les plus innovantes en la matière. L'enjeu actuel, pour la faire entrer véritablement dans les mœurs, est de professionnaliser l'entreprise vis-à-vis de la gestion de ses connaissances. Cette professionnalisation suppose la mise en tension de plusieurs nouveaux métiers avec d'autres plus traditionnels, comme le management et la formation. Nous allons donc ici les présenter

LE DIRECTEUR DU SAVOIR (« CHIEF KNOWLEDGE OFFICER »)

La mission fondamentale de ce nouveau directeur du savoir est d'*élaborer et de piloter la stratégie du savoir de son entreprise*, ce qui, comme nous le verrons dans la dernière partie, le conduit à être associé, sous l'angle du capital de connaissances, aux grands enjeux tels que, pour n'en citer que quelques-uns, la politique d'innovation, l'intelligence économique, la gestion de la relation client, l'université d'entreprise, le développement durable.

À ce titre, dans un avenir proche, le directeur du savoir devrait être rattaché au *comité exécutif* même si, dans un premier temps, il peut se trouver à la direction des ressources humaines ou à la direction des systèmes d'information.

En partenariat avec le DRH, il *définit la politique de gestion des compétences clés*. S'agit-il de la fonction de gestion des cadres à potentiel que l'on rencontre dans la plupart des grandes entreprises ? Il nous semble que non. En effet, la politique de gestion des cadres à potentiel n'a pas le même but : elle vise plutôt un objectif de *conservation de l'espèce* vis-à-vis des cadres dirigeants. Le rôle du directeur du savoir est tout autre : il cherche à positionner son entreprise dans l'économie du savoir et, pour ce faire, à développer une véritable politique de gestion des compétences clés. Ces dernières peuvent dans certains cas être incorporées dans le top-management mais aussi dans des experts de haut niveau.

Les partenariats destinés à répartir la gestion des compétences clés avec des acteurs externes ou des parties prenantes incombent également au directeur du savoir. De même concernant la prise en compte de ces paramètres dans la politique d'acquisition de filiales, ce qui justifie sa présence au comité exécutif.

La valorisation du capital intellectuel est une autre responsabilité de ce directeur, en collaboration avec le directeur financier et le contrôle de gestion. Il s'agit de mettre en place une métrique d'évaluation du capital intellectuel, dont l'un des buts essentiels est la valorisation sur les marchés financiers mais aussi en termes d'image et de partenariat industriels. À cet égard, la politique de gestion du portefeuille de brevets et du patrimoine intellectuel devrait entrer dans les attributions du directeur du savoir.

Il propose à la direction générale les réflexions nécessaires permettant de faire évoluer l'entreprise en *organisation apprenante*. C'est en quelque sorte un expert en *innovation organisationnelle*, habilité à prendre quelques risques, éventuellement sous forme de projets pilotes. Cette responsabilité peut aller jusqu'à la contribution à des réorganisations de grande ampleur au niveau du groupe, ce qui, dans ce cas aussi, justifie la participation au comité exécutif.

En bref, il a un rôle de *pilotage stratégique de l'architecture globale du savoir dans l'entreprise*. En cela, il est en relation étroite avec les architectes du savoir dans les différents métiers ainsi qu'avec les animateurs des principaux réseaux internes et externes.

L'ANIMATEUR OU ARCHITECTE DU SAVOIR (« KNOWLEDGE MANAGER »)

Il joue un rôle clé en tant que *facilitateur entre les différents acteurs*. Sa responsabilité en termes de communication et de sensibilisation est essentielle. Il peut contribuer à émettre des messages d'alerte sur des possibilités d'innovation organisationnelle.

Il doit être en relation constante avec les acteurs des processus d'apprentissage et d'innovation, aussi bien qu'avec le management et les responsables des ressources humaines. Ce rôle pédagogique pour *transformer les utilisateurs en apprenants, voire en innovateurs*, est capital pour dépasser la simple logique technologique du knowledge management. À ce titre, il est souvent impliqué dans des actions de formation et de conseil, pour appuyer et accompagner les différents projets opérationnels de gestion des connaissances.

Il est aussi un *architecte des bases de connaissances et du système d'information* qui les sous-tend. Il s'intéresse en particulier non pas à l'infrastructure technique, mais surtout aux usages et aux innovations organisationnelles qui donnent la véritable valeur ajoutée à la technologie. Pour cela, il doit bien connaître les différentes catégories d'utilisateurs et d'apprenants et doit être au fait des enjeux stratégiques des métiers.

Il a bien sûr un *rôle d'animation et de leadership dans des réseaux métier*, aussi bien au sein même des communautés de pratiques qu'à travers les portails Intranet. Mais il est amené à déléguer ce rôle dans certains domaines, ou dans certains réseaux et groupes de discussion.

Il *observe et analyse le fonctionnement des portails métier et autres systèmes de gestion des connaissances* ; il communique avec les utilisateurs et les contributeurs, est à l'écoute des problèmes, des attentes, des améliorations possibles ; il doit faire preuve de pédagogie : certaines doléances sont légitimes, d'autres doivent être discutées posément avant d'être entérinées dans les évolutions ; il faut souvent expliquer, mais aussi parfois négocier avec les utilisateurs. Par ailleurs, l'animateur doit aussi expliquer au management, faire remonter les difficultés, impliquer les décideurs. Il a aussi pour tâche de dialoguer avec la maîtrise d'œuvre des projets de portails métier. Il doit donc apprendre à maîtriser plusieurs niveaux de vocabulaire, parfois contradictoires tout en étant tous légitimes.

Aujourd'hui, cette fonction de ***manager du savoir*** est en passe de devenir un nouveau métier, à part entière, de l'entreprise. Gageons que, d'ici quelques années, ce rôle sera de plus en plus reconnu et considéré comme créateur d'une forte valeur ajoutée. Pour cela, il faudra que cette fonction se professionnalise, ce en quoi incombe une mission au secteur de l'éducation. On voit d'ores et déjà fleurir de nombreux cursus universitaires consacrés à la gestion des connaissances : DESS, mastères, thèses...

Une première génération de jeunes *knowledge managers* est ainsi en train d'émerger – et le monde de l'entreprise a beaucoup à y gagner. On ne peut qu'inciter les responsables des ressources humaines et les pouvoirs publics à polariser leur attention sur ces cursus, afin de stimuler le recrutement de ces nouveaux profils destinés à jouer un rôle clé dans l'économie fondée sur la connaissance.

LES TRAVAILLEURS DU SAVOIR (« KNOWLEDGE WORKERS »)

Pas de gestion des connaissances sans les hommes qui incorporent le savoir-faire, les exploitent et les renouvellent. Dans une entreprise où est mis en place un système de gestion des connaissances, comme dans le cas du portail, chacun est incité, aux étapes clés de son activité, à formaliser des résultats, répertorier des ressources et des savoirs clés pour un projet, élaborer des prescriptions, rédiger des rapports de synthèse et des commentaires critiques, des retours d'expérience, etc. Cette *production de savoir* est le fait des contributeurs, ou *knowledge workers,* en anglais. Le système doit faciliter ce travail, pour susciter la motivation de la part des contributeurs. Peu de gens aiment formaliser et écrire, et donc peu sont doués dans cette tâche essentielle. On ne peut attendre de miracle de ce côté, mais, à tout le moins, les fonctions du portail évoquées plus haut doivent alléger au maximum cet effort.

LES UTILISATEURS APPRENANTS

Quels sont les utilisateurs cibles des bases de connaissances ? Qu'appelle-t-on utilisateur ? Un portail n'est pas un progiciel comme un autre. C'est avant tout un espace de communication. Les utilisateurs peuvent être de plusieurs niveaux : les *contributeurs* ont la possibilité d'intégrer de nouveaux documents ; les *visiteurs* ont un accès en simple consultation mais ils doivent aussi pouvoir s'exprimer selon certaines règles très simples –

par exemple, pouvoir « réagir » à certains documents ou s'exprimer dans un forum. Certains utilisateurs peuvent avoir une responsabilité d'animation d'un dossier ou d'un forum : ce sont des *animateurs de dossiers*.

L'utilisateur, pour s'inscrire dans un véritable processus de création de valeur ajoutée, doit prendre conscience progressivement de sa capacité d'apprentissage dans les projets et dossiers dans lesquels il est impliqué. L'utilisateur apprenant est donc destiné à devenir, quelle que soit sa place dans l'entreprise, un véritable *travailleur du savoir*.

LE DOCUMENTALISTE ÉDITEUR

L'organisation de la base de connaissances est une fonction essentielle qui demande une compétence spécifique. Le documentaliste traditionnel est le mieux placé pour remplir cette fonction, mais il doit en même temps évoluer pour être plus proche des travailleurs du savoir dans leur quotidien.

Le classement des informations et des documents est en soi un métier, ainsi que la gestion du plan de classement lui-même. Le processus d'édition des documents est lui aussi parfois plus complexe qu'il ne semble au premier abord : il peut être nécessaire de définir des modèles de documents, de pouvoir les « cataloguer », ne serait-ce que pour définir l'accessibilité de chaque document et le valoriser. Il y a aussi un travail de mise à jour et/ou d'archivage dans la base à effectuer au fil de l'eau.

Le documentaliste doit de plus en plus devenir *un consultant du savoir* : il se déplace vers le travailleur du savoir pour lui apporter une assistance à la mise en forme des connaissances (modèles de documents, indexation...) ; il l'aide également à élaborer les répertoires de connaissances tacites, à repérer et référencer dans la base de connaissances les ressources de capital intellectuel (annuaires d'expertise...).

Il peut aussi apporter un *appui à l'organisation des forums de discussion, à la capitalisation* qui accompagne le travail collaboratif (synthèses, retours d'expérience...). Le processus qui permet de gérer *la transition entre la phase de construction des connaissances et la phase de capitalisation* est une phase clé de la gestion des connaissances, comme nous l'avons vu. Il semble que le documentaliste, historiquement, soit le métier le plus à même de remplir cette tâche du fait de sa compétence de méta-connaissance, nécessaire au moment de capitaliser.

Alerter les utilisateurs sur les *nouveautés* et sur des informations d'*actualité* est une autre tâche d'édition, que l'animateur du savoir n'a pas toujours le temps de faire. Tout cela peut nécessiter, pour faire vivre le portail dans la durée, le recours à un documentaliste éditeur, qui peut y consacrer une fraction de son temps (par exemple, de 20 à 25 %).

LE RÔLE DU MANAGEMENT

Le rôle du management est capital dans la *phase de définition des objectifs* de la gestion des connaissances. C'est là que tous doivent clairement intégrer le fait que le portail, avant d'être un outil, doit être un lieu de réflexion *stratégique* sur les processus du métier et leurs évolutions. Cette condition est difficile à créer en pratique, car le portail reste conçu comme une friandise technologique.

Le rôle du management doit aussi s'exprimer sous forme de *communication* au stade de la mise en service, comme nous l'avons souligné, l'animateur seul ne peut réussir cette communication.

En outre, il est recommandé d'obtenir d'une partie des managers en charge de forts pouvoirs décisionnels de faire l'effort d'une journée de *formation* non pas pour leur prodiguer « tout ce qu'il faut savoir sur notre portail », mais pour susciter réflexions et discussions.

Le management doit aussi être impliqué dans *l'évaluation du retour sur investissement* du portail, soit environ un an après la mise en service (durée à moduler bien sûr selon les cas).

Plus fondamentalement encore, le management doit *inciter les jeunes et les nouveaux embauchés* à utiliser les bases de connaissances avec le souci de développer les processus d'apprentissage. Par exemple, certains managers mettent en place une phase de plusieurs mois, pendant laquelle le jeune est invité à s'informer autant que possible et par différents moyens, dont, bien sûr, la discussion avec des seniors. Le but pour le nouveau est de se constituer une vision sur le métier, les enjeux, les clients, les ressources existant en interne et en externe. À l'issue de cette phase, un bilan permet à la fois de valider les acquisitions, mais aussi de tirer parti du regard neuf qui peut avoir mis à jour des problèmes tacites que les anciens ont négligés ou oubliés. La fonction herméneutique d'interprétation (le yin de la connaissance) est ici pleinement à l'œuvre, à condition de la valoriser.

Enfin, il revient bien sûr à la hiérarchie d'*anticiper les départs* des seniors et de façon générale la rotation du personnel. Il suffit parfois d'alerter le manager du savoir, pour que celui-ci prenne contact avec le *partant*, afin de mettre en place les actions nécessaires. Une méthode comme le répertoire des connaissances tacites décrite précédemment peut, par exemple, constituer une réponse pragmatique dans cette situation. Dans d'autres cas, un tutorat peut être jugé nécessaire.

LES FONCTIONS D'APPUI À L'APPRENTISSAGE : FORMATEURS ET COACHES

Répétons-le, l'utilisation des bases de connaissances ne suffit pas si l'entreprise veut réellement susciter une culture de l'innovation. Aux acteurs de l'apprentissage – formateurs, conseillers et coaches – incombe cette mission d'appui.

Nous avons suffisamment insisté sur la différence essentielle qui existe entre l'utilisation des bases de connaissances et l'apprentissage, qui constitue le mode d'exploitation le plus abouti de la base de connaissances. Avec les universités d'entreprise et le e-learning, l'on voit que le métier de formateur se trouve face à un enjeu d'évolution très fort : il devra de plus en plus *rapprocher la situation d'apprentissage de la situation d'activité opérationnelle.*

On notera ici que les formateurs ont un rôle assez symétrique des documentalistes ; ces derniers, comme nous l'avons vu, organisent le passage de la création des connaissances à la capitalisation, tandis que les formateurs prennent le relais, en quelque sorte, en organisant *le passage de la capitalisation au transfert*. Ces deux métiers, porteurs d'une longue histoire, se trouvent face au même défi de devoir se rapprocher des utilisateurs pour devenir en quelque sorte des consultants du savoir.

SYNTHÈSE DES MÉTIERS DE LA GESTION DES CONNAISSANCES

Le tableau de la figure 65 résume ces différents métiers de la gestion des connaissances. C'est cette vision d'ensemble qui peut contribuer, grâce à l'apport de chacun, à faire vraiment progresser la culture de la connais-

Directeur du savoir
(Chief Knowledge Officer)

Stratégie du savoir & innovation
Politique de gestion des compétences
clés (avec DRH)
Politique de déploiement des bases de
connaissances (avec DSI)
Apprentissage organisationnel
Valorisation du capital intellectuel
(avec DG et Finances) & Capital risque
Politique de propriété intellectuelle

Management

Identifier et valoriser les
compétences clés et les
connaissances stratégiques
Susciter l'apprentissage collectif
dans les projets
Anticiper les départs de séniors
Intégrer les jeunes dans des
processus d'apprentissage

Animateur / Architecte du savoir
(Knowledge manager)

Faciliter la gestion des connaissances
Communiquer, sensibiliser
Relation-partenaire avec le management
Animer les processus d'apprentissage
Faciliter les processus d'édition
Veiller à la pertinence des bases de connaissances
Proposer des améliorations du système
Produire des rapports d'étonnement sur les capacités
d'apprentissage organisationnel
Evaluer, mesurer l'apport de la base de connaissances
S'impliquer dans la protection des savoir-faire

Utilisateur apprenant

Etre proactif dans les processus
d'apprentissage
Développer la curiosité, s'ouvrir
sur l'externe
Exploiter les bases de
connaissances
Faire évoluer ses «profils
d'intérêt»

Travailleur du savoir
(knowledge worker)

Contribuer à identifier et repérer les
gisements de connaissances
(incorporées & explicites)
Valider les connaissances
Faire évoluer les bases de connaissances
Veille active et réseaux
Contribuer à l'innovation
«à tous les étages»

Documentaliste-Editeur
Appui aux travailleurs du savoir
Appui aux utilisateurs
Organisation et édition
de la base de connaissances

Formateur-Coach
Appui aux travailleurs du savoir
Appui au management
Transmission des connaissances

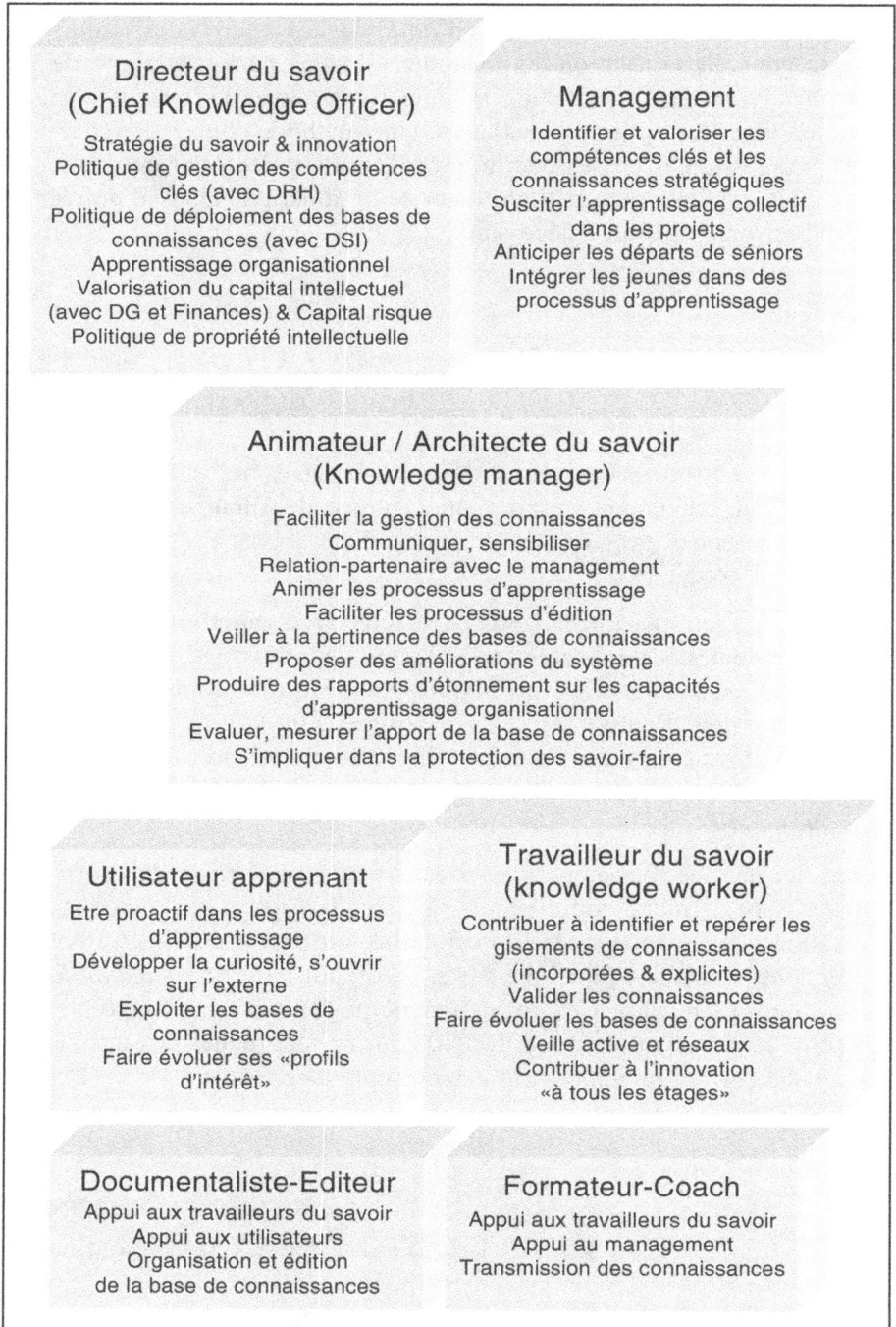

Figure 65. Les métiers de la gestion des connaissances (rôles et responsabilités)

sance et de l'innovation. On trouvera un certain nombre d'études de cas où ces fonctions apparaissent dans un récent ouvrage (non traduit en français) intitulé : *Leading knowledge management and learning*[1].

Pour donner un exemple, le ministère de la Santé canadien, Health Canada, a lancé en 1998 un grand programme de professionnalisation en matière de gestion des savoirs. Cet exemple montre que les entreprises industrielles n'ont pas l'apanage de la gestion des connaissances : il existe de nombreuses formes d'organisations, publiques et privées, qui ont créé des initiatives notables.

Les objectifs de Health Canada traduisent bien la volonté stratégique de développer les nouveaux *métiers du savoir* :

- Directeur du savoir : pour créer une culture du savoir, il a été décidé de nommer un *gestionnaire principal du savoir*, dont la mission est d'instaurer une « capacité permettant d'améliorer et de mettre en œuvre la stratégie du savoir (cadres, priorités, plans) et de prendre les rênes des initiatives inspirées par la culture du savoir (communautés de pratique, cartes du savoir, partage du savoir) ».
- Animateurs du savoir (knowledge manager) : il a été décidé de recruter des « spécialistes du savoir, qui veilleraient à la création, la découverte ou l'acquisition du savoir, de l'information et des données, et à l'identification et l'instauration des outils technologiques (bases de données de discussions, Intranet) pour répondre aux besoins de l'entreprise ».
- Travailleurs du savoir : il s'agit de se doter des compétences à la fois les mieux adaptées aux nouveaux enjeux du secteur de la santé et en même temps tournées vers le partage et la valorisation des acquis. Cet objectif se traduit en créant une « capacité interne (personnel, cadres d'analyse, méthodes, publications, rapports, notes d'information, séminaires, conférences), d'exercer une influence sur le plan national de recherche en matière de santé et de perfectionner les compétences (tous les membres du personnel) ».
- Management et pilotage de l'innovation : il a été décidé de mettre en place une « info-structure de la santé », ce qui consiste à « identifier et appuyer des projets ; investir et nouer des partenariats ; consulter les parties prenantes (conseil consultatif du ministre sur l'info-structure de la santé, forum des chefs de l'information sur la santé...) ; élaborer des politiques et des normes ».

---

1. PHILLIPS Jack, BONNER Dede, *Leading knowledge management and learning*, American Society for Training & Development, 2000.

Troisième partie

Tous managers du savoir, le déploiement opérationnel

Tout manager a un rôle à jouer en tant que *passeur de sens* et *créateur de valeur*. Le savoir est à l'œuvre dans les grandes problématiques qui lui sont familières : le pilotage de la valeur, la qualité, l'innovation, l'intelligence économique, la relation client, les ressources humaines, le développement durable. La richesse est entre vos mains...

Cette dernière partie a pour but de toucher du doigt les enjeux concrets de la gestion des connaissances et ses implications dans les problématiques stratégiques des organisations – entreprises aussi bien qu'administrations, grands groupes ou PME, associations et communautés socio-économiques diverses et variées.

La *fonction de production* des entreprises n'est en général pas organisée autour du savoir. Cela résulte de ce que, dans l'économie marchande où nous sommes depuis des siècles, les métiers, les processus, les structures organisationnelles sont régis par le système des prix appliqué aux ressources tangibles (et rares). La connaissance, aussi utile et nécessaire soit-elle, au plan social et philosophique mais aussi, de plus en plus, au plan matériel de la production de biens et de services, ne détermine pas directement les prix ; elle ne structure pas la fonction de production ; elle n'apparaît pas directement dans les métriques comptables et financières.

Pourtant, tout comme l'*image* ou la *qualité,* par exemple, nous savons qu'elle induit indirectement les résultats commerciaux, techniques ou financiers. C'est bien une ressource rare, de la plus haute valeur stratégique, mais on ne sait pas la mesurer. Ses effets sont indirects ; ils ne se voient pas nécessairement là où ils sont attendus, ni au moment où on le souhaite. Dans le langage des économistes, on dit que la connaissance produit des *externalités positives* sur l'ensemble de la sphère socio-économique. Mais, dans un métier donné, elle est extrêmement difficile à identifier, à évaluer, à valoriser.

Nous tenterons, dans les chapitres qui suivent, de faire apparaître la connaissance dans l'infrastructure elle-même de la fonction de production, dans le pilotage de la chaîne de valeur, dans le système qualité ou dans le système d'information. Nous verrons comment la gestion des connaissances peut s'intégrer progressivement au management, à la gestion des relations avec les clients, à l'intelligence économique, à la fonction RH, ou dans d'autres problématiques devenues stratégiques comme le développement durable.

Nous nous interrogerons aussi sur le cas des PME. Ces acteurs sont essentiels dans la création de valeur à l'échelle nationale, et cela se mesure dans le PIB. Pourtant, il reste difficile de voir comment les PME peuvent gérer la connaissance et devenir *apprenantes*.

Nous nous focaliserons donc à présent sur la *stratégie du savoir*, c'est-à-dire comment, en pratique, les décideurs, les managers, les professionnels quels qu'ils soient, vivent et pensent leurs métiers. Nous passerons ainsi à une autre échelle, du moins nous essaierons, tentative à la fois ambitieuse et difficile, car le champ reste largement exploratoire ; en espérant que cela pourra contribuer à une meilleure vision, par les acteurs opérationnels des organisations, de la place que tient désormais la connaissance et du rôle qu'ils peuvent jouer.

1

Intégrer le savoir
dans les tableaux de bord

Pour commencer, nous reviendrons sur l'articulation fondamentale qui existe entre *connaître* et *apprendre* à l'échelle globale de l'organisation, cette fois.

L'APPRENTISSAGE ORGANISATIONNEL

Pour Henry Mintzberg, le bon dirigeant doit nécessairement savoir équilibrer les qualités du cerveau droit et celles du cerveau gauche. En schématisant, il se trouve en général que le dirigeant, individuellement, fonctionne plutôt avec le cerveau droit (intuition...), tandis que le système (l'organisation, la collectivité) privilégie plutôt le cerveau gauche (rationalité).

L'organisation apprenante est sans cesse soumise à ce dilemme : le *système* (la qualité, les règles, l'organisation) tend à rationaliser les processus, tandis que la réalité quotidienne présente aux agents toutes sortes de stimuli et d'informations bruts, épars, non structurés, aléatoires, qui sont difficilement intégrables sous forme d'un apprentissage rationnel. L'apprentissage en acte privilégie le résultat immédiat, le court terme et donne ainsi satisfaction aux opérationnels. Mais, sur le long terme, il ne suffit pas et peut même devenir un obstacle. L'apprentissage rationnel, quant à lui, présente plusieurs inconvénients : il tend à éloigner l'agent du contexte de l'action directe, ou bien introduit une lourdeur et des contraintes (comme dans le cas de l'*approche qualité*).

La difficulté de l'organisation apprenante est la tendance à cliver les deux modes d'apprentissage : une partie des processus, des structures, des agents, est consacrée à l'opérationnel et donc à un apprentissage en acte qui, dans la durée, ne structure pas la connaissance ; une autre partie des ressources est dédiée à l'apprentissage rationnel, au savoir – ce sont en général les fonctions transverses (R&D, contrôle de gestion, GRH...). Une troisième catégorie d'agents peut être identifiée : les innovateurs. Ils sont en général en dehors des sous-systèmes évoqués, ou quelque part à leur interface, dans leurs zones d'ombre. Leur caractéristique est d'agir et d'apprendre individuellement, en combinant en général les capacités d'apprentissage rationnel et en acte. Il faut une alchimie, un génie personnel qui mêle cerveau gauche et cerveau droit, pour être créatif.

Mais comment passer de l'individu innovateur à l'organisation apprenante ? L'équation personnelle ne se transpose pas à l'échelle collective. Une fois l'innovation décelée par l'organisation, celle-ci a tendance à répartir le fruit : une partie est rationalisée dans des normes explicites, l'autre est absorbée dans l'action, de façon inconsciente. Ainsi, l'organisation apprend, mais très lentement et avec beaucoup de difficultés. Pour être véritablement qualifiée d'*apprenante*, elle doit donc se doter, à l'échelle collective, des capacités combinées de l'apprentissage rationnel et en acte. Ce qui n'est pas une mince affaire.

À retenir

Un défi essentiel se pose au dirigeant : contribuer à coordonner en permanence le cerveau droit et le cerveau gauche de l'organisation ; faire dialoguer les « créatifs » et les « productifs ». Vis-à-vis des connaissances, cela consiste à arbitrer en permanence entre ce que j'ai appelé la *fonction normative* et la *fonction herméneutique* de la connaissance. Comment une collectivité peut-elle apprendre à accepter des règles dans 80 % des cas, et à les transgresser dans 20 % ? Comment accepter des règles un jour, et apprendre à les détruire le lendemain pour en reconstruire de nouvelles ? La condition première pour cela est que chacun, là où il agit et pense, soit capable de gérer cette péréquation.

Toutes ces questions sous-tendent les enjeux stratégiques du savoir : l'intelligence économique, la gestion des relations client, la gestion des compétences, la gestion éthique face à l'environnement, etc. Dans tous ces cas, l'agent économique doit apprendre à combiner l'objectivité et la subjectivité, la raison et l'intuition, sans pour autant les confondre. Il doit développer dans l'action des compétences et des connaissances tacites, mais aussi des apprentissages rationnels qui lui donnent un savoir. Les individus connaissent ces difficultés car ils y sont confrontés presque chaque jour dans leur métier. Ils font avec. Mais l'organisation, qui n'est pas une personne et qui donc reste aveugle à l'expérience, ne sait pas cela. Elle n'est que la résultante des forces humaines à l'œuvre.

L'organisation est un produit humain, comme l'ont noté beaucoup de gens (Marx, Hannah Arendt...). Si elle apprend mal et lentement, c'est parce que les hommes ont du mal à apprendre. Il ne faut donc pas attendre une méthode ou un outil pour transformer l'entreprise en organisation apprenante. Toutefois, la gestion des connaissances, par la méthodologie d'apprentissage qu'elle introduit dans l'organisation autant que par le changement culturel qu'elle accompagne, marque une étape sans doute cruciale.

Nous verrons dans la suite comment le savoir s'infiltre progressivement au cœur de tous les processus en les transformant de fond en comble, sans que l'on en soit toujours conscient. On peut même risquer l'hypothèse, avec toute la prudence qui s'impose, que *la fonction de production des organisations se transforme peu à peu en fonction d'apprentissage.*

LA STRATÉGIE DU SAVOIR ET LES PARTIES PRENANTES

Des *forces d'apprentissage* – mais aussi de pouvoir – sont à l'œuvre dans l'économie fondée sur le savoir. Nous proposerons de voir comment la théorie des **parties prenantes** peut nous éclairer à cet égard. On notera au passage que cette théorie ne semble guère avoir été connectée pour l'instant avec les questions de l'organisation apprenante et de la gestion des connaissances. Or nous constaterons dans les chapitres qui vont suivre que *la relation de l'entreprise avec ses parties prenantes est le socle qui conditionne en premier lieu toute stratégie du savoir*[1]. Nous le vérifierons en particulier à propos de l'innovation, et aussi à propos des PME.

Mais tout d'abord, demandons-nous : que sont donc ces *parties prenantes*, connues aussi sous leur nom anglais, les *stakeholders* ? Le concept est apparu au début des années soixante, dans le cadre des théories sur la stratégie et la maximisation des profits. Il s'agissait d'identifier les grou-

---

1. Il faudrait nuancer un peu le propos, car un autre facteur essentiel de la stratégie du savoir est la connaissance des parties hostiles ou simplement concurrentes de l'environnement. Ainsi, l'intelligence économique est une autre face tout aussi essentielle de la stratégie du savoir.

pes et acteurs dont dépend directement l'existence de l'organisation (investisseurs, clients, fournisseurs, employés). Puis, avec la mondialisation des flux économiques, avec la médiatisation généralisée, avec la banalisation des problèmes touchant à l'environnement, la notion s'est étendue dans la perspective plus large de l'éthique économique et du principe de responsabilité. La popularisation véritable du concept se produit à Boston en 1984 avec l'ouvrage de Freeman : *Strategic management : a stakeholder approach.*

La théorie des parties prenantes vise à *identifier et analyser tous les acteurs qui*, de près ou de loin, *peuvent avoir un impact* (positif ou non) *sur l'organisation* à un moment donné, que ce soit au plan économique, social, politique ou autre. Aujourd'hui, on a coutume de représenter l'ensemble des parties prenantes par un schéma qui fait apparaître deux grandes catégories d'acteurs :

– les acteurs qui influencent les inputs-outputs directs de l'organisation : investisseurs, employés, clients et fournisseurs ;
– les acteurs qui constituent l'environnement d'influence élargi : pouvoirs politiques, institutions, régulateurs, opinion publique, communautés et associations (ONG...).

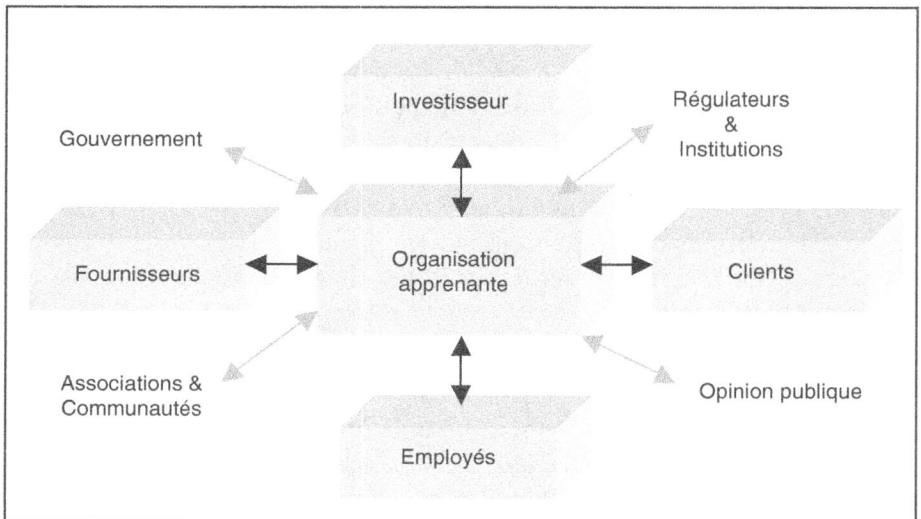

Figure 66. L'organisation apprenante et les parties prenantes

Le problème stratégique est, bien entendu, d'être capable d'établir une *hiérarchie* entre ceux « qui influencent au premier plan » et ceux qui comptent moins. Cette cartographie doit être mise à jour en permanence car, par nature, elle peut évoluer très vite. Pour caractériser la force d'interaction qui existe entre l'organisation et ses parties prenantes, les spécialistes ont proposé plusieurs critères : le pouvoir, la légitimité et l'urgence[1].

La stratégie de gouvernance de l'entreprise implique d'évaluer, pour chaque groupe d'acteurs identifié, le degré de *pouvoir* et le degré de *légitimité* qu'il détient vis-à-vis des décisions de l'organisation. Le critère d'*urgence* donne une dynamique au modèle, car toute pression ou demande d'un acteur peut être mise en attente de réponse, mais jusqu'à un certain point seulement. Ces trois critères évoluent au cours du temps, ce qui détermine l'ordre de priorité qui est attribué à chaque instant dans la stratégie de l'organisation.

Mais cette analyse des parties prenantes ne conditionne pas seulement la stratégie globale ; elle conditionne aussi, plus spécifiquement, la stratégie du savoir, c'est-à-dire les priorités d'apprentissage, les choix de partenariat, les efforts d'innovation et de R&D, la gestion des compétences clés, la politique de propriété intellectuelle. L'organisation doit *choisir avec qui* elle doit apprendre en priorité ; vis-à-vis de qui elle doit orienter ses efforts de confiance et d'image ; vers qui elle doit chercher à transférer des compétences et savoirs.

Ces choix doivent être guidés par la théorie des parties prenantes (critères de pouvoir, légitimité et urgence) à cause du *poids des enjeux politiques* sur toutes les affaires humaines. Mais il faut compléter l'analyse avec un autre critère : la compétence. En effet, il ne suffit pas de détecter un groupe d'acteurs clés. Il faut aussi évaluer la capacité à se coordonner, échanger, collaborer avec lui. Rappelons-nous ce que nous avons vu à propos du travail collaboratif : la nature des savoirs n'est pas la même selon les types de groupes, et c'est aux interfaces entre groupes que se joue l'enjeu principal de la création de savoir.

Le fournisseur, le client, les employés, les régulateurs et autres groupes d'influence n'ont pas les mêmes représentations, les mêmes objectifs, les mêmes compétences. Cette diversité pose des difficultés et des risques, mais c'est aussi une fantastique condition de créativité, sans laquelle le savoir humain ne ferait jamais de bond en avant. Là encore, nous voyons à l'œuvre la fonction herméneutique de la connaissance : il faut interpréter, donner du sens, faire un travail de traduction pour coopérer et appren-

---

1. Je me réfère ici à la synthèse qui en est faite par Jérôme BALLET et Françoise DE BRY, *L'entreprise et l'éthique*, Le Seuil, coll. Points Économie, Paris, 2001.

dre entre parties prenantes. *La fonction normative est fortement valorisée à l'intérieur d'un groupe* : dans une culture homogène, les normes, implicites et explicites, se développent vite et sont une condition d'efficacité opératoire. Mais lorsqu'il s'agit de passer à une échelle plus vaste et coopérer, lorsqu'il s'agit de recadrer un problème qui touche l'environnement, lorsqu'il s'agit d'élaborer une stratégie, *dans toutes ces transitions, le sens prime sur la norme*. Certes, lorsqu'un nouveau régime stationnaire s'établit, lorsque les coopérations s'ajustent à une autre échelle, un nouveau cadre plus large se profile, un métagroupe apparaît, avec sa culture propre, et, à partir de là, de nouvelles normes se développent à un autre niveau.

Chaque système, chaque groupe a ses normes à son niveau. C'est aux frontières et lors des transitions que se pose avec le plus d'acuité la question du sens. Cette approche systémique de la connaissance entre parties prenantes est représentée sur la figure suivante (figure 67).

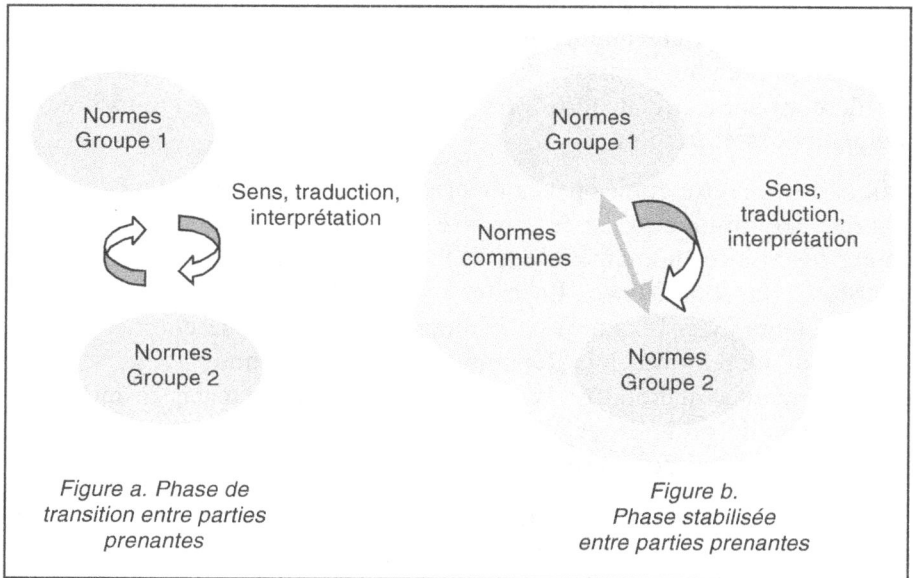

Figure a. Phase de transition entre parties prenantes

Figure b. Phase stabilisée entre parties prenantes

Figure 67. Les parties prenantes et les deux fonctions de la connaissance

Cette *vision globale des parties prenantes* est probablement la clé fondamentale et irréductible que doit acquérir le manager qui cherche à élaborer une *stratégie du savoir*. En effet, dans toutes les problématiques telles que l'innovation, l'intelligence économique, la gestion des relations client ou le développement durable, les parties prenantes représentent un enjeu essentiel pour créer, enrichir, valoriser, renouveler, transférer les connaissances. Nous verrons aussi que les PME sont directement concernées et qu'elles ont même intérêt à commencer par cette analyse, avant de chercher à se focaliser sur telle méthode de knowledge management ou sur telle nouvelle technologie.

LE PILOTAGE DE LA VALEUR ET LE CAPITAL INTELLECTUEL

Vieux truisme... l'entreprise a pour but de créer de la valeur et d'en tirer profit. Comme tout agent économique, elle utilise en input des facteurs de production et, en output, vend ses produits obtenus par valeur ajoutée grâce à sa *fonction de production. Le modèle classique de la « chaîne de valeur »* de Michael Porter tente de rendre compte de cette transformation[1].

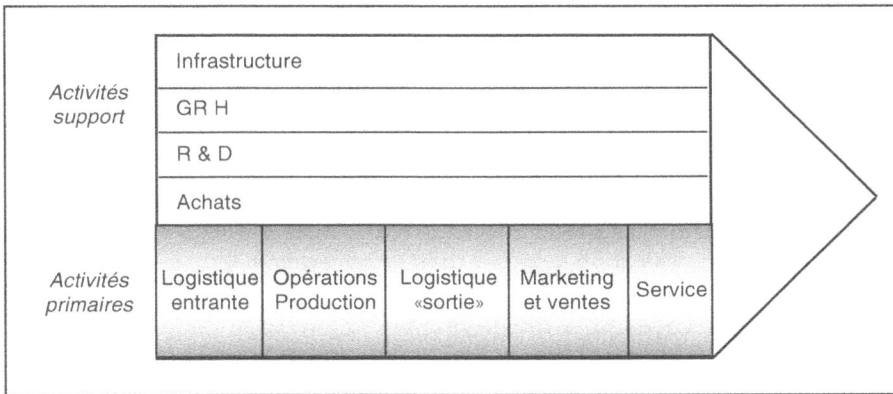

Figure 68. La chaîne de valeur de l'entreprise (selon Michael Porter)

Ce modèle, depuis deux décennies, n'en finit pas d'agoniser. Voici quelques-unes des critiques qui lui sont adressées :

• L'analyse de la chaîne de valeur attire l'attention sur les coûts des activités, au détriment d'une conception plus large de la valeur.

---

1. Michael PORTER, *Competitive Advantage : Creating and Sustaining Superior Performance*, The Free Press, New York, 1985.

- La chaîne de valeur correspond à une vision mécaniste du management et de la gestion des ressources humaines (une sorte de gestion de stock).
- La chaîne de valeur rationalise et optimise une technologie stable et intégrée, mais supporte mal les ruptures.
- Enfin, point capital dans l'économie fondée sur la connaissance, la chaîne de valeur ne représente que les flux de transformation mesurables et ignore toute forme d'*externalités*. Ainsi, toutes les connaissances produites ou exploitées au cours du processus de transformation sont purement et simplement absentes. Au mieux, elles sont implicitement intégrées dans le produit final, mais là encore souvent de façon invisible. Le schéma suivant illustre ces « fuites » qui sont en fait massivement créatrices de valeur.

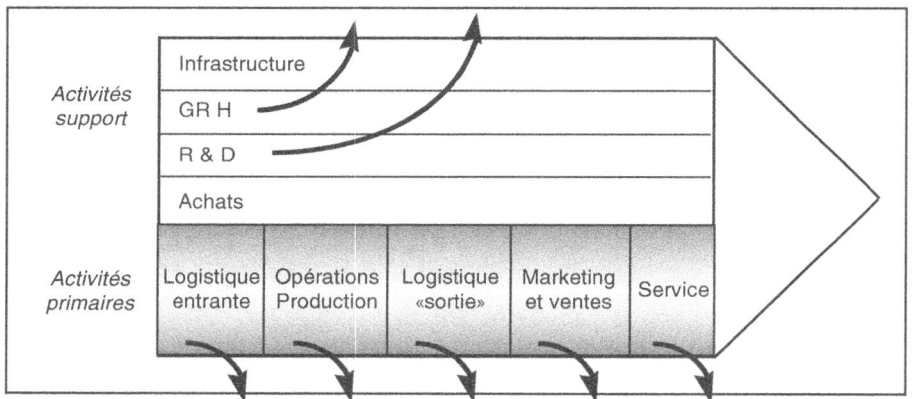

Figure 69. La chaîne de valeur ne rend pas compte des externalités

Quelques exemples classiques illustrent bien les limites de ce modèle linéaire et mécaniste. Dans le domaine des assurances, des banques, hôpitaux et autres services, il apparaît difficile d'appliquer la « chaîne de valeur ». Ici, les flux concernent essentiellement des informations, des personnes, des coordinations et interactions humaines, toutes choses qui créent de la valeur « hors chaîne »...

Pour aller plus loin, les théoriciens du management ont proposé des modèles plus sophistiqués pour représenter la création de valeur par l'entreprise. Sans nous étendre sur la question, nous retiendrons les deux modèles « atelier de valeur » (*Value shop*) et « réseau de valeur »[1].

1. STABELL C. B. et FJELDSTAD Ø. D., « Configuring Value for Competitive Advantage : On Chains, Shops and Networks », in *Strategic Management Journal*, vol. 19, 1998, p. 413-437.

L'atelier de valeur est orienté vers la résolution itérative de problèmes. Pour chaque problématique, il faut utiliser les ressources spécifiques requises pour effectuer les opérations suivantes : identification du problème, acquisition des données nécessaires, diagnostic, choix, mise au point de solution, évaluation. Ce modèle est utile, par exemple, pour des entreprises dont le cœur de métier est la conception ou l'innovation, ou aussi des services *sur mesure* qui nécessitent un processus complexe de coconstruction des solutions avec le client.

Le réseau de valeur est orienté vers les activités de mise en réseau d'acteurs. Il est adapté au cas des organisations dont le cœur de métier est l'intermédiation et la coordination : publicité, marketing, communication...

	Chaîne de valeur	Atelier de valeur	Réseau de valeur
Logique de création de valeur	Transformation de matériaux en produits	Résolution et coconstruction avec le client	Mise en relation et intermédiation
Interactions	Séquentielles	En boucle	Simultanées, parallèles
Facteurs déterminants	Optimisation, intégration amont-aval	Réputation, marque, capital intellectuel	Effets de réseau, externalités, spirales créatrices

Figure 70. Les trois principaux modèles de création de valeur[1]

Dans le cadre de la e-économie, ces modèles en réseau et en atelier sont bien sûr mieux adaptés, notamment pour construire les *business models*. Les places de marchés numériques sur Internet en offrent un exemple évident, de même que les plates-formes d'achats groupés, véritables coopératives de l'ère numérique. Dans l'économie fondée sur la connaissance, ces nouveaux modèles d'entreprise sont sans doute amenés à jouer un rôle croissant à l'avenir.

L'entreprise apprenante doit donc se préoccuper de remodeler sa chaîne de valeur, et dans bien des cas ce n'est plus une *chaîne* de valeur qui en est le modèle. Encore faut-il pouvoir implémenter en pratique les nouveaux modèles proposés ! On conçoit que c'est là un défi pour les comptables du siècle à venir...

---

1. Je remercie ici Jocelyne LEMAGNEN et Jean VARGUES d'EDF pour leurs éclaircissements sur ces questions.

C'est ainsi que les théoriciens du contrôle de gestion ont proposé des tableaux de bord qui visent à la fois à *mesurer la performance globale de l'entreprise et à gérer le pilotage stratégique*. Évoquons deux exemples qui ont fait l'objet de discussions récentes, en rapport avec l'importance du capital intellectuel de l'entreprise[1].

Le *tableau de bord équilibré* (*Balanced Score Card* ou BSC) de Robert Kaplan et David Norton (Harvard Business School) est basé sur un métamodèle qui combine la chaîne de valeur et la dimension du pilotage stratégique (figure 71).

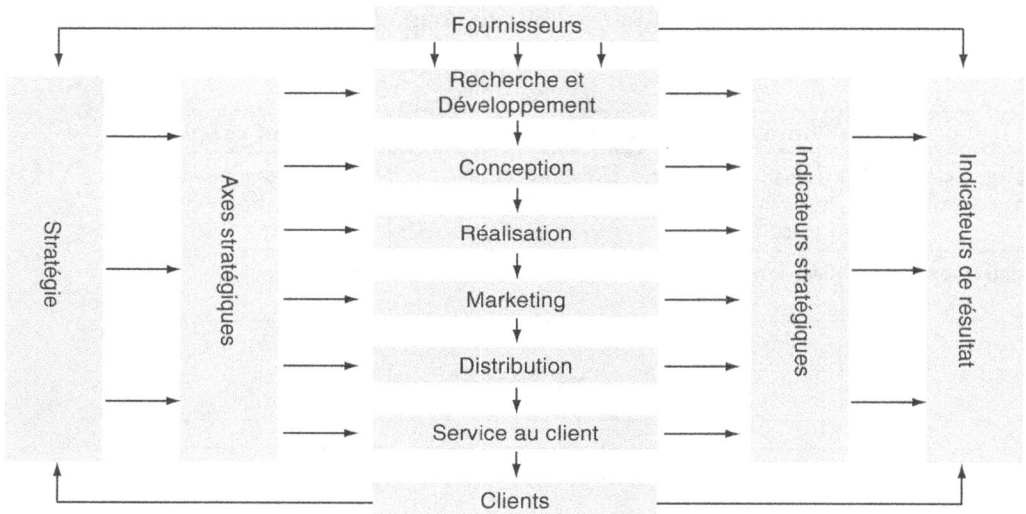

Figure 71. Le métamodèle de Kaplan-Norton ©

À partir de ce métamodèle, les auteurs proposent, sur la base du management des processus dont il a déjà été question précédemment, un ensemble d'indicateurs qui visent à représenter une chaîne causale de la performance selon quatre axes : les indicateurs de l'apprentissage organisationnel (formation des salariés, système d'information...), les indicateurs de performance des processus internes (production et innovation), les indicateurs de la stratégie clients (satisfaction, fidélisation, part de marché) et enfin les indicateurs financiers (croissance du chiffre d'affai-

---

1. Je me réfère ici à Gregory WEGMANN, *Les tableaux de bord stratégiques*, thèse à l'IAE, Paris, université Paris-1, GREGOR 99-11 ; et à Nick BONTIS, Nicolas DRAGONETTI, Kristine JACOBSEN, Goran ROOS, « Les indicateurs de l'immatériel », in *Expansion Management Review*, n° 95, décembre 1999, p. 37-46.

res, réduction des coûts...). La figure suivante donne une vue générale de ce modèle (figure 72).

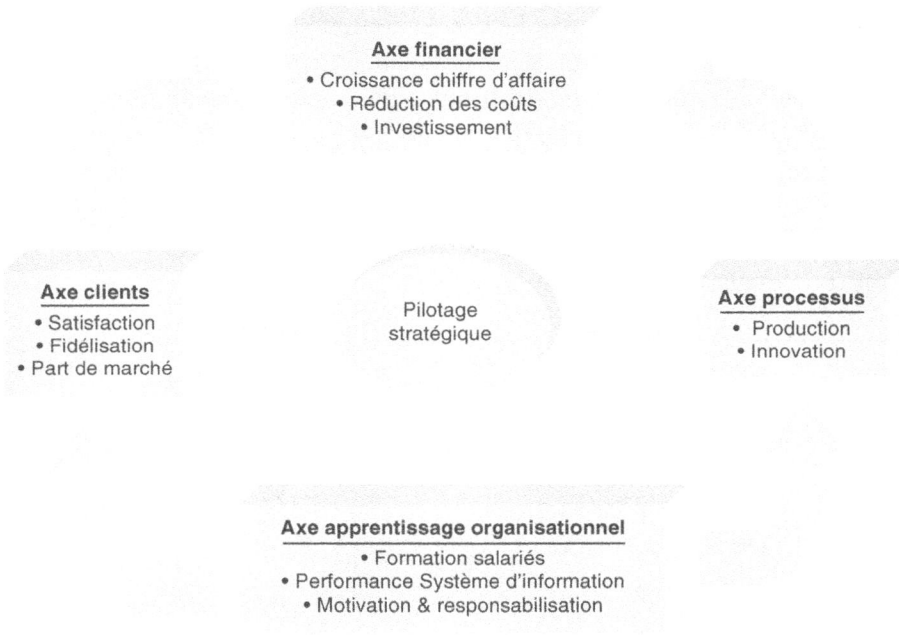

Axe financier
- Croissance chiffre d'affaire
- Réduction des coûts
- Investissement

Axe clients
- Satisfaction
- Fidélisation
- Part de marché

Pilotage
stratégique

Axe processus
- Production
- Innovation

Axe apprentissage organisationnel
- Formation salariés
- Performance Système d'information
- Motivation & responsabilisation

Figure 72. Le modèle du tableau de bord équilibré (Balanced Score Card)

Le modèle du tableau de bord équilibré a prêté le flanc à plusieurs critiques, dont (outre sa complexité et sa rigidité) le fait qu'il ne tient pas suffisamment compte du principal déterminant de la performance et du profit de l'entreprise : le capital humain. On relève notamment le fait que l'innovation est conçue comme un « processus interne » et reste complètement décorrélée de l'inventivité des hommes ! Autant dire que la connaissance, si tant est qu'elle apparaisse en filigrane dans le modèle, est réduite à sa dimension purement instrumentale (système d'information, formation, processus). On imagine sans peine les dérives possibles d'un mauvais usage de ce modèle : « Renforcer certaines entreprises dans leur conviction qu'il suffit de mettre en place des systèmes d'information pour gérer le savoir[1] ».

---

1. BONTIS, DRAGONETTI, JACOBSEN, *op. cit.*, p. 43.

Le second modèle que nous voudrions évoquer ici est le *modèle du capital intellectuel*, mis en œuvre dans des entreprises comme Skandia ou Dow Chemical. Dans cette approche, la référence à la chaîne de valeur de Porter disparaît tout à fait, pour faire place à la notion de *chaîne de valeur virtuelle*. Il s'agit ici de centrer le modèle sur la gestion des ressources rares que sont le *capital humain* (compétences stratégiques, capacités d'innovation, agilité décisionnelle des décideurs...) et le *capital structurel*. Ce dernier regroupe à la fois le capital clients (fidélisation, satisfaction, intensité de la relation aux clients, fournisseurs et autres partenaires stratégiques comme les actionnaires) et les caractéristiques propres à l'organisation (processus, R&D, innovation).

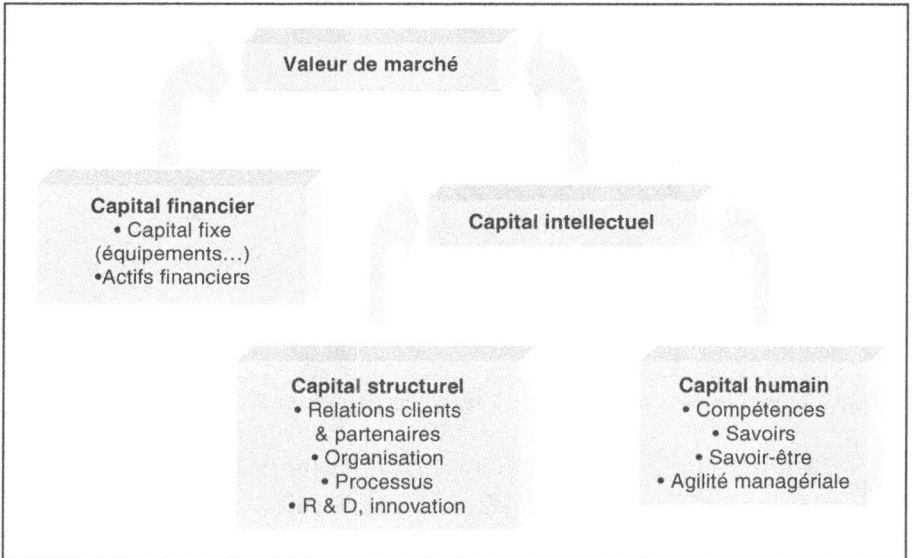

Figure 73. Le modèle du capital intellectuel

Le tableau de pilotage du capital intellectuel appelé *navigateur* chez Skandia présente le modèle sous la forme de domaines de pilotage de la valeur[1]. Ces domaines sont assemblés en fonction de leur action dans le temps : le domaine finances donne une photographie du passé immédiat (bilan financier...) ; les domaines processus, ressources humaines et clients sont relatifs au pilotage opérationnel de l'activité dans l'instant présent ; enfin,

---

1. Voir Leif EDVINSON et Michael MALONE, *op. cit.*, p. 96.

le dernier domaine, celui de l'innovation et de la R&D, se tourne vers le renouvellement de la valeur dans le futur.

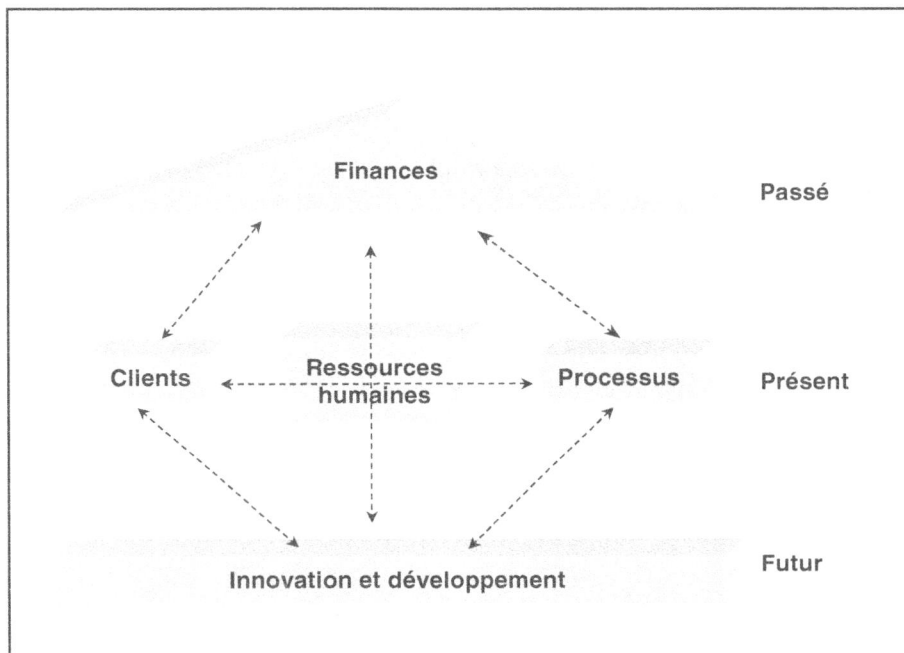

Figure 74. Le navigateur du capital intellectuel (© Skandia)

Ce modèle, s'il donne une place centrale aux connaissances, aux compétences et aux capacités cognitives en général, n'est toutefois pas sans défauts. Tout d'abord, comme nous l'avons déjà souligné précédemment, le *capital humain* peut-il être considéré comme une forme de *capital*, au sens classique du terme ? Dans la conception traditionnelle de l'économie politique, capital et travail sont opposés, le capital étant conçu comme la ressource *prêtée* par les propriétaires au personnel de l'entreprise, celui-ci fournissant sa force de travail. Capital et force de travail sont tous deux des facteurs de production, rémunérés l'un et l'autre pour leur apport, mais ils ne sont pas de même nature du fait qu'ils ne *travaillent* pas du tout de la même façon. Le capital est constitué des apports financiers, qui sont soit directement utilisés, soit investis sous forme de capital fixe[1] dans le système productif – les moyens de production durables, les logements,

---

1. Également appelé *capital technique*.

les équipements collectifs. La force de travail des employés et des dirigeants est un actif volatile qui n'est actif que *dans l'instant* puisque, par nature, il est incorporé.

Aujourd'hui, la connaissance, moteur essentiel de l'économie, a un statut constamment ambivalent, voire ambigu : si on la considère comme un stock collectif, c'est un capital, mais si on la considère comme attachée aux personnes, alors ce n'est pas un capital mais un constituant de la force de travail. Cette ambivalence explique que le knowledge management soit réduit en général à la tentative de transformer un actif par nature incorporé (donc lié substantiellement au travail) en un actif capitalistique, soumis au processus d'accumulation au même titre que le capital financier.

On voit donc que la notion de capital humain employée par les Anglo-Saxons, et à présent dans les autres pays, est profondément contradictoire, sauf à considérer qu'elle révèle la volonté (consciente ou non) de l'actionnaire de s'approprier la connaissance et la compétence des salariés (travailleurs).

La *base de connaissances* constitue précisément la part des connaissances mise en commun et *capitalisée*, au sens où elle devient du capital technique cumulable et réutilisable. Mais la réalité est plus complexe, car elle montre que seule la *combinaison du capital* (la base de connaissances) *et du travail* (les compétences) permet à l'entreprise d'être performante. Ainsi, les processus, en eux-mêmes, comme les apports financiers, ne peuvent fructifier sans l'intervention des hommes qui les activent pour créer de la valeur.

De même, les clients – et surtout ceux qui ne sont pas *captifs* – ne peuvent être considérés comme une forme de capital. Dans ce cas, la confusion est encore plus grande que pour le capital humain, car les clients ne sont même pas un facteur de production ! Mais on peut penser que le discours sur le capital clients a l'avantage d'attirer l'attention du client sur l'importance qui lui est donnée par l'entreprise, soucieuse de le satisfaire et le fidéliser. À cet égard, on remarquera que le capital clients, dans le modèle, est purement et simplement intégré au capital structurel, au même titre que le capital technique (organisation et biens d'équipements), qui, lui, en revanche, est bien, stricto sensu, une des formes du capital. Le jour où un gros client choisit d'aller voir ailleurs, qu'advient-il de l'entreprise qui a cru naïvement pouvoir le gérer comme une forme de capital...

En dehors de ces considérations, le modèle du capital intellectuel présente quelques difficultés pratiques importantes : si les indicateurs du capital intellectuel qui sont proposés cherchent très logiquement à devenir normatifs (comme le montrent les travaux actuels des instances internationales comme l'OCDE[1]), il n'en reste pas moins que le choix et la pondération de ces indicateurs sont propres à chaque firme, en fonction de son cœur de métier et de son contexte. Ainsi, telle entreprise donnera une pondération importante à la R&D, à la formation ou aux brevets, ou bien encore au turnover, etc. Aucune règle générale, applicable uniformément à tous les secteurs et tous les pays, ne semble pouvoir se dessiner. Cela explique les difficultés des organismes prescripteurs pour converger vers une normalisation acceptable.

L'ENTREPRISE ÉTENDUE ET LA GESTION DES PROCESSUS

Le pilotage stratégique de la valeur se traduit bien sûr, au niveau opérationnel, par la nécessité de maîtriser les processus, et cela, dans un environnement plus large que les frontières de l'entreprise : la conception d'un produit nécessite des flux d'échange d'informations, de coordination, voire d'apprentissage entre l'entreprise et ses fournisseurs ; il en va de même, en aval, pour la distribution, la vente et les services d'après-vente.

La notion d'entreprise étendue traduit cette réalité ; elle est donc directement liée au *pilotage de la valeur, dans le contexte élargi de la relation aux fournisseurs, aux clients et autres parties prenantes* (les *stakeholders*). En pratique, cette notion renvoie à *la problématique du partage des connaissances et de la coordination entre acteurs d'un même processus de création de valeur.*

Ces dernières années, la vague des *progiciels de gestion intégrée* – les ERP (*Enterprise Ressource Planning*) – a illustré, dans la plupart des grandes entreprises, la volonté de gérer de façon cohérente les principaux processus (voir tableau ci-dessous, figure 75). Le but de ces gros projets de reconception très coûteux est d'améliorer les liens de coordination et le partage d'informations entre différents services ou directions impliqués sur un même produit. Par exemple, les commerciaux ont besoin d'accéder aux bases de connaissances du système de fabrication, et réciproquement.

---

1. Voir par exemple OCDE, « Symposium capital intellectuel », *op. cit.*

Processus comptables et financiers (trésorerie, contrôle de gestion, comptes fournisseurs et clients, états financiers...)		
Processus de la supply chain (approvisionnements, achats, expéditions, facturation, règlements, planification)		
Processus de maintenance		
Processus de fabrication		
Processus liés à la relation client (services, force de vente...)		
Processus de gestion des ressources humaines		

Figure 75. *Les principaux processus implémentés dans les* ERP

Mais aujourd'hui, la mise en place des ERP pose encore des problèmes. La lourdeur, d'abord : la configuration des processus est une chose qui n'a jamais de fin. Il faut en permanence à la fois adapter la finesse des modèles intégrés dans l'ERP, tout en étant capable de s'adapter aux réorganisations, aux fusions, aux évolutions du marché, aux réglementations.

L'entreprise étendue se doit d'être une organisation apprenante dans la mesure où elle cherche une *plus grande coordination avec ses partenaires*. Mais la complexité des systèmes d'information que cela suppose limite l'apprentissage à sa dimension normative. *L'ERP ne favorise guère, en soi, la fonction d'interprétation inhérente à la connaissance* : les flux d'informations sont plus des flux de données que des flux de sens et donc d'apprentissage, de cotransformation entre acteurs. Ils constituent manifestement un levier important de l'entreprise apprenante, par la cohérence des informations qu'ils facilitent, mais cette condition, nous l'avons vu, n'est pas suffisante pour qu'il y ait partage et augmentation de la connaissance. Elle peut même, dans certains cas, induire une *culture trop instrumentale de la relation et de la coordination*, comme dans le cas du CRM (*Customer Relationship Management*, ou *gestion de la relation client*).

Au-delà du système d'information, la principale articulation entre la gestion des processus et l'organisation apprenante est la notion de qualité, qui arrive désormais à sa pleine maturité dans le monde des entreprises. Compte tenu de ce que nous venons de dire à propos de la modélisation des processus, la question qu'il convient de traiter est celle-ci : la qualité est-elle vraiment un levier de l'organisation apprenante ? Quelles sont les affinités entre ces deux paradigmes, et quels en sont les clivages ?

LE SYSTÈME QUALITÉ ET L'ORGANISATION APPRENANTE

L'*assurance de la qualité* répond à un objectif primordial : *satisfaire le client*. Pour y parvenir, cela suppose de faire progresser l'organisation du travail et la professionnalisation des acteurs. Il s'agit d'un projet collectif de l'entreprise, qui implique toute la hiérarchie et l'ensemble des collaborateurs. L'évaluation de cette démarche est soumise à un organisme de certification qui applique pour cela les normes internationales de l'ISO.

On peut remarquer que *ce projet répond rationnellement à un but subjectif* : la satisfaction. Le passage du subjectif au rationnel peut se résumer par cette chaîne de causalités : la satisfaction est mesurée dans le chiffre d'affaires, qui est analysé à l'aide des métriques de gestion, lesquelles supposent une rationalisation toujours plus grande des processus productifs.

Ce système a déjà une longue histoire, qu'il n'est pas inutile de reprendre ici. Cette logique a d'abord été mise en œuvre dans des métiers où les processus se prêtaient bien à cette rationalisation : la fabrication automobile, par exemple. Dans ces métiers, la compétence collective est fortement *heuristique*, et la recherche d'optimisation a abondamment puisé, durant le XXᵉ siècle, dans les outils mathématiques et informatiques ; d'où une grande technicité et une panoplie de procédures qui constitue l'appareil normatif de la **qualité**, cela jusqu'à ISO 9000 (dans sa version de 1994).

On voit alors se dessiner un paradigme industriel qui relie les dimensions suivantes : technique, procédures, rationalisation, qualité, mesure. On peut noter au passage que *qualité* et *quantité* vont nécessairement de pair. Ainsi, paradoxalement, la finalité subjective – la satisfaction d'individus (les clients) – se trouve au centre d'un système productif de plus en plus rationnel et, par voie de conséquence, normatif.

La généralisation progressive de la démarche qualité qui s'est opérée durant les années quatre-vingt, quatre-vingt-dix suppose d'appliquer ces principes à d'autres métiers qui, eux, se prêtent plus difficilement à la rationalisation. C'est le cas, par exemple, de la conception, des services (conseil, formation...) ou de la recherche. On comprend dès lors aisément les difficultés rencontrées durant les années quatre-vingt-dix. Comment rationaliser une activité de conseil, de formation, ou d'innovation ? Cela pose plusieurs problèmes.

Tout d'abord, ces métiers mobilisent des *connaissances et compétences complexes et hétérogènes*, du fait qu'on y trouve à la fois la dimension procédurale et la dimension symbolique de la connaissance. La fonction normative n'est pas suffisante ; la fonction herméneutique est tout aussi essentielle. Bref, dans ces activités (services, conception...), le cerveau gauche ne peut se passer du cerveau droit. Or, par nature, le sens et l'interprétation ne peuvent pas se rationaliser et encore moins s'optimiser et se normaliser (outre que ce n'est bien sûr pas souhaitable).

Ensuite, comme toujours, la rationalisation, la norme, les procédures ont les inconvénients de leurs avantages : efficaces un jour, dans un contexte, ces dispositions deviennent inadaptées, voire ineptes, *dans des contextes inattendus*. Enfin, du fait de ce qui précède, la démarche s'est très naturellement heurtée à des résistances de la part du personnel.

L'assurance de la qualité a donc été, jusqu'à ISO 9001, c'est-à-dire jusqu'à la fin des années quatre-vingt-dix, synonyme de rationalité quantitative et de procédures. Cela a produit de bons résultats dans certains métiers comme la production industrielle mais s'est heurté à des barrières et des résistances dans d'autres, comme les services.

Avec la version ISO de l'an 2000, l'*assurance de la qualité* est devenue le *management par la qualité*. L'objectif de qualité est englobé dans un objectif de performance :

> « **Pierre Caillibot, président du comité technique de l'ISO qui gère les normes ISO 9000, avait prévenu :** *les nouvelles normes seront plus spécifiquement orientées vers les objectifs de l'entreprise.* **La réorientation est clairement fixée. Au dogmatisme de la** *qualitique*, **la norme substitue l'approche managériale qui vise à mettre en ligne les objectifs et les moyens de les réaliser**[1]. »

Ce faisant, *la·notion de procédure est remplacée par la notion de processus*. Pour les tenants de l'ISO, cette distinction est capitale : on ne s'intéresse plus au stock de procédures et de règles décrites dans les documentations d'organisation, mais aux processus du métier et à leur efficacité in fine auprès du client. Il devient inutile pour le dirigeant de se féliciter d'avoir tout décrit dans les documents. Le critère est le résultat.

---

1. Henri Mitonneau, *ISO 9000 Version*, Dunod, Paris, 2001, p. 12.

Un exemple de démarche qualité par les processus : la démarche Six Sigma chez General Electric[1]

La méthode Six Sigma, élaborée et mise en œuvre dans des grandes entreprises américaines dont General Electric, est une illustration du management de la qualité, qui met en œuvre des processus et nécessite une implication forte de l'ensemble de l'encadrement. Les éléments clés de cette méthode tiennent en huit étapes :

– définir d'un commun accord des objectifs stratégiques ;
– créer des processus généraux, des sous-processus principaux et des processus de réalisation ;
– désigner les « propriétaires » des processus ;
– créer et valider les moyens de mesurer l'efficacité et l'efficience de chaque processus (tableaux de bord) ;
– recueillir les données nécessaires aux tableaux de bord ;
– définir des critères de sélection des projets ;
– sélectionner les projets à l'aide de ces critères ;
– gérer continuellement les processus de manière à atteindre les objectifs stratégiques de l'entreprise.

En outre, la méthode prévoit la nécessité d'améliorer les processus existants et de créer de nouveaux processus. L'amélioration des processus comprend cinq volets (résumés par leurs initiales DMAIC) :

Définir : constituer l'équipe qui aura pour charge d'apporter les améliorations nécessaires, identifier les clients du processus, leurs attentes, et établir une cartographie du processus à améliorer

Mesurer : définir les principaux critères d'efficacité et les traduire en Sigma

Analyser : l'équipe a pour tâche d'étudier les causes du problème qui nécessite une amélioration

Innover-améliorer : ce sont les actions qui visent à mettre en œuvre l'amélioration

Contrôler/maîtriser : vérifier que les améliorations répondent à leurs objectifs

Un exemple d'application : en utilisant la méthode Six Sigma, General Electric Medical Systems a lancé sur le marché un nouveau scanner de diagnostic conçu entièrement en appliquant les principes de la méthode. Gain annoncé : un scanner thoracique avec cet appareil se fait en dix-sept secondes, contre trois minutes avec les technologies précédentes.

L'ISO a opéré un virage pragmatique en marquant la volonté à la fois de s'assouplir et en même temps de se réinterroger sur sa finalité, qui n'est pas simplement technique. La norme relative à *l'environnement* illustre d'ailleurs l'élargissement substantiel des objectifs. Il ne s'agit plus seu-

1. Voir Georges ECKES, *Objectif Six Sigma. Révolution dans la qualité*, John Wiley & Sons, New York, 2001, tr. fr. Village Mondial, Paris, 2001.

lement de satisfaire des clients dans un monde exclusivement marchand, mais, plus généralement, de répondre aux besoins humains de sécurité, de santé, de progrès durable. On notera au passage que cette évolution, qui a le mérite de sortir d'une vision étroitement technique, se charge, dans le même temps, de *contenus de plus en plus idéologiques, voire politiques.*

Dans le monde de l'entreprise, la nouvelle norme ISO devient *totalisante.* Le passage à la notion de processus autorise une normalisation sans fin de toutes les activités :

> **« La norme prend maintenant en considération dans les activités de management, outre la politique et les objectifs, des aspects tels que la communication interne, l'affectation des ressources, l'établissement des processus, l'utilisation de toutes les opportunités d'amélioration de l'efficacité du système[1]. »**

Venons-en donc aux questions qui nous intéressent ici : la démarche qualité est-elle un levier de l'organisation apprenante ? Est-ce un levier de la production des connaissances ? Dans quelle mesure en est-il ainsi, et pour quel but ?

La *qualité* est associée à la notion de *processus*, que nous avons rencontrée précédemment à propos de la problématique de modélisation des connaissances. Nous avons vu qu'un processus, en ce sens, est un objet typique de la pensée cybernétique : c'est une boîte noire, avec des entrées et des sorties. En outre, le processus *traverse* la structure hiérarchique de l'entreprise où il mobilise différentes ressources, pour ajuster un client et un produit.

La mise en place d'un système qualité aujourd'hui suppose donc la modélisation de processus métier, en vue de les mettre en œuvre, de les mesurer et de les améliorer s'il y a lieu, en fonction du critère final : la satisfaction du client. Cette modélisation des processus constitue en soi l'une des approches de gestion des connaissances : sont identifiées toutes les connaissances nécessaires à la bonne réalisation du processus.

On comprend aisément qu'il s'agit d'une gestion *opérationnelle* des connaissances destinée à induire une meilleure compétence collective. Là aussi, c'est toujours principalement la fonction normative de la connaissance qui est concernée : même les objectifs et la politique, ainsi que la communication interne, font l'objet d'une rationalisation des processus ;

---

1. *Ibid.*, p. 13.

étant entendu que le modèle cybernétique du processus (la boîte noire) sépare la *boîte* des *informations* qui entrent et sortent. Autrement dit, dans l'esprit de la qualité, la modélisation et la rationalisation des processus ne préjugent en rien des contenus et des flux événementiels qui vont constituer le quotidien de l'activité. La rationalité est donc, bien sûr, censée ne s'appliquer qu'aux *formes organisationnelles* et *non pas aux contenus informationnels et sémantiques.* C'est une bonne chose au plan éthique (on voit mal quelle rationalité permettrait de définir à priori des critères). Mais cela signifie aussi que la question de la *pertinence des choix d'informations et de connaissances entrantes* reste dans les limbes. Cette pertinence dépend des compétences et non pas du système.

Ceci étant, la rationalisation des processus est-elle vraiment tout à fait *neutre* vis-à-vis des contenus de l'information, de la connaissance, de l'apprentissage, des compétences et du sens ? La fonction normative, poussée très loin dans cette logique de la qualité, n'a-t-elle vraiment pas d'influence sur la fonction d'interprétation (le sens) ? Prenons un exemple : un processus de vente.

Comme nous le verrons à propos de la gestion de la relation client, la rationalisation du processus débouche sur la mise en place d'un système d'information – le progiciel de CRM[1]. On peut ajouter à ce système, qui relie l'entreprise avec ses clients, un autre système d'information purement interne, en *back office*, généralement basé sur un progiciel de gestion intégré (l'ERP). L'ensemble du système est destiné à améliorer la performance globale – ici, la vente. On voit bien se concrétiser la finalité de la démarche de management de la qualité par les processus.

La relation de vente, de plus en plus, est donc structurée par un système d'information : à chaque étape du processus, des informations sont produites, canalisées, stockées, exploitées. L'information devient une part croissante de la connaissance que le vendeur a de son client.

La relation au client, dans le secteur de la banque, en fournit une illustration. Le client devient un *utilisateur* du système d'information : il se connecte au site Internet pour effectuer les transactions routinières dont il a besoin. Idem pour le vendeur, qui gère le compte client sur son poste de travail. Tout le monde gagne du temps, le client et le vendeur. Ce faisant, dans la plupart des situations, qui sont routinières, banales, normales, ce gain de temps et d'efficacité signifie que peu à peu le vendeur

---

1. Crm : Customer Relationship Management, ou, en français, gestion de la relation client.

et son client ne se voient plus. Du contact direct, on a glissé vers le contact téléphonique, puis vers le contact *asynchrone* (différé) en réseau.

La connaissance du vendeur qui intervient dans le processus de vente, dans ces situations banales, regroupe donc : son savoir-faire d'utilisation de logiciels, une connaissance des produits bancaires et des données disponibles sur le client. Cette connaissance évolue au cours du temps : les logiciels évoluent, les produits aussi, et les informations en provenance du client s'accumulent dans une base de données – qui devient un *capital*. La base de données clients est l'un des produits indirects de la démarche de rationalisation et d'informatisation du processus de vente. La démarche qualité contribue donc à améliorer la productivité de ce capital. L'augmentation de ce capital a toutes les chances d'être corrélée au chiffre d'affaires de l'entreprise. C'est d'ailleurs ainsi que ces bases de connaissances sont désormais valorisées parfois très cher lors d'une opération de fusion ou d'acquisition.

Le vendeur, en tant que facteur de production, a contribué à l'*accumulation* dans la base de données clients. Mais on notera aussi que le client lui-même y a contribué grandement : non seulement par ses opérations bancaires (retraits, chèques...), mais aussi en étant captif du système de communication via Internet, par lequel il a de lui-même transféré des informations le concernant. Le client devient ainsi un *facteur de production* (sans être rétribué pour autant). L'organisation est apprenante dans la mesure où :

– sa base de connaissances, grâce au processus informatisé, est un objet d'accumulation quasi automatique qui devient véritablement du capital, au sens technique puis financier ;
– la connaissance détenue par le vendeur se combine avec d'autres connaissances, par exemple la conception des logiciels qu'il utilise ou la compétence du client utilisateur. Cette combinaison devient un constituant de la compétence du vendeur, mais ne se capitalise guère dans la base de données client de l'entreprise.

Nous voyons donc ici *qui apprend quoi*. On voit à l'œuvre le couplage entre la rationalisation des processus et l'informatisation. Le vendeur et le client, devenant des utilisateurs du système d'information, voient leurs connaissances respectives de plus en plus canalisées (ou instrumentalisées) dans ce système. Cette forme de connaissance (et de compétence) tend à se confondre avec de l'information. Tout cela illustre la *fonction normative* de la connaissance (une chose a disparu du processus : le sens), ainsi que l'apprentissage rationalisé grâce à la modélisation des processus (une autre chose a disparu : la connaissance directe entre le client et le vendeur).

Mais que se passe-t-il lorsqu'un incident ou un imprévu apparaît ? les situations inhabituelles peuvent-elles être gérées de cette façon ? La réponse de la démarche qualité, dans sa version processus, est simple : il faut ajouter au processus de vente un processus de traitement des exceptions, et aussi peut-être un processus de traitement des incidents, voire un processus de gestion des crises. On peut dire que *le processus fait système*. Les processus deviennent liés entre eux. Et les systèmes d'information ont besoin de communiquer entre eux, par l'architecture du SI. Il faut prévoir des processus qui permettent les liens entre d'autres processus, etc.

L'incertain et la complexité du réel sont donc considérés comme des objets à modéliser. Le système doit devenir de plus en plus complexe pour que les pannes et les imprévus ne soient pas catastrophiques. On peut le dire d'une autre façon : dans ce modèle organisationnel, la fonction normative de la connaissance *grignote* sa fonction herméneutique ; l'apprentissage rationnel grignote l'apprentissage *en acte* ; l'apprentissage de l'organisation grignote l'apprentissage individuel ; la compétence de l'entreprise grignote la compétence de l'individu. Le risque majeur est collectif : *c'est sur la complexité du système que repose de plus en plus la réponse à la complexité du réel.*

Pour éviter ce risque, la fonction herméneutique – le sens – doit trouver sa place. Les agents doivent donc veiller à conserver leurs compétences propres, que le système ne peut acquérir : la compétence à donner du sens, la compétence à apprendre en acte et à communiquer entre humains. Plus le réel est incertain, plus le système devient complexe. Dans le même temps, il est donc *essentiel que la compétence propre à l'humain se maintienne et soit valorisée.* Les décisions clés et les compétences clés doivent être préservées en dehors des processus. C'est une condition pour que l'organisation apprenante ne devienne pas un danger public et qu'elle soit pleinement apprenante, c'est-à-dire capable de répondre à la finalité du système productif, qui est de satisfaire aux besoins humains – des clients et des employés.

L'ARCHITECTURE DU SYSTÈME D'INFORMATION

Nous terminerons ce chapitre par l'évocation de l'outil de base de l'organisation apprenante : une architecture informatique appropriée. Celle-ci doit être conçue *à l'échelle globale du groupe*, et non plus seulement à l'échelle de chaque métier ou de chaque application. Mais, dans le même temps, il ne s'agit nullement de concevoir un système d'information central, ce qui serait incompatible avec les exigences de souplesse et d'évolution. La réponse trouvée par les ingénieurs est que le système d'information est de plus en plus *orienté processus*.

Ce sont désormais les problématiques de *communication entre applications et entre systèmes* qui sont en jeu. En effet, l'organisation apprenante a besoin de processus transverses, définis non plus selon la logique des structures mais selon la logique du client, de la création de valeur, de la coopération entre métiers. Or, jusqu'à présent, les ressources informatiques de l'entreprise ont été développées indépendamment les unes des autres, ce qui aboutit à une complexité technique et organisationnelle de plus en plus difficile à gérer. La coopération entre ces applications suppose l'emploi de standards de communication et de logiques d'interopérabilité.

Pour que l'organisation apprenante puisse devenir pleinement efficace, l'architecture du système d'information doit donc répondre aux problématiques suivantes[1] :

– maîtriser la complexité croissante du SI (système d'information), par des études d'*urbanisme informatique* visant à optimiser le nombre et la répartition des systèmes ;
– permettre des évolutions rapides des systèmes à chaque fois que l'organisation de l'entreprise a besoin de se transformer (fusions, acquisitions, développement de nouvelles relations client ou de nouvelles coopérations...) ;
– répondre aux besoins croissants de communication des SI, c'est-à-dire permettre l'accès aux contenus d'information, assurer la nécessaire coopération entre systèmes dans le cadre des processus transverses, permettre l'ouverture des systèmes pour répondre aux besoins de communication et de collaboration avec les parties prenantes, les clients, les fournisseurs.

---

1. Je remercie ici Thierry N'GUESSAN et Thierry MÉTAIS pour leurs explications techniques sur ce sujet.

C'est dans cette perspective que la notion d'EAI (*Enterprise Application Integration* ou Intégration d'applications d'entreprise) a vu le jour :

> « L'EAI s'attache à libérer la circulation de l'information en organisant la communication entre applications et systèmes. Elle affirme toute sa force et toute sa pertinence dans la gestion transactionnelle des données structurées et dans l'interopérabilité des systèmes[1]. »

L'EAI repose sur deux piliers essentiels :

* *La modélisation des processus de traitement de l'information.* Ces processus, plus ou moins automatiques, permettent l'enchaînement de différentes tâches de traitement des données pour résoudre des affaires ou gérer des projets (workflow). Par exemple, la gestion de contrats complexes suppose des flux d'informations qui transitent entre clients et commerciaux, puis vers d'autres systèmes internes comme le traitement des facturations, la vérification juridique, le traitement des réclamations, etc.
* *L'emploi de normes pour modéliser les données et les informations* et permettre ainsi leur échange entre systèmes différents. La norme XML permet ainsi de décrire toutes sortes d'informations, aussi bien les documents (informations dites *non structurées*) que celles qu'on trouve dans les bases de données (informations dites *structurées*). XML permet de décrire la structure interne des documents complexes ainsi que les métadonnées qui leur sont associées, ce qui donne au système d'information documentaire de riches possibilités d'exploitation (par exemple, la recherche dans des champs ou en texte intégral, ou la sécurisation des accès).

Grâce à ces deux piliers, l'utilisateur peut aussi bien créer des informations dans son contexte, manipuler d'autres informations provenant d'autres contextes, les transformer ou les combiner pour résoudre un problème. Ces possibilités de communication et de traitement génèrent des gains de productivité puisqu'ils permettent de réutiliser de plus en plus facilement les informations existantes et de les enrichir au fur et à mesure des besoins. Auparavant, une information en provenance d'un système X était en général inutilisable dans un système Y.

On peut donc considérer que l'émergence des EAI, avec modélisation des processus et emploi de normes ad hoc, permet enfin de privilégier le contenu de l'information et de se rendre de plus en plus indépendant des

---

1. COSMOSBAY, *Le livre blanc des portails d'entreprise*, avril 2001.

outils. Bien entendu, cette problématique vise à devenir de plus en plus transparente pour l'utilisateur, qui n'a pas à se préoccuper de la nature informatique des systèmes qu'il utilise, mais uniquement des contenus sémantiques c'est-à-dire, in fine, des connaissances.

Le schéma suivant illustre cette intégration progressive des systèmes d'information. Par *intégration*, il faut entendre, comme nous l'avons vu, non plus une logique de centralisation comme par le passé, mais une logique de communication, de souplesse, d'interopérabilité dans les processus transverses. Nous voyons sur le schéma comment cette logique traduit la *chaîne de valeur électronique* de l'entreprise, avec les trois grandes architectures : en entrée, la chaîne logistique, en interne, l'EAI et, en sortie, la gestion de la relation client.

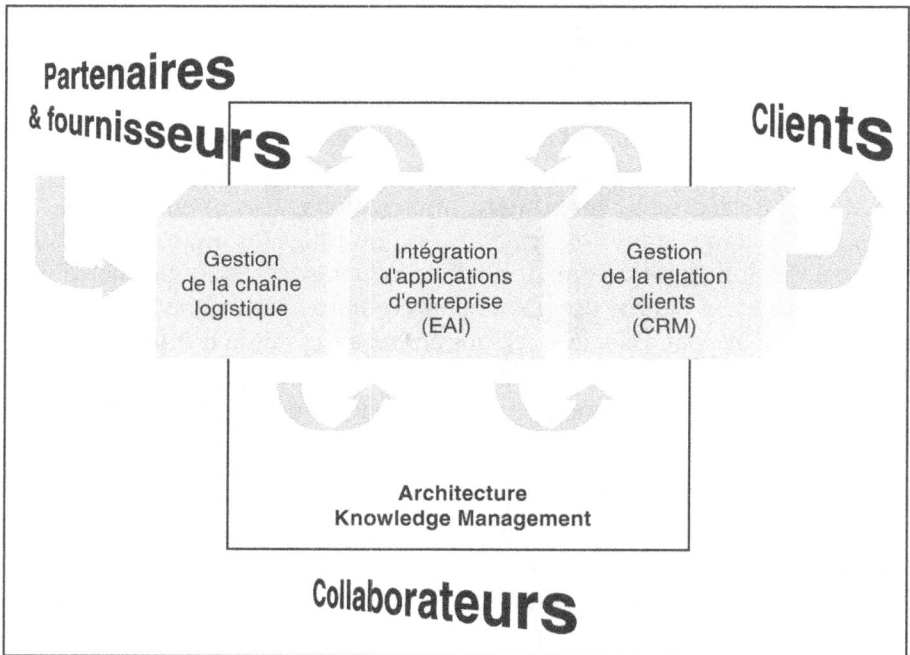

Partenaires & fournisseurs

Clients

| Gestion de la chaîne logistique | Intégration d'applications d'entreprise (EAI) | Gestion de la relation clients (CRM) |

Architecture Knowledge Management

Collaborateurs

Figure 76. L'architecture du système d'information intégré (d'après Cosmos[1])

Il va de soi que l'entreprise apprenante ne se réduit pas à cette vision cybernétique du système d'information. Nous allons voir dans les chapitres suivants que la *stratégie du savoir* dépasse, et de loin, la seule pro-

---

1. Idem.

blématique de l'architecture du SI. Il convient donc de souligner que cette architecture n'est qu'un soubassement – ou au mieux un levier – pour permettre à l'entreprise apprenante de trouver sa pleine puissance.

Mais nous pouvons noter au passage que ces conditions sont importantes pour la mise en place des portails Intranet de la future génération :

> « Les portails peuvent ainsi s'appuyer sur l'infrastructure établie par les plates-formes d'EAI pour réaliser ce travail d'organisation de l'information en connaissance, et ce, quels que soient le type et la structure de l'information (structurée ou non structurée), et quelle que soit son origine (interne ou externe). Grâce aux portails, on catégorise, on filtre et on personnalise l'information en fonction de l'utilisateur pour ne lui proposer que de la connaissance, construite de façon incrémentale et itérative au sein de processus collaboratifs[1]. »

En effet, ces applications de gestion des connaissances vont avoir besoin de ce type d'architecture pour permettre aux utilisateurs de collaborer, de communiquer, mais aussi de capitaliser, de transmettre et de combiner les connaissances explicites qui transitent dans leurs bases de connaissances. Il semble superflu, compte tenu de tout ce qui a été dit précédemment, d'insister sur le fait qu'il ne s'agit là que de la partie émergée de la gestion des connaissances, puisque, rappelons-le encore une fois, la seule forme de connaissance pleinement agissante se trouve incorporée dans les individus sous une forme essentiellement tacite. Le lecteur est donc invité à faire la part entre les promesses des éditeurs informatiques et l'indispensable sang-froid qui doit présider au pilotage de l'entreprise apprenante.

---

1. Cosmos, *op. cit.*

2

Stimuler l'apprentissage organisationnel

Nous commencerons ici par rappeler les différents courants théoriques qui ont parcouru le management de l'apprentissage avant de proposer une approche qui s'en inspire.

LES THÉORIES DU MANAGEMENT DE L'ORGANISATION APPRENANTE

Depuis deux ou trois décennies, différents modèles de management de l'organisation apprenante ont été proposés. Rappelons-en quelques-uns parmi les plus célèbres[1].

Peter Senge : la cinquième discipline[2]

Peter Senge n'y va pas par quatre chemins dans sa vision du management. Pour lui, *le contrôle et le commandement sont tout simplement l'antithèse* de la façon de piloter l'organisation apprenante. Dans le même ordre d'idées, la notion de *proactivité*, typique de la pensée rationaliste, est

---

1. Je remercie ici Armel BASSELIN, d'EDF, pour sa contribution à cette synthèse.
2. Peter SENGE, *La cinquième discipline*, FIRST éditions, 1991.

contestée par Peter Senge. Pour lui, ce n'est pas le concept pertinent car il perpétue une culture de planification qui n'est efficiente que dans une économie stable. Aujourd'hui, dans un monde en changement permanent, c'est la *réactivité* qui est essentielle. C'est ainsi que Peter Senge définit les deux formes de management de l'apprentissage :

– *l'apprentissage génératif* se concentre sur la capacité à créer les résultats désirés et planifiés ; la démarche est proactive ;
– *l'apprentissage adaptatif* se concentre sur la compréhension de ce qui est nécessaire pour survivre ; la démarche est réactive.

Mais l'*adaptation* aux problèmes ne suffit pas, car cela peut conduire à *renforcer* les problèmes, comme l'a montré en particulier l'école de Palo Alto. Par exemple, dans les nations en perpétuel conflit, on ne sait plus d'où vient la cause car, aussi loin qu'on remonte en arrière, on retrouve le même comportement : « Nous les avons attaqués, car ils nous avaient attaqués. » Pour cette raison, Peter Senge, dans une approche typiquement systémique, identifie les cinq disciplines fondamentales pour gérer l'apprentissage organisationnel en évitant les problèmes de renforcement :

– *la maîtrise personnelle* : éducation, formation, perfectionnement et façon dont nous introduisons ces savoirs dans notre organisation ;
– *l'attention aux schémas mentaux :* la façon dont nous construisons de façon rigide notre réalité cognitive et sociale nous pousse en permanence à reproduire le passé ; il s'agit pour le manager d'identifier et de casser ces schémas chaque fois que nécessaire.
– *la vision partagée* : c'est le fondement de l'intérêt et de l'engagement ; il s'agit de mobiliser le collectif pour discuter et élaborer du sens et une compréhension partagée des enjeux stratégiques.
– *l'apprentissage d'équipe* : savoir (et vouloir) travailler en groupe est indispensable pour harmoniser les efforts individuels vers une orientation commune et une compétence plus collective.
– *la pensée analytique* : la logique et la rationalité doivent être non pas niées, mais harmonisées avec les autres types d'apprentissage tacite.

Chris Argyris : les boucles d'apprentissage

Nous avons déjà évoqué plus haut le rôle de cet auteur[1]. Le concept clé de management, chez lui, est celui de l'apprentissage en boucle.

---

1. Chris ARGYRIS, *Savoir pour agir*, InterEditions, Paris, 1995, pour la traduction française.

La boucle simple d'apprentissage produit des changements de nature adaptative et conduit à l'*incompétence qualifiée*. En effet, cet apprentissage se réduit à traiter les conséquences immédiates et visibles d'un problème, par exemple en utilisant les procédés, les outils et les compétences existants, sans chercher à les changer. Cette forme d'apprentissage ne produit pas de changement et contribue parfois à renforcer un problème, et en tout cas à le répéter régulièrement.

La boucle double d'apprentissage permet des changements de valeur et de comportement. Il s'agit pour le manager non plus simplement de traiter un problème, mais de s'attaquer aux causes sous-jacentes. Cela conduit à remettre en question les *valeurs directrices* qui gouvernent la culture et l'organisation.

Le cas English Nature : six étapes en pratique

Comment transformer une institution gouvernementale en une organisation tournée vers l'apprentissage ? English Nature est une institution qui conseille le gouvernement britannique en matière de protection de la nature. Elle a été considérée comme un cas d'école qui illustre comment passer de la théorie à la pratique, en matière d'organisation apprenante.

Marquardt et Reynolds[1] (1994) ont identifié, à partir de là, six étapes pour mettre en pratique le management de l'organisation apprenante[2].

- Obtenir l'appui approprié du top-management vis-à-vis des changements ayant une incidence sur la gestion globale de l'organisation. Les cadres dirigeants se doivent d'être des modèles pour les autres, en analysant en permanence leur propre capacité d'apprentissage. Dans cette optique sont promus le leadership et l'aptitude du manager à générer des apprentissages double boucle. L'apprentissage doit en outre être axé sur les objectifs et les résultats, plutôt que sur les processus.
- Instaurer des systèmes de professionnalisation qui rapprochent l'action, l'analyse et la mise en application de l'apprentissage, au point de rendre plus floues et fluides les limites de chaque domaine. Les compétences systémiques d'interface et d'interaction sont promues.
- Mettre en place des pratiques de travail qui permettent au personnel de constituer librement des réseaux, de passer d'un emploi à un autre et d'avoir accès au top-management. Il s'agit de créer de petites équipes

---

1. M. MARQUARDT et A. REYNOLDS, *The Global Learning Organization*, Irwin, 1994.
2. D'après Eton LAWRENCE, *Réflexions sur la transformation d'une organisation gouvernementale en organisation axée sur l'apprentissage*, Commission de la Fonction publique, Canada, 1998.

de personnes qui, habituellement, ne se seraient pas rencontrées, et dont la mission est d'étudier certains problèmes sous un autre angle pour proposer les recadrages nécessaires.

- Inciter les cadres supérieurs à participer à des réseaux à l'extérieur de l'organisation et à produire des rapports sur ce qu'ils apprennent. Il s'agit à la fois d'enrichir la connaissance de l'environnement et de la redistribuer en interne. Le but est aussi de créer une culture où chacun est incité à trouver des alliés et partenaires dans les actions d'innovation.

- Accorder un appui important à l'apprentissage pour que le personnel prenne l'habitude de la remise en cause des systèmes existants. Il s'agit de proposer au personnel des formations tournées vers la créativité, sans préjuger à l'avance des compétences opérationnelles recherchées car il faut laisser une marge de manœuvre à l'apprentissage.

- Introduire de nouveaux moyens d'apprentissage, de façon à offrir une vaste gamme de possibilités d'apprentissage et ainsi répondre aux besoins et préférences des employés. English Nature a mis en place un centre de formation qui vise à créer une offre en interne qui soit disponible à tout moment, à la carte, avec un dispositif de dialogue, d'échange et de capitalisation permettant aux collaborateurs de « bien choisir » et de poser les questions utiles.

Henry Mintzberg : la réalité empirique du management stratégique[1]

Si les apports d'Henry Mintzberg à la sociologie des organisations débordent le cadre de l'entreprise apprenante proprement dite, sa vision du management stratégique fournit plusieurs éclairages utiles dans le contexte qui nous intéresse. Résumons-en quelques-uns.

En premier lieu, en débusquant quatre idées reçues sur le métier de manager, l'auteur nous fournit des clés pour mieux comprendre les difficultés de manager l'entreprise apprenante :

1re idée reçue : Le manager serait un planificateur systématique. En fait, l'observation de la réalité est quelque peu différente : les managers sont soumis à un rythme effréné ; leurs tâches sont donc segmentées, fragmentées, structurées par le court terme et la vitesse. Leur activité est essentiellement orientée vers l'action et très peu vers la réflexion.

---

1. Voir Henry MINTZBERG, *op. cit.*

2ᵉ idée reçue : Le manager n'accomplirait pas de tâches répétitives. Là aussi, la réalité est autre, il s'avère au contraire qu'une grande part de son temps est répétitif : présence symbolique aux rituels et cérémonies de l'organisation où il répète les mêmes discours ; cascades de réunions de négociation, où les mêmes arguments sont réexaminés.

3ᵉ idée reçue : Le top-management fonderait ses décisions sur des informations agrégées, issues d'un système d'information centralisé, formalisé, rationnel. Au contraire, les décisions sont principalement le résultat d'échanges verbaux, informels, confidentiels.

4ᵉ idée reçue : Le management constituerait une véritable discipline scientifique. On observe en fait combien la pratique diffère des théories, les concepts ayant des effets au mieux symboliques tandis que l'organisation demeure largement empirique, changeante, hétérogène.

– Les rôles du manager sont regroupés par Henry Mintzberg en trois grandes catégories :
– *les rôles interpersonnels* (*socialisation*) : le manager est porteur de symboles (par sa présence, son image, ses discours) ; il doit se comporter en leader pour mobiliser ; c'est un agent de liaison entre les acteurs ;
– *les rôles de traitement de l'information* : le manager doit constamment observer son environnement de façon active et proactive ; il doit redistribuer l'information à ses collaborateurs et même contribuer à transformer ses sources tacites en une évaluation collective explicite ; il doit enfin être le porte-parole de son organisation vis-à-vis des parties prenantes ;
– *les rôles décisionnels* : il doit être un entrepreneur qui oriente l'action, stimule le développement, ajuste l'organisation ; il doit aussi être un régulateur qui guide les réactions aux contraintes de l'environnement ; enfin, il a en charge la répartition des ressources et la bonne réalisation des négociations qui ont un impact stratégique.

Nous en arrivons ainsi à trois objectifs de progrès, trois défis auxquels est confronté le manager :

• Comment imaginer et mettre en œuvre des dispositifs efficaces de partage de l'information et de la connaissance ?
• Comment développer les capacités collectives d'apprentissage, en arrivant à extraire du champ empirique de l'activité quotidienne du sens, une vision, des synthèses, des connaissances pertinentes ?
• Comment organiser la gestion du temps et des ressources pour transformer celles-ci en un capital qui fructifie ?

Nous avons là trois objectifs du management de l'organisation apprenante qui fondent clairement la stratégie sur le savoir. Nous voyons en cela le potentiel que représentent les approches de gestion des connaissances présentées dans les chapitres précédents, et nous verrons par la suite comment se déroule cette stratégie du savoir dans les enjeux les plus vitaux de l'entreprise : intelligence économique, gestion de la relation client, gestion des ressources humaines, développement durable...

La thèse centrale de Henry Mintzberg, dans l'ouvrage mentionné ici, est que le pilotage de la stratégie doit combiner étroitement deux modèles en général antagonistes : *la planification* et *l'adaptation continue*. Mintzberg constate que la stratégie suppose toujours une tension entre le passé et l'avenir : « Les stratégies sont à la fois des plans pour l'avenir et des modèles d'action issus du passé. » La planification cherche à organiser rationnellement l'avenir, à partir de la connaissance existante. Son défaut est que, par nature, elle peine à accepter la nouveauté, à réagir aux crises inattendues, à intégrer les innovations de rupture. Cette approche du management correspond au fonctionnement du « cerveau gauche » qui privilégie la logique. Dans la réalité, la stratégie n'est pas seulement planifiée, elle se régule en permanence : elle *émerge* de l'action au fur et à mesure, par un processus continu d'apprentissage qui suppose autant d'improvisation créative que de contrôle. La part d'apprentissage créatif est assimilée au fonctionnement du « cerveau droit », qui privilégie l'intuition.

Mintzberg fonde ainsi les principes pragmatiques de l'organisation apprenante sur la combinaison de ces deux modèles. L'apport de Henry Mintzberg est intéressant, car il illustre – avec le réalisme nécessaire – le fait que c'est bien dans toute la gamme de ses modalités que la connaissance est opératoire. La dimension tacite est prépondérante et ne peut être « solidifiée » dans les technologies de l'information ; l'intuition cohabite en permanence avec la rationalité ; la fonction herméneutique (interpréter) est aussi importante que la fonction normative (prescrire), puisqu'il faut régulièrement rediscuter, réévaluer, recomposer les règles et normes établies si l'on veut obtenir un certain consensus et une efficacité de mise en œuvre dans chaque contexte ; l'apprentissage « en acte » est aussi important que l'apprentissage rationnel. Le processus de socialisation, là encore, est à l'œuvre partout, au cœur de tous les processus, et les systèmes d'information technologiques ne peuvent fonctionner sans une intervention constante de l'humain, avec toute sa connaissance incorporée.

COMBINER LE MODÈLE RATIONNEL ET LE MODÈLE INTUITIF

De ces différents modèles, nous retiendrons que le management de l'organisation apprenante doit se fonder sur un meilleur équilibre entre le système de pensée rationnel et le système de pensée intuitive.

À cet égard, rappelons un autre modèle de la sociologie des organisations, qui identifie trois grands types de management selon l'âge des entreprises : le fameux modèle du *cycle de vie* des organisations, bâti en référence explicite aux êtres vivants (et cela depuis, par exemple, Claude Henri de Saint-Simon) ; ceux-ci naissent, se développent et meurent. La naissance d'une entreprise se fait souvent sous l'impulsion d'un leader, d'un entrepreneur, d'un innovateur, qui pilote et développe dans l'énergie, au feeling, dans la créativité. Le développement suppose une rationalisation forte des processus et de l'organisation, et une culture plus mécaniste. Puis, si l'organisation n'apprend pas à se renouveler, notamment en réinjectant de l'intuition dans son modèle rationnel, elle meurt.

Certes, ce modèle est simpliste. Aujourd'hui, avec la mondialisation économique et l'essor des technologies informatiques, les groupes tendent à devenir tentaculaires et l'on peut penser que les grosses machines mangent les petites. Ce mouvement peut renforcer la culture mécaniste, la rationalité exclusive : comment croître autant sans mécaniser tous les processus et sans instrumentaliser les humains ? Il n'empêche que les statistiques montrent qu'une fusion sur deux échoue. L'une des raisons de ces échecs ne tient-elle pas à un déséquilibre entre rationalité et intuition, entre fonction normative et fonction herméneutique, entre dimension explicite et dimension tacite ?

Le management de l'organisation apprenante, dans ce contexte, est le choix volontaire de changer cela. Il ne s'agit pas de se reposer uniquement sur l'intuition et sur la connaissance tacite, car cela ne peut fonctionner que dans de petites organisations – et encore, pas longtemps. Mais, il s'agit tout autant de résister aux sirènes du « tout-technologique » et du « tout-rationnel ». N'oublions pas ce que nous enseigne la psychologie de l'individu : l'efficacité cognitive et émotionnelle exige un équilibrage constant entre ces pôles extrêmes. Dépasser la dichotomie et trouver cet équilibre à l'échelle des organisations, voilà sans doute le défi essentiel.

Le tableau suivant (figure 77) résume en quoi tient cet équilibre. Les deux modèles ne doivent en aucun cas être opposés, mais *composés*. Le manager doit apprendre à faire collaborer les créatifs et les opérationnels, à faire communiquer les processus d'innovation et les processus de production.

Modèle rationnel (mécaniste)	Modèle intuitif (organique)
Rationalité	Imagination
Normalisation	Interprétation
Contrôle	Autonomie
Planification	Essais-erreurs
Stocks	Flux
Fonction	Compétence
Autorité	Leadership
Hiérarchie	Réseaux
Cloisonnement	Ouverture
Prévision	Incertitude
Réponses	Questions

Figure 77. Combiner les modèles rationnel et intuitif

LA STRATÉGIE DE PERCOLATION

La question qui se pose au manager est toujours, in fine, une question pratique : comment faire ? Les modèles expliquent en général pourquoi un changement s'impose, relativement à un contexte donné. Ils tentent aussi de proposer des méthodes pour y parvenir. Mais les méthodes sont générales. *Think global, act local* est un beau précepte. Mais cela signifie bien qu'il y a un décalage entre la théorie et la pratique. Les méthodes les plus pernicieuses sont souvent celles qui ont l'habileté d'apparaître comme concrètes et pragmatiques. Mais, au moment de les appliquer, on risque de tomber dans le dogmatisme, voire dans l'erreur. Cela illustre à nouveau les deux fonctions complémentaires de la connaissance : prescrire et optimiser, comprendre et interpréter (et donc critiquer et adapter).

Ainsi, au-delà des préceptes, comment propager une culture d'organisation apprenante, pour rendre l'entreprise à la fois plus innovante et plus efficace ? S'il est recommandé de « penser global et agir local », cela nous conduit à ne pas imposer une seule méthode, mais plutôt un principe de *propagation*. Cela suppose de permettre des degrés de liberté aux acteurs ; de laisser à chacun des marges de créativité et de contextualisation. C'est dans cet esprit que nous proposerons le modèle de la percolation comme guide des innovations organisationnelles.

Le concept de percolation, proposé en 1956 par un mathématicien anglais, a été largement développé, dans les sciences des matériaux, notamment (chimie, métallurgie, magnétisme), mais aussi en médecine (épidémiologie) ou en économie de l'innovation[1].

La ***percolation*** est un phénomène de communication qui se manifeste à travers un milieu étendu hétérogène, dans lequel coexistent un ensemble d'objets ou d'individus susceptibles de relayer localement une information ou une connaissance. Cette communication a la caractéristique d'être *aléatoire*, ce qui va être très important pour notre propos. Dans un milieu physique ou social, en l'absence de champs de forces intenses, des liens entre les objets ou entre les individus s'établissent, mais ces liens s'établissent sans cohérence d'ensemble et de façon stochastique.

Le phénomène de percolation se manifeste quand, sous certaines conditions, le nombre de liens devient important. Par exemple, lorsqu'on applique un champ inducteur dans un matériau ferromagnétique. Si le champ est faible, les moments magnétiques des atomes s'orientent aléatoirement. Ils forment de petites zones homogènes à l'échelle atomique (*domaines de Weiss*), mais totalement hétérogènes à une échelle plus large, de sorte que, globalement, on n'observe aucune aimantation de l'ensemble. En revanche, lorsqu'on applique un champ inducteur plus important, un champ de forces se crée, qui a tendance à redresser les moments magnétiques locaux. Si l'on augmente l'intensité de ce champ, on parvient à créer une orientation privilégiée.

Dans ce type de phénomène, une propriété fondamentale se manifeste : l'existence d'un *seuil de percolation*. Dans le cas des matériaux magnétiques, si le champ inducteur reste faible, il n'est pas suffisant pour redresser les moments dont les directions spontanées étaient opposées à l'action (figure *a*). Seules les régions qui étaient à l'origine orientées dans un sens proche de celui du champ inducteur peuvent s'aligner. Les autres ne réagissent pas ou trop peu. Mais il existe une valeur limite du champ extérieur à partir de laquelle tout bascule très vite, par une petite variation. Cette valeur limite, qui provoque un changement macroscopique, est le seuil de percolation.

---

1. Voir, par exemple, Christiano ANTONELLI, « Localized knowledge percolation processes and information networks », *Journal of evolutionary economics*, Springer Berlin Heidelberg, 1996.

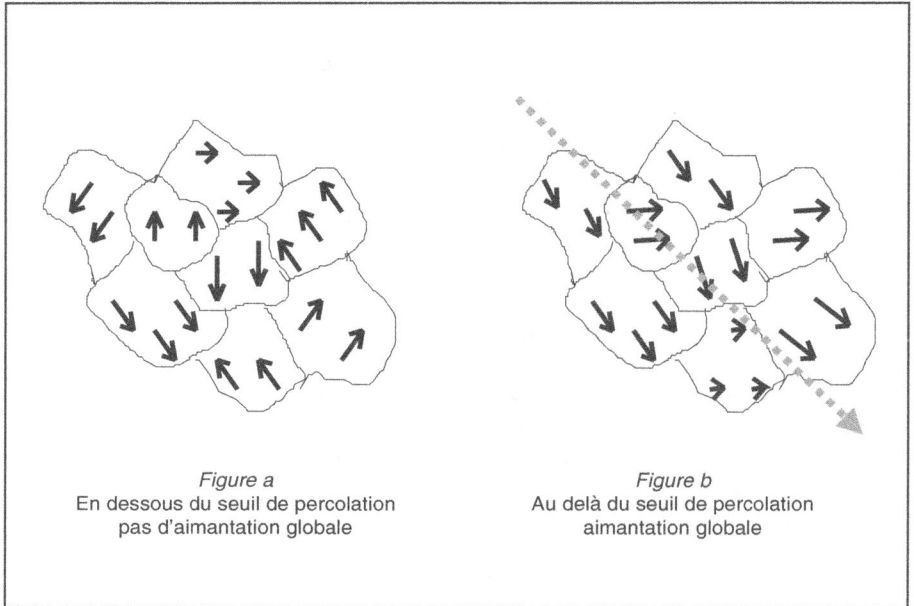

Figure a
En dessous du seuil de percolation
pas d'aimantation globale

Figure b
Au delà du seuil de percolation
aimantation globale

Figure 78. *Le modèle de la percolation*

La transformation qui s'opère lors du passage du seuil de percolation correspond, par exemple, en chimie, au phénomène de *transition de phase* : un alliage passe d'un état liquide à un état solide d'une façon brutale et complexe et ses propriétés s'en trouvent tout à coup radicalement modifiées. De même, pour reprendre l'exemple du ferromagnétisme, au-dessus de la valeur seuil du champ extérieur, le matériau devient tout à coup aimanté à l'échelle macroscopique (figure *b*). Cette notion de transition de phase, désignant une transformation globale du milieu, va également nous être très utile pour notre propos.

En dessous du seuil de percolation, l'hétérogénéité du milieu s'oppose à une communication fluide et globale, et donc à un apprentissage collectif. Lorsqu'un signal est émis quelque part, l'information chemine aléatoirement et seuls quelques individus ou objets la reçoivent. La probabilité d'informer une partie importante du milieu est quasi nulle. Au contraire, au-dessus du seuil de percolation, la communication devient fluide, l'ensemble du milieu interagit et apprend.

Pour prendre une autre métaphore plus classique, considérons un milieu marin parsemé d'innombrables îlots. Dans les conditions climatiques ordinaires, ces îlots séparés ne communiquent pas. Si le niveau de l'eau vient à baisser, progressivement des petits groupes d'îlots commencent à être reliés, mais globalement c'est toujours la mer qui prédomine. Jusqu'à un certain niveau où, par une variation faible, la majorité des îles se trouvent tout à coup reliées. Passé ce seuil, le milieu devient un continent.

Nous résumerons ainsi la percolation : un milieu étendu et hétérogène, une communication aléatoire et difficile, et puis, au-delà du seuil de percolation, l'ensemble du milieu change brusquement de propriété et devient transparent à la communication et à l'apprentissage.

Jusqu'à présent, le knowledge management et la culture de l'organisation apprenante se situent encore au-dessous du seuil de percolation. L'innovation a pris à certains endroits dans chaque entreprise mais il manque en général une vision partagée, une capacité à s'approprier le concept là où ce serait nécessaire, en adéquation avec les contraintes locales et la stratégie.

Il s'avère que ni la politique top-down, ni les initiatives locales des pionniers ne suffisent à franchir le seuil fatidique, et les notions de knowledge management et d'organisation apprenante forment encore une *nébuleuse* pour la majorité des collaborateurs dans l'entreprise. La transformation globale ne peut se faire que par un *apprentissage contextualisé* à tous niveaux. Et cela, non pas selon une approche dirigiste et uniforme, mais par des appropriations multiples et banalisées dans les différents contextes.

Un outil pour faire percoler : le réseau de knowledge management à EDF

Parrainé par l'un des dirigeants (le directeur des systèmes d'information), ce réseau regroupe 150 managers et chefs de projet, tous porteurs à leur niveau, dans leur structure, dans leur cœur de métier, d'une démarche opérationnelle de gestion des connaissances.

Le but principal de ce réseau représente un défi culturel. Il s'agit d'inventer empiriquement, en complément de la structure hiérarchique et des grands projets métier, les moyens pragmatiques de se professionnaliser en gestion des connaissances partout où cela est utile. Or le réseau présente des propriétés potentielles qui offrent la possibilité de favoriser cette avancée : il facilite la percolation.

Aujourd'hui, les *managers du savoir* sont encore des *îlots* dans l'entreprise. Mais les interactions que permet le réseau font baisser le niveau des eaux... Le partage d'expériences, les discussions, les échanges avec des témoins externes, la constitution collective de benchmark, la mise en place de séminaires de formation ou de sensibilisation, la veille collective sur le sujet accélèrent le phénomène d'apprentissage et d'invention à l'échelle du réseau de knowledge management. Ces différents pilotes, dans leurs entités (unités de production ou d'exploitation, unités commerciales, services centraux, entités d'appui…), propagent la gestion des connaissances, sensibilisent leur entourage. Chacun d'entre eux représente un environnement qui commence à absorber collectivement la gestion des connaissances : au-delà de la centaine de *managers du savoir*, ce sont déjà plusieurs milliers de collaborateurs et de managers qui acquièrent le « virus connaissance ».

En outre, une valeur ajoutée de ce réseau à EDF réside dans ses groupes de travail thématiques : les liens entre gestion des connaissances et intelligence économique, gestion des compétences, e-learning, notamment, sont discutés et travaillés par de petits groupes de cinq à dix personnes. Des livrables sont élaborés : études de cas, kits pédagogiques, actions de sensibilisation. Une stratégie de portage et de professionnalisation est ainsi conçue collectivement, pour décliner la gestion des connaissances dans les enjeux majeurs de l'entreprise.

Tout cela est mené avec une approche typique du knowledge management : plutôt qu'une organisation top-down dotée de budgets et de ressources spécifiques, le réseau fonctionne sur la base du leadership, du volontariat, du partage à distance, du travail en groupe, de l'animation tournante. L'investissement que chacun peut y consacrer est fonction à la fois de sa motivation et de ses propres contraintes dans son métier de base.

Il est encore trop tôt pour savoir si le *seuil de percolation* est utopique ou imminent. Un tel réseau ne pourra pas perdurer pendant des années si le seuil ne se manifeste pas. Ce n'est qu'un pont jeté sur un fleuve et l'autre rive reste dans la brume. Jusqu'à présent, chaque projet reste encore isolé, complexe, risqué, guetté au tournant par les sceptiques. Le réseau n'est qu'un moyen parmi d'autres : chaque entreprise peut commencer à développer ce type d'approche, dont les observateurs économiques et la presse augmenteront les effets.

Chapitre 3

Incorporer le savoir dans les pratiques opérationnelles

La stratégie du savoir va sans doute devenir, dans les années qui viennent, l'armature principale de l'économie ; nous proposerons donc ici, pour conclure, quelques pistes concrètes et méthodologiques en ce sens. Pour cela, nous examinerons différentes applications pratiques de la stratégie du savoir, en nous penchant spécifiquement sur quelques-unes, parmi les principales, sans toutefois épuiser le sujet... Ainsi, nous traiterons en particulier de la stratégie du savoir appliquée à la création des connaissances (dans les projets apprenants et les spirales créatrices), à l'intelligence économique et à la gestion du patrimoine intellectuel, à la gestion des relations client, à la gestion des ressources humaines, au développement durable ; mais il faudrait aussi évoquer, par exemple, la stratégie du savoir dans le domaine juridique (comment s'adapter aux évolutions réglementaires et législatives et exploiter cette connaissance au mieux dans son contexte), ou à propos de la gestion des achats et des approvisionnements, ou encore de la communication (comment professionnaliser les communiquants et faire évoluer la communication interne, encore très *top-down*, vers une forme de communication plus collaborative et plus tournée vers la création de compétences collectives). Le lecteur trouvera peut-être, dans les chapitres qui suivent, matière à inspiration pour développer par lui-même les cas qui l'intéressent plus particulièrement.

Nous aboutissons ainsi au véritable point d'orgue de la gestion des connaissances, qui apparaît ici dans sa perspective véritablement stratégique pour les organisations.

LA GESTION DE « PROJETS APPRENANTS »

Le management par projets est l'une des clés de voûte de l'organisation des entreprises ; au-delà des bénéfices bien connus qu'il procure, il pose deux questions fondamentales de gestion des connaissances :

- Comment stimuler l'*apprentissage créatif*[1] durant le projet ?
- Comment *valoriser* les acquis d'un projet à l'autre ?

L'apprentissage et la valorisation nécessitent des dispositifs permettant de capitaliser, renouveler, transférer et socialiser, et donc des méthodes de gestion des connaissances appliquées.

Pour avancer sur ce terrain, nous proposerons la notion de « projet apprenant », désignant une organisation dans laquelle chaque nouveau projet exploite au mieux les acquis antérieurs, apprend et renouvelle dans l'action, et prépare les conditions pour que ses résultats soient à leur tour valorisés dans d'autres contextes. Nous retrouvons là les notions déjà évoquées d'*apprentissage reproductif*, d'*apprentissage créatif* et de *transfert*, qui sont les trois *étages* du projet apprenant.

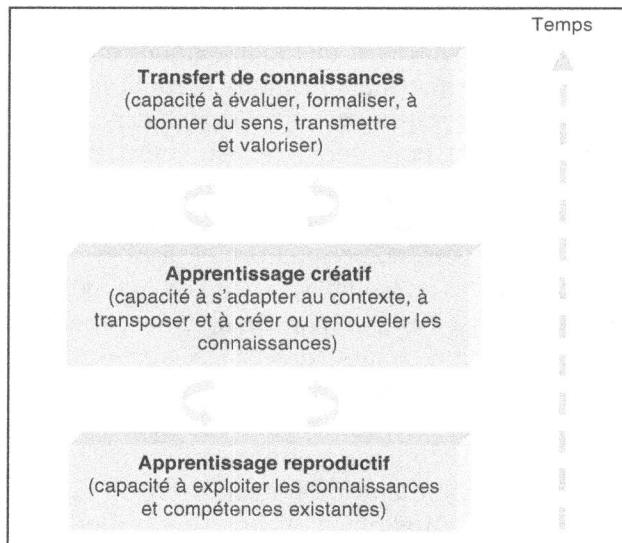

Figure 79. Les caractéristiques du projet apprenant

---

1. La notion d'*apprentissage créatif* a été discutée dans les chapitres sur le transfert et le renouvellement des connaissances, par opposition à l'*apprentissage reproductif*, qui assimile sans transformer (voir glossaire en fin d'ouvrage).

Le niveau d'apprentissage de l'équipe projet et de ses parties prenantes s'évalue par des indicateurs comme : la réutilisation des acquis, l'adaptation au nouveau contexte, les innovations réalisées, le degré de codification et de socialisation des connaissances, la qualité et la pertinence de la base de connaissances, la capacité à (co)produire du sens.

Cependant, ces critères ne constituent pas une garantie d'obtenir – *à court terme* – un bon résultat en termes de coût-délai-qualité (CDQ). Or, c'est ce triptyque CDQ qui constitue le critère économique de réussite d'un projet. Autrement dit, on n'innove pas pour innover, on ne capitalise pas pour capitaliser. Le projet apprenant ne doit donc en aucun cas se réduire à un projet qui serait alourdi par un processus formel de capitalisation. Ce serait retomber dans les travers de l'approche qualité de première génération, qui avait tendance à se focaliser plus sur la lettre que sur l'esprit en privilégiant la traçabilité partout et systématiquement. D'un autre côté, pourtant, *au-delà* de la réussite à court terme du projet, se pose la question de son *apport durable*. Cet apport a peu de chances d'être confirmé si le projet n'a pas les qualités apprenantes invoquées ci-dessus.

Pour développer cette problématique des projets apprenants, nous allons nous appuyer sur quelques thématiques déjà largement discutées dans ce livre : équilibre entre dimensions tacite et explicite des connaissances, équilibre entre fonction normative (prescrire l'action) et fonction herméneutique (interpréter et discuter), apprentissage en acte et apprentissage rationnel, etc. En effet, il s'avère que, pour être efficace en termes de CDQ, le projet apprenant doit trouver la ligne de crête qui relie ces différents versants.

Le projet, typiquement, mobilise et développe la connaissance dans ses deux fonctions yang et yin :

- Il crée de l'action : la mise en œuvre opérationnelle, de la conception à la réalisation du produit, nécessite une *rationalisation* des procédés, de l'organisation des ressources ; un respect des normes en vigueur, des exigences réglementaires ; une exploitation optimale des méthodes et des savoir-faire existants ; une amélioration de ces méthodes et éventuellement une évolution des normes.
- Il crée du sens : le produit visé par le projet ne peut prendre naissance que sur une *interprétation* des attentes des clients, des possibilités du marché, des opportunités et des menaces, des risques potentiels ; mais aussi sur une discussion critique et éthique, du fait des interactions qui existent de plus en plus entre un projet donné et l'écosystème qui l'entoure.

Le projet, dans sa dimension opératoire, rationalise, met au point et prescrit ; dans sa dimension humaine, il interprète et travaille sur les interprétations collectives des acteurs. Les deux fonctions sont aussi importantes l'une que l'autre, mais il n'est *pas toujours facile de les coordonner ou de les concilier*.

En transformant les représentations et les symboles, l'équipe projet est donc amenée à opérer des *recadrages* (au sens de l'école de Palo Alto déjà évoqué). Pour que ce travail soit efficace, il doit être mené dans un esprit de coconstruction. Par exemple, dans l'industrie automobile, le projet nécessite de constantes remises en cause des vérités admises et des savoir-faire routiniers. Ceci se fait en étroite coordination : les allers-retours entre service marketing, commerciaux, bureau d'études, acheteurs et fournisseurs sont essentiels ; faute de quoi, le défi posé à chaque projet en termes de coût-délai-qualité ne permettrait aucune innovation.

Les *histoires apprenantes* (dont il a été question précédemment) sont une autre approche fructueuse puisque, par nature, leur finalité est justement le sens. Ainsi, dans le déroulement du projet, le matériau narratif s'exprime tour à tour sur différents registres, qui vont de l'analyse des attentes des clients et du marché à la veille stratégique destinée à interpréter le contexte (concurrents, parties prenantes...), et aussi à l'évaluation critique lors du bilan.

Avec ces techniques que sont le recadrage et les histoires, nous voyons donc ici deux exemples méthodologiques de la *fonction herméneutique* de la connaissance (le yin), utiles pour le management par projets. Il semble que, jusqu'à présent, ils restent peu utilisés, tout au moins de façon volontaire. C'est là une piste qui paraît prometteuse.

En parallèle, le déroulement du projet nécessite bien sûr de jouer sur l'autre fonction de la connaissance, la *fonction normative*. Celle-ci est plus visible : elle orchestre le programme, identifie et mobilise les ressources nécessaires, exécute les opérations selon les normes, exploite les connaissances et les renouvelle pour mettre au point le produit. La capitalisation des connaissances normatives est classique ; elle fait appel aux méthodes telles que le retour d'expérience, les répertoires de connaissances tacites et, bien sûr, la documentation (voir le chapitre sur la gestion des connaissances).

Ainsi, le *projet apprenant* peut être représenté par un schéma dynamique qui illustre comment la gestion des connaissances peut se dérouler au cours du temps, selon les deux axes action-sens correspondant aux deux fonctions de la connaissance (prescrire et interpréter). Cette démarche est à la fois plus innovante et plus pragmatique que celle qui se réduit à un effort – souvent vain – de simple capitalisation.

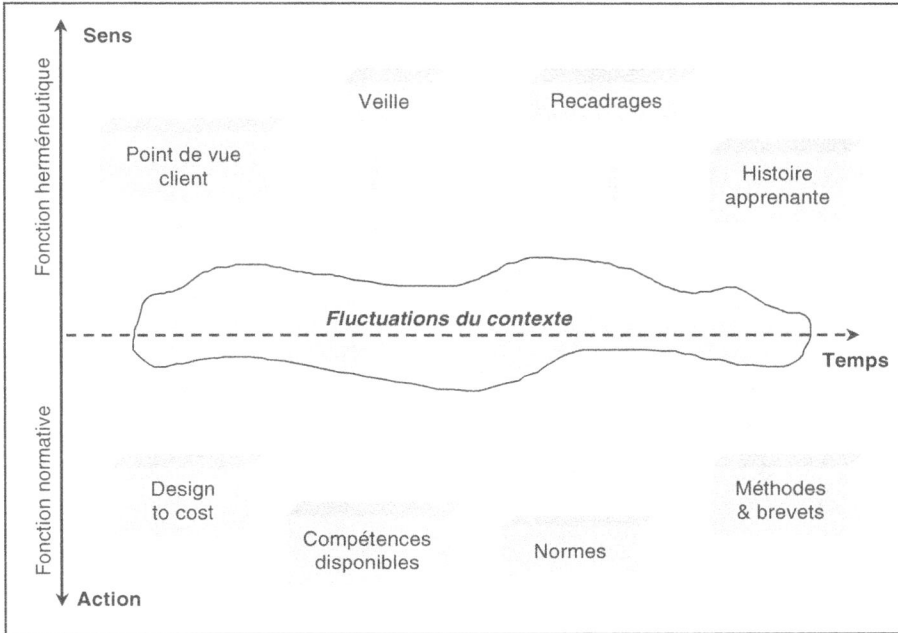

Figure 80. Les clés du projet apprenant

C'est la combinaison de ces différentes clés du projet apprenant qui répond au problème récurrent des projets que soulignait à juste titre Christophe Midler :

> « Les mutations ne se conduisent pas d'elles-mêmes, par une accumulation spontanée des expérimentations. Contrairement à l'idée reçue des hommes de terrain, les *faits* des réalisations concrètes ne parlent pas d'eux-mêmes. Il ne suffit pas de mener des expériences locales jugées comme des réussites par ceux qui les ont approchées pour croire qu'elles vont faire école. Ces jugements ne sont-ils pas partisans ? Les conditions de la réussite sont-elles transférables ? Les critères de l'évaluation sont-ils les bons ? Ce qui est valable à l'échelle réduite le reste-t-il lorsqu'on le généralise ? Autant de questions qu'il est trop facile de balayer en l'imputant au syndrome du *not invented here*[1]. »

Voyons maintenant sur un exemple comment fonctionnent ces clés du projet apprenant.

---

1. Christophe MIDLER, *L'auto qui n'existait pas*, InterEditions, 1993, Dunod, 1998 (2ᵉ édition), Paris, p. 192.

La méthode Convergence pour les projets de conception chez Renault[1]

Beaucoup de choses ont été dites et publiées sur le management des projets dans le secteur automobile, et notamment chez Renault[2]. L'année charnière est 1984, qui voit apparaître la crise de la qualité, suivie en 1995 par la crise des coûts puis par une forte demande d'innovation.

À cette époque, la qualité telle qu'elle est pratiquée ne suffit pas à mener les projets de conception vers le succès. L'approche de l'analyse de la valeur s'avère insuffisante pour réduire les coûts ; le retour d'expérience de ce type d'approche montre qu'il est difficile de trouver des exemples convaincants de réussite ; la méthode n'est mise en œuvre que par ceux qui ont le temps, et pas nécessairement là où il y a une vraie problématique.

C'est dans ce contexte qu'émerge la gestion des connaissances. La première idée est de chercher à les formaliser en fin de projet, en espérant les réutiliser plus tard, dans d'autres contextes. Cette forme de *capitalisation* est qualifiée, chez Renault, de « poussée ». Ce n'est pas suffisant pour constater une réelle valorisation des acquis d'un projet à l'autre.

La *méthode Convergence* concerne à la fois la gestion des connaissances (qualifiée chez Renault de « tirer » : on tire les ressources vers le projet au moment où l'on en a besoin) et la gestion des compétences dans chaque projet. Au début du projet, l'équipe a toute latitude, tout est possible ; progressivement, les degrés de liberté se verrouillent, et la *connaissance utile* se cumule. On part du résultat final visé, clairement situé dans le temps, et on déduit les conditions intermédiaires de réussite à partir du but (d'où le nom de la méthode, Convergence), et non pas à partir de l'existant (le planning traditionnel). Cela conduit à remplacer le traditionnel *organigramme hiérarchique* par un *organigramme fonctionnel* du projet, guidé par les résultats et les buts (notion de « chaîne arrière » des résultats).

La gestion des compétences et expertises s'établit sur le principe suivant : quand un résultat est identifié, on demande qui sait faire ; il y a toujours quelqu'un qui répond, et sa réponse est confirmée par le collectif métier ; dans ce cas, le contributeur est responsable de l'objectif qui lui est imparti, même si cela bouscule la hiérarchie. Cette responsabilisation est vécue comme une valorisation de la compétence.

Le principe général est que le but prime sur les moyens, et fréquemment il est constaté que les moyens s'avèrent plus simples que prévus initialement. Concrètement, cela signifie que la notion de *résultat* prévaut sur la notion de *tâche*. La tâche est souvent la façon de faire historiquement établie, c'est-à-dire le moyen de ne pas répondre à temps puisque les contraintes de qualité-coût-délai sont toujours plus fortes d'un projet à l'autre. Au contraire, le résultat, caractérisé et quantifié par la méthode *design to cost*, pose un défi constant au savoir-faire établi et impose des innovations à tous niveaux.

---

1. Source : Jean-Claude CORBEL, Renault.
2. L'un des ouvrages classiques est celui de Christophe MIDLER, *L'auto qui n'existait pas, op. cit.*

Un cliché est souvent débusqué : « Le planning est impossible. » La méthode Convergence (partir du but) prouve au contraire que la plupart des résultats sont possibles. À condition d'abandonner la méthode du planning. La façon de construire se résume dans cette question : « Quelles sont les conditions de réussite pour atteindre tel résultat ? » Pour chaque obstacle, on analyse en détail ce qui empêche le résultat, et on reprend autrement l'ensemble du problème (recadrage). On décortique à fond chaque problème technique. Ainsi, on trouve en général une solution, mais à condition de remettre en cause certains schémas établis.

La démarche de convergence s'applique à tous les projets et est cohérente avec les démarches qualité (sûreté de *fonctionnement*, méthode *Design to cost* pour maîtriser le coût) : on part d'une donnée incontournable, le coût fixé par le marché ; il faut produire à ce prix-là, ce qui impose des priorités absolues ; cette méthode s'avère le seul moyen de réduire vraiment les coûts (plusieurs milliards de réduction en quelques années).

Résumé de la méthode convergence

- Construire collectivement avec ceux qui ont vraiment le savoir-faire
- Définir et visualiser concrètement les résultats attendus
- Positionner tous les résultats dans le temps, en chaînage arrière
- Nommer explicitement les contributeurs (ceux-ci s'engagent sur les résultats)
- Expliciter l'importance de chaque résultat
- Le pilotage est continu et collégial

La méthode Convergence est donc une approche qui contredit un courant formaliste de la gestion des connaissances, plus focalisé sur l'explicitation et la capitalisation des connaissances, dans l'optique de les réutiliser plus tard.

L'intérêt de cette expérience chez Renault est d'illustrer le fait que la connaissance, dans l'entreprise, n'est pas une finalité. Le résultat qualité-coût-délai est ici le critère prépondérant, qui appelle une forme de gestion dynamique des connaissances, fortement corrélée à la mobilisation des compétences. Dans cette pratique, l'organisation apprend au moment où elle en a besoin, en fonction du nouveau contexte ; elle élabore sa base de connaissances pour un besoin précis, plutôt que dans une logique métier établie dans la durée. Ceci étant, il reste utile de mettre en œuvre des bases de connaissances plus pérennes et transverses aux projets, comme, par exemple, celles évoquées dans le chapitre précédent : répertoires de connaissances tacites, bases d'incidents, retours d'expérience, etc.

Dans l'entreprise apprenante soumise à des contraintes concurrentielles fortes, la gestion des connaissances peut donc être « matricielle » à l'instar de l'organisation : elle combine des *bases de connaissances métier*, caractérisées par une certaine pérennité, et des *bases de connaissances projet*, élaborées dynamiquement en *juste à temps*, qui permettent d'aller chercher les expertises et compétences là où elles se trouvent, au moment du besoin.

LA SPIRALE CRÉATRICE DES CONNAISSANCES

Si l'organisation par projets est l'une des clés de voûte pour renouveler la fonction productive, et donc pour générer la création et l'application de nouvelles connaissances, il ne s'agit là que d'une étape dans le processus de l'innovation. Ce champ de l'innovation a été « labouré » depuis des décennies, aussi bien par les économistes (Schumpeter...) que par les sociologues. Dans cette abondance d'études théoriques et pratiques, rappelons brièvement les points qui ont été traditionnellement les plus développés.

Vue par les économistes, l'innovation est en général ramenée aux politiques de recherche & développement, à la fois dans le secteur public et dans le secteur privé. Dans ces modèles, la recherche publique est réputée *créer* les connaissances, tandis que les entreprises, PME incluses, sont réputées *utiliser* ces nouvelles connaissances. Si cette vision constitue une approche évidente du phénomène de l'économie du savoir, elle reste trop macroscopique et simpliste pour le sujet qui nous intéresse. Néanmoins, nous la retrouverons implicitement à travers plusieurs thématiques qui vont être développées dans les chapitres suivants : l'intelligence économique ou les universités d'entreprise, par exemple.

Parmi beaucoup d'autres études, un rapport du gouvernement du Québec résume les principaux facteurs de l'innovation dans les entreprises :

> ▸ **« Le modèle de l'innovation développé dans le rapport de conjoncture 1998 a montré qu'il existe deux séries de facteurs qui agissent sur la capacité d'innovation de l'entreprise. Les facteurs internes regroupent les capacités propres de l'entreprise relatives à la R&D, à l'acquisition de technologies nouvelles, au personnel scientifique et technique, aux nouvelles organisations du travail et à la commercialisation. Sur ce plan, le gouvernement n'intervient qu'en soutien à l'entreprise. Les facteurs externes réfèrent à la capacité de l'entreprise de mobiliser les ressources de son environnement immédiat : les réseaux d'entreprises, les sociétés de capital de risque, les universités et leurs centres de recherche, les autres laboratoires publics, l'aide financière et les autres services gouvernementaux[1]. »**

---

1. « L'entreprise innovante au Québec : les clés du succès », Conseil de la science et de la technologie, gouvernement du Québec, juin 1998.

Vue par les sociologues, l'innovation révèle d'autres caractéristiques, souvent complémentaires. Ainsi, des auteurs tels que Norbert Alter[1] s'intéressent particulièrement à l'*innovation ordinaire*, c'est-à-dire à la façon dont les employés (et de façon générale les citoyens) innovent dans leur activité quotidienne, notamment par l'usage créatif qu'ils peuvent faire des techniques nouvelles, aussi bien que dans l'organisation du travail.

La principale question que nous proposons de développer ici est la suivante : comment la gestion des connaissances, au sein de l'entreprise mais aussi entre les entreprises partenaires, permet-elle d'être plus innovant ? Au départ de cette question réside un problème très concret de la gestion des connaissances : *comment dépasser la logique de capitalisation, qui valorise surtout le partage et la diffusion à l'identique, et instaurer une dynamique créatrice* – que j'appelle *spirale créatrice* en m'inspirant de l'apport de Nonaka, déjà brièvement évoqué précédemment[2] ? Voyons pour commencer en quoi réside cet apport.

Nonaka, reprenant les idées de Polanyi, part d'un fait fondamental de la connaissance : elle possède à la fois une dimension explicite, à travers les savoirs formalisés et l'information, et une dimension tacite, à travers les savoir-faire incorporés dans les individus et les normes implicites de la culture. Partant de là, Nonaka envisage très justement la connaissance, dans sa globalité, comme un processus continuel de *transformation*.

La connaissance tacite, incorporée ou présente dans les implicites langagiers, est d'abord *socialisée* dans les échanges entre individus, et cela dans le contexte concret de l'action. L'interaction au sein des groupes humains véhicule toutes ces ressources intellectuelles et les réactualise en permanence[3]. Mais cela ne permet guère de les faire évoluer, de les enrichir, de les diffuser à large échelle. La connaissance tacite ne se transpose guère d'un contexte à l'autre et est peu *réutilisable*.

Pour cela, il faut une étape d'explicitation, que Nonaka nomme le processus d'*extériorisation*. Il est important de comprendre que l'état explicite de la connaissance n'est qu'un état intermédiaire, et non pas une finalité comme le suggèrent de très nombreux discours dans les entreprises et les médias occidentaux. En effet, rappelons encore une fois que la connaissance n'agit réellement que de façon incorporée, au moment où

---

1. Norbert ALTER, *op. cit.*
2. Ikujiro NONAKA, « Managing the firm as an information creation process », *Advances in Information Processing in Organizations*, vol. 4, JAI Press Inc, 1991, p. 239-275.
3. Je renvoie ici à ce qui a été dit en début d'ouvrage à propos de la mémoire collective, telle qu'elle a été étudiée par des sociologues comme Maurice Halbwachs.

un individu l'actualise dans son esprit et ses actes. La seule exception à cela est le cas des connaissances automatisées dans des logiciels ou encodées dans des outils. Mais il est facile de saisir que ce type de connaissances est fossilisé dans son objet.

Pour que le processus de création-transformation ait lieu, il faut aussitôt que les savoirs explicités soient *combinés* entre eux, ce qui suppose à nouveau l'intervention du cerveau humain. C'est la *confrontation* entre des modèles et entre des idées qui fait naître l'étincelle et permet de créer de nouveaux concepts, de nouveaux prototypes, de nouvelles réalisations. Ainsi, la combinaison des connaissances entre plusieurs services de l'entreprise ou entre plusieurs entreprises aboutit à l'innovation recherchée. Le résultat de cette combinaison est quelque chose de plus, qui n'existait pas auparavant dans la somme des parties – d'où l'effet de *spirale créatrice*, souvent qualifié également de *fertilisation croisée*. Toute l'histoire des sciences et des techniques est faite de ces effets de spirale.

Enfin, les nouvelles connaissances, pour devenir pleinement actives, doivent être réincorporées dans les individus qui vont les exploiter sous une forme à nouveau tacite. C'est le quatrième et dernier processus, appelé par Nonaka l'*intériorisation*.

Socialisation, extériorisation, combinaison et intériorisation constituent donc les quatre processus de la transformation, par lesquels se développent les spirales créatrices.

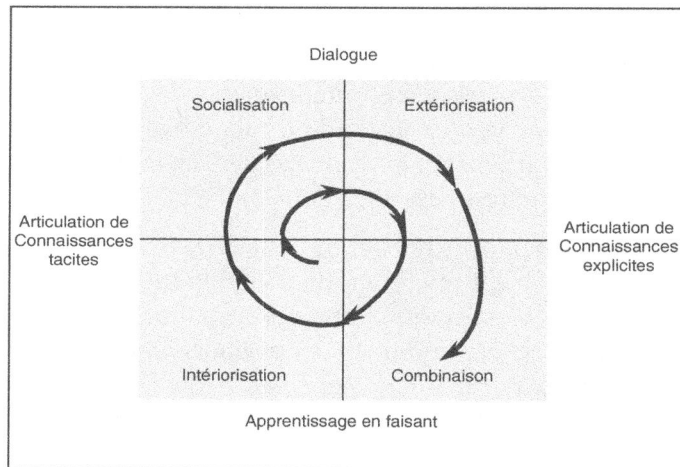

Figure 81. La spirale des connaissances, selon Nonaka[1]

---

1. Ikujiro NONAKA et Hirotaka TAKEUCHI, op. cit.

Ces quatre processus, pour être efficaces, doivent être impulsés et coordonnés par le management. Pour cela, Nonaka et Takeuchi se sont fortement inspirés du contexte de l'industrie automobile. Leur modèle se décompose en cinq étapes, dans lesquelles on peut remarquer que la socialisation joue un rôle prépondérant :

– partager les connaissances tacites, en instaurant un climat de confiance mutuelle et en organisant l'activité de l'équipe ;
– déclencher le processus d'extériorisation, en créant des concepts nouveaux, ce qui suppose une remise en cause des modèles établis antérieurement ;
– justifier les concepts grâce à des études de marketing qui permettent d'évaluer les gains espérés, les risques, les opportunités, les menaces ;
– développer un prototype en faisant coopérer les équipes issues des différents départements de l'organisation (combinaison des connaissances existantes) ;
– provoquer une extension de la connaissance, en élargissant les coopérations avec les partenaires et clients, en diffusant les bonnes pratiques, en déposant des brevets, etc.

Pour susciter cette spirale créatrice, Nonaka et Takeuchi identifient cinq conditions culturelles indispensables :

– *l'intention organisationnelle*, autrement dit l'existence d'une stratégie et le partage de cette vision ;
– *l'autonomie* ou auto-organisation à tous niveaux, de façon à être maître (et responsable) de ses propres résultats au regard des objectifs collectifs ;
– *la fluctuation* (ou chaos créatif), par stimulation des interactions entre l'organisation et l'environnement externe ;
– *la redondance*, c'est-à-dire l'existence d'informations et de ressources qui débordent les besoins opérationnels immédiats et permettent d'enrichir, de comparer, de *faire de plusieurs façons*, d'introduire des degrés de liberté et même du *flou*, considéré comme créatif ;
– *la variété requise,* pour combiner les connaissances et les ressources de plusieurs façons, avec suffisamment de flexibilité, ce qui suppose de faciliter l'accès transverse et rapide à toutes les informations et connaissances jugées nécessaires.

On peut noter au passage que les deux conditions de *redondance* et de *variété requise*, tout à fait essentielles, heurtent les schémas de pensée rationalistes, maintes fois rencontrés dans les entreprises occidentales, qui veulent que *l'information ne soit pas redondante*, qu'elle soit *toujours cohérente* ; que les ressources soient *exactement ajustées* au mode opératoire afin d'optimiser les coûts. Bien entendu, ces vœux restent pieux et ne sont jamais confirmés par la réalité empirique, fort heureusement pour la créativité...

Tel est donc l'apport de Nonaka et Takeuchi au problème de la créativité collective dans les organisations. Nous proposons ici un éclairage complémentaire, à l'aide du modèle CTR-S (capitaliser, transmettre, renouveler, socialiser) qui a été décrit dans la seconde partie. Dans cette optique, nous ne partons pas de la dichotomie entre connaissances tacites et explicites, mais plutôt d'un autre fait constant de l'entreprise : la gestion des connaissances, de plus en plus, s'élabore autour de la notion de *base de connaissances*. Les technologies d'information et de communication sont désormais partout, au cœur des processus, imposant, à peu près dans tous les métiers, un processus de *capitalisation* qui a été longuement analysé dans ce qui précède. Le modèle CTR-S proposé tente de rendre compte de ce phénomène, en soulignant que, au-delà de la capitalisation, les autres processus de *transfert* et de *renouvellement* doivent retenir une grande attention, étant largement indépendants de la technologie. Le processus de *socialisation* doit, quant à lui, être partout à l'œuvre, *en deçà* et *au-delà* de l'utilisation des systèmes d'information. Le modèle CTR-S, que nous avons représenté par un schéma inspiré de celui de la communication, peut également se représenter sous une autre forme, de façon à faire apparaître l'effet de la spirale créatrice évoqué ici. L'extension de la spirale selon une succession de cycles correspond à l'augmentation progressive de valeur et à la propagation dans l'espace et dans le temps.

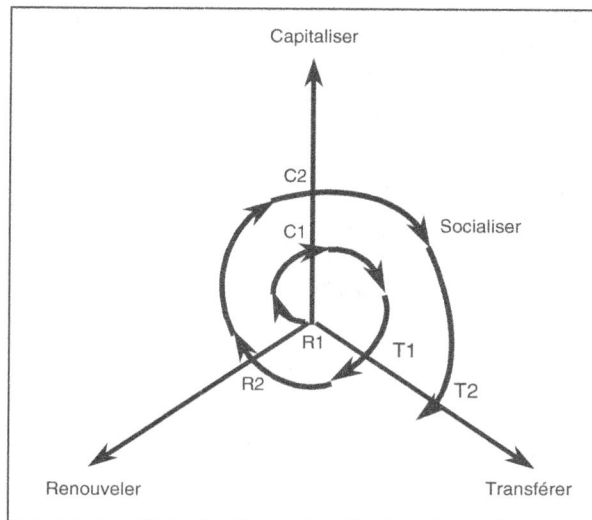

Figure 82. *Le modèle CTR-S et l'effet de spirale des connaissances*

Cette représentation montre bien que la capitalisation ne suffit pas, à elle seule, pour créer les effets de spirale. Nous l'avons largement souligné plus haut, il faut impérativement aller au-delà des systèmes d'information qui permettent certes de créer des bases de connaissances puissantes et d'en faciliter l'accès, mais qui ne permettent pas, en soi, le processus d'apprentissage nécessaire pour transférer, ni le processus de renouvellement qui suppose, comme nous l'avons vu, des recadrages, des retours d'expérience, des discussions, des interactions humaines, des récits apprenants et autres méthodes de gestion des connaissances présentées précédemment. *C'est bien la synergie entre socialiser, capitaliser, transférer et renouveler qui est créatrice.* L'esprit mécaniste qui cherche à séparer et isoler ces quatre processus conduit à la rigidité et empêche la fertilisation créatrice.

Voyons à présent un exemple célèbre entre tous, qui va nous donner l'occasion de quelques commentaires concrets, en prolongement des modèles théoriques.

La spirale créatrice et les réseaux régionaux : l'exemple de la Silicon Valley

La Silicon Valley a fait preuve d'un essor remarquable aux alentours des années quatre-vingt-dix. Différents chercheurs en économie ont analysé ce phénomène et ont permis de mieux comprendre les raisons précises de cet essor. Citons le travail de Anna Lee Saxenian, de Harvard University :

« La Silicon Valley repose sur un système industriel régional en réseau, qui valorise l'apprentissage et l'ajustement mutuel entre producteurs spécialisés dans un ensemble de technologies connexes. [...] Les firmes se font une concurrence intense tout en apprenant les unes des autres sur les technologies et les marchés changeants, grâce à des systèmes de communication informels et à des pratiques collaboratrices. La structure relativement libre des équipes encourage une communication horizontale entre les divisions à l'intérieur des firmes ainsi qu'avec les fournisseurs externes et les clients. Dans un système en réseaux, les fonctions intra-firmes apparaissent définies de manière vague, et les frontières entre firmes et institutions locales sont poreuses[1]. »

Cet auteur compare les cas de Hewlett-Packard (HP), installée dans la Silicon Valley, et de Digital Equipment (DEC), installée dans une autre région, la Route 128, près de Boston.

Jusqu'en 1990, HP et DEC présentent des similarités importantes : niveau de profit à peu près égal, système de production vertical intégré, produit vedette basé sur un standard maison (les micro-ordinateurs de HP et DEC reposent sur leur propre système d'exploitation

---

1. Anna LEE SAXENIAN, *Silicon Valley : les secrets d'une réussite*, Harvard University, 1994, tr. fr. in *Sciences humaines*, juin-juillet 2000.

intégré à la mémoire des machines). À cette époque, les deux compagnies ont eu des stratégies très différentes. En matière de production, HP a décidé de s'ouvrir progressivement, en développant un réseau d'alliances et de sous-traitants installés à proximité. Ce choix lui a permis de renouveler en peu de temps son offre et de l'élargir en se positionnant sur le marché des stations de travail. Dans le même temps, DEC a au contraire continué à se centrer sur son offre intégrée verticalement, s'arc-boutant notamment sur l'utilisation de son système d'exploitation Vax. Les cultures de ces deux firmes sont devenues très différentes : d'un côté, les employés et partenaires d'HP constituaient une population très mobile, habituée à coopérer de façon transverse, à sortir des murs de l'entreprise, à participer à la vie associative. De l'autre côté, les employés de DEC cultivaient le goût du secret, l'élitisme, la loyauté envers l'employeur, la segmentation des tâches et des métiers. La structure d'HP a été décentralisée en un ensemble de divisions plus autonomes, tandis que celle de DEC adoptait un modèle matriciel peu différencié par rapport au modèle hiérarchique traditionnel.

Grâce aux relations de proximité, aux communications informelles, les connaissances tacites se sont échangées et confrontées d'une façon fluide entre le personnel d'HP et celui de ses fournisseurs et partenaires locaux. L'adoption de nouveaux systèmes d'exploitation développés dans la Silicon Valley (comme Unix) et la combinaison entre diverses architectures, ont ainsi été facilitées, créant une spirale créatrice de socialisation, capitalisation, transfert, renouvellement.

L'effet de spirale créatrice dû à ce modèle en réseaux se confirme avec le cas du laboratoire de recherche de DEC, également présent dans la Silicon Valley (à Palo Alto). Ce laboratoire, à l'instar de HP, a très vite pu développer des technologies comme Risc (architecture en parallèle) et Unix. Mais ces innovations sont restées ignorées par la maison mère, et ont même, semble-t-il, profité beaucoup plus aux autres compagnies de la région, comme Sun et Mips.

Cet exemple illustre bien l'importance essentielle des interactions orales, de la communication informelle, de la confiance partagée. La connaissance tacite joue un rôle de premier plan dans ces interactions créatrices, et c'est elle qui permet la *fertilisation croisée*. À contrario, dans un modèle d'intégration vertical et compartimenté, la gestion des connaissances est rigidifiée : la capitalisation se fait sous la forme d'une codification excessive et formelle.

La codification, si elle est trop poussée, se trouve déphasée du processus créatif. En outre, elle va de pair avec des *réflexes de protection excessive et de méfiance.* Enfin, ce qui est sans doute le plus grave, *elle rend plus difficiles les ajustements, les corrections, le renouvellement, la combinaison, la transposition entre un contexte et un autre.* La gestion des connaissances devient une chaîne linéaire : d'abord, la codification, puis la diffusion, puis la discussion. Celle-ci se transforme en longues séances de palabres : avant de pouvoir faire adopter une amélioration, les ingénieurs doivent écrire des rapports complets, puis attendre qu'ils soient validés par la hiérarchie et enfin diffusés avant d'être soumis à la discussion. L'excès de détails et de formalisme complique la discussion créatrice, ce qui est aggravé par des jeux d'acteurs hypersensibles.

Le processus d'innovation suppose au contraire (dans ses étapes clés, en tout cas) *une gestion des connaissances fondée sur la dimension tacite.* À la chaîne linéaire doit être substituée la spirale : la capitalisation consiste non pas en une codification exhaustive qui s'avère prématurée, mais en une *interaction en face-à-face*, dans laquelle l'écrit est réduit au minimum nécessaire. La priorité est donnée à la fonction d'interprétation (herméneutique) de la connaissance, et non pas à la fonction normative. Ceci n'est possible que dans une relation de confiance, favorisée par la proximité, les échanges fréquents, les ajustements verbaux, le dialogue oral, la redondance et la variété que prône Nonaka. Il s'agit d'ajuster en permanence la vision des uns et des autres.

Capitalisation, transfert et renouvellement de la connaissance deviennent presque synchrones. Ainsi, une codification peut certes s'établir, mais plus modérément au départ, car les nouvelles formes doivent être testées sous plusieurs angles avant d'être figées et standardisées. *La connaissance ne se développe pas selon un cheminement linéaire du prescripteur vers l'opérateur, ou du concept vers l'action, mais au contraire de façon collective et coconstruite, et selon le processus learning by doing.*

Ce processus créatif doit être mené en bonne intelligence de *toutes les parties prenantes.* Un problème n'est pas traité indépendamment des autres problèmes auxquels il est connecté. Une solution n'est pas optimisée avant d'être testée selon plusieurs points de vue. Tous ces ajustements réciproques correspondent plus au modèle neuronal qu'au modèle mécaniste.

Il serait faux de croire que ces *tâtonnements* allongent les délais. Certes, une opinion courante veut que plus on élargit le cercle des acteurs, plus on risque de s'enliser. C'est une idée reçue à combattre car elle entraîne trop de problèmes préjudiciables à la société. D'une part, cette opinion révèle souvent une incapacité à collaborer, discuter, écouter. D'autre part, c'est une stratégie de l'autruche. On se cache un problème le plus longtemps possible et lorsqu'on veut le résoudre, il est trop tard. Les individualistes peuvent y gagner. « Moi j'ai fait mon travail, ce n'est pas ma faute si le projet a capoté », dira-t-on. En fait, l'absence de vision systémique, le refus de discuter avec toutes les parties prenantes conduisent in fine à l'aggravation des problèmes.

Dans l'industrie automobile, la correction d'une erreur détectée dans la phase de conception peut sembler coûter cher dans l'instant. Mais l'expérience montre qu'elle coûte cent fois plus cher s'il faut rectifier le tir en fin de projet, c'est-à-dire en phase d'industrialisation. De même, dans le domaine de la santé, on sait à quel point le cycle de vie d'un nouveau produit (médicament, biotechnologies...) est extrêmement dépendant d'un jeu complexe d'acteurs. En négliger un seul peut conduire à une perte ou à un préjudice immenses pour tous. Et ces constatations ne concernent pas seulement les innovations techniques : en matière politique, un programme ou une loi qui sont imposés trop vite, sans être discutés avec l'ensemble des parties, finissent par aboutir à la crise. Il en va de même avec les réformes administratives ou institutionnelles.

La création des connaissances et la recherche d'innovation – techniques ou organisationnelles – nécessitent donc de porter une attention extrême à la détection et l'analyse des parties prenantes, avérées et potentielles. Ce n'est pas seulement une affaire de marketing, car il ne s'agit pas simplement des clients ! Un acteur socio-économique en apparence éloigné dans la « chaîne de valeur » du projet, et donc ignoré, oublié ou négligé, peut devenir un frein majeur ou au contraire un allié fantastique, au moment clé du déploiement de l'innovation. Cette loi fondamentale des spirales de la connaissance peut donc jouer au positif ou au négatif, et l'on vérifie ici à quel point *le contexte des parties prenantes est un élément clé de la stratégie du savoir.*

L'INTELLIGENCE ÉCONOMIQUE

Le Commissariat général du plan, dans son rapport *Intelligence économique et stratégie des entreprises*[1], a proposé la définition suivante de ***l'intelligence économique*** :

> ‣ **« L'ensemble des actions coordonnées de recherche, de traitement et de distribution, en vue de son exploitation, de l'information utile aux acteurs économiques. Ces diverses actions sont menées légalement avec toutes les garanties de protection nécessaires à la préservation du patrimoine de l'entreprise, dans les meilleures conditions de qualité, de délai et de coût. »**

Connaître à tout moment l'environnement économique et politique externe, connaître et protéger son propre patrimoine intellectuel, tels sont

---

1. Commissariat général du plan, *Intelligence économique et stratégie des entreprises*, travaux du groupe présidé par Henri Marte, La Documentation française, Paris, 1994.

les deux visages de l'intelligence économique. Cela suppose d'organiser l'activité de *veille* (technologique, économique, stratégique) et d'avoir une politique de protection par les *brevets*. On peut dire de façon générale que l'intelligence économique est un des leviers pour gouverner l'entreprise, et son champ est élargi à tous les acteurs influents, aussi bien les concurrents que les différentes parties prenantes.

L'intelligence économique s'intéresse donc aux diverses composantes de l'information : institutionnelle, juridique, commerciale, économique, technologique, géopolitique, sociétale. C'est la présentation qui en est faite le plus couramment. Mais la finalité de l'intelligence économique n'est pas tant l'information que la connaissance. La différence, comme nous l'avons vu tout au long des précédents chapitres, n'est pas mince. Le chemin qui va de l'information à la connaissance passe par les deux formes d'apprentissage : l'apprentissage rationnel, qui produit et utilise le savoir, et l'apprentissage en acte, qui suppose des compétences.

Les boucles d'apprentissage sont précisément la dimension fondamentale qui a souvent été négligée dans la première période de l'intelligence économique. Les entreprises se contentaient de mettre en œuvre des dispositifs de traitement de l'information et, de ce fait, se heurtaient à des limites fondamentales : sans processus d'apprentissage collectif, l'information collectée restait sous-exploitée et les résultats de la veille se limitaient à des dossiers dont le sort était de finir sur des bureaux ou dans des placards, au lieu d'alimenter les processus de décision et de production.

Très vite, les organisations ont compris qu'il leur fallait mettre en place non pas simplement un processus de collecte de l'information et de dépôt des brevets, mais, plus profondément, des dispositifs organisationnels permettant l'apprentissage : réseaux humains, cellules de veille, actions de formation et de sensibilisation, capitalisation des connaissances internes alimentant le processus de protection du patrimoine.

L'intelligence économique est donc au cœur de la stratégie du savoir. Le modèle CTR-S (capitaliser, transférer, renouveler, socialiser) permet de décrire sa mise en œuvre. Il ne s'agit pas seulement de capitaliser des informations, mais aussi de susciter les processus d'apprentissage pour transférer, distribuer, valoriser ces connaissances, et enfin de provoquer le nécessaire renouvellement des bases de connaissances, qui va bien au-delà de simples mises à jour dans des bases de données. Tout cela suppose des dispositifs de socialisation comme, par exemple, l'animation de communautés et de réseaux humains. *C'est cette vision globale qui fait de l'intelligence économique une véritable stratégie du savoir.*

La principale fonction de *la veille* est de comprendre l'environnement de l'entreprise et de s'y adapter : détecter des opportunités, des risques ou des menaces, puis les analyser, les comprendre, les intégrer de façon à prendre des décisions correctives, soit sur la stratégie, soit sur n'importe quelle activité concernée (R&D, marketing, communication, gestion des compétences...). Ces évolutions peuvent provenir de la concurrence, des clients, des partenaires, des institutions, de la législation. On remarquera que c'est la fonction herméneutique de la connaissance (l'interprétation) qui est valorisée dans la veille, infiniment plus que la fonction normative. La veille est une activité qui nécessite un minimum de prise de recul par rapport aux impératifs et aux prescriptions de la production opérationnelle. Faute de quoi, elle ne débouche pas sur un processus d'apprentissage.

L'organisation efficace de la veille est un objectif sensible, au point qu'elle est souvent directement rattachée à la direction générale ou à la direction de la stratégie.

On peut résumer cette activité sous la forme d'un *cycle d'apprentissage regroupant quatre processus principaux*[1] : le schéma directeur d'intelligence stratégique, le plan opérationnel de recherche, la capitalisation et le processus de décision.

Le schéma directeur – Le commanditaire de la veille au niveau de l'entreprise est en principe la direction générale ; celle-ci énonce une *stratégie* et des *cibles d'information* qu'elle considère comme des clés de sa politique. Par exemple, une politique de développement international d'un groupe suppose une stratégie qui tienne compte des contextes géostratégiques et politiques dans les différentes régions, mais aussi, bien sûr, des données contingentes sur les entreprises – concurrentes aussi bien que filiales et partenaires. Le schéma directeur part donc d'un ensemble d'objectifs stratégiques et définit les conditions de réponse à ces objectifs : mandat des donneurs d'ordres, gestion des responsabilités, degré de souplesse et de réactivité du dispositif de veille, confidentialité, allocation des ressources de veille, modalités de reporting.

Le plan de recherche – C'est le mode opératoire permettant de mettre en œuvre le schéma directeur. L'élaboration du plan de recherche est une phase organisationnelle qui consiste à *traduire les objectifs stratégiques en thèmes et mots-clés* ; expliciter les centres d'intérêt (ou *profils*) des donneurs d'ordres ; spécifier les modes de restitution de l'information et

---

1. À quelques variantes près, qui ne concernent que la forme, ces différents processus font l'objet d'une norme Afnor.

le processus de traitement documentaire ; mettre en place un réseau primaire de responsables qui ont pour but d'organiser, chacun sur un thème donné, la remontée des informations des réseaux de plus bas niveaux. Le plan permet, en phase d'exploitation, de tirer le meilleur parti des outils informatiques, aussi bien pour structurer les flux de recherche d'informations que pour faciliter l'accès à la base de connaissances.

La capitalisation et la diffusion – Ces deux processus regroupent la remontée des informations, la consolidation et le recoupement, la validation, l'utilisation du plan de classement et la gestion des informations (mise en forme, synthèse, diffusion au sein des réseaux vers les décideurs, stockage et archivage pour réutilisation éventuelle, mises à jour régulières des dossiers, retours des décideurs vers les veilleurs concernés). Ce dernier aspect – le feedback des décideurs – est important au plan humain car les veilleurs ont besoin de savoir à quoi servent les informations qu'ils ont récupérées et élaborées. Parfois négligé dans certaines entreprises, ce point peut devenir un frein à l'efficacité et à la confiance.

L'action et la décision – C'est le processus de valorisation proprement dite. Les informations capitalisées par la veille doivent être confrontées à d'autres circuits de décision et de management. Le résultat peut être de toute nature : une action de lobbying et d'influence, une campagne de communication, la mise en place de nouvelles coordinations avec des partenaires, une action commerciale et marketing, la réponse à un appel

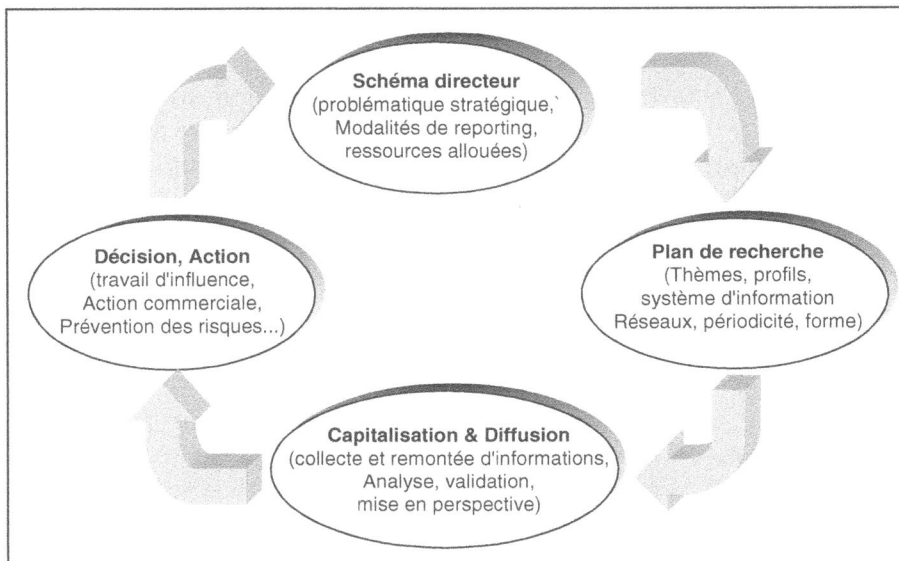

Figure 83. Le cycle d'apprentissage de l'intelligence économique

d'offres, le renforcement des efforts de brevets dans un domaine, un nouveau programme de coopération en R&D, un projet de capital-risque, une action en justice ou simplement une modification du plan stratégique de renseignement.

Ce cycle d'apprentissage n'est-il pas trop lourd ? Le découpage des processus et la division des acteurs qui en découle, a en effet tendance à rendre ce modèle de l'intelligence économique peu « apprenant » : la hiérarchie est dépositaire du schéma directeur et du plan de recherche, qui reste rigide et mal compris par les veilleurs de base ; réciproquement, ces derniers ne parviennent pas à faire aboutir leurs informations sur le bureau du bon décideur, au bon moment. Ces défauts sont similaires à ce qui se passe avec la qualité. Quand, dans la mise en œuvre, la lettre l'emporte sur l'esprit, le système devient lourd et inefficace et ne joue plus qu'un rôle de sécurisation psychologique, ce qui est bien peu.

L'étape critique de ce système est la décision. Il s'avère souvent qu'un signal a été détecté, remonté, diffusé, partagé, et que néanmoins l'organisation se révèle incapable de prendre la décision qui s'impose. *On peut très bien savoir, et pourtant ne pas changer son comportement.* La psychologie a longuement étudié ce phénomène chez l'individu. À l'échelle de l'organisation, il en va de même. *Un savoir nouveau nécessite en général un recadrage de la pensée*, au sens de l'école de Palo Alto. L'institution et l'organisation ne se prêtent pas facilement aux recadrages.

C'est ainsi que le très célèbre exemple de Lip dans les années soixante-dix est devenu un cas d'école. Des hommes chez Lip avaient peut-être vu venir les composants électroniques, mais l'organisation n'avait pas compris que cette innovation, survenant dans un secteur apparemment totalement découplé de celui de l'horlogerie, pourrait révolutionner le métier. La montre numérique était proprement inconcevable par une organisation qui depuis toujours était formatée pour produire de minutieux et subtiles mécanismes de roues dentées. Un signal émergent peut donc être identifié par l'activité de la veille technologique, mais cela ne suffit pas. *L'apprentissage consiste, au-delà de la perception du signal, à concevoir l'inconcevable...* avant qu'il ne soit trop tard.

En outre, si l'on adopte les analyses de Henry Mintzberg[1] sur le management stratégique, on se souviendra que, d'après cet auteur et contrairement à bien des idées reçues, la stratégie n'est pas un processus planifié rationnellement, mais plutôt une permanente adaptation aux événements,

---

1. Henry Mintzberg, *op. cit.*

une construction dans l'action. Ceci n'est guère compatible avec le modèle top-down d'intelligence économique qui part du schéma directeur pour planifier l'activité de veille. Si la stratégie doit s'adapter en permanence aux événements externes, que peut-on attendre d'un *plan de recherche*, manipulé et utilisé par une chaîne d'intermédiaires introduisant toutes sortes d'aléas et de biais ? Au contraire, *la stratégie doit pouvoir à tout instant exploiter la remontée directe des signaux faibles*, ceux-ci ne pouvant, par nature, se décréter à l'avance. On voit ici se dessiner les arcanes de l'organisation apprenante, qui n'est pas faite que de rationalité et de cohérence.

Une difficulté de l'intelligence économique est donc de concilier deux systèmes d'apprentissage, quasiment antinomiques l'un de l'autre : un système institutionnel et un système officieux.

Le système institutionnel est celui indiqué plus haut ; il est basé sur un schéma directeur et un plan de recherche qui s'appuient eux-mêmes sur *des indicateurs objectifs et des tendances lourdes du marché*. Par exemple, les technologies clés du futur, du fait des investissements massifs qu'elles focalisent, ne peuvent pas ne pas être suivies par l'entreprise. Il en va de même pour le suivi des normes européennes ou les évolutions et tendances d'un marché.

Le système officieux, au contraire, fonctionne sans plan de recherche ni schéma directeur, mais de façon beaucoup plus informelle, *en actionnant au maximum les réseaux « gris » directement reliés au dirigeant*, mais avec le risque de céder à des effets de modes, à des leurres, à des illusions, voire à des dérives contraires à toute forme d'éthique. On notera que, dans ce second système d'apprentissage, qui permet une stratégie plus adaptative, la fonction herméneutique de la connaissance est certes prépondérante, mais sous un visage très ambigu : pas d'objectivité, beaucoup d'opinions, de rumeurs (avec les avantages de souplesse et de réactivité, mais aussi les risques d'errance que cela comporte.

Le premier système concerne plutôt la *connaissance technique et institutionnelle* (le suivi des réglementations...), tandis que le second se rapporte à des *connaissances beaucoup plus « molles »* : comportements des dirigeants de groupes concurrents, réactions des médias, événements sociaux, etc.

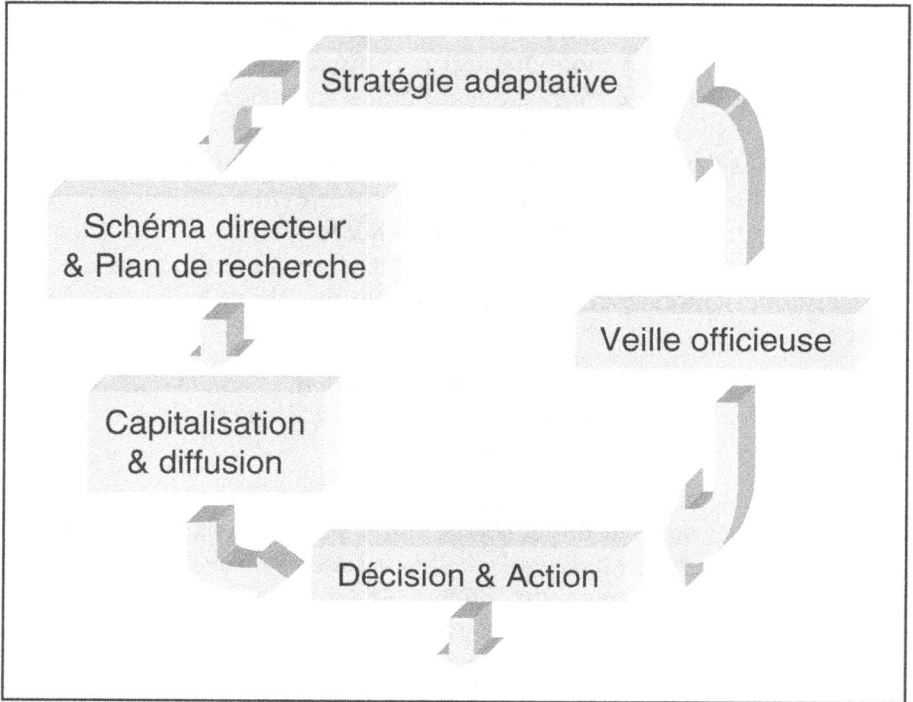

Figure 84. Deux systèmes apprenants d'intelligence économique : le système institutionnel et la veille officieuse (« grise »)

Ce modèle montre bien la différence qui existe entre deux pratiques de l'intelligence économique : *la veille organisée de façon explicite et objective* (du moins dans le principe) et *la veille officieuse qui fonctionne plus sur le lobbying et la rumeur*. S'il paraît irréaliste d'ignorer purement et simplement l'un de ces deux modes d'apprentissage, il convient toutefois de clairement les distinguer, faute de quoi des décisions aberrantes peuvent être prises. La difficulté est de conserver, dans les circonstances importantes, une cohérence suffisante entre les deux, ce qui nécessite une qualité de discernement du dirigeant et de son entourage immédiat.

Ces principes généraux étant établis, rappelons maintenant ce qui caractérise la veille dans son activité concrète et quotidienne.

Les principales sources de l'information utilisées pour la veille sont les périodiques, les brevets, les bases de données, les congrès et colloques, les rapports annuels d'entreprises, les sites Web et les réseaux informels.

Le dispositif de base pour assurer l'efficacité de la veille, et de l'intelligence économique en général, est *le réseau des veilleurs*. En effet, c'est ce réseau qui constitue le vecteur de l'apprentissage collectif, transformant l'information en connaissance, puis en décision et action. Les veilleurs sont véritablement des « managers du savoir », ayant chacun son domaine de spécialité, ses attributions et ses propres sources d'information. Certaines entreprises comme France Telecom (exemple déjà évoqué précédemment) ont choisi de créer une entité chargée de centraliser le fonctionnement. D'autres laissent la veille s'organiser de façon décentralisée, par métier. Dans ce cas, l'avantage est que la veille a des chances d'être plus proche des utilisateurs, mais en contrepartie il existe un risque non négligeable de mauvaise coordination entre les acteurs lorsqu'un conflit ou une crise survient. *L'animation du réseau* est donc un facteur déterminant quelle que soit l'organisation choisie. En complément de cette animation sont organisées des actions éventuelles de formation, de sensibilisation et de professionnalisation de l'activité de veille.

Le réseau de veille est souvent relié aux cellules de crise (war-room), qu'il alimente directement lorsque c'est nécessaire.

Les objets que produit l'activité de la veille ainsi que leurs modalités ont été recensés dans un rapport du CIGREF (Club informatique des grandes entreprises françaises). Ces caractéristiques sont résumées dans le tableau suivant (figure 85).

Modalités de la veille	Champs d'application
Veille continuelle : *monitoring*	Prospective des marchés, des technologies et des réglementations nationales et internationales
Veille ponctuelle : *missions*	Analyse d'un événement de marché (nouveau produit, fusion, crise, technologie émergente, modèles émergents)
Débriefings	Analyse de mouvements compétitifs ou introduction de nouveaux produits
Rapports d'étonnement	Détection d'incongruités (salons, foires, colloques)
Analyse stratégique	*Corporate* et politique générale (*policy level*)
Analyse des signaux faibles	Mouvements compétitifs, intentions stratégiques des acteurs (concurrents...)
Benchmarking des fonctions transverses	Analyse de l'évolution des fonctions clés de l'organisation

Figure 85. *Les différentes modalités de la veille*[1]

1. Librement inspiré du rapport CIGREF, « Veille stratégique. Organiser la veille sur les nouvelles technologies de l'information », septembre 1998.

Ce bref panorama montre que *l'intelligence économique est une fonction complexe de l'organisation apprenante.* Elle peut devenir lourde si l'entreprise souhaite aller au-delà des pratiques de veille officieuse qui peuvent favoriser l'irrationalité et les idées reçues, et si elle veut constituer un système d'élaboration de connaissances, ce qui nécessite la mise en place de schémas directeurs, de plans de recherche, de dispositifs de capitalisation, d'analyse critique et de validation. Cette *démarche ambitieuse et coûteuse* n'est pas à la portée des petites entreprises, qui sont pourtant des acteurs prépondérants de l'économie de la connaissance. C'est pourquoi l'État a compris ces dernières années qu'il avait un rôle clé à jouer pour aider les PME à pratiquer l'intelligence économique (IE).

Ainsi, en France, *le ministère de l'Économie et des Finances a mis en place différents organismes pour aider les PME et stimuler l'intelligence économique régionale*[1]. En 1998, il a créé une mission pour impulser et coordonner des actions de sensibilisation à l'IE. Cette mission fournit aux entreprises des informations ouvertes détenues par le ministère et, en même temps, promeut la défense du patrimoine intellectuel. Ce dispositif est relayé sur le terrain par un réseau d'une trentaine de chargés de mission de défense économique (CMDE), fonction qui a été créée en 1993 pour animer et coordonner les opérations de développement économique dans les Régions, en partenariat avec les acteurs locaux. *L'effort pédagogique de professionnalisation en IE* est porté notamment par l'Institut des hautes études de défense nationale (IHEDN), qui développe des cursus de formation et réalise des enquêtes permettant d'évaluer l'appropriation de l'IE par les entreprises. À cela s'ajoutent les rôles de la Dree (Direction des relations économiques extérieures), des Drire, des Agences régionales d'information scientifique et technique (Arist) et de la Direction de l'action régionale pour la petite et moyenne industrie (Darpmi).

En Basse-Normandie, le Réseau de diffusion technologique (RDT) et la Drire ont lancé en 1998 une initiative de sensibilisation des entreprises à l'intelligence économique – initiative soutenue financièrement par l'État, la Région, l'Europe et l'Adit. Une équipe de ce réseau se charge de recenser, collecter, analyser les informations utiles, qu'elle diffuse ensuite aux chefs d'entreprises de la Région, et enfin elle en discute avec eux. Une centaine de PME ont déjà bénéficié de cette initiative ; parmi celles-ci sont citées CDP Laboratoires (produits à usage chirurgical) ou Guy Degrenne (les couverts de table). La plupart des Régions en France ont mis en place ce type d'ini-

---

1. Pour une synthèse de ces actions, voir par exemple le dossier des *Cahiers Industries* consacré à l'intelligence économique, février 2001.

tiatives (Nord-Pas-de-Calais, PACA, Bourgogne, Essonne, Rhône-Alpes...). Le tableau ci-dessous rappelle quelques adresses utiles (figure 86).

Organismes	Sites Web	Contenus
Anvar (Agence nationale de la valorisation de la recherche)	www.anvar.fr	Documentation générale abondante sur l'IE
Adit (Agence pour la diffusion de l'information technologique)	www.adit.fr	Sensibilisation, formation, conseil en IE
CFCE (Centre français du commerce extérieur)	www.cfce.fr	Documentation sur les postes d'expansion économique (PEE) ; liens utiles vers des sites IE ; analyses gratuites ou payantes selon les cas
Commissariat général du plan	www.plan.gouv.fr	Nombreux documents dont certains sur l'IES, et le rapport Martre de 1994 qui a consacré l' IE en France.
Inpi (Institut national de la propriété industrielle)	www.inpi.fr	Documents sur la propriété industrielle
Afdie (Association française pour le développement de l'intelligence économique)	www.afdie.com	Appui aux entreprises dans leurs démarches d'IE

Figure 86. Quelques adresses utiles pour l'intelligence économique

Au Québec, citons le cas du CNRC (Conseil national de recherche du Canada). Cet organisme joue un rôle important dans la promotion des grappes technologiques régionales dans l'Atlantique Nord. Dans ce cadre, le CNRC apporte aux entreprises les informations scientifiques et techniques nécessaires à l'innovation, mais aussi les informations commerciales et économiques dont elles ont besoin. Au-delà de l'apport d'informations, il aide les entreprises à évaluer leurs capacités d'innovation et développe un réseau qui relie le tissu industriel aux universités.

LA GESTION DU PATRIMOINE INTELLECTUEL

Le système des brevets

Nous avons vu, à propos de la gestion des connaissances – et en particulier du phénomène de transfert de valeur dû aux *externalités* du savoir – qu'il existe un conflit latent entre l'intérêt de l'inventeur et l'intérêt collectif.

Pendant des siècles, l'artisan n'avait d'autre alternative que de préserver le secret de son tour de main s'il voulait en tirer profit. De ce fait, les innovations techniques restaient souvent incorporées dans le savoir-faire du maître et sombraient dans l'oubli à sa mort, s'il n'avait pas su les transmettre à des disciples éclairés. C'est ainsi que l'histoire des techniques nous montre quantité d'exemples où l'homme « réinventait la roue » à chaque génération[1]. Dans ces conditions, si la *diversité des formes* qu'explorait l'inventivité humaine était assez fantastique (comme en témoignent les innombrables variantes de chaque outil), le savoir, en revanche, n'était *guère cumulatif*.

Dès l'origine du **brevet**, à la fin du XVe siècle en Italie du Nord puis plus tard en Angleterre, la société civile, en la personne de l'État ou de ses représentants, a parfaitement perçu cette antinomie qui existe entre l'intérêt immédiat de l'inventeur et l'intérêt pour la société de stimuler la diffusion et le partage du savoir. Le principe du brevet a fourni une solution élégante et durable à ce conflit.

À retenir

En accordant à l'innovateur le *monopole de l'exploitation de sa création pour une durée déterminée*, l'institution l'oblige en contrepartie à en *publier une description détaillée*, ce qui permet à la société de s'en emparer après un délai acceptable (vingt ans aux États-Unis). Ainsi, la société a toute latitude pour apporter des améliorations à cette création, et le cycle de l'innovation technique s'accélère. C'est la philosophie qui a prévalu avec succès pendant cinq siècles.

De nos jours, le jeu des acteurs économiques – entreprises, institutions, gouvernements, corporations, associations – a peu à peu transformé ce système et en a considérablement complexifié les usages, et donc les règles, avec des dérives et des abus de plus en plus nombreux. Ainsi, *le brevet s'inscrit dans une stratégie subtile qui déborde la seule volonté de protection du patrimoine intellectuel pour explorer les différentes possibilités de créer de la valeur*, sous quelque forme que ce soit (innovation, mais aussi image, monopole de vente, coût d'entrée pour la concurrence...). Protéger versus valoriser, la nuance est de taille car l'*objet* auquel se rapporte le brevet (au départ l'invention avérée) est de plus en plus difficile à caractériser.

---

1. Le lecteur pourra se référer à l'une des bibles en la matière : *Histoire des techniques*, sous la direction de Bertrand GILLE, Gallimard, Encyclopédie de la Pléiade, Paris, 1978.

Par exemple, une entreprise peut être conduite à déposer un brevet sur un objet X pour faire croire à ses concurrents qu'elle fonde sa stratégie sur ce mystérieux objet X. Ainsi, elle détourne l'attention de ses concurrents sur le véritable objet de ses recherches et peut prendre un peu d'avance. Ou bien elle peut multiplier les brevets sur toutes les variantes possibles d'un produit sans les développer, dans le seul but de clôturer le champ des innovations tout autour de son propre pré carré.

Mais, à vrai dire, les statistiques de dépôts de brevets montrent que les cas les plus courants restent liés aux usages plus traditionnels, qui sont d'obtenir le monopole d'exploitation ou de valoriser l'invention en concédant des licences d'exploitation à des tiers. Bien souvent, il s'agit de faire d'une pierre deux coups : le brevet est aussi une bonne occasion de *consolider son image de professionnalisme et d'innovateur*, et ainsi de *susciter la confiance* auprès de ses investisseurs, de ses partenaires, de ses clients, voire tout simplement de l'opinion publique. (Le tableau de la figure 87 résume les différentes stratégies qui guident cette politique de valorisation de la propriété intellectuelle.)

Les stratégies de valorisation par le brevet
Obtenir un monopole
Concéder l'exploitation (licences en exclusivité ou non)
Faciliter les coopérations techniques
Apporter le brevet en société (start-up)
Émettre un signal de compétence vers les partenaires
Assurer le succès d'une technologie
Gêner la concurrence (« barrage », « leurre »)
Se protéger des attaques

Figure 87.

Le brevet et l'organisation apprenante

Le contrat que passe l'autorité avec l'inventeur l'oblige, en échange du monopole, à rendre publique la *description* permettant d'identifier en quoi réside l'innovation (que ce soit une innovation de produit ou de procédé). Comme nous l'avons dit, cette description a deux fonctions : prouver qu'il y a bien innovation au plan de la connaissance et rendre public cet apport afin que la société puisse s'en emparer une fois le délai de propriété expiré.

Une problématique est alors à discuter dans la perspective de l'organisation apprenante : le brevet constitue-t-il une connaissance directement exploitable (comme peut l'être un guide d'expertise ou un mode opératoire) ? Est-ce une source de productivité et de créativité par combinaison de savoirs ?

Ce qui est montré dans le brevet n'a pas pour but d'être mis en œuvre tel quel : ce n'est pas à proprement parler un *mode d'emploi*. Il n'en reste pas moins que le brevet, par nature, est porteur d'une partie de la connaissance. Tout l'art consiste donc à en dire le moins possible. Le déposant montre la dimension explicite et formelle de la connaissance, mais il préserve autant que possible le *secret sur la dimension tacite* du savoir-faire, qui est souvent l'élément essentiel pour la réalisation opérationnelle et industrielle. En un mot, le brevet n'est donc pas conçu pour avoir des qualités pédagogiques mais avant tout dans un but juridique.

Vue du métier, la base de connaissances exploitable est non pas tant le portefeuille de brevets de l'organisation que l'ensemble des brevets déposés sur le marché (aux différents niveaux : national, européen et international). Ce sont d'abord les brevets des autres qui constituent un apport utile de connaissances, dans la mesure où ils contribuent à renouveler le métier. On retrouve là une remarque déjà rencontrée : l'intérêt de la capitalisation de connaissances ne se limite pas à capitaliser sa propre expertise (bien que cela soit déjà évidemment utile), mais aussi à *capitaliser sur la connaissance externe afin d'apprendre et de s'améliorer*. L'ouverture sur l'externe, dans bien des cas, prime sur la mémoire propre. Ou, plus exactement, il faut trouver un bon équilibre entre la mémoire et l'apprentissage créatif.

La base de connaissances que constitue l'ensemble des brevets a donc deux utilités : les brevets publiés par autrui (et disponibles auprès des offices de brevets) constituent un apport externe qui permet d'apprendre plus vite – à condition de mener une veille efficace ; tandis que les brevets détenus par l'entreprise constituent avant tout une source de valorisation commerciale et financière (monopole d'exploitation, licences, image d'innovateur), puis, en second lieu, une *mémoire du savoir-faire interne.*

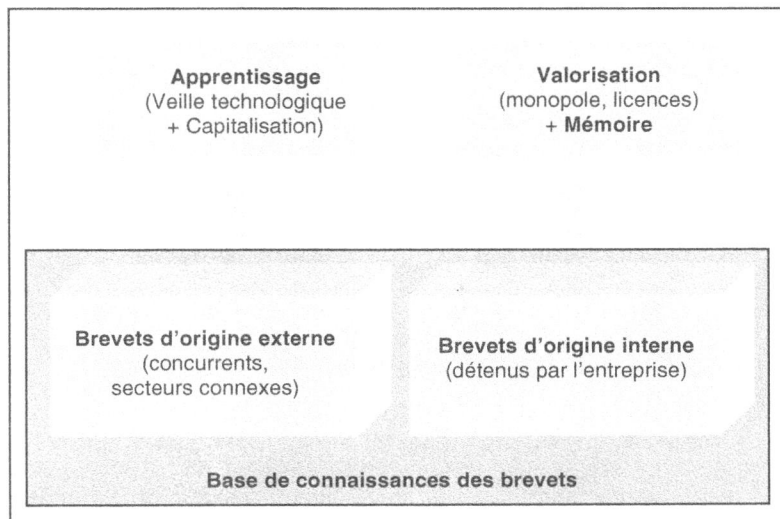

Figure 88. Le brevet et l'organisation apprenante

Mais cette stratégie de valorisation par le brevet a des coûts importants : des coûts d'apprentissage, et, d'autre part, des coûts inhérents au processus de dépôt de brevet. Les coûts d'apprentissage sont ceux que nous avons déjà évoqués à propos du système de la veille. Les coûts de dépôt de brevet sont indiqués dans le tableau suivant (figure 89).

Coûts du processus de protection par les brevets
Coût d'identification de la connaissance détenue (temps + expertise)
Coût de la décision de demande de dépôt (temps)
Coût de la demande de dépôt (formalisation + moyens financiers)
Coût de gestion du dépôt (temps + moyens financiers)
Coût de suivi du portefeuille de brevets (main-d'œuvre)
Coût de renouvellement (moyens financiers + expertise)

Figure 89. La structure des coûts du brevet

Du fait de ces différents coûts, de nombreux savoir-faire restent non brevetés. Il se peut aussi qu'on préfère les garder secrets, ou tout simplement qu'ils ne répondent pas aux critères requis. Mais dans ces cas, très nombreux au demeurant, l'entreprise s'expose à des fuites possibles de ses connaissances et savoir-faire. Les principaux canaux de fuite sont indiqués dans le tableau suivant (figure 90).

Principaux canaux de fuite du savoir-faire
Tous les brevets publiés mais aussi les demandes de brevets déposées sont des sources d'informations pour autrui
L'activité de veille, notamment sur Internet : le veilleur est lui-même observé par le réseau, ses recherches sont enregistrées et analysées par différents acteurs (sites explorés, requêtes effectuées...)
Le turnover externe : démissions, départs, etc. ; ces compétences emportent bien sûr avec elles de nombreuses connaissances
Les relations clients-fournisseurs : malgré les clauses de confidentialité, un flux important d'informations transite vers l'extérieur ; mais, globalement, c'est en principe une relation gagnant-gagnant ; ce canal de fuite ne doit évidemment pas être considéré comme un problème en soi !
Les fusions et acquisitions : d'une part, ces opérations sont accompagnées de nombreux départs d'experts, d'autre part, elles donnent lieu à des réorganisations qui génèrent nécessairement des pertes de savoir (tantôt voulues, tantôt non voulues...)
Les flux de communication interne : messagerie, forums électroniques, Intranet, diffusion et circulation de documents, réplications et photocopies...
Les rapports écrits et imprimés
Les réseaux informels des experts : comme les relations clients-fournisseurs, il ne s'agit pas de sombrer dans la paranoïa en considérant ces réseaux comme un danger en soi ; tout en les considérant avant tout comme une richesse, une sensibilisation permet de limiter les risques simplement grâce à un minimum d'attention et de discernement
Les congrès, publications, actions diverses de communication (même remarque)
Différentes dégradations comme le feu, les inondations, ou aussi toutes formes d'intrusion sur le réseau informatique (virus, pirates).
Le coût dissuasif des brevets : les différents coûts du processus de protection par les brevets évoqués ci-dessus. Face à ce réel problème, l'Union européenne cherche à diminuer, quand c'est possible, les coûts et les délais de dépôt et de renouvellement, mais il existe des écarts importants entre pays, surtout en termes de délais d'obtention du brevet (la France étant très mal placée à cet égard...)

Figure 90. Principaux canaux de fuite du savoir-faire

Brevet ou secret ?

Les entreprises sont donc confrontées à des difficultés de protection, et cela, non seulement contre les fuites de savoir non breveté, mais aussi tout simplement contre la piraterie et le terrorisme. À l'ère des réseaux mondialisés, le secret constitue de moins en moins un moyen de protection efficace, et la politique du brevet est devenue stratégique, comme l'attestent de nombreux exemples (voir ci-dessous le cas de Dow Chemical).

Toutefois, il ne faut pas nécessairement opposer le secret et le brevet. Comme nous l'avons vu précédemment, l'émergence des connaissances prend du temps et il existe toujours une période assez longue où l'entreprise *ne sait pas encore ce qu'elle a découvert ou amélioré*. Ensuite, c'est l'ensemble de la structure des coûts du brevet qui retarde l'échéance du brevet.

Notons en outre que la confidentialité ne concerne pas uniquement le savoir-faire propre à l'entreprise. Elle peut aussi se justifier par la nécessité de ne pas divulguer des informations sur un fournisseur ou sur un client, avec lesquels sont développées des relations privilégiées. L'entreprise est tenue au secret dans de nombreux cas où elle détient des données sur des produits ou matériels qu'elle exploite. Si la cause du secret n'est pas la même, la conséquence en cas de perte est identique : c'est de l'argent perdu.

De nombreuses modalités sont mises en place pour protéger contre la malveillance et l'espionnage industriel. Ainsi, les moyens qui relèvent de la sûreté industrielle (les locaux, l'organisation du travail, la circulation de l'information) et de la sécurité informatique (mots de passe, coupe-feu, boucliers anti-virus, etc.) forment une armada de systèmes de protection – qui ne sont pourtant pas dénués de failles, comme l'ont illustré certaines invasions de virus par Internet.

Un exemple d'organisation apprenante centrée sur la gestion stratégique des brevets : Dow Chemical

Dow Chemical a piloté son projet d'organisation apprenante en commençant en priorité par se concentrer sur l'optimisation et la valorisation de son patrimoine de brevets, pour ensuite élargir l'approche à la gestion d'autres types de connaissances. Nous en reprenons les éléments clés dans un tableau synthétique (figure 91).

Contexte	Industrie chimique (polymères...)
Nom du projet	« Capitalizing on intellectual assets »
Les enjeux (ambition, vision, stratégie KM)	Valorisation des brevets Couplage entre le knowledge management et le pilotage stratégique Valorisation des savoir-faire
Les moyens	3 millions de dollars au début, puis 1 million de dollars
Les étapes	1995 Recensement et classification du portefeuille de brevets (29 000) Lien avec les objectifs stratégiques de l'entreprise, évaluation des écarts Méthode d'évaluation : *Tech Factor* (évaluation de la contribution des brevets à la création de valeur) Cartographie des brevets Dow / concurrents Phase de pilotage : investissement et abandons (acquérir les brevets clés manquants et abandonner la gestion des brevets inutiles) Mise en place d'un réseau « Intellectual Asset Managers » (15 membres) + équipes de gestion du processus brevets (75 personnes), sous la responsabilité du *Tech Center* Mise en place d'une base de connaissances brevets Mise en place d'un système de récompense des scientifiques (nombre de brevets, publications...) Suite en cours : passer au niveau gestion des savoir-faire (catalogues, annuaires de savoir-faire et expertises, capitalisation des bonnes pratiques). Cette phase est considérée par Dow Chemical comme beaucoup plus difficile...
Clés du succès / « Bonnes pratiques »	Implication du top-management + toute la hiérarchie Pilotage de la politique KM et brevets coordonné avec la stratégie et le pilotage opérationnel des unités
Source	Site Web http ://webcom.com/quantera/Dow.html
Commentaire	Le point clé est l'implication du management, qui se traduit concrètement par ceci : il ne suffit pas de recenser les actifs, il faut ensuite faire le lien direct avec le pilotage opérationnel des activités à tous niveaux (R&D...), évaluer les écarts et en tirer les conséquences...

Figure 91. La gestion des connaissances chez Dow Chemical

Contexte international des brevets

Les trois grands pôles des brevets dans le monde sont, bien sûr, les États-Unis, l'Europe et le Japon. On peut avoir l'impression, de prime abord, que l'Europe, au vu des flux de demandes de brevets entre continents, n'est pas si mal placée qu'on a coutume de le penser. C'est ce que suggère la figure suivante (figure 92). Mais nous allons voir l'erreur d'interprétation qui se cache derrière cette apparence.

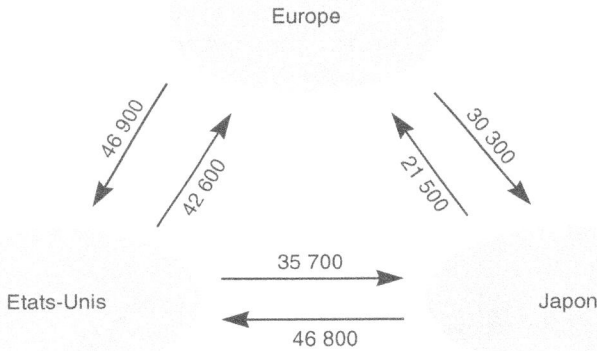

Europe

46 900

42 600

30 300

21 500

35 700

Etats-Unis   Japon

46 800

Figure 92. Flux des demandes de brevets internationales en 1998
(Source : statistiques EOB, USPTO, JPO)

Il faut d'abord souligner qu'aux États-Unis l'innovation est fortement incitée, et cela dès l'origine puisque le droit des brevets est inscrit dans la Constitution depuis Georges Washington. De plus, les États-Unis ont lancé dans les années quatre-vingt une politique offensive en matière de propriété industrielle. Ajoutons que les *contrefaçons* sont sévèrement punies, sous forme de pénalités financières importantes, ce qui contribue à instaurer chez les innovateurs un climat de confiance vis-à-vis du système des brevets, et donc à stimuler le dépôt. Enfin, la pratique des *réseaux d'entreprises*, très répandue chez les Américains, leur permet de *faire circuler très vite l'information sur les innovations importantes*, et donc de prendre conscience très vite des nouvelles opportunités et des menaces.

En revanche, une grosse difficulté pour l'Europe est que *le système des brevets reste largement cloisonné pays par pays*. En face de l'Office américain de brevets (USPTO), qui est à la fois très puissant et cohérent avec la politique gouvernementale, on trouve en Europe un ensemble d'offices nationaux qui n'ont pas de stratégie commune avec l'Office européen (OEB). Ainsi, pour un brevet américain déposé sur l'ensemble du territoire européen, on trouve *souvent un brevet européen qui reste... national*. On imagine aisément la pénalisation qui en résulte pour chaque entreprise européenne, qui reste trop souvent cantonnée à son territoire en matière de propriété intellectuelle !

Seulement 50 % des demandes de brevets en Europe sont d'origine européenne, tandis que les États-Unis et le Japon en déposent à eux seuls 45 %. Parmi les demandes d'origine européenne, la France dépose trois fois moins de demandes que l'Allemagne (avec 7 % du total des demandes). À l'échelle internationale, la France dépose sur le territoire américain 2,3 % des demandes à l'USPTO[1] (l'office américain des brevets) et 0,7 %, au Japon. Les flux de demandes de dépôts se font donc presque à sens unique... Globalement, l'Observatoire des sciences et techniques (OST) constate une *érosion des dépôts d'origine française*.

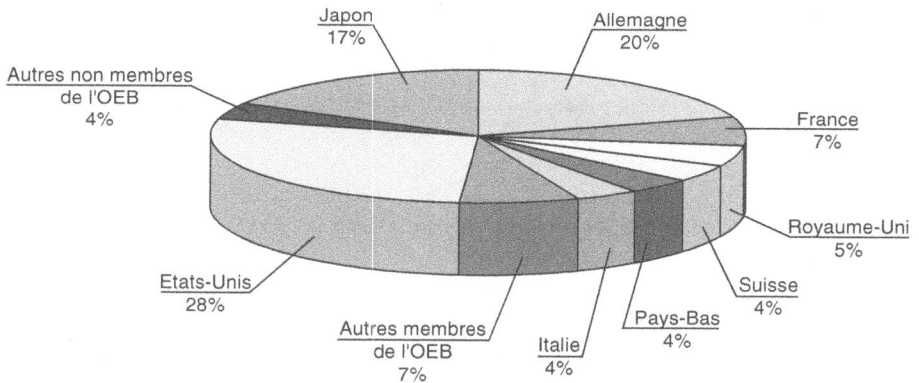

Figure 93. Répartition des demandes de brevets en Europe
(Source : rapport annuel 1998 de l'Office européen des brevets)

Quelques renseignements pratiques sur les organismes de gestion de la propriété industrielle sont résumés dans le tableau suivant (figure 94).

---

1. À titre d'exemple, seulement 365 entreprises françaises détiennent plus de cinq brevets aux États-Unis.

EOB (oeb en français)	Office européen des brevets
USPTO	Office américain des brevets
JPO	Japanese Patent Office
Ompi	Office mondial de la propriété industrielle
PCT	Traité de coopération internationale en matière de brevets (120 États contractants). Ce traité permet l'accès des déposants aux systèmes étrangers ; cette procédure facilite donc le dépôt hors de son territoire.
Ceipi	Centre d'études internationales en propriété industrielle
Inpi	Institut national de la propriété industrielle (France)

Figure 94. Quelques informations utiles en matière de brevet

Faiblesse de la France en matière de dépôts de brevets

Un récent rapport du Sénat révèle que, *pour l'ensemble des brevets accordés* sur le territoire français en 1999, *seulement 28 % sont d'origine française*. En outre, l'ensemble des brevets en vigueur au 31 décembre 1999 s'élève à 346 000, dont seulement 135 000 sont français. Ces chiffres montrent que les bénéfices directs de l'innovation en France sont largement entre les mains d'intérêts étrangers. Et la situation ne va pas en s'améliorant.

	1999	En % du total 1999
Origine française, voie nationale	9 601[1]	**23 %**
Origine française, voie européenne	1 925	5 %
Origine étrangère, voie nationale	2 523[2]	6 %
Origine étrangère, voie européenne	27 034	66 %
Total	41 083	100 %

Figure 95. Origine des brevets accordés en France
(Source : Sénat[1], statistiques Bopi 1999-Inpi)

---

1. SÉNAT, Francis GRIGNON, Rapport d'information n° 377 sur l'utilisation des brevets par les entreprises françaises, *juin 2001*.

On peut ajouter à ce bilan qu'en France le système des brevets ne s'impose pas face au « *système du secret* » – si l'on peut risquer cette expression, tant le goût du secret est hissé chez nous à un véritable système de pensée ! Pour assombrir encore le tableau, il faut rappeler que la contrefaçon, contrairement au cas américain, est si peu réprimée qu'elle demeure bien souvent une bonne affaire pour les contrevenants !

À ce phénomène, il faut ajouter un autre aspect peu encourageant. Si l'on étudie la répartition des demandes de dépôts français selon la taille des entreprises, on constate une forte concentration en faveur des *grandes entreprises*. En effet, celles de plus de 500 salariés concentrent à elles seules 40 % des demandes, alors qu'elles ne représentent que 11 % de l'ensemble des déposants. Cette concentration révèle que les petites entreprises, pourtant souvent innovatrices, protègent mal leur capital intellectuel.

Dans ce contexte, un début de réaction a commencé à se mettre en place depuis quelques années. Les pouvoirs publics tentent de sensibiliser deux types d'acteurs en priorité : les PME et les chercheurs publics.

Les principales mesures et propositions en France depuis 1995 [1]

Dans son rapport de juin 2001 sur les brevets en France, la commission des Affaires économiques et du Plan du Sénat a établi un certain nombre de recommandations pour stimuler la culture des brevets en France. Ces propositions concernent des actions en France et des actions au niveau européen.

Sur le territoire français : 1° former et sensibiliser les étudiants (grandes écoles, universités) ; 2° renforcer le rôle du Centre d'études internationales en propriété industrielle (Ceipi) pour la formation et le conseil des mandataires européens ; 3° accompagner les PME (aide spécifique, brevets de l'Anvar, prise en charge des frais de conseil, tarifs dérogatoires) ; 4° mobiliser les chercheurs publics (critère d'évaluation, délai de grâce pour déposer, réseau d'agences de valorisation) ; 5° améliorer l'attractivité financière du brevet pour l'inventeur ; 6° renforcer la profession de conseil en propriété industrielle ; 7° réformer le contentieux de la propriété industrielle (remboursements aux lésés, confiscation de biens aux contrefacteurs).

Au niveau européen : 1° soutenir la mise en place du brevet communautaire (influer pour qu'il soit centralisé à l'EOB, que son coût soit accessible et que le contentieux soit communautarisé) ; 2° conditionner la signature de l'accord de Londres à un plan national incluant la veille technologique (traductions des revendications en français et accès par Internet), la sécurité juridique (prévenir les contrefaçons par manque d'information), les traducteurs et conseils (aides spécifiques à mettre en place) ; 3° désengorger l'EOB en allégeant sa tâche de traitement des demandes non européennes ; 4° poursuivre l'har-

---

1. D'après le rapport du Sénat cité précédemment.

monisation internationale du droit des brevets dans le cadre de l'Ompi (Office mondial de propriété industrielle).

Répartition et rétribution de la propriété intellectuelle : un enjeu juridique et éthique

Comment se répartit la ***propriété intellectuelle*** ? La question est de plus en plus complexe. Dans l'entreprise étendue, la connaissance est de plus en plus *partagée entre les parties prenantes* : investisseurs, clients, fournisseurs, employés, partenaires, régulateurs, associations, groupes politiques. Cette répartition est d'autant plus difficile à cerner que le capital intellectuel se trouve maintenant largement autant dans l'*information* que dans le *savoir-faire*.

À qui appartient la base de données clients, lorsque l'entreprise est rachetée par un groupe et devient une simple filiale ? On voit poindre là une première dérive inquiétante pour le consommateur et le citoyen puisque, par exemple, l'abonné d'hier à Canal Plus se retrouve maintenant, sans l'avoir demandé et sans même le savoir, être connu, analysé et décrypté dans ses comportements, ses habitudes, ses désirs, par des sociétés commerciales en tous genres qui peuvent le harceler dans sa boîte aux lettres, sa messagerie, son téléphone. Pendant que les entreprises, leurs filiales et leurs actionnaires se disputent les droits de propriété sur la base de données clients, ces derniers ne touchent aucun dividende sur des informations qui, pourtant, affectent leur droit d'image et leur appartiennent au nom du droit d'auteur...

À qui appartiennent les savoir-faire de l'entreprise – aux employés ou aux investisseurs ? Autrement dit, le savoir-faire et les connaissances sont-ils du *travail* ou du *capital* ? Les identifier et les protéger pour empêcher les concurrents de les reproduire est une juste préoccupation. Une autre est de savoir comment répartir les droits et les bénéfices correspondants. Les évaluer pour les valoriser lors d'une opération de fusion est une juste préoccupation. Mais là aussi se pose la question de la répartition des droits, des devoirs, des risques, des bénéfices. Autre dérive qui se profile, puisque l'employé se voit progressivement pesé, rangé, exploité par des instruments dont il ne perçoit même pas l'existence – jusqu'au jour où il en subit les conséquences.

Ces questions de propriété intellectuelle se trouvent donc non seulement au cœur de l'intelligence économique, mais aussi au cœur de préoccupations juridiques et éthiques devenues essentielles.

Si la base de connaissances est bien, comme nous l'avons déjà dit, un *facteur de production*, et plus précisément une brique du *capital* de l'entreprise, cela signifie qu'elle *appartient tout simplement aux investisseurs*, et non pas aux employés. On perçoit donc là un des enjeux souterrains de la gestion des connaissances : l'employé docile qui contribue pleinement à enrichir la base de connaissances est assuré de ne jamais en tirer les fruits, si ce n'est par une sérieuse négociation concernant son intéressement et sa rémunération.

Mais il convient de ne pas oublier un autre aspect essentiel dans cette discussion : nous avons vu que la connaissance tacite (incorporée dans les individus) est indispensable pour activer la base de connaissances (explicite). La première est une forme du travail, la seconde est une forme du capital. On retrouve à l'œuvre, de façons étroitement mêlées, les deux facteurs de production de l'entreprise que sont la force de travail et le capital. Puisque, par nature, la valeur ajoutée ne peut se produire sans la combinaison des deux, *il est indispensable de réfléchir de façon démocratique aux évolutions du droit qui permettront la répartition la plus juste des bénéfices.*

Il en va de même, comme nous l'avons évoqué plus haut, concernant un autre acteur partie prenante qui, lui, ne constituait nullement un facteur de production de l'entreprise (du moins jusqu'à présent) : le client. Dès lors que la base de données clients est une source de valorisation pour l'entreprise, elle devient naturellement et logiquement du capital. À ceci près qu'on ne sait pas qui est le propriétaire, et donc le bénéficiaire légitime des revenus afférents : l'actionnaire ou le client ? Pour l'instant, dans les grandes fusions des années 2000, ce sont toujours les actionnaires qui ont encaissé les dividendes de la fameuse *création de valeur* quand elle avait lieu... tandis qu'ils partageaient les dégâts avec les employés et les clients lorsque la fusion échouait. Là aussi réside un champ d'exploration pour le droit de la propriété intellectuelle et, plus encore, pour l'éthique économique.

Les deux fonctions de la connaissance, interpréter et prescrire, permettent d'ouvrir une piste de réflexion sur la juste répartition des droits de propriété de la connaissance et de sa rétribution.

À retenir

La base de connaissances, fruit des processus de capitalisation dans chaque métier, *appartient de plein droit à l'entreprise*, sous forme de capital technique[1]. Ceci résulte du contrat de travail qui unit l'employeur et l'employé contributeur du processus de capitalisation.

---

1. Le lecteur se souviendra que c'est la définition du capital intellectuel qui a été retenue dans le chapitre 2 sur la base de connaissance.

Mais la base de connaissances ne valorise en quelque sorte que « la moitié » de la connaissance : elle ne contient par nature que la partie explicite et n'exprime que la *fonction normative* (la base de connaissances est le dispositif auquel tout professionnel se réfère pour décider, agir, organiser, bref pour *prescrire* ce qui est pertinent au vu, notamment, des normes, des règles, des modèles, des retours d'expérience, des contrats, des guides techniques, des modes opératoires, et des savoirs explicites en général).

L'autre « moitié » de la connaissance, la partie incorporée dans les individus, leur est consubstantiellement attachée; elle reflète leur histoire personnelle très au-delà des limites rémunérées par l'employeur et, de ce fait, elle leur appartient de plein droit. De plus, le *sens* ne se capitalise pas ! L'interprétation, qui accompagne nécessairement la mise en acte et la mise en perspective de la connaissance, est toujours le fait de l'humain, dans sa chair-esprit, dans sa dimension sacrée.

On peut dire que, dans l'économie fondée sur la connaissance, la valeur ajoutée « non marchande » qu'apporte l'employé est son *interprétation* en acte, sa capacité à donner du sens. Cela ne peut lui être ôté une fois fait, comme il en va de ses autres productions qui sont appropriées par l'employeur en échange du salaire. Certes, chaque nouvelle interprétation peut être (pour sa part explicite) enregistrée dans des documents, et donc intégrée à la base de connaissances. C'est utile pour l'Histoire, pour la mémoire. Mais ces interprétations sont figées à l'instant même où elles sont capturées. Il faut toujours réinterpréter la fois suivante, et seul le sujet humain, dans l'instant unique et éphémère de son temps de travail, peut le faire. La seconde « moitié » de la connaissance – incorporée et porteuse du sens – appartient donc, à la fois de plein droit mais aussi de fait, à l'employé. Il serait proprement absurde de le nier, car ce serait ignorer tout de la nature et du fonctionnement de la connaissance.

Voilà des critères qui permettront, espérons-le, de fonder une discussion éthique sur la propriété intellectuelle et sa rémunération, en particulier pour définir la juste répartition entre l'employeur et l'employé.

Un exemple permettra un éclairage et un complément de discussion. Prenons le cas du concepteur publicitaire. Le cas est intéressant car il pourrait en apparence être invoqué pour contrer la thèse proposée ici. En effet, le concepteur est payé précisément pour créer du sens, pourrait-on dire, puisque sa production est un concept. Or, quoi de plus porteur de sens qu'un concept ? En fait, ce raisonnement est biaisé car il revient à confondre l'*emballage* et le *contenu*. Le concept, ici, est marchandisé (objet de rémunération pour le concepteur et objet de création d'image pour l'acheteur) sous sa forme externe. Seul l'emballage est vendu et rémunéré. Il peut être vendu car il fait l'objet d'un *pari* des parties prenantes : tous parient sur le fait que le concept va faire école, qu'il va *marcher*, c'est-à-dire influencer les consommateurs. Ce qui ne peut se vérifier qu'après coup. L'incertitude, en l'occurrence, est la preuve que le sens échappe à la marchandisation. Nul ne peut prévoir l'impact réel qu'aura le concept publicitaire dans l'esprit de chaque consommateur !

Le sens diffère pour tous, comme le soulignait Montaigne. Il diffère même d'un jour à l'autre. Ainsi la publicité qui représentait les tours du World Trade Center est, si l'on peut dire, mal tombée. Le surgissement de l'événement de septembre 2001, certes totalement imprévisible par le publicitaire, remodèle complètement le sens porté par le concept. Celui-ci devient, du jour au lendemain, moralement inacceptable et sa forme externe perd toute valeur marchande. De façon générale, c'est bien dans le contenu du concept que réside le sens, l'interprétation. Or, ce contenu varie à l'infini, en fonction de la personnalité, des croyances, des connaissances de chacun.

Seule l'enveloppe du concept est une marchandise. Cette enveloppe est une forme externe qui ne contient que le *sens moyen*, celui que la statistique permet de décrire. Il en va de même de tout concept, et l'on peut remarquer au passage que ceci n'est pas nouveau pour les philosophes[1]. L'erreur de raisonnement qui consiste à confondre l'enveloppe du concept publicitaire et son contenu de sens est toujours la vieille erreur behavioriste. Il ne suffit pas que l'émetteur façonne l'enveloppe pour que cela détermine l'interprétation qu'en fera chaque consommateur ! La communication ne fonctionne pas à sens unique. La connaissance non plus.

Il en résulte donc que la propriété intellectuelle, concernant le concept publicitaire, est bien duale : c'est la fonction normative du concept qui fait de celui-ci un produit, et qui délimite le droit de propriété pour celui qui finance. Mais la fonction herméneutique est aussi à l'œuvre : chaque sujet humain est entièrement propriétaire du sens qu'il attribue au concept, ce qui délimite l'autre face, incorporée, privée et personnelle, de la connaissance. De ce fait, tout naturellement, le concepteur a certes vendu à son employeur le produit emballé, mais il incorpore en même temps la partie herméneutique de son concept sous forme d'un gain de compétence. Ainsi, lui seul pourra ultérieurement tirer le fruit de cette expérience et s'en inspirer librement dans des productions futures (éventuellement pour le compte d'un autre employeur). En revanche, il ne pourra récupérer pour son compte l'enveloppe du concept ; celle-ci a été écoulée sous forme d'un bien marchand qui ne lui appartient plus.

---

1. Voir par exemple *Qu'est-ce que la philosophie ?* de Gilles DELEUZE et Félix GUATTARI, Éditions de Minuit, Paris, 1991.

La polémique sur le droit d'auteur trouve tout naturellement sa place dans cette discussion, et nous en proposons un rapide commentaire dans le cadre du sujet qui nous intéresse ici.

Le *droit d'auteur* est un système qui *valorise la fonction herméneutique de la connaissance*, contrairement au droit des brevets qui valorise la fonction normative (le brevet dit comment il faut faire). Un auteur est une personne qui, par sa compétence spécifique, élabore une forme externe qui se trouve en adéquation fine avec le sens intime qu'il porte en lui, de façon incorporée. L'œuvre n'est pas un produit comme les autres. La distinction entre les deux fonctions de la connaissance permet de mieux en comprendre la raison : l'œuvre est certes une *forme* tout comme les autres produits, mais il n'empêche qu'elle véhicule plus de sens que le produit, qui véhicule, lui, plus de norme (normes de fabrication, normes d'usage). Bien sûr, il y a des exceptions, et de toute façon cette distinction est schématique, car les deux fonctions sont toujours présentes. Mais c'est la pondération qui diffère : il semble bien qu'en général l'auteur se soucie plus de créer un objet unique, porteur de sens, dont il se sent créateur à titre artistique ou scientifique ; tandis que le produit breveté est soumis la plupart du temps à un impératif normatif, rationalisé et fortement désincarné.

La fonction herméneutique réserve un espace de créativité et de liberté nécessaire dans un monde qui se veut éthique. La fonction normative ouvre quant à elle un espace de marchandisation, tout à fait légitime au demeurant, et situe la connaissance sur le plan de l'utilité matérielle. Il serait dommageable de renvoyer ces deux fonctions dos à dos. L'opposition doit être dépassée, et il importe de reconnaître pleinement les deux fonctions de la connaissance, afin de préserver l'équilibre nécessaire entre le sens et la norme.

Le conflit entre intérêts privés et intérêt collectif

Nous avons vu que le droit de la propriété intellectuelle est aujourd'hui beaucoup plus complexe qu'à l'époque de la République de Venise, lorsque l'inventeur était incité à faire connaître sa création, en échange de l'octroi d'un *privilège* (ancêtre du brevet). Plus de cinq siècles après sa naissance, le système des brevets répond-il encore à sa finalité première ? Il s'agit là d'un problème de société qui dépasse largement le cadre du sujet traité ici, mais nous ne pouvons guère terminer ce chapitre sans rappeler, très brièvement, deux des questions éthiques fondamentales qui se posent aujourd'hui :

- La propriété intellectuelle peut-elle s'étendre sans limites à tous les objets accessibles à l'économie marchande ? En d'autres termes, *peut-on tout breveter ?*
- La propriété intellectuelle, monopolisée de façon abusive par certains, *risque-t-elle de créer des barrières irréversibles d'accès aux connaissances ?* Accepter cette dérive serait non seulement contraire à l'éthique, mais de plus hypocrite puisque le système des brevets est justement conçu, au départ, pour favoriser la diffusion des savoirs.

Sur la première question, évoquons l'exemple de la polémique des brevets sur le vivant.

La polémique des brevets sur le vivant

C'est en 1991 qu'a éclaté cette polémique, lorsque des industriels américains ont cherché à breveter des fragments de séquences d'ADN. La structure des gènes, tout comme les êtres vivants ou les galaxies de l'univers n'ont pas été *inventées* par les hommes, mais *découvertes*. Peut-on accepter de voir limiter l'utilisation de ces connaissances au profit d'intérêts particuliers ? Les protestations se sont immédiatement élevées un peu partout, dont en France où le mouvement a été, et demeure, très actif, aussi bien aux plans médiatique, associatif ou institutionnel, comme en témoigne ce rapport de l'Académie des sciences (du 26 juin 2000) :

« Ces préoccupations se retrouvent dans l'article 7 de la loi n° 94 653 relative au respect du corps humain, portant sur une révision de l'article 4611-17 du Code de la propriété intellectuelle. La dernière phrase de cet article spécifie en effet que, « à ce titre, le corps humain, ses éléments et ses produits ainsi que la connaissance de la structure totale ou partielle d'un gène humain ne peuvent, en tant que tels, faire l'objet de brevet ». En bref, la position constante de la France, exprimée par sa loi et relayée par de multiples instances, est que la connaissance de la séquence, totale ou partielle, d'un gène est la découverte d'un élément du monde naturel et en aucun cas un produit brevetable.

Pour en venir à notre propos, qui est de voir comment les deux fonctions de la connaissance peuvent jouer dans les stratégies de propriété intellectuelle, examinons maintenant l'extrait suivant du même rapport :

« Tout naturellement, il est possible de faire des inventions à partir de cette connaissance. Celles-ci peuvent consister en des procédés diagnostics ou des produits, diagnostics ou thérapeutiques, par exemple une protéine recombinante. Ces inventions doivent être évaluées selon les règles habituelles des offices de propriété industrielle qui pourront délivrer des brevets. La protection accordée portera alors éventuellement sur l'utilisation de la séquence génique pour mettre en œuvre les procédés et fabriquer les produits imaginés par l'inventeur, et sur leur exploitation. En revanche, la connaissance de la séquence doit rester totalement libre pour tout autre usage, les utilisateurs étant alors totalement indépendants, en termes de propriété industrielle, des premiers inventeurs. »

Nous retrouvons dans cet extrait une nouvelle illustration de ce que nous avons vu à propos du concepteur publicitaire, bien qu'ici avec des protagonistes entièrement différents. La connaissance scientifique, c'est l'occasion de le dire, valorise bien sûr avant tout la *fonction herméneutique*. C'est le cas depuis la Grèce classique a minima. On peut rappeler à cet égard que Socrate a refusé toute sa vie d'être rémunéré pour son savoir. La science est basée sur la recherche de compréhension et d'interprétation des phénomènes. Son application pratique, en revanche, valorise immédiatement la *fonction normative* puisqu'il s'agit de faire et donc de prescrire le bon moyen. Encore une fois, il ne s'agit pas d'opposer les deux fonctions. L'application et la production peuvent apporter des progrès matériels, aider à résoudre des problèmes. On voit bien, à l'occasion de ces problématiques de propriété intellectuelle, qu'il est impératif de distinguer clairement la connaissance de l'application, comme nous l'avons vu dans le chapitre consacré à la théorie de la valeur.

À retenir

Ainsi, nous trouvons confirmée par ce nouvel exemple la dualité qui doit être défendue à propos de la propriété intellectuelle :
* L'une des deux faces de la connaissance peut faire l'objet d'une transaction marchande, et donc d'une appropriation par celui qui finance ou qui achète ; c'est celle qui est éclairée par la fonction normative. Cette fonction *dit comment il faut faire* ; elle désigne donc la part qui peut être éventuellement brevetée.
* L'autre face de la connaissance est *relative au sens et à l'interprétation*, qui appartiennent à tout être humain. Le sens est *patrimoine personnel*, et il est donc aussi, par voie de conséquence, *patrimoine de l'humanité*.

Nous voyons donc se dessiner la dimension éthique sous un autre angle, qui renforce encore l'exigence morale. En effet, on souligne habituellement, à juste titre, le fait que *les découvertes ne peuvent faire l'objet d'un brevet*, particulièrement lorsqu'elles touchent à l'humain. Mais nous pouvons ajouter un argument de plus : *le sens ne peut en aucun cas devenir un objet marchand* ; il ne peut être ni vendu, ni acheté, pour la raison qu'il est toujours intimement lié à la liberté de chaque être humain. Comme le souligne très justement le rapport de l'Académie des sciences, tout le monde a le droit de s'approprier la connaissance d'une séquence d'ADN et d'en faire un usage conforme à son droit de chercher d'autres applications, d'autres interprétations.

Sur la seconde question posée plus haut, celle de l'équité du système des brevets aujourd'hui, rappelons brièvement un exemple : l'accès aux médicaments dans les pays pauvres.

Le cartel de la santé[1]

Les grandes fusions qui ont eu lieu dans le domaine de l'industrie pharmaceutique (Glaxo Welcome & Smithkline Beecham, Hoescht & Rhône-Poulenc, Pharmacia Upjohn & Monsanto) aboutissent à une inquiétante concentration des acteurs. Une douzaine de firmes contrôlent désormais le marché mondial. Dans la concurrence effrénée qui s'ensuit, ces firmes sont conduites à optimiser leurs clientèles, c'est-à-dire à ne vendre qu'aux pays les plus solvables. Ainsi, certaines maladies tropicales peuvent être guéries, mais la vente des médicaments n'est pas jugée rentable dans les pays touchés par ces maladies. On préfère ne pas écouler les stocks, plutôt que de prendre le risque de ne pas être payé.

Autre problème : le système des brevets aboutit à créer des barrières de prix à l'achat. Ainsi, d'après le président de Médecins sans frontières, un même traitement contre la méningite du Sida, le fluconazone, coûte 120 francs par jour au Kenya, alors qu'il coûte 4 francs en Thaïlande. D'où vient cette différence ? Au Kenya, le fluconazone est breveté ; pas en Thaïlande. Là où le brevet s'applique, il faut payer des droits parfois exorbitants à l'inventeur.

Pour cette raison, la Commission européenne a proposé d'assouplir le système des licences obligatoires, pour tenir compte des inégalités entre les pays, et ainsi parvenir à un compromis entre le besoin de rémunération des uns et une meilleure équité sociale à l'échelle mondiale. En octobre 2001, cette proposition a été rejetée, notamment par l'Allemagne et le Royaume-Uni, où les laboratoires pharmaceutiques ont le plus d'influence.

Les pays en développement (dont le Brésil et l'Inde) ont demandé des dérogations sur l'usage des licences obligatoires, dans les cas d'urgence nationale (épidémies...). Cette demande a été rejetée jusqu'à présent, notamment par les États-Unis et la Suisse, autres pays qui abritent certains des plus grands laboratoires.

Récemment, le Canada a tenté de contourner un brevet d'antibiotique contre l'anthrax (le Cipro, du laboratoire Bayer), pour promouvoir une version générique à moindre coût. Mais par ailleurs, ce pays avait activement soutenu l'industrie pharmaceutique dans le dossier du traitement contre le Sida dans les pays en développement. Deux poids, deux mesures ? Les pays riches sont soucieux d'une meilleure démocratisation des accès aux médicaments lorsqu'ils y voient leur intérêt. Ainsi, dans le dossier de l'anthrax, des associations américaines ont milité pour permettre d'utiliser les génériques alternatifs du Cipro, afin de ne pas défavoriser les couches sociales les plus pauvres... aux États-Unis.

---

1. Source : Jean-Pierre Berlan, « Brevetabilité du vivant, directive européenne 98-44 », attac, novembre 2001.

Dans l'économie actuelle, le savoir – et les bienfaits que l'humanité espère en tirer – est inextricablement lié au système des prix. Comme on le voit sur l'exemple de l'accès aux médicaments, *les abus de propriété intellectuelle sont favorisés par les dissymétries économiques et juridiques entre les différents pays, et entre les différents acteurs de chaque Région.*

Le système des brevets risque d'être mis en péril, puisqu'il parvient de moins en moins à répondre à sa finalité originelle, qui est de concilier les intérêts privés et l'intérêt général. Si le plus fort peut abusivement s'octroyer des droits excessifs sur toutes formes de connaissances, il en résultera une chute de confiance généralisée et donc une fragilisation croissante du droit de propriété intellectuelle. Cela fera encore empirer les inégalités car les zones de non-droit bénéficient en général au plus fort. Il y a donc là un mécanisme dangereux qui est à l'œuvre, et il devient capital de trouver des parades démocratiques, à l'échelle internationale.

LA GESTION DE LA RELATION CLIENT

Évoquons pour situer la question l'exemple de l'industrie pharmaceutique.

> Dans les années soixante-dix, l'industrie pharmaceutique a changé de paysage. Du fait de l'élévation du niveau de vie et de la couverture sociale, la demande en matière de santé et de soins a explosé. Parallèlement, dans de nombreux pays, la grande distribution, en plein essor, permettait désormais d'acheminer les médicaments génériques vers une clientèle de masse, faisant écran entre les « patients consommateurs » et les professionnels de la santé : médecins, hôpitaux, grands laboratoires. C'est ainsi que des laboratoires comme Merck, aux États-Unis, se sont vus menacer par des grands distributeurs, comme McKesson puis Medco. Ce dernier a développé, au tournant des années quatre-vingt-dix, une connaissance des habitudes de consommation et un savoir-faire important pour la promotion des génériques. Le géant Merck a fini par se résoudre à acheter à prix d'or ce concurrent de plus en plus gênant. L'argument mis en avant pour justifier cette opération : « Nous n'avons pas acheté un réseau de distribution, mais une base de connaissances et une capacité de service au client final. Nous avons acheté du capital intellectuel. »

Ainsi, l'entreprise d'aujourd'hui considère que la *connaissance qu'elle possède de la clientèle constitue une part essentielle de son capital en propre.* Sans cette connaissance, aucune chance de conserver la fidélité et la satisfaction des clients. L'entreprise est prête à payer très cher pour garder ou acquérir cette connaissance, et c'est là une stratégie explicite.

La notion ambiguë de *capital clients*, dont nous avons discuté précédemment, découle de cette vision. Skandia, la compagnie d'assurance scandinave, a élaboré, comme nous l'avons vu, un modèle de pilotage de ce capital, agrégé avec les autres formes du *capital intellectuel* de l'entreprise.

Dans ce contexte, **la gestion de la relation client** (CRM) est considérée, par beaucoup de dirigeants, comme *l'un des objectifs prioritaires de leur stratégie du savoir*. Encore convient-il de distinguer deux étapes :

- La première étape est celle du CRM de base, qui transpose le marketing classique dans le paradigme des nouvelles technologies et Internet ; il s'agit d'agréger toutes les informations sur le client pour optimiser l'offre, augmenter la satisfaction et tirer parti du potentiel qu'il représente.
- La seconde étape va plus loin dans le renouvellement de la relation avec le client : il s'agit de considérer celui-ci comme une ressource fondamentale avec laquelle on cherche à coconcevoir les nouvelles solutions. Cette tendance, qui trouve des rapprochements avec les pratiques de coordination liées à l'économie du « don-contre-don » et aux logiciels libres, est une nouvelle dynamique dans l'économie du savoir.

Nous commencerons par rappeler ce qu'est le CRM, et les outils qu'il met en œuvre. Cela pourra paraître un peu technique, mais, compte tenu de la nouveauté de ces outils et de l'impact qu'ils ont sur les métiers commerciaux, il paraît utile de s'y attarder un peu. Puis nous verrons ce qui constitue le niveau coopératif du KCRM ou gestion des connaissances avec le client (*Knowledge Customer Relationship Management*).

La gestion de la relation client (CRM)

La gestion de la relation client vise à déterminer la *valeur* de chaque client, à comprendre son comportement et répondre au mieux à ses souhaits. En fonction des profils de clients, l'objectif est d'augmenter leur fidélité et leur *profitabilité*. C'est dans ce sens qu'il est question de *capital clients*. Le marketing cherche de plus en plus à segmenter les clients pour évaluer cette profitabilité et optimiser la stratégie commerciale. L'entreprise doit pour cela agréger un certain nombre de connaissances[1] :

– la répartition du chiffre d'affaires des ventes de biens et services ;
– la marge brute (les ventes diminuées du coût des produits) ;

---

1. Voir René LEFÉBURE, Gilles VENTURI, *Gestion de la relation client*, Eyrolles, Paris, 2000.

– la marge commerciale (la marge brute diminuée des dépenses marketing et commerciales) ;
– la marge nette par catégorie de clients (les bénéfices apportés par chaque catégorie) ;
– le retour sur investissement pour chaque catégorie (la marge générée par les efforts commerciaux, marketing, financiers et les services) ;
– les avantages octroyés à chaque client (rabais, remises, ristournes...) ;
– les différentes formes de l'investissement consenti : promotionnel, marketing, communication, acquisition (coûts d'attraction) et rétention (garder des clients) ;
– le potentiel de profitabilité selon les catégories (« espérance de vie », actualisation des besoins, facteurs d'incertitude, écarts par rapport aux « normes de comportement »...).

Ces connaissances sont agrégées dans la pyramide clients, qui constitue une véritable base de connaissances permettant d'élaborer la stratégie commerciale. Le but est de « faire entrer » des clients dans la pyramide, puis de les « faire monter » et de les maintenir. Mais ces mouvements ne sont pas une finalité en soi : par exemple, il ne s'agit pas de chercher à capter tous les prospects indifféremment. Ainsi, chacune des transitions et interactions entre les niveaux fait l'objet d'analyses et de choix qui nécessitent une utilisation complexe de la base de connaissances.

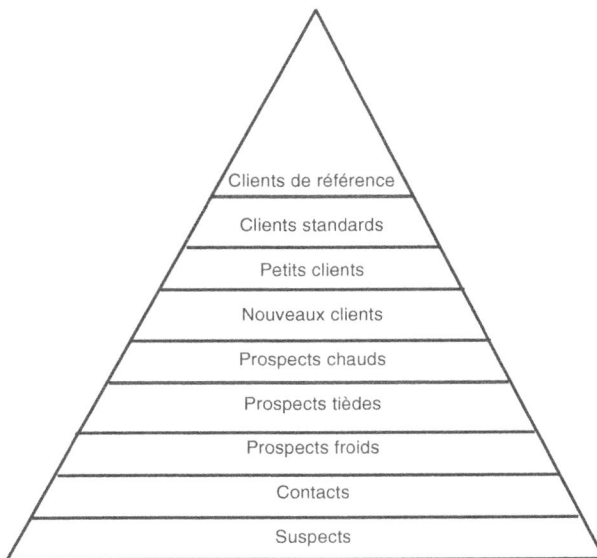

Figure 96. Le modèle de la pyramide clients

Du point de vue stratégique, le CRM est donc une nouvelle réponse à l'enjeu de la valorisation du *capital clients* et au problème de la métrique permettant d'en mesurer les évolutions. Les connaissances que le CRM contribue à capitaliser conduisent les entreprises à *quantifier la valorisation et l'espérance de profitabilité du portefeuille clients*.

Dans cette perspective, les solutions de CRM rassemblent les informations sur les clients et prospects, les mettent à disposition et permettent de les mettre à jour dynamiquement. De telles solutions analysent également les historiques des données afin de mieux comprendre les attentes du client, non seulement en termes de produits et services mais aussi en termes de relation.

Les systèmes de CRM permettent aussi d'automatiser les tâches marketing et commerciales, depuis la conception des plans stratégiques jusqu'au contact final, de gérer tous les canaux de communication (courrier, fax, téléphone, e-mail, Internet, téléphone portable, *pager*) et de gérer les éventuels conflits dus au travail en réseau au sein de l'entreprise.

Le CRM est donc une plate-forme logicielle et organisationnelle de type *front office*, qui regroupe différents outils et principes que nous allons passer en revue[1].

Le centre d'appel (« call center »)

Le centre d'appel est un ensemble de moyens humains, organisationnels et techniques, qu'une entreprise met en place pour assurer, *via le téléphone*, tout ou partie des fonctions de marketing, vente, service après-vente, recouvrement. Cet ensemble de services de réception et d'émission d'appels téléphoniques permet d'aiguiller et/ou de traiter les appels. Par extension, le centre d'appel devient le mode de contact personnalisé unique entre l'entreprise et ses interlocuteurs, autre que le face-à-face : réception de courrier (GED), de fax (ICR/NLU), d'appels téléphoniques (CTI, Intratel, *webphone*) et de connexions Internet (Intranet).

Le back office/ front office

Dans le contexte du CRM, on désigne par *back office* les différentes bases de données et logiciels de gestion internes (ERP...), et de façon générale tout ce qui est en amont du processus de gestion de la relation client. Le lien entre back office et front office est réalisé par une autre technologie

---

1. Je remercie ici Thierry NGUESSAN pour sa contribution à cette synthèse des fonctions de CRM.

apparue récemment, le *Customer Information System* (cis). Ces différents progiciels sont mis en place dans un contexte fort de réengineering des processus qui cherche à faciliter la fabrication et la fourniture des produits.

Le « Customer care »

C'est l'accueil proprement dit. Il s'agit de prendre soin du client, de s'intéresser à lui, d'apprendre à le connaître, de découvrir quelles sont ses préférences, ses habitudes, de l'écouter, pour ensuite arriver à le fidéliser et le « rendre rentable ». On voit bien ici que le client reste cantonné à un rôle de consommateur et n'est pas impliqué dans le renouvellement de la chaîne de la valeur.

L'analyse

L'analyse représente l'*intelligence* d'un système de gestion de la relation client. Cette opération utilise le *Data Mining* et le *Data Warehouse*, des technologies de traitement automatisé de l'information qui visent à étudier les clients (comportement, centres d'intérêt, etc.), à dégager les actions à entreprendre, et le pilotage des actions marketing et commerciales (étude statistique des retours, suivi d'avancement et autres tableaux de bord).

Cti (Computer Telephony Integration)

Dans le centre d'appel de seconde génération, les opérateurs ont besoin d'accéder en quelques instants à diverses ressources de gestion interne pour répondre au client. Le couplage de téléphonie et d'informatique, s'appuyant sur des normes de *middleware*, permet de mettre en œuvre ces fonctionnalités. L'utilisation la plus répandue est le rapatriement automatique synchronisé du dossier du client appelant. On trouve aussi les services vocaux interactifs, l'aiguillage automatique des appels ou l'automatisation d'appels sortants.

Gestion de campagne

Ce module permet d'élaborer des offres, de cibler des prospects, de construire le plan de campagne et de distribuer le travail aux employés. Le contenu de la campagne est explicité à partir des préférences de chaque prospect et est envoyé durant le créneau horaire souhaité. Les retours sont traités et analysés ; la campagne est suivie par l'outil et peut servir de référence à d'autres campagnes.

« Help desk » (centre d'assistance aux utilisateurs)

Système global (matériels, logiciels, services, personnel) permettant d'accueillir les utilisateurs, de référencer leurs problèmes et de les résoudre. La plupart des *help desks* gèrent le contact avec les utilisateurs par téléphone, mais certains s'appuient également sur une messagerie (Internet permet souvent d'enregistrer, spécifier et documenter l'appel client, le téléphone permet au fournisseur de rappeler pour traiter le problème).

Marketing « one to one »

Ce concept marketing a été popularisé par Don Peppers et Martha Rogers dans leurs livres *The One to One Future* et *Enterprise One to One*. Le principe est d'organiser une approche individualisée de chaque client. Les technologies associées sous Internet sont un mélange de CTI, de commerce électronique, de *push*, de *webcasting*. Lorsque le client contacte la société, on rapatrie son dossier vers le téléacteur, ou bien on présente à l'internaute un catalogue électronique personnalisé (selon son statut marital, sa catégorie socioprofessionnelle, ses habitudes d'achat), à des prix personnalisés (selon sa fidélité ou le volume cumulé de ses achats, par exemple).

Le « Data Warehouse »

Le *Data Warehouse*, traduit en français par « entrepôt de données », désigne à la fois la base dans laquelle sont stockées l'ensemble des informations, mais également l'ensemble du système d'information *décisionnel*. Sous ce vocable sont ainsi regroupés l'ensemble des produits et services nécessaires à la prise de décision du manager.

La base de données est l'élément central du Data Warehouse. C'est dans cet entrepôt que sont stockées les informations extraites des bases de production ainsi que les métadonnées nécessaires (les données sur les données). Cette base peut atteindre des tailles considérables, qui sont liées à la création de nombreux croisements entre les données. Par exemple, dans un entrepôt de données qui regroupe des factures clients et un fichier des comptes clients, il faudra stocker dans le Data Warehouse non seulement les deux fichiers cités, mais l'ensemble des liens qui permettent de savoir quel client a commandé quels articles, et quel article a été commandé par quels clients. La création de ces nombreux index nécessite un volume de stockage important.

« Data Mart »

Le *Data Mart* est un sous-ensemble du Data Warehouse. Il contient généralement les données de l'entreprise, spécialisées par métier. Ainsi le Data
Mart comptable ne contiendra que les données utilisées par le responsable
comptable. Par contre, à l'inverse de la base de production comptable, il
est susceptible de contenir des données initialement issues des autres
domaines de l'entreprise. Par ailleurs, bien que ne contenant qu'une partie
des informations, il n'en conserve pas moins le lien avec l'entrepôt de
données et le dictionnaire, permettant aisément de retrouver l'origine
d'une information et les métadonnées la concernant. Une analogie est
habituellement faite avec la grande distribution. Le Data Warehouse est
un peu le *Carrefour* de l'informatique décisionnelle, le grand magasin
généraliste, le Data Mart, en serait le *Ikéa*, le magasin spécialisé.

« Data Mining »

Les outils de *Data Mining*, également appelés « forage des données » ou
« extraction de la connaissance », s'appuient sur la constatation fréquente
que les gisements de données brutes contiennent potentiellement des informations à haute valeur ajoutée. Le Data Mining permet, grâce à un certain
nombre de techniques mathématiques, de faire apparaître des corrélations
cachées jusqu'alors. Il en existe trois catégories :

- les outils de filtre sélectionnent, parmi les informations reçues par l'utilisateur, celles qui sont susceptibles de répondre explicitement à ses
  besoins. Par exemple, la liste des agences dans lesquelles le chiffre
  d'affaires est inférieur de plus de 20 % à l'objectif ;
- les outils basés sur l'intelligence artificielle scrutent les bases de données pour découvrir, sans aucun travail pour l'utilisateur, de nouvelles
  connaissances. Par exemple, un outil de Data Mining *découvrira* que
  la vente des plans d'épargne dans les agences de la région ouest est
  inférieure à celle de la région sud. Ou encore que les acheteurs d'un
  produit financier sont plutôt des professions libérales de plus de 40
  ans ;
- les agents intelligents sont capables de travailler même en l'absence de
  l'utilisateur et, en naviguant dans les bases, rapportent de nouvelles
  connaissances (fonctions de *push* et d'abonnement).

Service après-vente

Les outils de service après-vente permettent de gérer des demandes
d'information ou de dépannage, à distance ou sur site. Les principales

fonctions consistent à qualifier l'appel, à gérer le problème ou la demande, à rechercher et envoyer la solution, à organiser les interventions sur site. Elles sont complétées par les enquêtes de satisfaction et l'élaboration de statistiques.

Automatisation de la force de vente (SFA, Sales Force automation)

Le cycle de vente peut être automatisé : saisie des objectifs et prévisions ; plans d'action ; diffusion personnalisée aux commerciaux ; gestion des affaires (depuis la proposition jusqu'au contrat) ; suivi des clients (description des actions effectuées et à réaliser, sauvegarde des comptes-rendus d'entretien, requêtes sur les clients ou les produits, système d'alerte et de relance, gestion du planning des commerciaux) ; analyse des ventes sous forme de tableaux de bord.

Ces différentes fonctions du CRM dessinent le périmètre de la « gestion de la relation client », conçue principalement, ainsi que nous venons de le voir, comme une palette technologique permettant de nouvelles modalités relationnelles en ligne. Cette offre technologique s'intègre dans l'architecture du système d'information de l'entreprise, comme le représente le tableau suivant (figure 97).

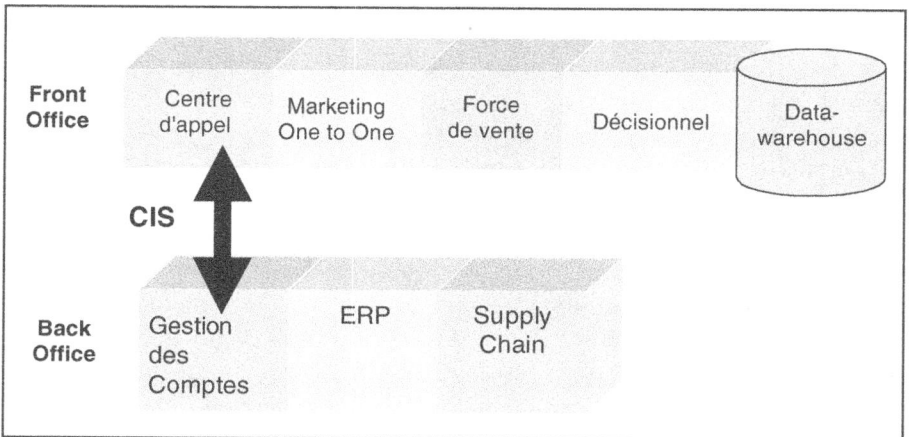

Figure 97. L'intégration du CRM (front office) dans le système d'information

Le CRM chez Steria

Les activités d'*infogérance* mondiales de la société Steria offrent un large éventail de services informatiques hébergés. Steria a mis en place une solution qui lui permet de surveiller étroitement les performances de ses opérations d'hébergement hétérogènes et géographiquement distribuées, tout en fournissant aux clients, sur demande, des états complets sur la conformité aux contrats de service. Steria met en avant la transparence de ses services d'infogérance comme facteur clé de réussite. Le but visé est que les clients puissent contrôler en temps réel et à tout moment les performances de leurs systèmes hébergés depuis un navigateur Web standard.

Une des concrétisations les plus spectaculaires du CRM dans l'univers Internet, à partir de l'année 2000, a été l'émergence de nouveaux acteurs qui se positionnent sur le créneau de l'intermédiation, ou qui fédèrent un ensemble d'acheteurs en créant des places de marché en ligne sur Internet.

Commerce par Internet : l'exemple du secteur automobile

Le commerce par Internet a deux applications principales que le secteur automobile cherche à exploiter : l'évolution de la relation avec les fournisseurs et l'évolution de la relation avec les clients.

Relations avec les fournisseurs (B2B) : il s'agit de développer une plate-forme commune permettant de mettre en concurrence les fournisseurs en les incitant à venir y afficher leurs offres ; plus généralement, cela permet de mutualiser les coûts entre parties prenantes de la filière d'approvisionnement. Des modes de compétition-coopération (notion de coopétition) peuvent se développer puisque, par exemple, des constructeurs comme General Motors, Ford, Daimler Chrysler et Renault ont uni leurs efforts, début 2000, pour développer ce type de plates-formes :

« L'objectif est de diminuer les coûts d'approvisionnement en accroissant la pression concurrentielle, en réduisant le nombre des intermédiaires, le niveau des stocks, les coûts de transport et en simplifiant les procédures de passation des commandes. Avec l'accélération de la transmission et l'augmentation du volume des informations autorisées par Internet, les constructeurs seront à même de réaliser des gains de temps lors de la conception et du développement de nouveaux véhicules. En outre, la flexibilité accrue dans le processus de production peut constituer une étape vers la commande en ligne des consommateurs et la fabrication personnalisée des véhicules à la demande[1]. »

Les relations avec les clients (B2C) : il s'agit pour commencer de mettre en ligne le maximum d'informations sur les produits, mais aussi sur les concessionnaires. Cette première étape a pour l'instant surtout une fonction d'appel, exploitée par les services marketing. L'étape suivante, qui relève encore du fantasme des constructeurs, vise qu'une

---

1. Source : Gouvernement français http ://alize.finances.gouv.fr/budget/plf2001/ref/ref01-1.pdf

part importante des clients particuliers commandent leur véhicule en ligne, en leur proposant une personnalisation accrue et une réduction des délais de livraison :

« L'objectif à terme est de développer un nouveau système offrant au consommateur la possibilité de personnaliser sa commande. Ce modèle de mise en production à la commande, reliant les demandes particulières des clients au système d'approvisionnement et de livraison du constructeur, a pour objectif de réduire les délais de livraison et de maîtriser davantage la gestion des stocks et, à terme, les coûts de fabrication. Pour les constructeurs américains, cette politique vise en outre à reprendre le contrôle de la relation à la clientèle, en réaction au succès rencontré au cours des dernières années par les sites marchands indépendants spécialisés dans la vente de voitures, dont le développement s'est appuyé à l'origine sur le marché de l'occasion[1]. »

Mais d'autres innovations concurrentes pourraient se développer de façon plus spectaculaire, comme les nouvelles formules « packagées » de location-vente. Dans ce type d'acquisition, l'automobiliste pourrait à l'avenir être amené à modifier en profondeur ses usages, et prendre une plus grande distance affective vis-à-vis de *sa* voiture, qu'il pourrait changer par exemple plusieurs fois par an, ce qui lui permettrait notamment de ne plus s'occuper de l'entretien ni des formalités administratives (carte grise, assurance, etc.) pouvant être prises en charge dans le « package ».

La relation client et la gestion des connaissances

Le CRM, tel que nous venons de le résumer, est une première approche dans laquelle l'objectif central est de « connaître le client », considéré plutôt comme un *objet à exploiter*[2], et de lui donner satisfaction. À ce stade, le CRM ne vise pas une coordination très poussée avec le client ; il se préoccupe encore assez peu de coconstruire les solutions. La deuxième conception, complémentaire, va plus loin dans la collaboration et dans la gestion des connaissances. Pour développer cette problématique, il convient de se remémorer quelques principes essentiels qui guident la stratégie du savoir.

---

1. *Ibidem.*
2. Objet jetable, s'il en est : dans certains ouvrages de CRM, le but explicite est de trier les bons et les mauvais clients, pour exploiter les premiers et se débarrasser des seconds. Ainsi, un auteur anglo-saxon proclame : « Identifiez vos meilleurs clients et récompensez-les ; par corollaire, identifiez les clients les plus mauvais et débarrassez-vous-en !... Dans un environnement concurrentiel et capitaliste, tout est permis. » Il est vrai que ceci a été publié en juin 2001, donc avant le 11 septembre de la même année... et avant les scandales en série de 2002...

Dans l'économie fondée sur la connaissance, la création d'externalités est, rappelons-le, un potentiel majeur de création de valeur (indirecte). *La relation client-fournisseur représente à cet égard une source essentielle de créativité.* De plus en plus, l'entreprise commence à concevoir sa relation avec son client comme une coconstruction des solutions. Dans ce processus, l'échange est du type gagnant-gagnant : chacune des deux parties apporte du capital de connaissances, le fournisseur apportant son savoir-faire de production de la solution et le client apportant son savoir-faire d'utilisateur. Pour le dire autrement, la connaissance de la demande se combine avec la connaissance de l'offre.

Dans ce nouveau modèle, la gestion des connaissances est plus riche et plus complexe. Chacun des protagonistes cherche à mieux utiliser non seulement son capital propre mais aussi celui de son partenaire, les deux formes interagissant l'une avec l'autre. En pratique, l'entreprise cherche à :

- exploiter sa base de connaissances interne (mobiliser ses propres expertises, réutiliser ses acquis, valoriser ses bonnes pratiques) ;
- enrichir sa base de connaissances du client (historique de consommation, besoins, cahier des charges, retour d'expérience, contexte stratégique et environnemental...) ;
- coordonner ses relations avec le client (travail collaboratif, expression de besoins, foires aux questions...) ;
- présenter une image de cohérence (le client exprime souvent le besoin d'avoir un *interlocuteur unique*) ;
- anticiper et prédire les évolutions du client (besoins, risques...) ;
- proposer au client des outils lui donnant une vision globale et synthétique de ses dépenses (personnalisation) et des solutions disponibles (catalogue des produits...) ;
- intégrer de nouvelles connaissances externes pour enrichir ou optimiser les réponses et solutions (couplage de la base interne avec une base de veille technologique et économique ; recours possible à des sous-traitants...).

Ces objectifs déterminent l'ossature du KCRM (*Knowledge Customer Relationship Management*). Cette nouvelle vision se distingue nettement de la conception classique du marketing qui se concentrait sur les produits et le marché de masse. *Les nouvelles valeurs sont désormais la coopération et la personnalisation.* Ces différences sont illustrées par le schéma ci-après.

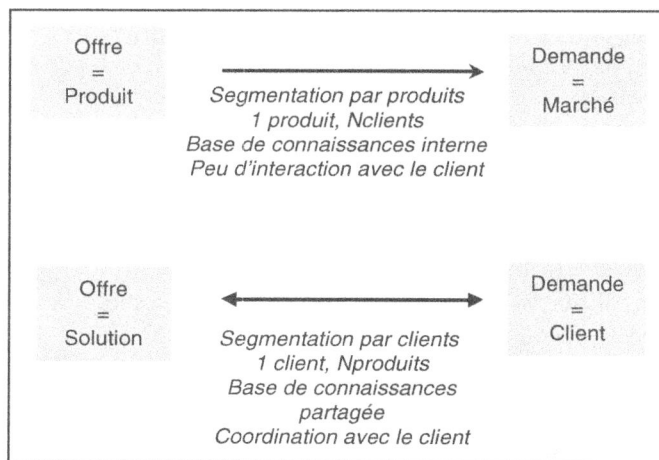

Figure 98. Comparaison entre marketing classique et KCRM

Cette conception bouscule une tradition encore très ancrée selon laquelle il est recommandé de ne partager que le minimum indispensable. Si, auparavant, on pouvait se contenter de limiter le partage avec le client aux données contractuelles et aux informations brutes, ce n'est plus suffisant ; il faut désormais accepter de partager des bonnes pratiques, des retours d'expérience sur les méthodes, outils et procédés, de façon à induire le processus de coconception des solutions au sein de l'*entreprise étendue*[1] :

> « Il en résulte un changement fondamental dans la dynamique du marché. Celui-ci devient un forum dans lequel les consommateurs jouent un rôle actif en ce qu'ils créent de la valeur et se battent pour elle. Le caractère original de cette situation est que le client apporte sa propre compétence à l'entreprise[2]. »

Ainsi, dans un secteur comme les télécommunications, le *minimalisme coopératif* n'est plus viable, et cela pour plusieurs raisons : le marché des télécoms est extrêmement dynamique et s'étend dans de nombreux pays où les utilisateurs clients détiennent eux-mêmes d'importants réservoirs de connaissance et des capacités de concrétisation multiples ; le *time-to-market* et le cycle de vie sont très courts, l'innovation est permanente, les ajustements ne peuvent se faire sans une étroite coopération avec les par-

---

1. Voir par exemple : C. K. PRAHALAD, V. RAMASWANY, « Mon client est très compétent », *Expansion Management Review*, n° 98, septembre 2000, p. 31-40.
2. *Idem.*

tenaires ; la technologie et la connaissance sont fortement hybrides, certains produits nécessitant un savoir-faire et des compétences humaines pointues, très incorporées, tandis que d'autres sont largement automatisés et codifiés.

Dans ces conditions, il est indispensable de renouveler la culture du partage, de coopérer étroitement avec les partenaires et les clients, de susciter des flux d'apprentissage et de connaissances croisés, avec le minimum de restriction. *La confiance mutuelle voire le « don-contre-don » deviennent donc des conditions indispensables de la performance.*

La généralisation d'Internet a fait émerger des outils qui facilitent la mise en œuvre des principes décrits ci-dessus. Le KCRM propose désormais des produits qui cherchent à intégrer ces besoins d'interaction et de coconstruction.

Les produits de KCRM proposent des fonctionnalités en réseau qui répondent aux enjeux suivants :

- capitaliser l'historique de la relation client ;
- collecter et synthétiser les données pour l'aide à la décision (Data Warehouse) ;
- capitaliser la connaissance sur les clients ;
- gérer la segmentation et disposer de modèles prédictifs (consommation, approvisionnement...) ;
- exploiter les données existantes pour élaborer des informations à valeur ajoutée (data-mining et text-mining) ;
- gérer le marketing relationnel ;
- automatiser des processus de vente et des services d'accompagnement (télémaintenance...) ;
- mettre en place et gérer des help desks et des call centers.

La figure 99 donne une vue synthétique de ces fonctionnalités à travers la notion de plate-forme collaborative.

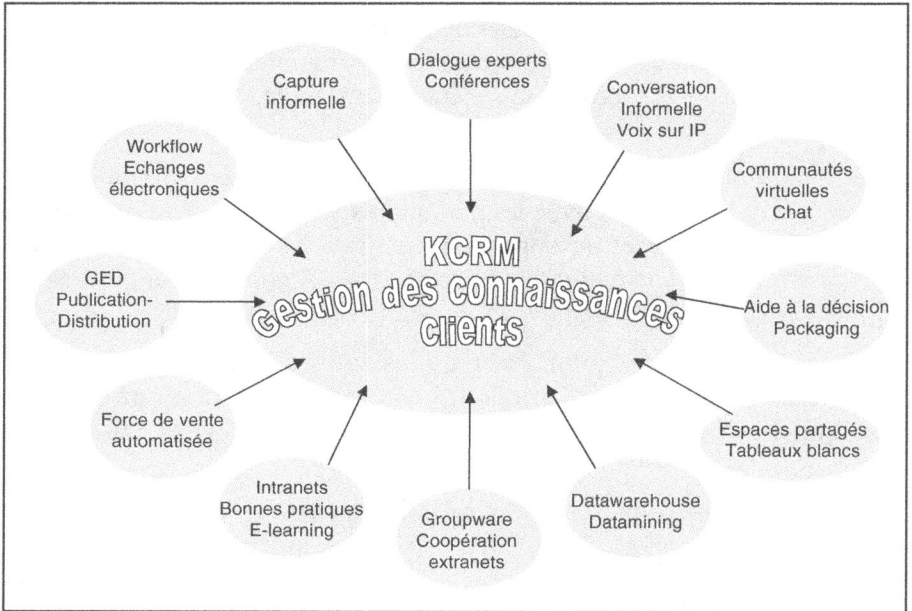

Figure 99. Plate-forme collaborative du KCRM[1]

Un exemple de KCRM : la société 3M

Cette société, célèbre pour ses marques de post-it et de scotch, est extrêmement diversifiée puisqu'elle fabrique et distribue plus de 10 000 produits utilisés dans toutes sortes de secteurs : colles industrielles, matières abrasives, systèmes optiques, médicaments, soins dentaires, matériels de bureau, isolants, matériaux plastiques...

Dans les centres d'appels de 3M, les agents sont confrontés à une quantité de questions qui nécessitent des savoirs complexes, aussi bien techniques, commerciaux, juridiques. Par exemple, dans une même journée, un agent doit répondre à un client qui demande conseil pour la mise en œuvre d'une machine à laminer ; un autre client est à la recherche d'un type spécial de cassette d'enregistrement ; un troisième a une question technique pointue sur un produit adhésif.

La variété et la cadence de ces relations client suppose d'énormes efforts en formation, mais cela ne suffit pas à résoudre le problème. Il faut pouvoir accéder en un instant à différentes sources de savoir en ligne et faire suivre l'historique d'une demande pour éviter qu'un client n'ait à répéter son histoire trois fois de suite à trois interlocuteurs

1. D'après Amrit TIWANA, Gestion des connaissances. Applications CRM et e-business, *Prentice-Hall, 2001, CampusPress, Paris, 2001.*

différents. Ces situations sont courantes car beaucoup de problèmes posés par les clients nécessitent une étude spécifique qui dure plusieurs jours et fait intervenir des vendeurs, des experts, des managers, des juristes. Il est indispensable de pouvoir réutiliser une solution déjà étudiée car la marge de gains est aussi grande que le risque de voir le client insatisfait.

Le système de KCRM qui a été mis en place permet à un agent de décrire précisément la demande d'un client et de consulter aussitôt la base de connaissances accessible par tous les centres d'appels. Le problème posé est comparé aux connaissances disponibles, et, suivant le cas, l'agent est en mesure soit d'apporter une réponse immédiate, soit de transmettre la question à l'expert ou au senior le plus approprié. En général, dans ce deuxième cas, l'agent est tout de suite en mesure d'apporter un premier élément d'éclaircissement au client et peut lui proposer un scénario de résolution du problème.

L'ÉVOLUTION DE LA FONCTION RESSOURCES HUMAINES

Nous allons nous intéresser ici non pas à la fonction RH en général ni à ses caractéristiques plus ou moins contingentes (comme la réduction du temps de travail, par exemple), mais plus particulièrement aux évolutions qui font de cette fonction RH un levier essentiel de la *stratégie du savoir*.

La plupart des analystes en management prédisent que *la gestion des ressources humaines (GRH) va évoluer d'un rôle fonctionnel vers un rôle plus opérationnel*[1]. Ce n'est certes pas encore tout à fait le cas et il faudra de profondes remises en cause pour y parvenir. Le rôle fonctionnel de la GRH est justifié dans un monde de l'entreprise stable, ordonné, où l'organisation rationnelle du travail tend à faire de l'homme une fonction plutôt qu'une source de savoir-faire et de créativité.

Nous avons déjà souligné, dans la première partie, que l'essor actuel de la notion de compétence traduit une période de transition. Les notions antérieures de *postes*, *fonctions* ou *emplois* traduisaient la conception mécaniste de la division du travail. Celles de *compétence*, de *professionnalisation*, d'*employabilité*, dont on parle beaucoup aujourd'hui, traduisent une prise de conscience : l'employé de l'entreprise incorpore en lui-même des aptitudes qui le rendent à la fois plus autonome vis-à-vis des structures et plus moteur dans le processus permanent du changement.

---

1. C'est le cas notamment d'organismes tels que le Concours Group ou le Gartner Group, qui étudient l'impact des nouvelles technologies de la communication sur la GRH et ont publié de nombreux rapports ces dernières années sur ce sujet.

On peut corréler ces tendances avec les évolutions du management dans les années quatre-vingt, quatre-vingt-dix. Le management participatif, la gestion par projets, l'esprit d'innovation, illustrent la même tendance : plus autonome et créatif, le salarié est aussi plus impliqué et responsabilisé.

D'après un benchmarking effectué en 2000 dans une quinzaine de grandes entreprises en Europe et aux États-Unis, la fonction RH, en se positionnant de plus en plus comme un appui incontournable aux opérationnels, acquiert une *dimension stratégique*[1]. La valorisation du « capital humain » devient un enjeu concurrentiel majeur. Cette nouvelle contribution de la fonction RH accompagne les changements de toutes natures (par exemple les fusions-acquisitions), et les responsables opérationnels attendent de plus en plus un appui RH pour *mieux gérer leurs équipes, aussi bien sous forme de conseil que de méthodes et d'outils.*

Ainsi, aux États-Unis, les benchmarks RH réalisés à partir des cas de grandes entreprises font apparaître les tendances suivantes :

- La fonction RH devient « partenaire du business » ; sa mission principale est d'aider le management à atteindre ses objectifs stratégiques.
- La fonction RH est reconfigurée : *DRH corporate* à la tête d'une équipe réduite pour la mission d'accompagnement stratégique, décentralisation de la GRH opérationnelle dans les *business units* ; externalisation des activités RH de type logistique (gestion des contrats...) via des services on-line et des centres d'appel.
- La fonction RH se concentre sur quelques enjeux considérés comme prioritaires : identification et gestion des compétences clés ; identification des talents et promotion du leadership ; professionnalisation du management ; évaluation des résultats et attribution de bonus individuels ; implication active du personnel dans les processus de réorganisation et de changement.

Dans l'économie fondée sur la connaissance, attirer, développer et retenir le *capital humain* deviennent donc des impératifs clés. Le rôle de la GRH en est bouleversé. Par sa connaissance combinée des enjeux stratégiques de l'entreprise et des moyens nécessaires pour y répondre, la fonction RH doit maintenant proposer aux opérationnels des contributions telles que :

- une expertise en matière d'acquisition et de développement des compétences clés ;

---

1. Je remercie ici Jacques ESCOUFLAIRE, pour ses réflexions et ses éclaircissements sur ces questions.

– un appui et des services de conseil en matière de relations humaines, de communication, de travail en équipe ;
– un partenariat dans le processus de planning stratégique ;
– des services de coaching au management opérationnel ;
– un appui RH aux partenaires et filiales ;
– des services à valeur ajoutée tels que le marketing d'image, l'implication et la motivation, ou encore la compréhension du climat social interne.

Un autre enjeu d'évolution est celui de la DRH *à l'échelle du groupe* (la DRH *corporate*, pour employer le vocabulaire anglo-saxon). Celle-ci devient de plus en plus la composante stratégique de la gestion des ressources humaines. Ainsi, dans les fusions-acquisitions, la fonction RH joue déjà un rôle important sous l'angle social. Mais ce rôle va encore se renforcer sur un autre plan : de plus en plus, l'attention se dirige sur *l'acquisition de capital intellectuel*. Or cette problématique est loin de se réduire à des bilans comptables, car la connaissance est un actif intangible, qui nécessite donc une attention et des méthodes innovantes de la part de la fonction RH. Cet aspect est souligné par le Commissariat général du plan :

> « La composante tacite du savoir ne peut souvent être transférée, à moins que soient également transplantés non seulement le personnel de l'entreprise, mais aussi ses routines et systèmes organisationnels. Par suite, les compétences ne peuvent être achetées ou vendues, à moins que la transaction ne porte sur l'ensemble de la firme. Aussi, une proportion significative des fusions-acquisitions se révèle désormais être motivée par le souci des acquéreurs de prendre le contrôle d'une capacité d'innovation préexistante[1]. »

Autre enjeu déterminant de la stratégie du savoir : la gestion des compétences ne doit plus se focaliser uniquement sur l'acquisition de compétences individuelles, mais aussi sur le *développement de compétences collectives*. À cet égard, les NTIC sont en passe de bouleverser les modalités d'apprentissage, non seulement dans la façon de gérer la formation continue, mais dans la façon dont les collaborateurs se développent, interagissent entre eux, avec les clients et avec leur employeur : multimédias, certification digitale, accès permanent aux ressources d'information, omniprésence de la technologie.

---

1. « Acquisition de savoir et construction de compétences stratégiques dans les relations interentreprises », document de travail du Commissariat général du plan, chantier « la France dans l'économie de la connaissance », 2002.

Les avantages que chacun peut tirer de ces évolutions en termes d'autonomie ont leur *revers en termes d'instrumentalisation de l'individu*. Pouvoir se former soi-même, c'est avoir plus de degré de liberté dans son évolution de carrière, mais c'est aussi se débrouiller tout seul pour se « e-former », parfois le week-end, sur l'Intranet.

Ainsi, la formation, mais aussi le recrutement, la gestion des cadres à potentiel, la gestion des compétences, le coaching sont des modalités de l'organisation apprenante qui, de plus en plus, nécessitent une répartition des rôles et une interaction, voire une coconstruction, entre le DRH, le management et l'employé. Ces nouvelles modalités de *travail apprenant* entrent en résonance avec la gestion des connaissances puisque la circulation de l'information, la communication, le travail à distance, la réflexivité, l'analyse, la discussion ou l'évaluation sont des processus qui génèrent à la fois les connaissances, l'apprentissage, les compétences collectives, le changement.

Nous pouvons résumer ce qui caractérise ces évolutions de la fonction RH à travers plusieurs attributs comme l'évaluation, la structure RH et la formation[1]. Dans les tableaux qui suivent, la « GRH fonctionnelle » se réfère à la fonction traditionnelle centralisée et la « GRH partenaire », à la nouvelle tendance qui rapproche la fonction RH des opérationnels (voir figures 100-102). Il convient de noter deux choses : d'une part, il ne s'agit que de *tendances* (pas encore complètement avérées) ; d'autre part, il est prudent de ne pas considérer ces évolutions comme des oppositions, et encore moins d'en avoir une vision dogmatique dans laquelle le nouveau serait nécessairement mieux que l'ancien.

GRH **fonctionnelle**	GRH **partenaire**
Emploi	Compétence
Description de fonctions	Objectifs de performance
Performance individuelle	Contribution performance collective
Obligation de moyens	Obligation de résultat
Faire mieux	Faire autrement
Salaire	Salaire + actions + stock options

Figure 100. Tendances de la fonction RH en matière d'évaluation et de récompense

---

1. Je remercie, ici aussi, Jacques ESCOUFLAIRE.

© Éditions d'Organisation

GRH **fonctionnelle**	GRH **partenaire**
Fonction centrale	Mode réseau
Packages standardisés	« Sur-mesure »
Division du travail	Partage des connaissances
Services séparés	Services mutualisés
Processus indépendants	Processus intégrés

Figure 101. Tendances concernant l'évolution des structures RH

GRH **fonctionnelle**	GRH **partenaire**
Planifié	En temps réel
Formation prescrite	Autoformation
Temps programmé en top-down	Temps adapté par l'individu
Hors du poste de travail	Dans le poste de travail
Salle de classe	Salle de classe + à distance
Gestion de carrière	Opportunités de carrière
Promotion	Mobilité

Figure 102. Tendances concernant la formation continue et les capacités d'apprentissage

Ces évolutions de la *formation continue* appellent un commentaire, au vu de ce que nous savons à présent en matière de connaissance et d'apprentissage. Le rapprochement entre formation et action présente un avantage évident dans la mesure où il répond à une volonté de professionnalisation et d'autonomisation croissantes des utilisateurs de la fonction RH. Il s'agit d'ailleurs d'une évolution vers une logique de la demande, favorisée par l'informatique communicante. Demande des utilisateurs, mais aussi demande de l'encadrement puisque la rationalité des coûts influence cette évolution pour une part essentielle.

Dans cette évolution, *c'est le mode d'apprentissage en acte qui est privilégié* par rapport à l'apprentissage rationnel, lequel tend à distancier le savoir de l'action. On peut ajouter que la fonction normative de la connaissance est « plus à l'aise » dans ces formations à la carte, rapides, efficaces, tournées vers l'action et le résultat immédiat. Par exemple, le e-learning propose en priorité des modules très pragmatiques de formation à la bureautique, d'apprentissage des langues et autres compétences basiques utiles au quotidien. Il en va de même avec le multimédia en général, et l'on sait que les encyclopédies et autres jeux éducatifs électroniques ont un grand succès dans les supermarchés de la culture. Tous ces supports favorisent certainement le savoir-faire, comme en témoigne la vitesse à laquelle les enfants savent s'y prendre avec les logiciels éducatifs, les jeux vidéos et les produits télévisés.

Mais la fonction herméneutique de la connaissance, qui se rapporte à l'interprétation, à la réflexivité et à l'analyse critique, s'accommode plus difficilement de cette démarche pragmatique et utilitaire de la e-pédagogie. Pour juger de la capacité de réflexivité et d'analyse critique, la présence du maître est nécessaire ; et la durée, l'effort, le croisement des savoirs, c'est-à-dire la transdisciplinarité, sont des conditions nécessaires.

L'une des questions cruciales pour l'avenir de la formation continue est donc de voir comment, et selon quels critères, se fera l'évaluation. Les gains de productivité en matière de formation pourront-ils se concilier avec le nécessaire temps de l'évaluation ? Certes, l'acquisition de compétences s'évalue aisément quand il s'agit de pratiques simples comme la bureautique ou les langues étrangères. Un QCM ou d'autres procédures d'évaluation automatiques sont faciles à mettre en place dans ces cas où la fonction normative de la connaissance est prépondérante. Mais qu'en est-il lorsqu'il s'agit de développer des compétences hautement complexes comme celles du manager, du marketeur, du consultant, de l'ingénieur de conception ou du contrôleur de gestion ?

On comprend aisément que les nécessaires évolutions de la fonction RH ne doivent pas louper leur but essentiel, qui est de développer du capital intellectuel et non pas seulement de réduire les coûts de formation. Il est donc peu pertinent de se focaliser sur les réductions de coût que visent le e-learning et le e-coaching, ni sur le volume de ces marchés pour les éditeurs informatiques. La question principale est d'appréhender *par quelles nouvelles techniques, par quelles nouvelles organisations et aussi par quels nouveaux investissements l'entreprise parviendra à faire de sa fonction RH un levier de l'organisation apprenante.* Pour cela, voyons de plus près les problématiques qui traduisent de façon emblématique le rôle de la fonction RH dans l'organisation apprenante : l'évolution vers l'e-RH, l'université d'entreprise et le e-learning.

L'évolution vers l'e-RH

Les évolutions du SIRH (système d'information RH) illustrent et accompagnent la transformation du métier de gestion des ressources humaines dans le contexte de la technologie Internet/Intranet. Le Concours Group, cabinet d'études spécialisé dans les NTIC, en a proposé une vision prospective, selon deux axes : d'une part, la couverture fonctionnelle de la GRH, et, d'autre part, l'ambition d'intégrer ces fonctions sur l'Intranet[1].

Les fonctions RH envisagées dans ce modèle sont : les fonctions traditionnelles d'administration, la communication institutionnelle interne, la gestion des emplois et des postes vacants, l'appui au management, la formation, l'organisation du travail et l'évaluation de la performance.

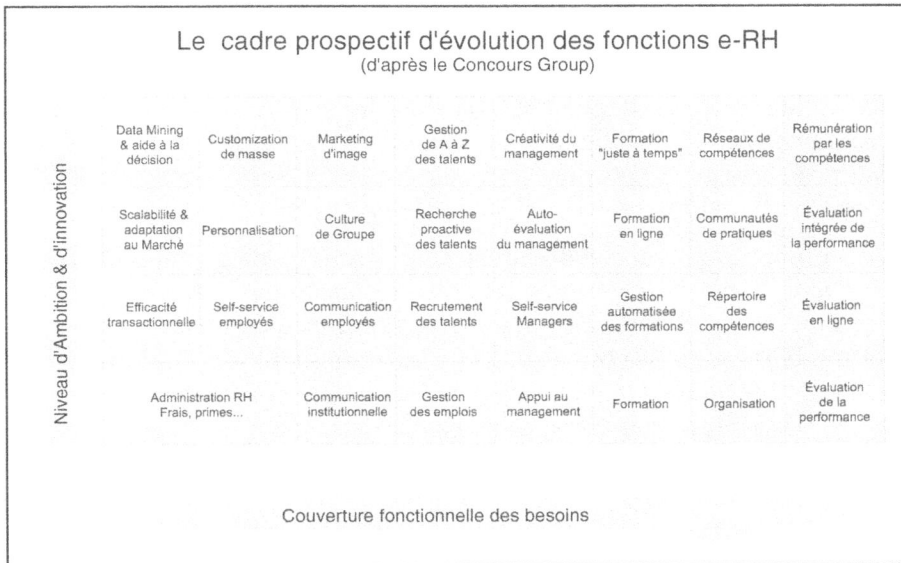

Figure 103. Évolution des fonctions IRM

Les quatre « niveaux d'ambition » envisagés dans ce modèle correspondent à des scénarios d'évolution possibles pour chaque fonction RH. Ainsi, pour prendre, par exemple, le cas de la formation, le niveau 2 est une gestion automatisée des formations en Intranet (diffusion du catalogue, inscriptions...), le niveau 3 est l'accès en ligne à des modules pédagogiques de formation et le dernier niveau, qualifié de formation « juste à temps », est celui où l'utilisateur peut accéder à tout moment aux ressources les plus adaptées à son besoin d'apprentissage et de professionnalisation (formation en classe virtuelle, accès aux bases de connaissances...).

---

1. Concours Groupe, projet de recherche « HR imperativs for the Internet age », rapport n° 355, mars 2001.

D'après le cabinet de conseil en recrutement Cegos[1], la fonction RH occupe le quatrième rang des investissements consacrés en 2000 aux NTIC, derrière la communication, la gestion des relations client (CRM) et la fonction achats. Cette étude estime que, pour l'instant, ces investissements ne sont qu'un premier palier vers l'e-RH. La majorité des applications mises en place se contente encore de diffuser les ressources faciles à mettre en ligne : organigrammes, annuaires, journaux internes, documents de communication institutionnelle, catalogues de formation, etc.

La vogue du *tout-Internet* qui a culminé en 2000 a vu apparaître un florilège de concepts autour du e-business (et des ERP, les logiciels de gestion intégrée de l'entreprise), dont l'e-RH est l'un des exemples. Cette vision anglo-saxonne, très technologique, ne doit pas masquer une réalité plus profonde : au-delà de l'apport des NTIC, la fonction RH n'a sans doute fait qu'entamer sa transformation.

Avec les projets d'université d'entreprise et de e-learning, nous allons voir que cette transformation traduit, plus profondément, un rapprochement de la fonction RH vers la stratégie et le développement économique. Ce sont principalement les thèmes de la formation, mais aussi de l'organisation (communautés de pratiques, réseaux de compétences) et de l'appui au management qui vont, dans ces projets, jouer un rôle dans la stratégie du savoir.

Les universités d'entreprise

À première vue, ce concept n'est pas nouveau. Depuis longtemps, les grandes entreprises se sont dotées de centres de formation. Toutefois, ces entités ont été perçues peu à peu comme des centres de coûts (de même que les unités documentaires, les centres de R&D, voire parfois le marketing). Durant les années quatre-vingt, quatre-vingt-dix, où l'ombre du retour sur investissement (ROI[2]) planait sur tous les processus de l'entreprise, il a été de plus en plus difficile de justifier les activités de services internes dont le propre est de créer des externalités, c'est-à-dire de la valeur non marchande. Nous avons vu plus haut que la chaîne de valeur de l'entreprise et le contrôle de gestion n'ont été remis en cause que tout récemment et que l'on attend encore les innovations majeures qui vont permettre à ces instruments de mesure de mieux rendre compte de la complexité.

1. Markess International & Cegos, « Les solutions e-business des ressources humaines », avril 2001.
2. Return on investment, en français retour sur investissement.

La formation continue a donc été considérée pendant deux décennies comme un mal nécessaire. Cette perception a d'ailleurs sans doute été renforcée par la contrainte des quotas et des barèmes. Consacrer x % du budget à la formation donne une garantie minimale de renouvellement des compétences, mais le dirigeant est en droit de demander à voir les résultats. Or l'évaluation est difficile, et donc biaisée. Les systèmes finissent par produire d'un côté des *contrôleurs* et de l'autre côté des *profiteurs*. La formation continue est donc devenue l'un des motifs emblématiques d'une nécessaire *professionnalisation* de la fonction RH. Ce qui s'est traduit par une attente forte d'innovation en la matière. Plusieurs facteurs ont contribué ces dernières années à faire émerger ces innovations attendues : d'une part, les nouvelles technologies d'information et de communication et, d'autre part, les défis économiques et sociaux auxquels sont confrontées les entreprises.

À retenir

L'*université d'entreprise*, telle qu'on l'observe aujourd'hui dans de nombreux groupes internationaux, constitue la tentative de réponse typique à ces besoins : *c'est à la fois un projet symbolique, destiné à souder l'entreprise autour de ses enjeux stratégiques*, et c'est aussi *un lieu d'innovation technologique qui cherche à tirer le meilleur parti des moyens de communication et de collaboration électroniques.*

Citons quelques exemples qui illustrent ces tendances : AXA Université, Académie Accor, Université Suez-Lyonnaise des Eaux, Vivendi Management, Schneider Management Institute, Sodexho Management Institute, Université Thomson, Université Pinault-Printemps-La Redoute, Intel University, Motorola University, GE Development Institute, Campus Nestlé, ABB University, Bœing University, HP University, McDonald University.

Dans tous ces cas, la décision de créer une université d'entreprise a été liée aux changements importants auxquels la firme doit faire face et aux défis qu'elle doit relever : fusions et acquisitions, développement international, mutations techniques. Elle est toujours présentée comme un outil déterminant pour la réalisation des ambitions de l'entreprise.

Les objectifs de l'université d'entreprise actuelle peuvent se grouper en trois catégories :

• La firme comprend qu'elle est trop fermée sur elle-même et cherche à s'ouvrir sur les réalités extérieures pour en capter les incessantes transformations.

- La direction générale a besoin d'un outil pour impulser un changement radical dans les méthodes de management, et pour accompagner voire anticiper ce changement auprès du personnel d'encadrement.
- La firme a une stratégie de développement international et doit susciter plus de cohérence entre ses différentes filiales pour acquérir une culture et une image de groupe.

Le propre d'une organisation apprenante est de chercher à enrichir en permanence son capital de connaissances et de compétences utiles à son développement. Cette capitalisation suppose un encouragement permanent des initiatives innovantes, un repérage, une validation et une diffusion des meilleures pratiques internes et externes. Dans ce contexte, l'université d'entreprise assure une *fonction de veille, de diffusion des meilleures pratiques, d'échange et de communication de l'expérience, de réflexion et d'échanges d'idées.*

L'exemple de Cap Gemini Université[1]

« Notre université est le centre de formation mondial de Cap Gemini Ernst & Young (CGE&Y). Sa vocation est de développer une culture de l'apprentissage, du partage des connaissances et des savoir-faire, à travers tous les programmes internationaux accessibles aux différentes populations du groupe. L'université diffuse un message fort auprès des participants : ils sont là *pour apprendre à agir, à faire, et non seulement à savoir.* Le savoir-faire est au moins aussi important que le savoir.

Les objectifs :

« Notre objectif est d'aider nos collaborateurs, qu'ils soient managers ou experts, à acquérir rapidement des connaissances, mais aussi des méthodes et des pratiques qu'ils pourront appliquer pour résoudre un problème posé par un client ou mettre en place un nouveau produit ou une nouvelle solution. Parallèlement à cette réponse *pratique*, nous essayons de développer un état d'esprit, une culture de l'apprentissage, afin que nos collaborateurs soient en permanence à l'affût de nouvelles idées, de nouvelles méthodes et techniques. »

Les outils :

« Nous utilisons des outils de gestion des connaissances qui s'appuient sur des supports électroniques, des réseaux de correspondance dédiés. Nous avons créé un "knowledge portal" sur l'Intranet du groupe. Aujourd'hui, nous sommes confrontés à un flot de plus en plus important de connaissances. Il devient extrêmement difficile de trouver rapidement l'information pertinente pour le bon interlocuteur. Nous comptons beaucoup sur la flexibilité offerte par la technologie, notamment sur le portail de connaissances, pour y

---

1. Source : Jacques COLLIN, président de Cap Gemini Université, octobre 2001.

parvenir. L'an dernier, nous avons lancé avec succès les Guru Schools, un programme destiné à aider tout porteur d'une expertise particulière à améliorer son efficacité à la fois pour *capturer* ce savoir-faire et le valoriser. Guru School permet à une population d'experts d'acquérir, de manière accélérée, les compétences pour formaliser et cristalliser leur savoir-faire en vue de le transmettre. »

Le mot-clé qui gouverne l'université d'entreprise est la *vision partagée*. Investie d'une mission d'accompagnement du changement, de promotion de l'innovation, de réorganisation, l'université d'entreprise cherche à bousculer l'ordre établi, les structures existantes, les normes traditionnelles et propose aux utilisateurs de nouvelles façons de travailler, de s'organiser, de manager, avec plus de souplesse, plus d'ouverture, plus d'autonomie. Tout cela n'est pas possible sans la construction d'une vision commune, sans l'adhésion à des principes directeurs. Au règne de la règle succède celui du principe. Pour permettre à l'entreprise de s'adapter en permanence, *l'encadrement doit passer d'une logique des règles à une logique des principes*. Les actions et les connaissances ne sont plus strictement encadrées par un appareil de procédures strictes, car il faut *susciter l'initiative, la créativité, la réactivité*. Il faut donc une loi supérieure, qui favorise les potentiels. C'est la vision stratégique et la culture de groupe qui constituent ce niveau supérieur, mieux adapté aux exigences de changement, tout en maintenant celles de productivité. Ainsi la qualité, dans les nouvelles normes ISO, se veut désormais moins procédurale et plus adaptative, plus englobante sur le fond et moins tatillonne sur la forme.

Quand tous adhèrent à des principes communs, chacun peut adapter la règle à son contexte. La fonction normative de la connaissance se reporte d'un cran vers le haut. La normativité ne concerne plus les actions élémentaires, mais la façon globale de penser et d'organiser. C'est ce que véhicule le projet d'université d'entreprise d'aujourd'hui. Si les collaborateurs y gagnent en autonomie et en créativité, ils risquent d'y perdre en liberté de pensée : on peut exécuter des règles tout en gardant son libre arbitre intérieurement ; il est plus difficile d'adhérer à des principes et à une vision commune tout en espérant garder son libre arbitre. C'est l'un des principaux défis de l'organisation apprenante. *Le collectif gagne en performance* (créativité, efficacité, qualité...) *ce que l'individu perd en « capacité herméneutique »*, c'est-à-dire en capacité à s'interroger sur les finalités communes. Or c'est bien l'équilibre de la fonction normative et de la fonction herméneutique de la connaissance qui permet la création, le progrès, tout en maintenant l'efficacité économique.

L'université d'entreprise doit donc veiller à intégrer par surcroît des exigences éthiques. Elle doit viser la double ambition d'être un outil d'accompagnement stratégique en même temps qu'un levier de l'entreprise responsable. Non pas au nom simplement de la morale. Mais tout simplement parce que ce sont toujours des individus, dans leur spécificité et leur unicité, qui inventent l'avenir. *Il faut donc leur permettre à la fois d'agir dans une vision collective au présent, tout en gardant la capacité de transgresser, c'est-à-dire de penser et de faire autrement demain pour inventer l'avenir.*

Certaines entreprises, longtemps fermées sur leurs certitudes résultant de leurs réussites passées, ont besoin, pour évoluer, d'un vigoureux appel d'air. Il convient alors de provoquer une ouverture, quitte à choquer, pour ébranler les certitudes et provoquer une remise en question des normes obsolètes. D'autres, au contraire, issues de processus de fusion ou d'absorption, demandent plus de cohérence entre les différentes parties constitutives pour rassembler le groupe autour d'éléments culturels fédérateurs. Dans tous les cas, l'action collective a besoin non pas de remplacer un ordre figé par un autre ordre figé, mais d'*apprendre à coconstruire*. Cela suppose de combiner des principes communs avec la capacité de discussion, seule apte à recomposer en permanence ces principes, pour les ajuster et les confronter à la réalité des projets collectifs. L'ouverture, le changement et le développement, qui constituent les trois axes de l'université d'entreprise, ne doivent pas aboutir à un mimétisme idéologique, mais à l'élaboration de projets qui s'inscrivent dans un cadre plus vaste que l'entreprise, celui de ses parties prenantes (clients, partenaires, employés...) et, encore au-delà, de la société tout entière.

L'essor du e-learning

Dans l'économie du savoir, acquérir des connaissances et les renouveler est, pour chacun, un objectif *tout au long de la vie*, pour reprendre la formule de la Commission européenne. L'activité productive, quelle qu'elle soit, met en situation d'apprendre, notamment du fait de l'omniprésence de la communication avec autrui. Communication, apprentissage, connaissance, compétence vont de pair. À cet égard, la notion d'apprentissage est plus générale que celle de formation. *Le* **e-learning** désignerait donc les différentes modalités d'apprentissage en réseau, tandis que *le e-training serait le terme plus restrictif pour la e-formation.* En outre, il faut souligner que l'enjeu d'apprentissage est non seulement individuel, mais aussi collectif. Sur ce point, il est clair que le e-learning débouche sur la gestion collective des connaissances et devient un des leviers importants de l'organisation apprenante.

Dans ce tissu de processus où l'apprentissage est la plupart du temps informel, tacite, voire inconscient, la formation proprement dite est un processus à part. Depuis des millénaires, celle-ci suppose une situation où un maître enseigne à un élève. Les entreprises, depuis des décennies, se sont habituées à consacrer une part de leur budget à la formation continue, pour renouveler et transmettre les compétences. Aujourd'hui, se former au long de sa carrière est toujours considéré comme une nécessité, mais l'équation est plus complexe. D'une part, la réduction des coûts touche tout autant les efforts consacrés à la formation que toutes les autres formes de dépenses ou d'investissement. D'autre part, *les besoins de formation sont beaucoup plus diversifiés*. La demande a évolué. Aussi bien celle des collaborateurs que celle du management. On cherche non seulement à optimiser, mais aussi à personnaliser. Il faut pouvoir disposer de modules de formation traditionnels, en salle de classe ou en atelier. Mais aussi de modules plus souples, plus légers, plus diversifiés, accessibles en réseau. Internet et les technologies de la communication ont fait émerger une offre de e-learning.

Aujourd'hui, où en est le rapport entre cette demande et cette offre ? Qui des deux entraîne l'autre ? Et dans cet équilibre difficile, où en sont à la fois les professionnels de la formation, les spécialistes de la pédagogie et les utilisateurs, les apprenants ? Ce sont les questions qui agitent les acteurs du e-learning. L'enjeu est bien sûr considérable, non seulement dans le monde de l'entreprise, mais, au-delà, dans le monde scolaire. Évoquons brièvement ce qu'il en est dans les entreprises.

Le Gartner Group, qui évalue le marché mondial de la formation professionnelle à 100 milliards de dollars, pronostique que la part du e-learning en 2002 sera de 4 milliards de dollars et montera jusqu'à 33 milliards en 2005. À cette échéance, le e-learning représenterait donc un tiers de l'ensemble de la formation professionnelle. D'autres prévisions, dans la presse, vont jusqu'à annoncer une part de marché allant jusqu'à 70 %. Au-delà du caractère hypothétique, voire incantatoire, de ce genre de prévisions, la tendance est à une forte croissance de l'offre qui, si elle se confirme dans les usages, pourrait bouleverser en quelques années le processus même de l'apprentissage professionnel. Un tel « marché » suppose bien sûr des jeux d'acteurs, notamment à travers les fusions-acquisitions et les stratégies de marketing qui dessinent le paysage de l'offre et conditionnent dans une large mesure les fameuses *prophéties autoréalisatrices* dont l'économie est si familière. Dans ce paysage, la compétition sur les contenus pédagogiques est au cœur des enjeux économiques.

On peut donc s'interroger sur la place de l'apprenant dans ce marché émergent, celui-ci étant à priori relégué à un simple rôle de consommateur du fait de la pression de l'offre. Le véritable enjeu est donc celui des usages et, par conséquent, de la capacité des organisations, de leurs salariés et de leurs clients[1] à tirer un bénéfice de la technologie. Le e-learning est-il un outil potentiel de l'organisation apprenante ? Encore plus fondamentalement : est-il un levier de l'apprentissage tout au long de la vie que prônent les instances internationales comme la Commission européenne ?

La formation en ligne est en tout cas l'une des techniques en vogue de l'organisation apprenante, comme nous l'avons souligné plus haut à propos des projets d'université d'entreprise. Jusqu'à présent, les responsables des projets de e-learning visent avant tout à réduire les coûts de formation du personnel (notamment les coûts indirects : déplacements, hébergement...), en mettant les contenus à disposition sur une plate-forme en Intranet.

Selon le degré d'interactivité, on distingue généralement plusieurs paliers de mise en œuvre :

- la simple diffusion de modules pédagogiques (documents, logiciels) ;
- l'accès asynchrone à des formateurs (par exemple, pour une évaluation ex-post) ;
- les classes virtuelles (les participants interagissent en direct avec le formateur) ;
- le tutorat (ou coaching) en ligne.

L'autre logique à laquelle répond le e-learning est la transmission des connaissances de façon personnalisée et en « juste à temps ». Le but est de diffuser des connaissances sur l'Intranet de façon à ce que le salarié puisse *piocher* dans la base de connaissances en fonction de ses besoins.

Un exemple : le e-learning dans le groupe hôtelier Accor[2]

« Dotée d'un budget de 90 millions de francs, l'Académie Accor, centre de formation interne créé en 1985 qui emploie une centaine de formateurs, a accueilli l'année dernière 14 000 stagiaires, du réceptionniste au directeur d'hôtel. Un chiffre auquel il convient d'ajouter les 7 000 collaborateurs qui ont bénéficié de transferts de formation de l'Académie au niveau local. »

---

1. Dans le e-business (et en l'occurrence le *business-to-consumer* ou *B2C*), les entreprises cherchent de plus en plus à fournir (ou vendre) à leurs clients, en plus de leurs produits, des services d'accompagnement sous forme de e-learning. Dans ce processus que l'on pourrait qualifier de *captation cognitive*, le client consommateur est-il en mesure de conserver une pleine autonomie d'évaluation du produit ? Peut-il interagir aisément avec son fournisseur de façon critique ? Peut-il raisonner et évaluer dans son propre langage, ou est-il amené à se mouler dans le langage du vendeur ? Ce sont des questions sociologiques, voire éthiques, qui mériteraient d'être débattues.
2. Source : Laurence ESTIVAL, *Courrier Cadres*, n° 1395, 3 mai 2001.

La démarche mise en œuvre :

« Depuis moins d'un an, Accor s'est engagé dans une politique d'offres de formation "à la carte", permettant à chaque collaborateur de se former à son rythme sur son lieu de travail. Ces démarches peuvent être volontaires ou s'inscrire dans le cadre d'un plan de formation décidé par les responsables d'hôtel ou d'agence de voyages. Des Cd-rom sur des thèmes ciblés (intégration au sein du groupe, bureautique, apprentissage des langues, recrutement, évaluation) sont déjà disponibles, et l'offre devrait s'accroître dans les prochains mois. »

Les perspectives :

« Ces nouveaux outils ne devraient pas se substituer aux stages plus classiques. Ces derniers seront seulement moins nombreux et davantage ciblés pour approfondir des domaines déjà traités par les outils multimédia, ou encore pour répondre à des demandes précises. »

Dans cette optique, la frontière entre formation en ligne et gestion des connaissances s'estompe. L'un des avantages qui peuvent en résulter est d'*accéder aux connaissances au quotidien, et dans son contexte d'activité*, contrairement à la plupart des cursus pédagogiques qui nécessitent de s'extraire de l'action pour prendre du recul[1]. Mais *la prise de recul* n'est-elle justement pas une condition pour apprendre ?

Dans la première génération du e-learning, *la diffusion des connaissances est privilégiée par rapport au processus d'apprentissage proprement dit*. On se focalise surtout sur la façon de capitaliser et de formaliser les connaissances dans la base, tandis que, trop souvent encore, le processus d'évaluation pédagogique et la présence d'un tuteur (en ligne) sont négligés (ou impossibles techniquement à cause des limitations informatiques de télécommunication). Ainsi, pour se référer au modèle CTR-S de la gestion des connaissances proposé dans la seconde partie, c'est le processus de *capitalisation* qui est privilégié vis-à-vis du processus de *transfert* proprement dit, ce dernier étant bien sûr la clé de voûte de l'apprentissage et de la valorisation in fine. On peut ici constater que ce qui se passe avec le e-learning est assez conforme à l'histoire de la communication en général, qui privilégie en général le point de vue de l'émetteur, dépositaire du savoir, sur celui du récepteur, confiné à un rôle passif.

---

1. On notera que seule la tradition du compagnonnage fait coïncider l'apprentissage et l'activité productive, et reste en cela indépassable en termes d'efficacité. L'inconvénient bien sûr est son coût. En outre, de plus en plus, l'activité professionnelle s'appuie sur des compétences relationnelles et sur l'utilisation d'informations nombreuses et variées. Le compagnonnage reste une valeur sûre dans certains métiers manuels, où la connaissance tacite est prépondérante par rapport au besoin d'information et de communication. On peut aussi relever que le compagnonnage est très courant chez les dirigeants : le grand patron prépare soigneusement sa succession...

La première génération des projets de plates-formes de e-learning s'est donc limitée à cette approche de diffusion de modules dits pédagogiques. Dans un premier temps, diffuser des connaissances en Intranet permet aux utilisateurs les plus autonomes d'apprendre et, dans une certaine mesure, de s'auto-évaluer. Le coût global a paru diminué par rapport aux investissements en formation traditionnelle, grâce aux économies d'échelle qui en résultent.

Mais il s'est rapidement avéré que le retour sur investissement, dans la durée, est très décevant. De nombreux articles de presse et *livres blancs* ont souligné ce phénomène ces derniers temps, et beaucoup d'entreprises ont enregistré des désillusions, faute de s'être donné les moyens de réussir le e-learning.

Ce phénomène de montée en puissance, suivi par un creux de désillusion, est typique de l'émergence des innovations techniques, décrite par la fameuse courbe en S des socio-économistes. Le Gartner Group s'est fait une spécialité d'utiliser ce modèle pour analyser la diffusion des NTIC. Le schéma suivant illustre ce type d'analyse dans le cas du e-learning. Il positionne différentes formes d'utilisation du e-learning sur la courbe en S.

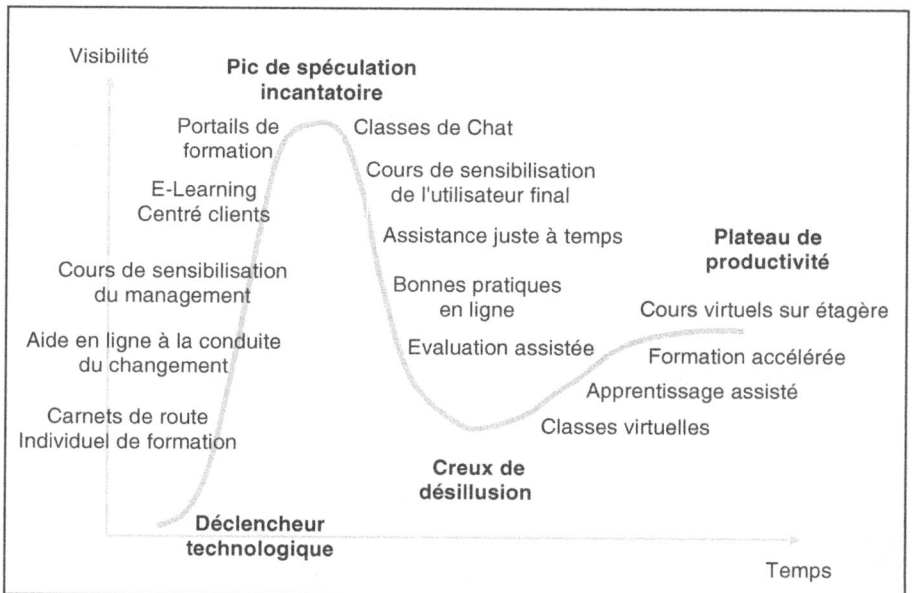

Figure 104. Le cycle d'innovation du e-learning (d'après le Gartner Group)

Ainsi, dans la phase d'émergence qui succède au « déclencheur techno-logique », on trouve les usages qui caractérisent un processus de diffusion de ressources pédagogiques en ligne comme évoqué plus haut, en l'occur-rence, toujours selon le Gartner Group : des carnets de route permettant à chaque salarié de trouver en ligne l'historique de son cursus de forma-tion continue au long de sa carrière ; des tutoriaux et modules de commu-nication institutionnelle pour l'aide à la conduite du changement ; des modules pédagogiques destinés à sensibiliser les managers, d'autres modules pour accompagner les clients (une forme de service après-vente en ligne) et des portails d'accès aux ressources de formation. Cette phase culmine à ce que nous traduisons (un peu librement) par le « pic de spé-culation incantatoire ».

Puis, dans la phase de désillusion qui suit, nous trouvons des usages qui cherchent à créer de la valeur ajoutée dans les métiers, mais avec des difficultés, autrement dit *en essuyant les plâtres* : des classes de chat pour discuter en ligne, des modules de sensibilisation aux « utilisateurs finaux », et différents modules qui commencent à intégrer une assistance semi-automatisée en ligne, pour des fonctions pédagogiques simples ou génériques (apports en *juste à temps* de connaissances de base, de bonnes pratiques et de fonctions d'évaluation). Ces différents usages ont du mal à prouver leur valeur ajoutée et nécessitent des efforts et de l'endurance ; nous arrivons alors au creux de la vague de désillusion.

Enfin, le e-learning trouvera son second souffle, toujours selon ces pré-visions, avec une nouvelle vague d'usages mieux intégrés aux processus métier. Cette phase de maturité sera permise à la fois par la maturité des fonctions d'utilisation et de la technologie (non pas seulement en termes d'ergonomie, mais aussi en termes de capacités informatiques des machi-nes et des liaisons de télécommunication). Nous trouvons dans cette phase ascendante qui culmine au « plateau de productivité » : les classes vir-tuelles (avec tuteur en ligne, discussion en équipe...), les systèmes d'apprentissage assisté par ordinateur (on retrouve là une résurgence de la FAO – affaire à suivre...), puis les cours de formation accélérée destinés aux métiers à fort turnover où il faut être opérationnel en quelques heures ; enfin, les formations *sur étagère* seront censées apporter les ressources d'apprentissage en juste à temps à l'utilisateur, dans son contexte d'action.

Ce scénario illustre ce qui est attendu aujourd'hui du e-learning, par les acteurs du marché (analystes, éditeurs, entreprises). Une chose paraît à peu près sûre : *l'approche réduite à sa dimension technologique est insuf-fisante. Elle doit être couplée avec une réflexion en profondeur sur la culture de l'apprentissage, sur l'évolution de la pédagogie et sur l'orga-*

nisation logistique et managériale nécessaire. Il convient notamment que les responsables de gestion des ressources humaines coopèrent étroitement avec la direction des systèmes d'information pour réaliser un couplage efficace du e-learning avec les solutions de type SIRH (systèmes d'information des ressources humaines). Cette coopération n'a rien de naturel et elle nécessite un appui externe de spécialistes ayant pour rôle de faciliter le dialogue entre les DRH et les informaticiens, mais aussi d'accompagner le changement, de stimuler les opérations pilotes, de sensibiliser les utilisateurs.

Il paraît difficile de pronostiquer jusqu'à quel point le e-learning va concurrencer, voire remplacer, les modes de formation traditionnels. Aux États-Unis, il semble que déjà un quart des formations professionnelles se font par le e-learning. Le tableau suivant (figure 105) indique comment se répartissent les différents supports utilisés pour la formation des salariés dans les entreprises américaines (source IDC, octobre 2001).

Supports de formation	2000	2001
Formation traditionnelle avec formateur	65 %	57 %
E-learning	16 %	24 %
Manuels et documentations	7 %	6 %
Cd-rom / disquettes	6 %	6 %
Vidéo	3 %	2 %
Autres	2 %	5 %

Figure 105. La répartition des modes de formation aux USA

Enfin, le e-learning, s'il parvient à devenir un véritable levier de l'organisation apprenante, concerne non pas seulement les frontières internes de l'entreprise centrée sur soi, mais *l'entreprise étendue, en relation d'apprentissage collectif avec ses différentes parties prenantes* (dont, a minima, les clients, fournisseurs et partenaires directs). C'est ce que souligne un récent rapport du CIGREF :

> « L'*e-learning* peut toucher l'ensemble des réseaux de la firme. Quand se pose(ra) la question de savoir à qui on destine l'*e-learning*, il faudra oser oublier les frontières de la firme[1]. »

1. Rapport CIGREF (Club informatique des grandes entreprises françaises), « E-learning et e-formation » , octobre 2001, p. 25.

Un premier pas en ce sens a déjà été franchi par diverses entreprises, même si pour le moment il s'agit en général de diffusion pédagogique à but marketing, plutôt que de véritables démarches de coapprentissage. C'est ainsi que Castorama met en ligne des modules de formation destinés à ses clients, ou Lancôme diffuse des formations à ses distributeurs. Nous rejoignons, dans ces exemples, les systèmes de gestion de la relation client orientée connaissance, puisque ces modules de e-learning complètent les agences en ligne et les dispositifs de CRM (voir ce qui a été dit plus haut à propos du KCRM).

Pour terminer ce bref panorama, notons enfin que le monde des entreprises n'est bien sûr pas le seul marché pour le e-learning. Le secteur de l'éducation est déjà convoité par les *offreurs*. D'autre part, les gouvernements et les instances supranationales, en Europe et en Amérique du Nord notamment, consacrent de vastes programmes pour développer de nouveaux moyens de formation utilisant les TIC et Internet.

Le plan d'action e-learning de la Commission européenne[1]

« L'initiative "eLearning : penser l'éducation de demain" a été adoptée par la Commission européenne le 24 mai 2000. Cette initiative, suite aux conclusions du Conseil européen de Lisbonne, a présenté les principes, objectifs et lignes d'action de eLearning, définis comme "l'utilisation des nouvelles technologies multimédias et de l'Internet, pour améliorer la qualité de l'apprentissage en facilitant l'accès à des ressources et des services, ainsi que les échanges et la collaboration à distance". »

Le contexte du plan d'action :
« L'initiative eLearning, complémentaire au plan d'action global eEurope, regroupe des actions spécifiques dans un cadre à orientation éducative, pour répondre à la demande formulée lors du Conseil de Lisbonne d'adapter les systèmes européens d'éducation et de formation. Dans ce cadre, la Commission européenne fixe des objectifs ambitieux et mobilisateurs pour les États membres ainsi que pour les acteurs concernés. Elle agit également afin de soutenir et de coordonner leurs efforts au niveau européen. »

Un premier objectif est purement technologique :
« L'initiative eLearning vise tout d'abord à *accélérer le déploiement dans l'Union européenne d'une infrastructure de qualité à des coûts abordables*. Dans cette perspective, elle reprend et complète les objectifs de eEurope :

– équiper d'un accès à l'Internet et aux ressources multimédia toutes les écoles d'ici la fin de 2001, et toutes les salles de classe (Internet rapide) d'ici la fin 2002 ;

---

1. Source : COMMUNICATION DE LA COMMISSION AU CONSEIL ET AU PARLEMENT EUROPÉEN, « Plan d'action e-learning. Penser l'éducation de demain », 28 mars 2001, COM(2001)172 final.

- connecter progressivement les écoles aux réseaux de recherche, d'ici la fin 2002 ;
- atteindre le ratio de 5 à 15 élèves par ordinateur multimédia en 2004 ;
- assurer la disponibilité de services d'appui et de ressources éducatives sur Internet ainsi que de plates-formes d'apprentissage en ligne destinées aux enseignants, aux élèves et aux parents, d'ici la fin 2002 ;
- soutenir l'évolution des programmes scolaires pour tenir compte des nouvelles méthodes d'apprentissage et de l'usage des technologies de l'information et la communication, d'ici la fin 2002.

Le second objectif est culturel :
« L'initiative eLearning vise également une intensification de l'effort de formation à tous les niveaux, notamment par la promotion d'une « culture numérique » pour tous et la généralisation de formations adéquates pour les enseignants et les formateurs, qui intègrent non seulement la formation à la technologie mais surtout les formations à l'usage pédagogique de la technologie et à la gestion du changement. »

Rappelons à cet égard que le Canada est l'un des pays les plus avancés dans le domaine du e-learning. En témoignent de nombreuses initiatives gouvernementales comme celle qui suit.

La e-formation d'apprentis au Canada[1]

« Le gouvernement du Canada accordera une aide financière pouvant atteindre 245 000 dollars à la Industry Training and Apprenticeship Commission pour lui permettre de former des apprentis et de contribuer au perfectionnement de gens de métier à l'aide de technologies d'apprentissage faisant appel à l'Internet. »

L'objectif :
« La Industry Training and Apprenticeship Commission concevra et mettra à l'essai un prototype entièrement opérationnel pour un système d'apprentissage au moyen d'Internet grâce auquel jusqu'à 2 000 apprenants pourront recevoir au travail, à la maison ou à divers points d'accès dans leur collectivité une partie de leur formation d'apprenti ou de la formation dont ils ont besoin pour actualiser leurs compétences. L'hydraulique a été choisie comme domaine d'expérimentation du prototype parce qu'elle recoupe de nombreux métiers, dont ceux de mécanicien en machinerie, mécanicien de machinerie lourde, mécanicien de transport commercial et technicien dans une usine de traitement. »

---

1. Communiqué du ministère fédéral de Développement des ressources humaines du Canada (DRHC), 8 novembre 2001.

LE DÉVELOPPEMENT DURABLE

Depuis une dizaine d'années, *la gouvernance des entreprises* a notablement changé de visage. Les impacts de l'activité économique sur la société civile et sur l'environnement sont désormais tels que *l'entreprise doit se montrer responsable* devant la société, la justice, les instances internationales, les consommateurs, les actionnaires, les clients, les employés, les partenaires, bref toutes les parties prenantes – ou *stakeholders* pour reprendre le terme anglo-saxon popularisé dans les années quatre-vingt.

*C'est avec la naissance de ce souci éthique et environnemental que la notion de développement durable a pris corps, sous l'impulsion de l'*ONU. Ce concept traduit la nécessité, pour l'humanité, de répondre aux besoins du présent, tout en veillant à ne pas compromettre les besoins des générations futures. La question qui nous intéresse ici est la suivante : qu'est-ce qui rapproche les deux notions d'organisation apprenante et d'entreprise responsable ?

Le développement durable suppose une politique de précaution vis-à-vis de l'environnement et de la société civile, ce qui induit directement une culture d'organisation apprenante. En effet, pour prévenir, anticiper ou réagir aux problèmes de cet ordre, il est indispensable de maîtriser un ensemble complexe de connaissances, mais aussi d'inconnues. Il s'agit aussi bien de coordonner différentes sources de connaissances externes, de les comprendre, de les comparer, de les combiner avec des données internes, liées au savoir-faire, à la stratégie de l'entreprise ; il s'agit aussi d'entretenir des mémoires actives, de tirer les enseignements du passé et du présent, tout en restant en permanence suffisamment vigilant et réactif pour se remettre en cause si nécessaire. Il est donc aisé de comprendre que la connaissance, là encore, est au cœur de la problématique.

Pour illustrer ce propos, voyons un contexte concret, celui de la stratégie écologique de l'entreprise. Nous nous appuierons pour cela sur un article récemment paru dans la *Revue française de gestion*. L'auteur, Jabril Bensédrine, un chercheur de l'université de Marne-la-Vallée, propose aux managers une approche leur permettant d'inscrire la gestion des problèmes d'ordre écologique dans leur stratégie d'entreprise[1]. Nous allons voir que cette problématique illustre le fonctionnement de l'organisation apprenante.

Dans les problèmes d'environnement, les décideurs se trouvent face à des situations particulièrement complexes, avec des jeux d'acteurs très marqués, des risques de dérapage importants, de nombreuses inconnues et

---

1. Jabril BENSÉDRINE, « Comment devenir une entreprise verte », *Revue française de gestion*, numéro spécial « De nouvelles règles pour l'entreprise », n° 136, novembre 2001, p. 128-144.

incertitudes. De plus, le manque de temps caractérise toutes ces situations. Face à ces difficultés, les managers ont deux besoins récurrents : comment s'y prendre pour analyser la situation (donc comment exploiter les connaissances existantes) ? Quels types de stratégies sont à envisager, et en fonction de quels critères ?

Cette problématique est un défi intéressant à l'organisation apprenante. L'analyse de la situation suppose d'optimiser, en très peu de temps, l'utilisation de la « base de connaissances ». Voyons donc de quoi celle-ci est constituée.

Le traitement du problème écologique repose en premier lieu sur une base de connaissances scientifiques. Une partie de ces connaissances est disponible dans le centre de R&D de l'entreprise, mais la base se déploie largement à l'extérieur, par les coopérations avec des laboratoires universitaires, mais aussi, tout simplement, les fonds documentaires existants et les dossiers de presse. La base de connaissances scientifiques à mobiliser contient donc à la fois des expertises de chercheurs, des réseaux, des documents, une activité de veille. La politique de gestion des connaissances de l'entreprise constitue donc un atout indispensable pour faciliter la mobilisation des connaissances dans la situation de stress d'une crise, par exemple. Au-delà de la base de connaissances, c'est aussi la culture de socialisation, d'animation de réseaux, de collaboration interne et externe de l'entreprise qui détermine l'efficacité au moment de la crise. L'analyse de cette base doit permettre d'*identifier à la fois la nature des problèmes et l'ampleur des effets possibles* (scénarios, risques, degré de certitude, degré de gravité).

Mais la problématique écologique ne se réduit pas à cette connaissance scientifique. Au-delà de ce savoir, il faut prendre en compte une autre dimension essentielle : la façon dont la société civile appréhende, contraint, régule le problème. La base de connaissances, que l'on peut qualifier d'institutionnelle, regroupe aussi bien les moyens d'analyser et de comprendre les réactions sociales, le rôle des médias, ainsi que, bien sûr, les textes réglementaires, les normes, les valeurs. Il faut en outre disposer d'une connaissance des stratégies des différents acteurs institutionnels (politiques, législatifs, médiatiques, communautaires, internationaux...). Cette base de connaissances doit permettre deux choses : *identifier les pressions et évaluer le pouvoir réel de l'entreprise au sein des jeux d'acteurs et de réglementation.*

Un troisième volet est la base de connaissances techniques. Au-delà de la connaissance scientifique et sociopolitique du danger écologique, l'entreprise doit adopter une démarche proactive en envisageant des innovations techniques, organisationnelles, comportementales. Cela suppose une bonne connaissance des ressources existant en interne, une capacité à les mobiliser autour de projets innovants au plan écologique ; mais aussi une capacité à effectuer une veille technologique continue pour identifier très tôt les signaux faibles d'une innovation écologique émergente et avoir une connaissance des ressources externes qu'elle pourrait mobiliser ou avec qui elle peut lancer des coopérations. Cette base de connaissances techniques permet à l'entreprise d'*évaluer la faisabilité technique des innovations écologiques.*

L'article évoqué plus haut cite l'exemple du groupe PSA qui, en développant le moteur diesel à haute pression directe à injection (HDI), crée une innovation compatible avec, à la fois, de meilleures performances écologiques (moteur moins polluant) et des gains commerciaux importants du fait d'une meilleure attractivité pour le consommateur (réduction des nuisances sonores, consommation améliorée et plus grande puissance).

Le dernier volet est *la base de connaissances économiques.* Celle-ci permet au manager de caractériser l'impact de la menace ou de la crise sur son marché et aussi sur sa structure de coûts. En effet, l'événement écologique peut bouleverser en profondeur les positions des acteurs économiques au sein du marché, certains concurrents étant plus touchés, d'autres émergeant tout à coup ; par ailleurs, les processus métier, la fonction de production, la fourniture des matières premières, la distribution peuvent être amenés à être complètement réévalués à la suite d'une crise. La gestion efficace de cette base de connaissances permet de *mettre à profit des opportunités latentes ou de parer des menaces concurrentielles.* Par exemple, cela peut conduire l'entreprise à améliorer son image, à gagner des parts de marché (sur des concurrents moins opportunistes ou moins bien préparés vis-à-vis du problème écologique), voire à développer de nouveaux produits plus écologiques. Des gains financiers peuvent également venir contrebalancer les efforts de gestion du développement durable : réduction de certains approvisionnements en matières premières ou en énergie, réduction de certaines taxes, obtention de primes vertes, crédibilité augmentée auprès des actionnaires et partenaires :

> « **Le programme Pollution Prévention Pays (3P) de la société 3M a généré des économies de 750 millions de dollars** ; de manière générale, il est devenu difficile pour les entreprises chimiques américaines de trouver des assureurs pour couvrir leurs risques écologiques et la moitié d'entre elles ont vu le coût de leurs polices dans ce domaine multiplié par 11 en l'espace de six ans[1]. »

---

1. *Idem*, p. 133.

Ainsi, l'entreprise qui parvient à progresser en matière de développement durable, par ces types d'adaptations et de transformations, constitue un bon modèle d'organisation apprenante, illustrant les gains substantiels d'une telle politique associée à une gestion efficace des connaissances.

L'exploitation des bases de connaissances décrites ci-dessus permet à l'organisation apprenante de choisir entre *plusieurs stratégies écologiques*. Le modèle de Jabril Bensédrine en répertorie quatre : la défensive, le compromis, la satisfaction de l'opinion et le bouleversement.

La stratégie défensive – La plus spontanée et hélas ! encore la plus répandue, elle consiste à nier ou sous-estimer les problèmes. La psychologie des organisations est, sur ce point encore, très comparable à la psychologie individuelle : on commence souvent par nier et se défendre avant de se remettre en cause. La défense peut constituer soit à se dérober aux critiques, soit à contester et contre-attaquer. Avec la dérobade, l'entreprise adopte des modifications mineures et symboliques et tient des discours d'apaisement. Elle peut aussi choisir de contester, déployant alors un ensemble de comportements qui vont de l'argumentation au conflit (procès en diffamation, rumeurs...).

Ainsi, dans des affaires comme celle des chlorofluorocarbones (CFC), de Tchernobyl ou de l'amiante, la réaction a consisté à nier en bloc les effets écologiques sur la couche d'ozone et sur la santé.

La stratégie de compromis – Elle consiste à mettre en place des mesures provisoires et réparatrices, comme, par exemple, retirer un produit du marché ou apporter quelques modifications rapides au produit. Cette action reste corrective et ne conduit pas l'entreprise à inventer de nouvelles procédures qui modifieraient sa structure de coûts, les jeux d'acteurs, voire ses parts de marché. À long terme, cela ne traite pas vraiment le problème écologique, et une crise importante peut finir par survenir.

La stratégie de satisfaction – Celle-ci va plus loin et constitue le premier niveau d'une politique de développement durable. Les changements adoptés vont ici d'un respect renforcé des obligations légales à une démarche de certification et de normalisation (utilisation de la base de connaissances institutionnelle), voire jusqu'à la recherche d'innovations substantielles (ici, la base de connaissances techniques est exploitée au maximum). Ainsi, du point de vue organisationnel et technique, l'entreprise peut créer une direction de l'environnement ou du développement durable, lancer des projets de R&D écologiques, modifier certains processus de production, enrichir sa base de connaissances scientifiques grâce, par exemple,

© Éditions d'Organisation

à des écobilans réguliers, développer des coopérations, participer activement aux groupes de normalisation internationaux, etc. Dans ce dernier cas, le lobbying qui accompagne ces démarches peut contribuer à infléchir de nouvelles normes plus favorables à soi-même qu'à ses concurrents – ce qui, au passage, illustre le fait que la fonction normative de la connaissance a ses limites, que nous avons déjà soulignées à diverses reprises.

Enfin, *la stratégie de bouleversement* – Cette dernière constitue un engagement résolu de l'entreprise vers la création pure et simple de nouveaux marchés alternatifs, à composante écologique. Des auteurs ont proposé le concept d'hypercompétition pour caractériser ces phénomènes. Il s'agit ici de transformer son métier et ses produits de façon si complète que le marché s'en trouve bouleversé : nouveaux produits, nouveaux clients, concurrents mis en difficulté.

> En septembre 1986, DuPont de Neumours met en œuvre une stratégie offensive à l'égard de la protection de la couche d'ozone. Elle commence par négocier un pacte avec le gouvernement américain : il s'agit d'accepter une réglementation des CFC à condition de recevoir en contrepartie une garantie du gouvernement de pouvoir développer ses produits de substitution sur le marché mondial. Cet accord étant passé, l'ensemble de la filière s'en trouve bouleversé : tous les concurrents, américains puis européens, finissent par devoir accepter la réglementation, ce qui aboutira à la disparition du secteur mondial des CFC. Entre-temps, les substituts de DuPont de Neumours ont pu bénéficier pleinement de ce changement et s'imposer sur un marché recomposé.
>
> Carrefour, de son côté, a pris une part active dans le bouleversement du secteur de l'alimentation biologique, en mettant en place, au Brésil, une nouvelle filière d'approvisionnement pour l'ensemble de ses distributeurs de produits « sans OGM ».

On voit donc que la notion d'organisation apprenante illustre comment une entreprise adopte une politique dynamique de gestion de connaissances pour gérer sa stratégie en matière de développement durable. Les quatre bases de connaissances – scientifiques, institutionnelles, techniques et économiques – sont enrichies, consolidées, exploitées intensivement par la gestion des connaissances. Cela permet à l'organisation de choisir efficacement la meilleure stratégie, avec des gains qui peuvent être déterminants puisqu'ils peuvent aller jusqu'à une recomposition du marché en faveur de l'organisation la plus apprenante.

Dans le contexte du développement durable, la gestion des connaissances guide le choix de la stratégie conciliant au mieux les quatre dimensions suivantes : *pertinence au plan scientifique, acceptabilité au plan institutionnel, profitabilité au plan économique et faisabilité technique.*

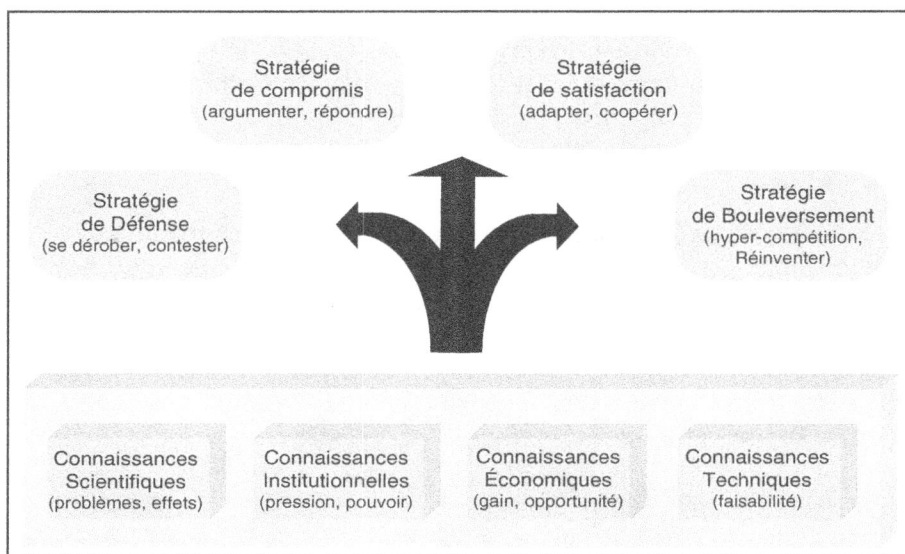

Figure 106. Connaissance et stratégie écologique[1]

LA PME APPRENANTE ET SA VISION STRATÉGIQUE

Tournons-nous pour finir vers un secteur particulièrement prometteur dans la gestion des connaissances : les PME. Les PME jouent en effet un rôle essentiel dans l'économie fondée sur la connaissance. D'après l'OCDE, elles contribuent à hauteur de 60 % de la création de valeur (PIB) dans un pays comme la France. Dans le même temps, les PME, du fait des atouts et faiblesses qui les singularisent, ont besoin d'une politique de soutien actif de la part des pouvoirs publics.

L'encouragement à l'innovation est l'un des volets stratégiques de cette politique, sachant que la majorité des petites et moyennes entreprises restent peu innovantes. Parmi celles-ci, on considère qu'environ 40 % sont potentiellement aptes à innover, ce qui montre la hauteur de l'enjeu. Un rapport de l'OCDE fait le point sur la question, le critère retenu ici étant la création et l'usage des technologies.

1. Inspiré de Jabril BENSÉDRINE, idem.

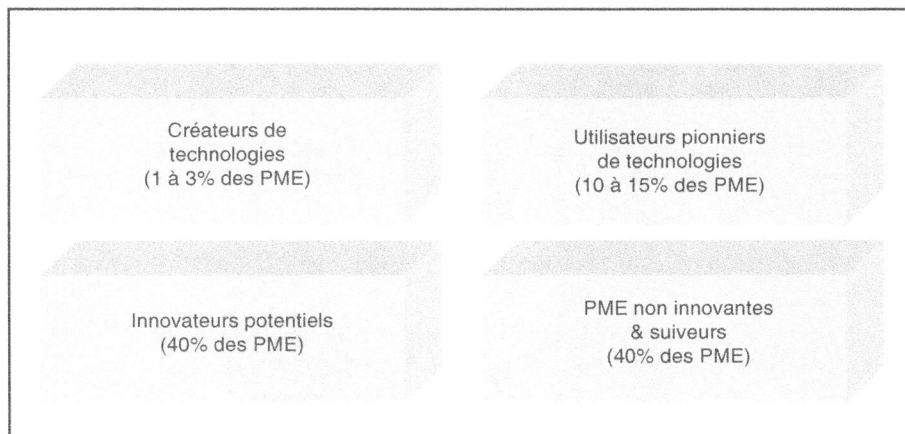

Figure 107. Classification des PME en fonction de leur capacité à innover (d'après OCDE[1])

Dans ces conditions, il paraît indispensable de s'interroger sur la gestion des connaissances et sur les stratégies du savoir dans les PME. Nous allons tenter ici une esquisse de ce problème en nous appuyant sur quelques rares travaux et études qui sont disponibles, notamment au Canada.

Rappelons pour commencer quelques tendances génériques des PME aujourd'hui (au-delà de leur fantastique diversité, qui rend périlleuse toute généralisation). Les caractéristiques qui les distinguent des autres formes d'organisation ont été résumées dans un rapport de l'Institut de recherche sur les PME, de l'université Trois-Rivières au Québec[2] :

- environnement économique et financier : incertitude et fragilité extrêmes vis-à-vis des turbulences ; dépendance et vulnérabilité vis-à-vis des partenaires ;
- organisation : structure simple, « pauvreté » en ressources disponibles ;
- décision : processus de décision à court terme, plutôt réactif, axé sur les flux matériels et financiers plutôt que sur les flux informationnels ;
- psychosociologie : rôle dominant du propriétaire dirigeant.

La question qui apparaît aujourd'hui la plus vitale pour une PME est d'être capable d'*identifier en permanence les « détenteurs d'enjeux »* – en particulier parmi ses parties prenantes et concurrents – car une erreur de détection ou la mauvaise analyse d'un signal ne pardonnent pas. Les fron-

---

1. OCDE, « Encourager les PME à innover dans une économie mondiale », *op. cit.*
2. Real JACOB, « La PME apprenante », université des Trois-Rivières, Québec, juillet 2000.

tières avec l'externe sont particulièrement exposées aux jeux d'acteurs et il suffit qu'un fournisseur, un client, ou un partenaire, important fasse défaut ou change de position pour qu'une crise majeure se déclenche.

À côté de ces fragilités, les PME disposent d'atouts essentiels qui expliquent la contribution essentielle qu'elles jouent dans la création de valeur :

– l'un de leurs atouts majeurs est que leur organisation est moins bureaucratique, ce qui leur confère une agilité beaucoup plus grande, quand elles sont bien menées ;
– elles peuvent trouver des niches importantes à leur échelle pour exploiter les innombrables *petites innovations* que les grandes entreprises négligent, faute d'y trouver un débouché à leur mesure.
– elles ont une meilleure capacité à mobiliser leurs employés autour de projets à taille humaine, valorisants et rémunérateurs pour l'individu qui s'implique.

L'étude du professeur Jacob de l'université des Trois-Rivières résume les quatre problématiques stratégiques pour la PME d'aujourd'hui :

• Comment transformer leur chaîne de valeur au fur et à mesure des nécessités ? Cette problématique est qualifiée par les auteurs d'*entreprise transformée*.
• Comment exploiter au mieux les technologies de l'information et de la communication, pour développer les relations commerciales et donc créer de la valeur ajoutée ? C'est la problématique de l'*entreprise étendue*.
• Comment saisir les opportunités de développer de nouveaux marchés, dans le contexte de la mondialisation ? C'est la problématique de l'*entreprise internationale*.
• Comment développer son capital intellectuel, susciter l'innovation et l'apprentissage permanent et collectif ? C'est la problématique de l'*entreprise apprenante*.

Du point de vue de son infrastructure interne, la PME doit chercher à avoir une vision systémique de son fonctionnement. Pour cela, trois systèmes interdépendants majeurs doivent être pris en compte :

– la *chaîne de valeur ajoutée* (les processus qui transforment les ressources en biens et services, puis les écoulent sur le marché) ;
– le *système de gestion* (planification, organisation, répartition des ressources, contrôle, mesure de la valeur ajoutée) ;
– le *système d'information* (traitement des opérations, processus de décision, relations avec l'environnement) et les bases de connaissances qui y sont associées (bases de données, sites Internet et Intranet, fonds documentaires).

Ce tableau général étant posé, on comprend aisément que les principales questions de *stratégie du savoir* qui se posent à la PME aujourd'hui sont les suivantes :

- Comment peut-elle *organiser sa veille technico-économique ?* Comment exploiter la quantité d'informations disponibles en *world wide ?* Comment connaître en « juste à temps » les brevets existant sur son marché, de façon à exploiter des opportunités et parer des menaces ? Comment partager et exploiter ensuite ces connaissances, suffisamment rapidement, en interne ?
- Comment peut-elle *organiser la formation et l'information juste à temps*, sachant qu'une occasion manquée ou un signal non perçu peuvent être fatals ?
- Comment peut-elle s'intégrer dans des *réseaux d'apprentissage*, avec des partenaires externes ? Comment *bénéficier des externalités de savoir* qui se manifestent à l'échelle mondiale ?
- Comment peut-elle *valoriser ses connaissances tacites*, sachant que, dans son cas plus encore que dans les grandes entreprises, une très grande partie du savoir-faire existe sous forme individuelle et incorporée ?
- Comment peut-elle apprendre collectivement et culturellement à *se remettre en question* de façon quasi continue, à *prendre des risques mesurés*, à doser les essais-erreurs ?

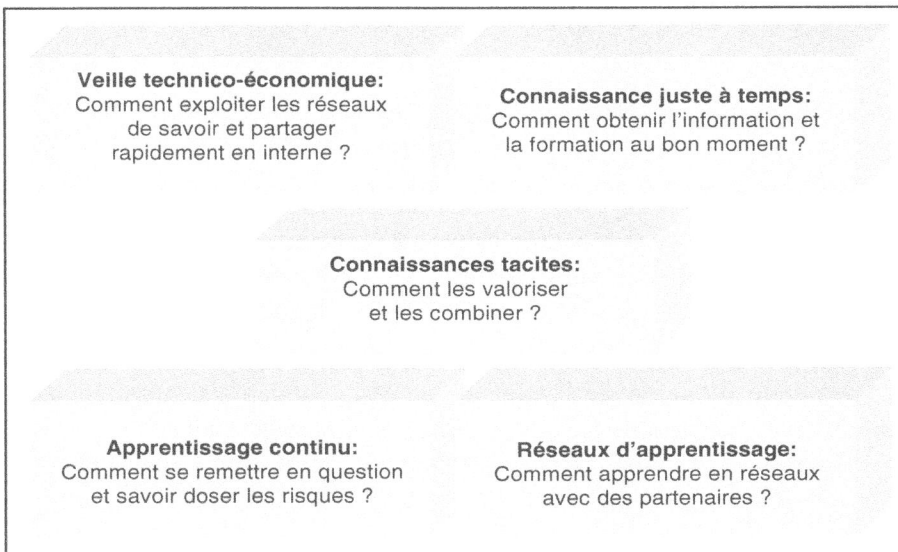

Veille technico-économique:
Comment exploiter les réseaux
de savoir et partager
rapidement en interne ?

Connaissance juste à temps:
Comment obtenir l'information et
la formation au bon moment ?

Connaissances tacites:
Comment les valoriser
et les combiner ?

Apprentissage continu:
Comment se remettre en question
et savoir doser les risques ?

Réseaux d'apprentissage:
Comment apprendre en réseaux
avec des partenaires ?

Figure 108. Les enjeux de stratégie du savoir pour la PME

Le lecteur qui souhaite approfondir ces questions se reportera aux différentes approches qui ont été décrites dans ce livre, aussi bien en termes
de gestion des connaissances que de stratégie du savoir. Il paraît peu
réaliste d'être plus précis, du fait de la trop grande diversité des PME, en
fonction de leurs secteurs, de leurs tailles et de leurs zones d'implantation.

La Région Basse-Normandie : une base de connaissances collaborative en Extranet pour les PME

La Basse-Normandie, très active pour soutenir ses PME, a développé l'un des premiers
dispositifs régionaux d'intelligence économique. Parmi les initiatives, citons celle du Centre des technologies nouvelles et d'Intelco Consultants, qui ont proposé en 2000 de mettre
en place un système collaboratif de gestion des connaissances :

« Cette plate-forme permettra de mettre en réseau des PME et des développeurs institutionnels autour d'une même méthodologie, d'un outil et d'un langage communs. Ce
dispositif se fonde sur une méthodologie d'intelligence économique, le cycle du renseignement, éprouvée pour la maîtrise de l'information autour de projets dans plusieurs
dizaines de PME. Cette application permettra de capitaliser les connaissances acquises et
de les généraliser. La construction d'une base de connaissances facilitera la conduite
ultérieure d'autres projets de développement de PME[1]. »

Les principaux objectifs de ce système sont d'aider au développement des nouvelles PME,
de leur fournir un service continu en matière d'intelligence économique, de susciter des
communautés de compétences et d'expérience, de les aider à développer leur politique
commerciale et de faciliter la gestion de leurs relations institutionnelles grâce aux possibilités du réseau.

Cette initiative est l'une de celles qui ont été soutenues par le secrétariat d'État à l'Industrie, dans le cadre de l'appel à proposition annuel en matière de portail à destination
des PME. Pour en savoir plus, on se reportera au site *www.industrie.gouv.fr.*

La maîtrise du savoir et des compétences est donc au cœur du développement et de la survie de la PME. À partir de là, plusieurs options stratégiques se dessinent, en fonction du contexte dans lequel elle se trouve[2] :

• *La stratégie d'innovation* : cette option consiste à miser essentiellement
   sur la volonté d'engranger les bénéfices des innovations, aussi bien
   internes qu'externes dans la mesure où elles sont accessibles.
• *La stratégie des technologies de l'information* : il s'agit dans cette
   option de polariser les efforts sur la réduction des coûts et l'augmen-

---

1. Source : http ://www.industrie.gouv.fr/pratique/aide/appel/ucip/fia30.htm
2. OCDE, « Encourager les PME à innover dans une économie mondiale », *op. cit.*

tation de la productivité, en exploitant au maximum les possibilités offertes par les TIC.

- *La stratégie de créneau* : il s'agit de viser un créneau de forte spécialisation et de compétence pointue, avec une perspective d'extension mondiale sur ce créneau étroit.
- *La stratégie de réseau* : cette option vise en priorité les partenariats et alliances avec d'autres entreprises, pour mutualiser les efforts d'intégration des innovations disponibles sur le marché.
- *La stratégie de grappe* : il s'agit de s'établir dans une zone géographique où existe un pôle régional industriel, de façon à bénéficier des innovations par effet de propagation, c'est-à-dire de bénéficier des externalités de connaissances grâce à la proximité immédiate avec les autres (y compris des concurrents).
- *La stratégie d'investissement direct à l'étranger* : cette dernière option est privilégiée lorsque la PME bénéficie d'une spécificité régionale et nationale qui lui donne un avantage concurrentiel au niveau mondial.

La société Synt :em (Synthèse et modélisation moléculaire)[1]

L'Anvar décrit ainsi l'enjeu médical que représente le traitement des maladies du cerveau :

« Le cerveau est une citadelle quasiment inaccessible aux médicaments. À ce jour, 90 % des molécules à fort potentiel thérapeutique ne sont pas utilisées car elles ne passent pas la barrière hémato-méningée qui protège le cerveau. Les seules technologies permettant de les y amener efficacement sont risquées et inefficaces. C'est pourquoi le traitement de maladies graves, parfois chroniques, oblige souvent à des gestes chirurgicaux délicats pour un résultat difficile à prédire. Le corps médical est donc circonspect pour les utiliser, sauf en cas de grande nécessité, et il attend l'avènement de technologies non invasives et plus sûres. Avec Pep :trans" !, Synt :em répond à cette demande. »

Synt :em est spécialisée dans la recherche de nouvelles molécules thérapeutiques à l'aide des outils de la biologie structurale, de la modélisation moléculaire et de la synthèse moléculaire. Elle fournit des produits et des services pour les laboratoires de recherche en biologie appliquée à la santé humaine et animale. Cette société, créée en mai 1995, a déjà réalisé un chiffre d'affaires de 2,8 MF, dont plus de 60 % à l'export (Europe et Amérique du Nord). Voici quelques-uns de ses enjeux en termes de stratégie du savoir.

Fédérer les compétences – Une source de nouvelles molécules pour l'industrie pharmaceutique est le peptide, molécule biologique naturelle. Les peptides doivent subir un cycle

---

1. Source : Rencontres régionales « Financement de l'innovation et valorisation », Montpellier 28 avril 1998, organisées par l'Anvar. Voir http ://www.anvar.fr/innovation/150/pharma/txt/syntem.htm

de transformation avant de devenir des molécules « tête de liste » pour l'industrie pharmaceutique. Les modifications à apporter sont complexes et difficiles à standardiser. Il a donc fallu fédérer les compétences de plusieurs scientifiques autour de cet objectif de « pharmaco-modulation », puis mettre en place une stratégie pour répondre à ce problème et décider de la création de Synt :em.

Le transfert de technologies et de savoir-faire a permis d'établir des relations contractuelles avec un réseau multidisciplinaire : le Centre de recherche en biologie des macromolécules (Montpellier), le Centre de biologie structurale (Montpellier), le département des sciences de la vie du CEA (licence exclusive et mondiale sur une technologie du DIEP, Saclay). Synt :em a ainsi fédéré un ensemble de compétences, s'appuyant sur une quarantaine de chercheurs, en plus de ses propres chercheurs. Le deuxième atout est un avantage concurrentiel fort sur la pharmaco-modulation de molécules.

Synergies pour induire des spirales créatrices – Synt :em est, semble-t-il, la seule société à disposer d'une approche intégrée permettant de transformer une molécule « tête de série » en un produit satisfaisant aux contraintes pharmaceutiques. La société bénéficie aussi de sa stratégie commerciale. Elle a démarré immédiatement son activité de base (synthèse à façon) grâce à la préexistence de demandes issues d'une société de biotechnologie européenne. Elle a pu signer, dès la première année, un contrat de recherche avec une société américaine. Enfin, Synt :em s'appuie sur un socle financier solide. L'accompagnement du CEEI de Nîmes a permis de gagner en efficacité dans la recherche de fonds propres additionnels (capitaux venant du capital-risque, aides et subventions des organismes publics).

Depuis sa création, Synt :em a construit une plate-forme technologique pour la découverte de nouveaux médicaments basés sur la synthèse et la modélisation moléculaire et notamment sur la technique du *In silico screening*, une méthode mise au point par la société. Désormais, cette plate-forme va permettre à Synt :em de développer son programme de recherche Pep :Trans, une technologie innovante de vectorisation intracellulaire de molécules thérapeutiques.

Comme nous l'avons vu à propos des *spirales créatrices*, l'un des enjeux stratégiques essentiels des PME est de s'implanter dans une grappe technologique (*spillover*) pour partager des ressources et des savoir-faire, et créer collectivement de la valeur ajoutée. Rappelons que les grappes technologiques se caractérisent par[1] :

une concentration régionale ou urbaine d'entreprises regroupant des fabricants, des fournisseurs de produits et des fournisseurs de services dans un ou plusieurs secteurs industriels ;

© Éditions d'Organisation

1. Voir à ce propos : AGENCE DE PROMOTION ÉCONOMIQUE DU CANADA ATLANTIQUE, « Perspectives de croissance des grappes industrielles basées sur la connaissance », juillet 1997.

une infrastructure de soutien constituée d'universités et de collèges, d'instituts de recherche, d'institutions financières, d'incubateurs d'entreprises, de services commerciaux et de systèmes avancés de communication et de transport.

Une illustration des grappes technologiques : les technopoles de troisième génération

Selon Michel Cartier, l'un des spécialistes canadiens des réseaux d'entreprises innovantes et des communautés de savoir, une *technopole de troisième génération est « un centre d'excellence dans un domaine donné*, un pôle d'attraction suffisamment reconnu mondialement pour que toute entreprise s'y réfère pour ses besoins[1] ».

Elle se développe à partir de la conjugaison de *quatre ressources clés* :

– *talents* : ce sont les *créateurs* anticipant les besoins et les produits dans un domaine donné ;
– *capitaux* : investissements de capital-risque servant au démarrage de nouvelles entreprises innovatrices ;
– *réseaux de télécommunications de toutes sortes* ;
– *informations et savoirs* : production importante de contenus de toutes sortes.

Si ce phénomène n'est certes pas nouveau, ce qui caractérise la *troisième génération* des technopoles, c'est le fait d'exploiter pleinement les *facteurs clés de l'économie fondée sur la connaissance*.

La *focalisation régionale* exploite le fait que l'innovation, comme nous l'avons dit, se développe sur un *gisement de connaissances tacites*. De ce fait, la *proximité* est une condition indispensable pour bénéficier de ce réservoir tacite. Cela permet à la région qui en tire parti de retenir à elle une part importante de la valeur ajoutée, et de prendre ainsi de l'avance sur d'autres régions potentiellement concurrentes.

Il faut aussi *une masse critique de compétences clés*, ce qui nécessite le regroupement de PME spécialisées sur des domaines complémentaires, voire en concurrence partielle les unes avec les autres, ainsi que la présence de laboratoires universitaires, pourvoyeurs de connaissances fondamentales qui attendent d'être valorisées.

---

1. Michel CARTIER, « Les technopoles », novembre 1998, http ://www.mmedium.com/dossiers/cartier/mmm/

La dernière condition est la disponibilité de technologies nouvelles et de capitaux, ce qui suppose une politique volontaire de la part des institutions régionales.

La technopole de Montpellier

Montpellier, ville de 220 000 habitants riche d'un grand patrimoine historique, a développé une stratégie visant à se détacher du tourisme par le soutien d'industries de haute technologie dès le début des années quatre-vingt. Quatre « technopôles » ont été créés.

Pôle antenne : télécommunications et radiodiffusion. Doter la ville d'un réseau de câblo-distribution par fibres optiques comme infrastructure de soutien du développement des communications vidéo de pointe. Appuyée par le Centre international d'images Grammont (installations complètes pour les arts de la scène et la production télévisuelle et cinématographique) et la médiathèque Gutenberg (installations de projection audiovisuelle et d'enseignement).

Pôle informatique : logiciels, intelligence artificielle, électronique. Regroupé autour de l'usine d'IBM (1965), qui fabrique des super-ordinateurs, et son réseau de fournisseurs. Appui scientifique : University Computer Center, National Center for Supercomputing (CNUSC). Parc de haute technologie (parc du Millénaire) de 150 entreprises, la plupart étant des PME.

Pôle euromédecine : entreprises biotechnologiques et pharmaceutiques. L'activité est centrée sur la faculté de médecine de l'université, la plus ancienne en Europe (1289), et son complexe hospitalier. Parc scientifique de 100 entreprises, la plupart étant des PME. Instituts de recherche (CNRS, l'INSERM), 2 000 chercheurs.

Pôle Agropolis : Agro-industries. Le complexe d'enseignement et de recherche compte 20 instituts et 2 000 chercheurs. Parc scientifique d'une vingtaine d'entreprises.

L'ÉCONOMIE DU SAVOIR PEUT-ELLE ÊTRE NON MARCHANDE ?

Dans la *société du savoir*, la connaissance ne peut être considérée seulement sous l'angle de sa valeur marchande, protégée par le droit de la propriété intellectuelle ; elle doit l'être aussi sous l'angle de la science, de la morale, de l'éthique, du politique, de l'écologie, etc. Fondamentalement, le savoir est un bien de l'humanité *qui se donne* car il est dû à tous, même s'il est créé par un seul – ce qui ne saurait être considéré comme incompatible si le système des brevets est géré avec équité. Interrogeons-nous ici sur la modalité de l'échange : don ou marchandise ?

Avec l'émergence d'une économie fondée sur le savoir, les problématiques classiques comme la rareté, le marché et le système des prix doivent être repensées à cause du phénomène des *externalités positives* et des *rendements croissants* de l'immatériel. Quand le moteur de l'économie – la connaissance – est un processus de création de valeur qui se manifeste par de fortes externalités, il apparaît nécessaire de se questionner sur l'hégémonie des échanges marchands dans le futur. Autrement dit, *la connaissance a tendance à produire une valeur non marchande et cela pourrait révolutionner le fonctionnement concret de l'économie.* La question centrale de l'économie du savoir est la suivante : *une économie non marchande est-elle possible ?* Doit-elle être considérée comme « parallèle » (analogie avec le travail « au noir ») ? Peut-elle prendre la place de l'ancienne ? Ou s'y intégrer, dans un mouvement de coévolution entre le régime marchand et le régime du « don-contre-don » ?

À cette problématique s'ajoute le paradigme de la société en réseaux. La notion de réseau n'est pas un phénomène radicalement nouveau puisque, dès la Renaissance, l'essor des moyens de transport et de communication a été déterminant pour la société du savoir. Certes, le terme n'était pas employé puisque, jusqu'à une époque récente, il était réservé à l'anatomie. Ce qui est nouveau, c'est le culte du réseau, depuis une trentaine d'années environ : des auteurs comme Luc Boltanski et Ève Chiapello ont récemment montré comment le capitalisme, après 1968, a su récupérer à son avantage les dynamiques du mouvement contestataire en les *assimilant* dans les nouvelles valeurs du management. Désormais, *la capacité à tisser des liens, à s'inscrire dans des réseaux d'influence, à se poser en médiateur ou en animateur est une valeur reconnue pour elle-même.* L'extraordinaire montée en puissance d'Internet est bien sûr le révélateur, et non la cause, de cette évolution en profondeur des valeurs :

> « **Dans un monde connexionniste, les êtres ont pour préoccupation naturelle le désir de se connecter aux autres, d'entrer en relation, de faire des liens, afin de ne pas demeurer isolés. Ils doivent, pour que cela réussisse, faire et donner confiance, savoir communiquer, discuter librement, et être aussi capables de s'ajuster aux autres et aux situations, selon ce qu'elles demandent d'eux, sans être freinés. C'est à ce prix qu'ils peuvent se coordonner dans des dispositifs et des projets[1]. »**

Les réseaux d'échange de savoir offrent un bon exemple d'innovation sociale dans l'économie du don-contre-don. Il s'agit de susciter une dyna-

---

1. Luc Boltanski, Ève Chiapello, *Le nouvel esprit du capitalisme*, Gallimard, Paris, 1999, p. 168.

mique collective d'apprentissage basée sur deux ressorts principaux : la réciprocité et le plaisir de la découverte. C'est une institutrice, Claire Hébert-Suffrin, qui, dans les années soixante-dix, a créé les premiers réseaux d'échanges de savoir. Aujourd'hui, il en existe presque 700 en France (regroupant cent mille personnes) et environ 150 à travers le monde. Ainsi, dans un camp de réfugiés du Burundi, une communauté de 2 000 participants, confrontée à des conditions de survie extrêmes, a mis en œuvre ces principes de partage pour répondre à ses besoins les plus fondamentaux (cultiver un coin de terre...). *Cette dynamique de flux d'apprentissages fondée sur la gratuité et la réciprocité* (« je t'apprends et tu m'apprends ») *ne concurrence pas les formes d'apprentissage de l'économie marchande.* Celle-ci, caractérisée par la performance et la compétition, produit les innovations techniques et la transmission professionnelle ; les réseaux d'échanges de savoir ont une ambition à la fois plus modeste et plus ambitieuse : ouvrir à des populations et des communautés non professionnelles ou tout simplement démunies une porte d'entrée vers la connaissance.

Plus emblématique encore, et sans doute plus complexe dans ses conséquences possibles, est l'essor des logiciels libres. On a vu se développer sur Internet des manifestes et des communautés qui prônent une économie du « don-contre-don ». C'est le cas par exemple du manifeste GNU ou du manifeste sur le *cybercommunisme* :

> « Cybercommunisme[1] : certains y voient les prémices d'une économie fondée sur le don, qui serait amenée à s'étendre à d'autres domaines. [...] Dans l'Internet, travailler ensemble en faisant circuler des dons est devenu une expérience quotidienne pour des millions de gens. Comme ils le font dans leur travail, ils collaborent à des projets collectifs pendant leur temps libre. Libéré de la discipline immédiate du marché, le travail peut devenir un cadeau. La simple participation à un groupe de discussion serait l'expression d'un don d'information. »

Utopie ? Le phénomène Internet est intéressant car il voit en effet se déployer de véritables communautés professionnelles, à la fois hautement innovantes, performantes et compétitives vis-à-vis des entreprises classiques qui sont basées sur l'échange marchand et la valorisation financière (exemple de la concurrence entre Microsoft et GNU pour les systèmes d'exploitation : Linux contre Windows). Que gagnent les « cybercommunistes » ? Manifestement, il faut constater qu'ils existent, qu'ils se portent bien et qu'ils sont créatifs et concurrentiels. Pourtant, ils ne sont pas

---

1. Laurent MAURIAC, *Libération*, 14 décembre 1999.

rémunérés pour leur travail. Sont-ils des parasites du système économique, vivant sur le dos de l'État (chercheurs, enseignants, chômeurs qualifiés...) ou à l'ombre de grosses entreprises dans lesquelles ils ont puisé leur compétence initiale ? Du fait qu'ils créent réellement de la valeur sur le marché des biens (Linux...), il serait quelque peu malhonnête de les qualifier de parasites. La question est donc beaucoup plus complexe.

Le modèle de la demande que véhicule Internet favorise la libre créativité et le désir de « se servir soi-même » en créant les outils et les objets dont on a besoin. C'est le cas des libres développeurs de Linux. Ce mode d'échange en « don-contre-don » *crée des communautés* culturellement très soudées, actives et compétentes, dans lesquelles les contributeurs tirent toutes sortes de bénéfices intellectuels : renommée, lien social, reconnaissance, sentiment d'appartenance[1]. Ces bénéfices intellectuels sont devenus pour le moins attractifs, dans un univers où la rémunération des actionnaires a pris le pas sur la rémunération des salariés. Ce fait est à méditer. Une entreprise qui ne sait plus reconnaître et valoriser les compétences de ses salariés, qui prend l'habitude de les répudier sans même s'apercevoir de la perte de savoir-faire, ne doit pas s'étonner de la montée en puissance de ces mouvements qualifiés de cybercommunisme ou, peut-être plus justement, de cyber-humanisme.

Une nouvelle génération de citoyens experts, prêts d'un côté à profiter du système ou à le biaiser, et de l'autre, à donner, à partager pour le simple plaisir d'appartenir à une communauté et de pouvoir donner libre cours à sa créativité, est en train de se développer et de gagner des millions d'émules. Il faut s'attendre à la voir monter en puissance, et il est tout à fait possible qu'une vingtaine d'années suffisent à renouveler entièrement le paysage de l'économie dite marchande.

Ceci étant, cela est-il nouveau ? Nous connaissons très bien ce phénomène, notamment dans un pays comme la France : le tissu associatif, qui a fêté récemment ses 100 ans, n'est-il pas fondé sur les mêmes valeurs ? Certes, les associations exercent leurs activités dans des domaines si variés et si hétérogènes qu'on ne peut bâtir de généralités. Les caractéristiques du cyber-humanisme ne se trouvent pas présentes dans la majorité des associations. Mais nombre d'entre elles, que ce soit dans des domaines culturels ou politiques, sont des communautés où la compétence, le savoir, la créativité sont forts et se traduisent par des productions de biens ou de

---

1. Voir par exemple l'analyse proposée par Rishab Aiyer GHOSH, « Les marchés *marmite* : un modèle économique pour le commerce de biens et de services gratuits sur l'Internet », mars 1998, tr. fr. sur http://www.linux-france.org/article/these/marmite/fr-cooking_pot.html#toc3

services. La technicité des productions serait-elle un critère à prendre en compte pour identifier une spécificité des cyber-humanistes ? Certainement pas. Rappelons-nous de ce qu'est la technique : un processus de rationalisation visant une efficacité de résultat. Toutes sortes d'associations produisent de la technique, des techniques, y compris dans le domaine informatique.

C'est donc plutôt du côté du *statut juridique* qu'il faut chercher une spécificité des e-communautés de type cyber-humaniste par rapport, d'une part, aux entreprises et, d'autre part, aux associations de type loi de 1901. Quel est le *contrat social* qui fonde *in principe* une e-communauté ? En général, comme nous l'avons vu, elle naît d'un *manifeste* élaboré sur le Net par un *cyber-contestataire-expert*. Il s'agit là d'une démarche qui tient à la fois d'une filiation anarchiste et d'un fort individualisme. L'individu se transforme rapidement en un collectif, certes, mais un collectif qui cherche non pas à passer un contrat social avec l'ensemble de la société, mais à trouver une valorisation avec des pairs : c'est ce qu'on appelle une *communauté*. La e-communauté s'établit d'entrée de jeu hors droit, notamment du fait qu'elle tend très vite à transcender les frontières. Bien sûr, elle est très vite *rattrapée* par le droit, ce qui est d'ailleurs souhaitable comme on le voit dans la problématique de la cybercriminalité. Mais *sa vocation*, que révèle en général le manifeste initial, *est plus technicienne et réticulaire que sociale*. Cela fait une différence de nature avec les associations 1901, du moins dans le principe (on sait que nombre d'associations sont créées dans un but communautaire plutôt que social, mais le statut juridique n'en reste pas moins un cadre incontournable). Le but du cyber-humaniste est donc avant tout technique ; il vise implicitement un marché et un capital d'image comme toute entreprise (à ceci près qu'il ne cherche pas d'abord le profit financier, ni même nécessairement à s'intégrer dans le système des prix). Ceci étant, ce but technique n'est pas dénué, comme nous le disions plus haut, d'une teinte d'anarchisme ou au moins de romantisme : le désir de transgresser un ordre établi et de *s'évader par le réseau* est évident dans les manifestes. La *combinaison entre un élitisme technique et un désir de transgression* fait, semble-t-il, la spécificité de ce phénomène. On comprend que le bénéfice intellectuel et psychologique pour les adeptes puisse compenser la gratuité de l'effort consenti.

Le cyber-humanisme apparaît donc parmi les prémices d'une « économie du don » qui est sans doute amenée à se développer, et a minima à côtoyer l'économie marchande. L'interaction qui se crée entre les deux révèle les caractéristiques de l'économie fondée sur le savoir, du fait des externalités produites, assumées, voulues. Au-delà, il convient toutefois de rester prudent et de ne pas assimiler trop vite la société du savoir et le cyber-humanisme révélé avec les logiciels libres.

Quels scénarios peut-on envisager pour l'avenir de ce phénomène ? Nous en suggérons trois. Il peut conduire à des formes communautaires de type *corporations* au Moyen Âge, et l'on peut s'attendre à une rapide récupération par l'économie classique (les innovateurs d'un jour deviennent les nouveaux P-DG le lendemain). On peut aussi envisager, dans le pire des cas, des *dérives sectaires* possibles. En effet, l'absence de référence à des valeurs de type contrat social peut tout à fait conduire, d'une part, à un sentiment d'appartenance pathologique et, d'autre part, à une négation des principes démocratiques. Dans un troisième scénario, à la fois plus ambigu et plus probable, on peut envisager une dérive vers des *formes communautaires « hors droit »*, dans lesquelles des leaders et des faiseurs de sens se constitueraient des niches de pouvoir et d'exploitation :

> **« Dans un monde tout en réseau, aucune clôture n'est possible. Le réseau s'étend et se modifie sans arrêt, si bien qu'il n'existe pas de principe pertinent pour arrêter à un moment donné la liste de ceux entre lesquels une balance de justice peut être établie. Il s'ensuit que dans un monde construit d'une façon telle qu'il soit entièrement soumis à une logique de réseau, la question de la justice n'a pas de raison d'être posée parce que les petits tendent à disparaître sans laisser de trace[1]. »**

Dans ce scénario, la logique du don serait en quelque sorte vampirisée par la logique réticulaire, et la technique deviendrait l'alibi d'une forme d'exploitation de l'homme. Les abus, récemment dénoncés dans la presse, où les salariés mercenaires des start-up deviennent de simples soutiers du navire montrent bien que ce scénario n'est pas de la science-fiction. Le dernier scénario, celui de la *société du savoir*, verrait le cyber-humanisme parvenir à *concilier un objectif économique (innovation technique) et un objectif politique (contrat social)*. Cela supposerait que les acteurs en présence parviennent à inventer de nouvelles formes d'échange, de travail, de régulation, de légitimation et de représentation publique. Donc une volonté politique, mais avec des règles nouvelles. Un tel scénario ne peut se prescrire, ni se programmer. Nul ne peut prédire le résultat. Il ne pourra en tout cas survenir qu'au terme de conflits et de remises en cause, dans lesquels les acteurs traditionnels de l'économie et de la vie politique seront amenés à la fois à coopérer et à négocier, à se remettre en cause sur des formes mais non pas sur les principes essentiels qui fondent la démocratie.

---

1. Luc Boltanski, Ève Chiapello, *Le nouvel esprit du capitalisme, op. cit.*, p. 159.

Il paraîtrait présomptueux de se hasarder à aller plus loin dans la prospective de ce futur possible.

Quoi qu'il en soit, la question centrale qui est ouverte est celle évoquée plus haut : *comment valoriser les externalités positives générées par le savoir et le don ?* Le régime purement marchand qui s'est développé et formalisé ces derniers siècles ne semble pas en mesure de répondre, et une telle situation ne peut se perpétuer car :

> **« Le dogme marchand est aujourd'hui potentiellement contre-productif car il conduit, justement, les agents à une valorisation nulle du temps passé en dehors du marché. Les guides d'action qu'il fournit – les prix, les rémunérations, les évaluations comptables – orientent nécessairement l'allocation individuelle du temps vers la production marchande au détriment du *reste* (pris sur le temps libre, les loisirs...), alors que c'est justement dans cette dimension que pourrait bien résider l'essentiel du gisement de croissance[1]. »**

Si les agents socio-économiques du monde de demain savent inventer de nouvelles formes de transactions et d'interactions majoritairement basées sur la connaissance, et non plus uniquement sur la monnaie et les prix, alors, dans cette hypothèse encore *improbable*, l'avenir pourrait nous réserver de grandes surprises : comment et sur quoi vont s'établir les prix ? Le prix restera-t-il d'ailleurs le critère dominant de la production et des échanges ? On voit déjà se développer une *nouvelle forme d'abondance, fondée sur des externalités positives, c'est-à-dire sur des effets purement immatériels et sociaux, et non plus exclusivement marchands.* Que l'on songe à Internet : ce phénomène, comme d'autres (les associations, par exemple), ne s'explique pas par l'allocation des ressources rares, ni par les échanges fixés par le système des prix, mais par des interactions sociales et de nouvelles formes de reconnaissance et de valorisation. Le champ des innovations socio-économiques est aujourd'hui grand ouvert et il paraît peu probable que les modèles du passé restent inébranlablement vissés sur leurs gonds...

---

1. Bruno VENTELOU, *Au-delà de la rareté. La croissance économique comme construction sociale*, Albin Michel, Paris, 2001, p. 190.

La part de l'invisible : savoir que l'on ne sait pas

La connaissance ne se limite pas à « savoir faire » ou à « comment faire ». Elle nous invite aussi à interpréter, à comprendre, à être à l'écoute des signaux qui scintillent dans l'incertain. C'est la combinaison de ces deux fonctions, normative et herméneutique, qui donne l'équilibre entre l'action et le sens. Nous l'avons vu à travers de nombreux exemples qui constituent des enjeux bien visibles de l'économie : l'innovation, l'intelligence économique, la question de la propriété intellectuelle, la gestion des relations client, l'évolution de la fonction RH, le développement durable. Le temps et la place nous ont manqué pour l'illustrer également dans d'autres enjeux comme la gestion des risques, la gestion des crises, les opérations de fusion-acquisition. La stratégie du savoir est au cœur de tous ces enjeux et elle nécessite l'équilibre entre l'action et le sens.

Pour l'illustrer d'une tout autre façon, plus suggestive, terminons avec la petite fable qui suit. J'invite le lecteur à visualiser la scène suivante :

> Un plateau de théâtre, plongé dans l'obscurité la plus complète. Au bout d'une longue minute, un mince faisceau lumineux apparaît au milieu du plateau, dessinant au sol un cercle blanc, dans lequel apparaît la lame d'acier d'une dague posée à même le sol. Puis une main surgit du néant et se saisit de l'arme. Un court instant plus tard, on voit entrer à son tour dans le faisceau un visage blanc sculpté par la lumière verticale. Il projette vers les spectateurs les deux trous béants de ses yeux terrifiés.

Dans cette courte scène, quel drame peut bien se nouer ? Plus précisément, posons-nous la question suivante : qu'est-ce qui peut bien se passer, tout autour du fragile rayon de lumière ? Que nous disent les objets visibles – la dague, la main et le visage – de ce qui se passe *ailleurs*, c'est-à-dire dans l'invisible ? Seul le spectateur particulièrement dénué d'imagination restera sec. Qui n'imagine aussitôt, dans la pénombre, au fond du plateau, ou au-delà encore, d'inquiétantes arcanes d'un drame shakespearien, de sombres crimes qui se trament, bref, tout un univers qui véhicule des époques, des lieux, des personnages, des situations innombrables ?

Pourtant, presque rien n'est montré. Au minimalisme du faisceau lumineux répond l'immensité de la nuit environnante – et le concert d'anges et de démons qui la peuplent. C'est que, comme le dit le metteur en scène Duản Szabo : « Au théâtre, l'obscurité se construit à l'aide de la lumière[1]. »

Revenons à présent à nos questions de gestion des connaissances, de stratégie du savoir, d'organisation apprenante. Qu'avons-nous fait, tout au long de ce livre parsemé de récits, d'exemples et de modèles qui racontent, évoquent, décrivent ce que font les managers du savoir ?

Sur la scène de l'économie fondée sur le savoir, quel est ce personnage qui porte le nom de Connaissance ? Que lui arrive-t-il ? Nous proposons, sous forme d'une courte énigme aux allures de poésie orientale (le *haïkai*), une interprétation qui rend compte de toute stratégie du savoir :

> **Quelque chose est mis en lumière,**
> **qui renforce la puissance de l'ombre.**

Chaque fois qu'une communauté développe une *base de connaissances*, elle capture quelque chose qu'il a fallu extraire de l'ombre. Cela, c'est un premier niveau d'interprétation. Le second niveau dit que l'essentiel se joue ailleurs que dans la base de connaissances : dans les tréfonds du cerveau humain. La *puissance d'une base de connaissances* ne se mesure pas à sa dimension explicite ; elle *se mesure à l'accroissement de puissance qui en résulte dans la communauté humaine* qui l'élabore, qui l'utilise, qui la renouvelle. Voyons quelques exemples.

Quand l'équipe d'un projet, avec ses parties prenantes, fait l'effort de tirer les leçons de l'expérience pour en faire profiter les autres ou pour « faire mieux la prochaine fois », elle doit explorer les non-dits, les « creux », les trous d'air de la communication et de la collaboration ; elle doit chercher dans ses zones d'ombre ce qui n'allait pas, mais aussi expliquer ce qui allait bien pour le valoriser. En faisant ce bilan critique, l'équipe ne

---

1. Duản Szabo, *Traité de mise en scène. Méthode des actions scéniques paradoxales*, L'Harmattan, Paris, 2001.

fait pas simplement une *explicitation*, comme on le dit trop superficiel-lement. Elle explicite quelque chose, certes (« quelque chose est mis en lumière »). Mais comme le montrent aussi bien la littérature que la psy-chanalyse, on peut verbaliser à l'infini l'expérience – cela n'épuise pas la part de l'ombre. En revanche, dans ce *processus de mise en lumière*, quelque chose d'essentiel a lieu – dans l'invisible. *Dans la dimension tacite.* En analysant son expérience, l'équipe projet ne produit pas sim-plement un rapport de bilan. Cela, c'est la dague dans le cercle de lumière. Les objets matériels que sont les rapports vont tranquillement dormir sur les bureaux, puis dans les armoires, puis dans les archives. L'important est ailleurs. *Dans le processus de prise de conscience qui a produit le rapport.* Dans la mémoire incorporée des individus qui ont analysé ensem-ble. À travers la discussion en fin de projet, chacun augmente un peu plus sa compétence, car il combine en lui-même et avec ses partenaires les deux fonctions de la connaissance : la fonction normative et la fonction herméneutique. *Chacun incorpore, dans l'invisible de son esprit-corps, un peu plus de puissance.*

C'est la même chose lorsque l'équipe commerciale fait le travail de comprendre les attentes de son client, d'en discuter avec lui, de construire la solution, de valoriser cette connaissance par combinaison avec d'autres équipes (bureau d'étude, exploitants, fournisseurs...). Dans ce travail col-lectif, une base de connaissances commune s'élabore. Le résultat visible est utile non pas pris isolément, mais du fait qu'il résulte d'un processus de socialisation et qu'il déclenche, par les exploitations qui vont suivre, d'autres processus de socialisation, de transfert, d'incorporation, d'inter-prétation, de création. Si le travail est bien fait, si l'équipe est vraiment apprenante, *la véritable valeur de la base de connaissances réside dans les interfaces, les relations et les représentations partagées entre les par-ties prenantes* : la satisfaction du client, l'augmentation de compétences de l'équipe, l'apprentissage collectif, la richesse de la relation humaine. C'est pourquoi la base de données clients est un bien maigre capital en soi. Contrairement au cliché qui s'est répandu ces dernières années, ce n'est pas la base de données en soi qui a de la valeur, c'est l'adéquation qui existe entre cette base de données et la communauté humaine capable d'en tirer parti, par des coopérations, des relations, des innovations. Don-nez du lard au cochon, il ne se transforme pas en gourmet.

Avec la connaissance, tout comme au théâtre, ce qui importe, c'est l'inte-raction qui existe entre l'ombre et la lumière, entre le visible et l'invisible, entre le tacite et l'explicite. Les organisations ne peuvent pas gérer leurs connaissances à la façon d'un mauvais metteur en scène, qui laisserait toute la scène dans l'obscurité ou au contraire qui inonderait le plateau d'une lumière uniforme. Quand un manager du savoir doit organiser les dispositifs de gestion des connaissances, il a tout intérêt à se penser comme un bon metteur en scène. Ce qui fait la puissance du visage, c'est la sculpture de son masque dans l'interaction du noir et de la lumière. Ce qui fait la puissance de la scène, c'est l'interaction qui existe entre ce qui est montré et ce qui n'est pas montré.

De même, *ce qui fait la puissance des bases de connaissances, c'est l'interaction qui existe entre le système d'information et la communauté humaine.* Les quatre processus du modèle CTR-S (capitaliser, transférer, renouveler-socialiser) doivent donc interagir. Capitaliser aujourd'hui dans son coin pour utiliser demain ailleurs est une impasse. Du moins une bouteille à la mer. Il en faut, certes. Mais cela conduit à instrumentaliser l'humain dans des processus de capitalisation stériles.

Au contraire, si le processus de capitalisation est pensé en symbiose avec les processus de socialisation, de transfert, de renouvellement, alors les effets positifs ne se font guère attendre. *La communauté devient apprenante*, elle augmente sa compétence, chacun s'enrichit dans le don-contredon, la relation avec les clients et parties prenantes devient plus créatrice.

Dans ces processus réussis, il ne faut pas croire que tout baigne dans la lumière. Non. Comme dans une mise en scène réussie, ce qui est en lumière rend plus puissant encore ce qui n'est pas visible. Ce n'est pas par goût de l'ombre ou de l'invisible. Il n'y a rien de magique là-dedans. C'est tout simplement que tout n'est pas visible. Expliciter et montrer est un art. *L'art de la combinaison entre le visible et l'invisible, entre l'explicite et le tacite, entre le yang et le yin.* Trop expliciter, trop formaliser, trop normaliser ne conduit qu'au conformisme. À l'opposé, ne rien discuter, ne rien analyser, ne rien mettre en forme perpétue l'ignorance, l'incompétence, la pathologie voire la barbarie autoritaire. Notre pensée occidentale veut trop souvent une réponse tranchée entre l'ombre et la lumière. Cela ne convient pas à la connaissance active.

La connaissance active combine l'individuel et le collectif, le tacite et l'explicite, l'action et le sens, dans un équilibre complexe. La gestion de cet équilibre, la mise en scène des jeux de la lumière et de la pénombre ne peuvent se réduire à des catalogues de méthodes. C'est pourquoi j'ai essayé dans ce livre d'aller au-delà d'une simple description de solutions. L'inconvénient est que cela nécessite un effort, de la part de l'auteur comme du lecteur. Cela comprend aussi des risques – se tromper, oublier des choses ou donner trop d'importance à tel aspect. Mais c'était le prix, pour tenter de suggérer dans quels jeux d'ombre et de lumière résident les stratégies réussies du savoir. Ces combinatoires, ces interprétations, ces commentaires, ces discussions, permettent d'éviter un syndrome assez courant : vouloir faire du copier-coller. Un catalogue de méthodes et d'outils peut donner l'illusion au lecteur qu'il devient soudain compétent. Il en va de même de toute démarche pédagogique. Faire trop compliqué n'est pas bon, mais faire trop simple produit de l'illusion.

Les organisations qui cherchent des *victoires rapides* en matière de connaissance et de stratégie du savoir ont toutes les chances de se tromper. Faut-il évoquer des exemples ? L'affaire Enron, qui défraie en ce moment la chronique et provoque de profondes questions sur le capitalisme contemporain, nous en fournit un tout trouvé. Au début de l'an 2000, la vérité était simple pour beaucoup. Il suffisait de *mettre Internet à tous les étages*, chez soi et chez le client. Il suffisait de rebâtir son *business model* en fonction des comportements de la bulle de spéculation financière. Il suffisait d'être le *premier dedans (first in)* pour être le seul vainqueur. Il suffisait de décréter des victoires rapides dans tous ses projets. Quand la connaissance devient trop vite une norme absolue, elle s'éteint aussitôt. Quand, tout à coup, l'on veut tout éclairer de façon homogène, on ne produit plus aucune lumière. Une façon de faire originale peut constituer une authentique innovation dans un contexte. Cela ne veut pas dire qu'il suffit de copier le plus vite possible – et sans adapter. Entre le mimétisme et le repliement sur soi, il faut trouver le juste milieu.

Ce jeu de combinaisons permanent entre doute et certitude, norme et critique, tacite et explicite est peut-être la principale condition de réussite. Cela suppose d'ailleurs au passage que les critères de cette réussite se construisent en marchant : ils évoluent *au cours du temps* et doivent être décidés en concertation avec toutes les parties prenantes. Nous avons ainsi insisté sur la dimension éthique du savoir, en de nombreuses occasions. Dans l'économie fondée sur le savoir, les organisations ne peuvent plus se permettre de se donner des critères immuables, qu'elles décideraient seules.

La connaissance ne cesse de produire des *externalités*. Ses applications visibles peuvent s'évaluer, se quantifier. Mais ce n'est que la partie émergée de l'iceberg. Les externalités ont lieu en dehors du système des prix. Surtout, elles peuvent se propager à l'infini, dans l'espace et le temps. Au positif comme au négatif. Ainsi, nul ne peut prédire l'extension ni les formes que pourra prendre une innovation. Quelles applications, dans quels contextes ? Quels usages ? À quelle vitesse cela transformera des processus existants ? Les tableaux de bord ne peuvent donner autre chose que des prévisions hasardeuses, lorsqu'il s'agit de la créativité humaine et de ses effets multiples. À contrario, quelle extension peut prendre une crise ? Quelles conséquences peut entraîner une nouvelle technologie mal maîtrisée ? Les dossiers de l'agroalimentaire, de la santé, de l'environnement n'ont donné que trop d'exemples, ces dernières années, du degré d'incertitude – et de dégâts – qui accompagne le savoir lorsque le visible prétend avoir aboli l'invisible.

La gestion des connaissances et la stratégie du savoir qui la sous-tend doivent donc s'accompagner, tout comme ailleurs, d'un *souci éthique*. Cela se traduit à beaucoup de niveaux : dans l'évolution concertée, au niveau mondial, des questions de propriété intellectuelle, dans l'évolution du contrat de travail, dans les processus de gestion de crise, dans la gouvernance des organisations, dans la gestion des risques, dans les questions de développement durable.

Dans tous ces enjeux, *la responsabilité sociétale va de pair avec une stratégie du savoir*. Jusqu'à présent, les instances et acteurs qui s'emparent de ces questions ont tendance – et c'est bien compréhensible tant les problèmes sont complexes – à *ne voir que la dimension technique de la connaissance. Le savoir lui-même est rarement questionné.* La technique n'est d'ailleurs en général questionnée qu'à travers ses usages. Cela conduit à traiter parfois les problèmes d'une façon réductrice, ce qui bien souvent ne fait que déplacer ou renforcer le problème.

Par exemple, pour maîtriser l'usage d'une technique, nous avons tendance soit à l'interdire soit à sur-réglementer. Nous travaillons peu sur nos propres capacités d'apprentissage. La coconstruction et la discussion, au sens épistémologique, sont pourtant une source de productivité et de créativité. Nous l'avons évoqué à plusieurs reprises, notamment concernant la combinaison de savoirs *experts* et *profanes*.

Ainsi, une fois qu'une technique est déployée, elle s'accompagne de tout un appareillage normatif ultracomplexe et de schémas mentaux des acteurs qui constituent certes un ensemble de représentations opératoire pour agir et utiliser, mais qui peut, en cas de problème imprévu, constituer un énorme frein. Le dossier de l'affaire du sang contaminé, en France, a montré que les problèmes actuels de société mobilisent le savoir non seulement dans sa dimension instrumentale et technique, mais aussi dans sa dimension cognitive, à travers les schémas mentaux, comportements, *habitus* qui accompagnent toujours les connaissances.

Les managers du savoir doivent donc surtout apprendre, me semble-t-il, à articuler de façon intelligente la fonction normative et la fonction herméneutique. Les dispositifs mis en place, qu'ils soient technologiques ou organisationnels, doivent permettre de combiner le yang et le yin du savoir. Ce principe fondamental, une fois bien compris, aide à penser les processus comme la socialisation, la capitalisation, le transfert et le renouvellement ; mais aussi les méthodes et outils, les contenus des bases de connaissances, les modes d'apprentissage, qu'ils soient individuels ou collectifs, les formes d'organisation (projets, structures, communautés de pratiques), les formes de collaboration, l'évolution des fonctions, des rôles, des métiers, la discussion des valeurs, des normes, des moyens et des fins. Non pas en fonction d'une clé établie une fois pour toutes, mais, encore une fois, à la façon de l'art du théâtre, avec ses jeux d'ombre et de lumière.

Le manager du savoir, ce nouveau gardien du temple, se trouve face au défi d'inventer son métier, de construire sa compétence. Non pas tout seul, mais au sein des autres métiers, au sein des enjeux d'économie et de société. Il ne propose pas un nouveau modèle d'organisation. Il propose simplement aux organisations d'*apprendre à mieux apprendre*, au management de mieux voir et valoriser la dimension de la connaissance, aux systèmes de mieux prendre en compte les effets d'externalités du savoir. Et, sauf à devenir un technocrate des systèmes, le manager du savoir sera certainement inspiré de se souvenir que la véritable puissance est dans l'équilibre entre yin et yang du savoir.

Dans ces conditions, la connaissance, tout comme la mémoire, n'est qu'un levier utile sur l'inconnu. Jamais une garantie de vérité, ni de réussite. Ni une finalité. Pas plus dans ses normes d'action que dans le sens, qui est toujours à réinterroger.

Bibliographie thématique

Gestion des connaissances, organisation apprenante

AMIDON Debra, *Innovation et management des connaissances*, tr. fr. Eunica Mercier-Laurent, Éditions d'Organisation, Paris, 2001.

ANCIAUX J.-P., *L'entreprise apprenante : vers le partage des savoirs et des savoir-faire dans les organisations*, Éditions d'Organisation, Paris, 1994.

ARGYRIS Chris, *Savoir pour agir*, InterEditions, Paris, 1995.

AUTHIER Michel, LEVY Pierre, *Les arbres de connaissance*, La Découverte, Poche, Paris, 1998.

BALLAY J.-F., *Capitaliser et transmettre les savoir-faire de l'entreprise*, Eyrolles, Paris, 1997.

BALLAY J.-F., « Mythes et réalités du tout-communiquant (l'entreprise apprenante en réseau) », *Expansion Management Review*, n° 89, juin 1998.

BALLAY J.-F., « Les processus clés de la gestion des savoirs », *Expansion Management Review*, n° 95, décembre 1999.

BALLAY J.-F., « Le renouvellement de la gestion des connaissances dans l'entreprise », in *Knowledge management*, revue annuelle des élèves des Arts et métiers, Dunod, Paris, 2000.

BALLAY J.-F., « Un autre *knowledge management ?* », *Expansion Management Review*, n° 101, juin 2001.

BAUMARD Philippe, *Organisations déconcertées. La gestion stratégique des connaissances*, Masson, Paris, 1996.

BAUMARD Philippe, « Des organisations apprenantes ? Les dangers de la consensualité », *Revue française de gestion*, numéro spécial « Les chemins du savoir de l'entreprise », n° 105, septembre-octobre 1995, p. 49-57.

BAUMARD Philippe, « La guerre du savoir a commencé », *Expansion Management Review*, n° 92, mars 1999, p. 60-69.

BES Marie-Pierre, « Le patrimoine technologique des agences publiques : retour d'expérience et capitalisation des connaissances », LIRHE-CNRS, université de Toulouse-III, *Annales des Mines*, revue *Gérer et Comprendre*.

BES Marie-Pierre, « La capitalisation active des connaissances. Principes, contextes et obstacles », *Annales des Mines*, revue *Gérer et comprendre*, décembre 1998.

BRINT M., « References on knowledge management », site Internet : http ://www.ntgi.net/ntg/y2k/info/kmartcls.htm

BROWNE John, « Unleasing the power of learning : an interview with British Petroleum's CEO, John Browne », *Business Harvard Review*, sept.-octobre 1997.

BRUNEAU J.-M., PUJOS J.-F., *Le management des connaissances dans l'entreprise*, Éditions d'Organisation, Paris, 1992.

BUCK Jean-Yves, *Le management des connaissances. Mettre en œuvre un projet de knowledge management*, Éditions d'Organisation, Paris, 1999.

BUKOWITZ Wendi, WILLIAMS Ruth, *Gestion des connaissances en action*, Pearson, Paris, 1999 ; éd. française, Village Mondial, Les Échos, Paris, 2000.

CHAPELLE Gaetane, « La mémoire de l'entreprise », revue *Sciences Humaines*, hors série « La dynamique des savoirs », n° 24, mars-avril 1999, p. 41-43.

CHARUE-DUBOC F., « Quelle capitalisation de savoir pour quelle mobilisation dans l'action ? », séminaire interdisciplinaire de sciences cognitives et épistémologie : Mémoires inscriptions actions individuelles et collectives, p. 65-75, Compiègne, centre de recherche de Royallieu, université de technologie de Compiègne, COSTECH, 25 janvier 1996.

CIGREF, BAUVAIS Virginie, DAILHÉ Patrick et al., « Gérer les connaissances », Club informatique des grandes entreprises françaises, www.cigref.fr, octobre 2000.

COMMISSION DE LA FONCTION PUBLIQUE DU CANADA, « La gestion du savoir à la commission de la Fonction publique », site Web : http ://www.psc-cfp.gc.ca

COMMUNAUTÉ EUROPÉENNE DE KNOWLEDGE MANAGEMENT, site Internet : www.knowledgeboard.com

CONGLA P., RIZZUTO C. R., « Evolving communities of practice : IBM Global Services experience », site Communauté européenne KM, juin 2001 : http ://www.knowledgeboard.com/library/case_studies.html

DAVENPORT Thomas, PRUSAK Laurence, *Working knowledge*, Harvard Business School Press, Boston, 1998.

DAVENPORT Thomas, « Knowledge management case study – KM at Microsoft », février 1998, http ://www.bus.utexas.edu

DERR Kenneth, « Managing Knowledge The Chevron way », Knowledge management World Summit, San Francisco, janvier 1999, www.chevron.com/newsvs/speeches/1999.

DIENG Rose et *al., Méthodes et outils pour la gestion des connaissances*, Dunod, Paris, 2001 (2ᵉ édition).

EIRMA (European Industrial Research Management Association), *La gestion du savoir dans l'entreprise*, rapports des groupes de travail, n° 54, Paris, 1999.

ERMINE Jean-Louis, *Les systèmes de connaissance*, Hermès, Paris, 1996.

ERMINE J.-L., CHAILLOT M., BIGEON P., *MKSM a method for knowledge management. ISMICK96 Knowledge management, organisation, competence and methodology,* Ergon Verlag, Würzburg, octobre 1996, p. 288-302.

EVING Jack, KEENAN Faith, « Siemens veut partager ses richesses », *Le Monde* du 21 mars 2001.

FOUET J.-M. et *al., Connaissances et savoir-faire en entreprise. Intégration et capitalisation*, Hermès, Paris, 1997.

GARTNER, site Web knowledge management : http ://www.info-edge.com/ knowmgtg.htm

GARTNER, « The knowledge management scenario : trends and directions for 1998-2003 », étude prospective, 1998, sur le site.

Harvard Business Review, « Le knowledge management », recueil d'articles (P. Drucker, I. Nonaka, C. Argyris, A. Garvin, D. Leonard, A. Kleiner, J. Brown, J. Quinn), Éditions d'Organisation, Paris, et *Expansion Management Review*, Paris, 1999.

HEALTH-CANADA (MINISTÈRE), « Vision et stratégie pour la gestion du savoir à Santé Canada », http ://www.hc-sc.gc.ca/iacb-dgiac/km-gs/francais/vsmenu_ f.htm

KM Forum, « What is knowledge management ? », http ://www.km-forum.org/ what_is.htm

KUAN-TSAE Huang, « Capitalizing collective knowledge for winning, execution and teamwork », http ://www.ibm.com/services/articles, 1998.

MALHOTRA Y., « Knowledge Management, Knowledge Organizations & Knowledge Workers : À View from the Front Lines », http ://www.brint.com/ interview/maeil.htm

MALVACHE P., « Gestion de l'expérience de l'entreprise : la méthode Rex », séminaire COMMETT93, Gestion du savoir-faire et des connaissances dans l'entreprise, Compiègne IIIA, Institut international pour l'intelligence artificielle, p. 123-124, juin 1993.

MALASCO Britton, « Dow Chemical capitalizes on intellectual assets », 1997, http ://webcom.com/quantera/dow.html

MICAELLI J.-P., « Les trois âges de la capitalisation des connaissances », dans *Connaissances et savoir-faire en entreprise. Intégration et capitalisation*, Hermès, Paris, 1997.

NONAKA Ikujiro, « Managing the firm as an information creation process »,

Advances in Information Processing in Organizations, vol. 4, JAI Press Inc, 1991, p. 239-275.

NONAKA Ikujiro, « A dynamic theory of organizational knowledge creation », *Organization Science*, vol. 5, n° 1, février 1994, p. 14-37.

NONAKA Ikujiro, KONNO Noboru, « The concept of Ba, building a foundation for knowledge creation », *California Management Review*, vol. 40, n° 3, printemps 1998, p. 40-54.

NONAKA Ikujiro, TAKEUCHI Hirotaka, *La connaissance créatrice. La dynamique de l'entreprise apprenante*, De Boeck Université, Paris, Bruxelles, 1997.

PHILLIPS Jack, BONNER Dede et *al.*, *Leading knowledge management and learning*, American Society for Training & Development, Alexandria, 2000.

POITOU Jean-Pierre, « La gestion collective des connaissances de l'entreprise. Approche sociologique et linguistique », université de Provence, 8 juin 1994, conférence à la société Marcel Dassault.

POITOU J.-P., « La gestion collective des connaissances et la mémoire individuelle », dans *Connaissances et savoir-faire en entreprise. Intégration et capitalisation*, Hermès, Paris, 1997.

POMIAN Joanna, « La mémoire d'entreprise », Sapientia, Paris, 1996.

PRAX J.-Y., *Manager la connaissance dans l'entreprise*, INSEP Éditions, Paris, 1997.

PRUSAK Laurence, FAHEY Liam, « Onze erreurs à ne pas commettre », *Expansion Management Review*, n° 92, mars 1999, p. 82-87.

SENGE Peter, *La cinquième discipline*, FIRST Éditions, Paris, 1991.

SKYRME David, « Developping a knowledge strategy », site Internet : http ://www.skyrme.com

SNOWDEN Dave, « The paradox of story », *Journal of strategy & scenario planning*, ARK Publications, novembre 1999.

SNOWDEN Dave, « The art and science of story », *Business Information Review*, septembre 2000, vol. 17, n° 3.

SNYDER William, « Communities of practice : combining organizational learning and strategic insights », août 1997, http ://www.co-i-l.com/coil/knowledge-garden/cop/cols.shtml

STEWART Thomas, « Brain power. How intellectual capital is becoming America's most valuable asset », revue *Fortune*, Londres, juin 1991.

SVEIBY Karl, *Knowledge management. La nouvelle richesse des entreprises*, éd. originale 1997, Maxima Laurent du Mesnil éditeur, Paris, 2000.

TAMISIER S., MALVACHE P., « ACCORE : a system to capitalize and restitute knowledge, after one year of use by 800 persons of CEA », in *Knowledge Management Organization, Competence and Methodology*, ouvrage collectif, congrès ISMICK96, Rotterdam, Ergon Verlag, Allemagne, Würsburg, octobre 1996, p. 287.

TARONDEAU Jean-Claude, *Le management des savoirs*, PUF, coll. Que-sais-je ?, Paris, 1998.

THÉVENOT Dominique, *Le partage des connaissances. Une mémoire interactive pour la compétitivité de l'entreprise*, Lavoisier, coll. Technique & Documentation, Paris, 1998.

TISSEYRE René-Charles, *Knowledge management*, Hermès, Paris, 1999.

TIWANA Amrit, *Gestion des connaissances. Applications CRM et e-business*, Prentice Hall, 2001, Campus Press, Paris, 2001.

VINCK D., « La connaissance : ses objets et ses institutions », dans *Connaissances et savoir-faire en entreprise. Intégration et capitalisation*, Hermès, Paris, 1997.

WELCH Jack, « A learning company and its quest for Six Sigma, General Electric », Annual meeting, 1997.

WENGER Étienne, « Communities of practice : learning as a social system », Systems Thinker, juin 1998, http ://www.co-i-l.com/coil/knowledge-garden/cop/cols.shtml

ZACK Michael, « If managing knowledge is the solution, then what's the problem ? », College of business administration, Boston, octobre 1998.

Économie du savoir, management

AGENCE DE PROMOTION ÉCONOMIQUE DU CANADA ATLANTIQUE, « Perspectives de croissance des grappes industrielles basées sur la connaissance », juillet 1997, www.ns.sympatico.ca

ALLIAUME Marc, « Étude sur la pratique de l'intelligence économique et des besoins en informations des entreprises », CCI Caen, http ://www.cpod.com, 1998.

ARNSPERGER Christian, VAN PARIJS Philippe, *Éthique économique et sociale*, La Découverte, coll. Repères, Paris, 2000.

BALLET Jérôme, DE BRY Françoise, *L'entreprise et l'éthique*, Le Seuil, coll. Points Économie, Paris, 2001.

BANDT Jacques de, GOURDET Geneviève, *Immatériel, nouveaux concepts*, ouvrage collectif, Économica, Paris, 2001.

BEAURAIN Pascal, FROTIÉE Patrick, TOWHILL Brian, « Nouvelles perspectives pour les entreprises : les dirigeants voient dans la gestion des risques une opportunité pour la gestion opérationnelle et stratégique », dossier *Les Échos*, L'art de la gestion des risques, n° 1, 28 septembre 2000.

BENATRE Didier, WALTER Christian, « Du hasard sage au hasard sauvage », dossier *Les Échos*, L'art de la gestion des risques, 4 octobre 2000.

BIENAYMÉ Alain, *L'économie des innovations technologiques*, PUF, coll. Que-sais-je ? Paris, 1994.

BOUDÈS Thierry, CHRISTIAN Dominique, « Du reporting au raconting dans la conduite des projets », *Annales des Mines*, mars 2000, p. 52-63.

BOUNFOUR Ahmed, *Le management des ressources immatérielles*, Dunod, Paris, 1998.

BREESE et MAZEROVIC, Conseil en propriété industrielle, « Régime juridique des connaissances » et « Droit de la connaissance et droit du savoir-faire », www.breese.fr/guide/htm/brevet

BRILMAN Jean, *Les meilleures pratiques du management*, Éditions d'Organisation, Paris, édition remise à jour, 2001.

CALVO J., COURET A., « La protection des savoir-faire de l'entreprise », *Revue française de gestion*, n° 105, Les chemins du savoir-faire de l'entreprise, p. 95-107, septembre 1995.

COMMISSARIAT GÉNÉRAL DU PLAN, *Les indicateurs de l'économie de la connaissance*, Paris, 2000.

COMMISSION AU CONSEIL ET AU PARLEMENT EUROPÉEN, *L'innovation dans une économie fondée sur la connaissance*, COM (2000) 567, Bruxelles, septembre 2000.

CROWLEY Brian, « Les idées omniprésentes de Friedrich Hayek, l'homme qui a transformé la vie de tout le monde », Institut d'études économiques de Montréal, tr. fr. Martin Masse, www/iedm.org/library/

DAVENPORT Paul, « The affordability of lifelong learning in the knowledge economy : a canadian university perspective », conférence OCDE, Ottawa, décembre 2000.

DAVID Paul, WRIGHT Gavin, « Early twentieth century productivity growth dynamics : an inquiry into the economic history of *our ignorance* », Economic history society annual conference, Oxford, mars 1999, http ://www.nuff.ox.ac.uk/Economics/History/Paper33/33david4.pdf

DELAPIERRE Michel, MOATI Philippe, MOUHOUD El Mouhoub, *Connaissance et mondialisation*, colloque Technologie et connaissance dans la mondialisation, Poitiers, septembre 1998, Économica, Paris, 2000.

DENIS Hélène, *Comprendre et gérer les risques technologiques majeurs*, Éditions de l'École polytechnique de Montréal, 1998.

DRUCKER Peter, « From capitalism to knowledge society », in *The knowledge economy*, Dale Neef, Butterworth-Heinemann, 1998.

EDVINSON Leif, MALONE Michael, *Le capital immatériel de l'entreprise*, Maxima Laurent du Mesnil Éditeur, Paris, 1999 ; édition originale *Intellectual capital*, Harper Collins Publishers, 1997.

ÉPINGARD Patrick, « L'investissement immatériel, une réalité essentielle et insaisissable », in *Immatériel, nouveaux concepts*, dir. par BANDT Jacques de et GOURDET Geneviève, Économica, Paris, 2001.

FADAIRO Muriel, MASSARD Nadine, « Les spillovers géographiques : réalité et

origine d'une dimension géographique des externalités de connaissance »,
Centre de recherches économiques de l'université de Saint-Étienne, conférence internationale Technologie et connaissance dans la mondialisation, septembre 1998.

FORAY Dominique, *L'économie de la connaissance*, La Découverte, coll. Repères, Paris, 2000.

FRANCART Loup, *La guerre du sens. Pourquoi et comment agir dans les champs
psychologiques*, Économica, coll. Stratèges & stratégies, Paris, 2000.

GÉNÉREUX Jacques, *Les vraies lois de l'économie*, Le Seuil, Paris, 2001.

GHERTMAN Michel, *Le management stratégique de l'entreprise*, PUF, coll. Que-
sais-je ?, Paris, 1989.

GIGA Information Group, « The e-learning market : customer segmentation »,
Cambridge, mai 2001.

GODELIER Éric, « Le changement dans les entreprises : crise ou mutation ? »,
Revue française de gestion, septembre-octobre 1998, p. 24-36.

HAYEK Freidrich, « Economics and Knowledge », *Economica* IV, 33-54, 1937,
http ://www.virtualschool.edu/mon/Economics

HAYEK Freidrich, « The use of knowledge in society », *American Economic
Review*, XXXV, n° 4, septembre 1945, http ://www.virtualschool.edu/mon/
Economics

JAFFE Adam, « The importance of spillovers in the policy mission of the Advanced Technology Program », *Journal of technology transfer*, vol. 23, n° 2,
p. 11-19, 1998.

JACOBIAK François, *L'intelligence économique en pratique*, Éditions d'Organisation, Paris, 2001 (2ᵉ édition).

JOLIVET François, « Management de projet : et si l'on parlait vrai ? », *Annales
des Mines*, septembre 1998.

LAINÉE F., *La veille technologique. De l'amateurisme au professionnalisme*,
Eyrolles, Paris, 1991.

LANDRY Aréjean, AMARA Nabil, LAMARI Moktar, « Capital social, innovation et
politiques publiques », université de Laval, Québec, *Revue Canadienne de
Recherche sur les Politiques (ISUMA)*, printemps 2001, http ://www.isuma.net/
v02n01/landry/landry.htm

LAPOINTE Serge, agence Robic, « L'histoire des brevets », revue *Les Cahiers de
propriété intellectuelle,* n° 12-3, Montréal, janvier 2000.

LEBAN Raymond, *Le management, entre modèles et pratiques*, Éditions d'Organisation, Paris, 2002.

LE BAS Christian, *Économie de l'innovation*, Économica, Paris, 1995.

LE GOFF Jean-Pierre, *Les illusions du management*, La Découverte, coll. Poche,
Paris, 2000.

LEVET Jean-Louis, *L'intelligence économique,* Économica, Paris, 2001.

MACHLUP Fritz, *Économie des connaissances et de l'information*, Princeton University Press, 1984 ; tr. fr. Édith Zeitlin, revue *Réseaux*, n° 48, CNET, 1993.

MARTRE Henri, *Intelligence économique et stratégie des entreprises*, groupe de travail du Commissariat général du plan, La Documentation française, Paris, 1994.

MAYÈRE A., « La gestion des savoirs face au nouveau modèle industriel », *Revue française de gestion*, numéro spécial Les chemins du savoir de l'entreprise, septembre-octobre 1995 p. 8-16.

MEDA Dominique, *Qu'est-ce que la richesse ?*, Flammarion, coll. Champs, Paris, 1999.

MIDLER Christophe, « A management revolution at Renault », congrès IFSAM The best in management worldwide, Dallas, Texas, août 1994, http ://wwwecole.org

MIDLER Christophe, *L'auto qui n'existait pas*, InterEditions, 1993, Dunod, Paris, 1998 (2ᵉ édition).

MINISTÈRE DE L'INDUSTRIE ET DU COMMERCE DU QUÉBEC, dir. Sylvain Carpentier, *L'économie du savoir,* rapport de la direction générale de la planification, janvier 2001, Québec.

MITROFF Ian, « Les principes fondamentaux de la gestion des crises », dossier *Les Échos* L'Art de la gestion des risques, n° 11, 6 décembre 2000.

MOISDON J.-C., WEIL Benoît, « Capitaliser les savoirs dans une organisation par projets », *Le Journal de l'École des mines de Paris*, n° 10, avril 1998.

MOISDON J.-C., WEIL Benoît, « La capitalisation technique pour l'innovation : expériences dans la conception automobile », actes du colloque La politique du produit, *Les Cahiers de la Recherche*, n° 76, Paris, 15 octobre 1998.

OCDE, « L'économie fondée sur le savoir », GD/(96)/102, 1996, http ://www.oecd.org//dsti/sti/s_t/inte/prod/f96-102.pdf

OCDE, « L'économie fondée sur le savoir : des faits et des chiffres », juin 1999, site OECD.

OCDE, « Tableau de bord de l'OCDE de la science, de la technologie et de l'industrie », septembre 1999, http ://www.oecd.org/dsti/sti/industry/indcomp/index.htm

OCDE, « Symposium capital intellectuel », Amsterdam, 1999, http ://www.oecd.org//dsti/sti/industry/indcomp/prod/intang.htm

OCDE, « Perspectives de la science, de la technologie et de l'industrie », 2000, http ://www.oecd.org//dsti/sti/s_t/prod/outlook_2000fr.htm

OCDE, « Investir dans les compétences pour tous », réunion des ministres de l'Éducation, 2001, http ://www.oecd.org/els/pdfs/EDSMINDOCF002.pdf

ONU, Programme de développement des Nations unies, Rapport mondial sur le développement humain, http ://www.undp.org/hdr2001/french/, 2001

PASCAUD C. F., PIOTRAUT J.-L., *Protéger et valoriser l'innovation industrielle (brevets et savoir-faire : de la théorie à la pratique)*, Lavoisier, coll. Technique & Documentation, Paris, 1994.

PETIT Pascal, DANG NGUYEN Godefroid, PHAN Denis, « Les enjeux économiques et sociaux de la société de l'information », École nationale supérieure des télécommunications de Bretagne, 1998, http ://www.univ-st-etienne.fr/creuset/actualite/Petit_03_98.pdf

PIERRAT Christian, MARTORY Bernard, *La gestion de l'immatériel*, Nathan, Paris, 1996.

PORTER Michael, *Competitive advantage. Creating and sustaining superior performance*, Free Press, New York, 1985.

RICHARD Frank, *Recherche, invention et innovation*, Économica, Paris, 1998.

RIFKIN Jeremy, *La fin du travail*, New York, 1995, La Découverte, Poche essais, Paris, 1996.

RIFKIN Jeremy, « Quand les marchés s'effacent devant les réseaux », *Le Monde diplomatique*, juillet 2001, p. 22-23.

ROBNSON Alan, STERN Sam, *L'entreprise créative. Comment les innovations surgissent vraiment*, Éditions d'Organisation, Paris, 2000.

ROUACH Daniel, *La veille technologique et l'intelligence économique*, PUF, coll. Que-sais-je ? Paris, 1996.

SCHWARTZ Peter, « L'avenir officiel ou l'illusion collective », dossier *Les Échos*, L'art de la gestion des risques, 4 octobre 2000.

SELHOFER Hannes, MAYRINGER Heinz, « Benchmarking the information society development in European countries », revue *Communications & Stratégies*, n° 43, 3ᵉ trimestre 2001, p. 17-55.

SIIRIAINEN Fabrice, « Les réalités immatérielles et le droit », in *Immatériel, nouveaux concepts*, dir. par BANDT Jacques de, GOURDET Geneviève, Économica, Paris, 2001.

SOETE Luc, TER WEEL Bas, « Schumpeter and the knowledge-based economy : on technology and competition policy », Department of Economics and Maastricht research institute on innovation and technology (MERIT), 1999, http ://netec.mcc.ac.uk/WoPEc/data/Papers/dgrumamer1999004.html

STEHR Nico, « Le savoir en tant que pouvoir d'action », revue *Sociologie et sociétés*, vol. XXXII, n° 1, printemps 2000, Vancouver, http ://www.erudit.org/erudit/socsoc/v32n01/stehr/stehr.htm

STIGLITZ Joseph, *Public policy for a knowledge economy*, Banque mondiale, Londres, janvier 1999.

VENTELOU Bruno, *Au-delà de la rareté. La croissance économique comme construction sociale*, Albin Michel, Paris, 2001.

VICKERY Graham, « L'établissement de comptes de capital intellectuel dans une perspective internationale », OCDE, direction de la science, de la technologie et de l'industrie, Paris, 1998.

WAGRET J.-M., *Brevets d'invention et propriété industrielle*, PUF, coll. Que-sais-je ? Paris, 1992.

WEIL Thierry, « Quand les éléphants apprennent à danser avec les puces : comment les entreprises construisent des réseaux dans la Silicon Valley pour développer leurs compétences », *Le Journal de l'École des mines de Paris*, n° 5, juillet-août 1997.

Technologies de l'information, société de la communication

ALMEIDA Nicole d', *Les promesses de la communication*, PUF, Paris, 2001.

BERNERS-LEE Tim, « World Wide Web, proposal for a hypertext project », novembre 1990, http ://www-cabri.imag.fr/~kuntz/Publier/Proposal.html

BROWNE Christopher, « Linux et le développement décentralisé », tr. fr. Sébastien Blondeel, Gaël Duval, 1998, http ://www.linux-france.org/article/these/lsf-fr/lsf-fr.html#toc2

BUFFELAN-LANORE, « Les problèmes juridiques des multimédias : leur valeur de preuve », congrès IDT (marchés et industries de l'information), Paris, mai 1994, p. 183-188.

CABIN Philippe et *al.*, *La communication, état des savoirs*, Éditions Sciences Humaines, Auxerre, 1998.

CARTIER Michel, « Les portails de seconde génération », Ottawa, 2001, www.ledevoir.com

CHAUMIER J., *Les techniques documentaires*, PUF, coll. Que-sais-je ? Paris, 1971.

COAT Françoise, COURBON Jean-Claude, TRAHANT Jacques, *Le travail en groupe à l'âge des réseaux*, Économica, Paris, 1998.

CONSEIL D'ÉTAT, *Internet et les réseaux numériques*, rapport d'étude, 2 juillet 1998, http ://www.internet.gouv.fr/francais

CORNU Daniel, *Éthique de l'information*, PUF, coll. Que-sais-je ? Paris, 1997.

COSMOSBAY, *Le livre blanc des portails d'entreprise*, avril 2001.

COURBON Jean-Claude, TAJAN Silvère, *Groupware et Intranet. Vers le partage des connaissances*, Dunod, Paris, 1999.

FLICHY Patrice, GENSOLLEN Michel, *Internet, un nouveau mode de communication ?*, Hermès, Paris, 1999.

GOUVERNEMENT DE LA RÉPUBLIQUE FRANÇAISE, « Programme d'action gouvernementale pour la société de l'information », http ://www.internet.gouv.fr/francais/index.html

HUYGHE François-Bernard et *al.*, *L'information, c'est la guerre*, revue *Panoramiques*, Éditions Corlet, Condé-sur-Noireau, 2001.

KLECK Véronique, PAUL Christian, association Vecam, « Mission de préfiguration pour la création d'un organisme de corégulation de l'Internet », novembre

1999, http ://www.internet.gouv.fr/francais/textesref/pagsi2/lsi/contribution_vecam.htm

LESCA Humbert, LESCA Élisabeth, *Gestion de l'information. Qualité de l'information et performances de l'entreprise*, Litec, coll. Les essentiels de la gestion, Paris, 1995.

LEVY Pierre, *Les technologies de l'intelligence*, Le Seuil, coll. Points, Paris, 1990.

MACKAAY Ejan (université de Montréal), « Faut-il réglementer Internet ? », conférence à l'université Paris-II Assas, 24 octobre 2000, http ://www.euro92.org/edi/biblio/mckaay.htm

MARCHAND D. A., « Quelle culture de l'information ? Le mode de traitement de l'information de l'entreprise doit être en adéquation avec sa stratégie. », dossier *Les Échos* L'art du management, 28 février 1997, p. VI-VII.

MARTIN Jean-Claude, *Le traitement de l'information dans l'entreprise. Le secret de l'efficacité japonaise transposé en Europe*, FransOrient, Paris, 1994.

MATTELART Armand, *L'invention de la communication*, La Découverte, Poche, Paris, 1997.

MATTELART Armand, *Histoire de la société de l'information*, La Découverte, coll. Repères, Paris, 2001.

MATTELART Armand, *Histoire des théories de la communication*, La Découverte, coll. Repères, Paris, 1995.

PEAUCELLE J.-L., « Peut-on croire les informaticiens ? *Ou* De la réalité des anticipations concernant les technologies de l'information », *Cahiers de lÏEISMEA, Économie et société*, série Sciences de gestion, n° 25, Presses Universitaires de Grenoble, août 1998, p. 298-314.

PIERRET Christian, intervention au forum franco-allemand « La société européenne de l'information », Paris, 22 octobre 1999, http ://www.france.diplomatie.fr/actual/evenements/forumall/forum2.html

RAYMOND Éric S., *La cathédrale et le bazar*, 1998, tr. fr. Sébastien Blondel, http ://www.linux-france.org/article/these/cathedrale-bazar/cathedrale-bazar-monoblock.html

REIX R., « Les technologies de l'information, facteurs de flexibiblité ? », *Revue française de gestion*, n° 123, mars-avril-mai 1999, p. 111-119.

SAMIER Henry, SANDOVAL Victor, *La recherche intelligente sur Internet*, Hermès, Paris, 1998.

STALLMAN Richard, *Le manifeste GNU*, 1985, 1993 Free Software Foundation, Inc., 59 Temple Place, Suite 330, Boston, MA 02111, USA, tr. fr. Tony Bassette, http ://www.freescape.eu.org/eclat/3partie/Stallman2/stallman2txt.html

TIMBAL-DUCLAUX L., « La qualité des écrits scientifiques et techniques », EDF, direction des études et recherches, 1986.

VIGNAUX Georges, *Le démon du classement. Penser et organiser*, Le Seuil, coll. Le temps de penser, Paris, 1999.

WOLTON Dominique, *Penser la communication*, Flammarion, coll. Champs, Paris, 1997.

WOLTON Dominique, *Internet, et après ?*, Flammarion, coll. Champs, Paris, 2000.

Sociologie, ressources humaines

ALTER Norbert, *Sociologie de l'entreprise et de l'innovation*, PUF, Paris, 1996.

ALTER Norbert, *L'innovation ordinaire*, PUF, coll. Sociologies, Paris, 2000.

AUBRET Jacques, GILBERT Patrick, *Psychologie de la ressource humaine*, PUF, coll. Que-sais-je ? Paris, 1997.

BAGLA-GÖKALP Lusin, *Sociologie des organisations*, La Découverte, coll. Repères, Paris, 1998.

BARATIN M., JACOB Christian et *al.*, *Le pouvoir des bibliothèques. La mémoire des livres en Occident*, Albin Michel, coll. Histoire, Paris, 1996.

BAVEJA Alok, JAMIL Mamnoon, MASCARENHAS Briance, « Comment naissent les compétences », *Expansion Management Review*, n° 92, mars 1999, p. 29-39.

BECK Ulrich, *La société du risque*, Franckfurt, 1986, Aubier, Paris, 2001.

BERNARD Alain, BESSON Dominique, HADDADJ Slimane, « La compétence éclatée dans les effets d'organisation. Le dilemme américain : développer ou recruter les compétences ? », in *Ressources humaines : une gestion éclatée*, ouvrage collectif sous la direction de ALLOUCHE José et SIRE Bruno, Économica, Paris, 1998.

BERNOUX Ph., *La sociologie des entreprises*, Le Seuil, coll. Points Essais, Paris, 1995.

BIBLIOTHÈQUE NATIONALE DE FRANCE, *Tous les savoirs du monde*, catalogue d'exposition, Flammarion, Paris, 1996.

BLANCHARD Yves, POURCHET Olivier, « Universités d'entreprise : de l'effet de mode à la nécessité », revue *Actualité de la formation permanente*, n° 161, juillet-août 1999, p. 31-38.

BOLTANSKI Luc, CHIAPELLO Ève, *Le nouvel esprit du capitalisme*, Gallimard, Paris, 1999.

BOURDIEU Pierre, *Raisons pratiques (sur la théorie de l'action)*, Le Seuil, coll. Essais, Paris, 1994.

BOURG Dominique, SCHLEGEL Jean-Louis, *Parer aux risques de demain. Le principe de précaution*, Le Seuil, Paris, 2001.

BRESSON C. DE, *Comprendre le changement technique*, Éditions de l'université de Bruxelles, Bruxelles, 1994.

CALLON Michel, LASCOUMES Pierre, BARTHE Yannick, *Agir dans un monde incertain (essai sur la démocratie technique)*, Le Seuil, Paris, 2001.

CHARUE-DUBOC F., DUMEZ H., JEUNEMAÎTRE A., GIRIN J., *Des savoirs en action*, L'Harmattan, Paris, 1995.

CLOT Yves, *Le travail sans l'homme ? Pour une psychologie des milieux de travail et de vie*, La Découverte, Poche, Paris, 1995.

CROZIER Michel, FRIEDBERG Erhart, *L'acteur et le système*, Le Seuil, coll. Points Essais, Paris, 1977.

CROZIER Michel, *La crise de l'intelligence. Essai sur l'impuissance des élites à se réformer*, InterEditions, Points Essais, 1995.

DORTIER Jean-François, « La force des histoires », revue *Sciences Humaines*, Le sens du récit, n° 60, p. 12-13, avril 1996.

DROZDA-SENKOWSKA Ewa, *Psychologie sociale expérimentale*, Armand Colin, Paris, 1999.

ELLUL Jacques, *La technique ou l'enjeu du siècle*, Économica, Paris, 1991.

EMERY Jean-Luc, « Le rôle des émotions (dans le changement) », revue *Sciences Humaines*, hors-série n° 28, mars 2000.

FLICHY Patrice, *L'innovation technique, récents développements en sciences sociales. Vers une nouvelle théorie de l'innovation*, La Découverte, Paris, 1995.

FRIEDBERG Erhard, *Le pouvoir et la règle. Dynamiques de l'action organisée*, Le Seuil, coll. Points Essais, Paris, 1997.

GAUDIN Thierry, *De l'innovation*, Éditions de L'Aube, Paris, 1998.

GILLE Bertrand et *al.*, *Histoire des techniques : Essai sur la connaissance technique*, Gallimard, Encyclopédie de La Pléiade, Paris, 1978.

GRAS Alain, *Les macro-systèmes techniques*, PUF, coll. Que-sais-je ? Paris, 1997.

HALBWACHS M., *La mémoire collective*, PUF, coll. Bibliothèque de sociologie contemporaine, Paris, 1950.

HAMMOND John, KEENEY Ralph, RAIFFA Howard, « Méfiez-vous de votre cerveau », *Expansion Management Review*, n° 96, mars 2000, p. 70-76.

HATCHUEL Armand, WEIL Benoît, *L'expert et le système (gestion des savoirs et métamorphose des acteurs dans l'entreprise industrielle)*, Économica, Paris, 1992.

HATCHUEL Armand, « Mémoire collective et forme des savoirs », séminaire interdisciplinaire de sciences cognitives et épistémologie : Mémoires inscriptions actions individuelles et collectives, Compiègne, centre de recherche de Royallieu, UTC COSTECH, 25 janvier 1996.

HATCHUEL Armand, « Apprentissages collectifs et activités de conception », *Revue française de gestion*, juin-juillet-août 1994, p. 109-120.

JAMEUX Claude, « Pouvoir et confiance : retour sur la nature et le rôle de l'autorité dans le fonctionnement des organisations », *Cahiers de l'ISMEA, Économie et société,* série Sciences de gestion, n° 25, p. 87-98, Presses Universitaires de Grenoble, août 1998.

KOURILSKY Philippe, VINEY Geneviève, *Le principe de précaution, rapport au premier ministre*, Odile Jacob, Paris, octobre 1999.

LAFAYE C., *Sociologie des organisations*, Nathan Université, Paris, 1996.

LATOUR Bruno, *La science en action*, Gallimard, coll. Folio essais, Paris, 1994.

LE BOTERF Guy, *De la compétence à la navigation professionnelle*, Éditions d'Organisation, Paris, 1997.

LEROY Frédéric, « Apprentissage organisationnel et stratégie », in *Repenser la stratégie, fondements et perspectives*, ouvrage collectif sous la direction de H. Laroche et J.-P. Nioche, Librairie Vuibert, Paris, 1998.

LÉVY-LEBOYER Claude, HUTEAU Michel, LOUCHE Claude, ROLLAND Jean-Pierre, *RH : les apports de la psychologie du travail*, Éditions d'Organisation, Paris, 2001.

MARCH J.-G., SIMON H.-A., *Les organisations. Problèmes psychosociologiques*, John Wiley & Sons, New York, 1958 ; Bordas, 1960, Dunod, Paris, 1991.

MENDEL Gérard, *L'acte est une aventure. Du sujet métaphysique au sujet de l'acte pouvoir*, La Découverte, Paris, 1998.

MEYNAUD Hélène, BRUGIDOU Matthieu, CIHUELO Jérôme, *Tempête sur le réseau (l'engagement des électriciens en 1999)*, L'Harmattan, Paris, 2002.

MINTZBERG Henry, *Le management. Voyage au centre des organisations*, The Free Press, New York, 1989 ; tr. fr. Éditions d'Organisation, Paris, 1990, nouvelle édition 2001.

MOSCOVICI Serge, DOISE Willem, *Dissensions et consensus*, PUF, Paris, 1992.

MUCCHIELLI Alex, *L'art d'influencer. Analyse des techniques de manipulation*, Armand Colin, Paris, 2000.

PERETTI J.-M., « La performance de la fonction ressources humaines : 1978-1998 », *Cahiers de l'ISMEA Économie et société,* série Sciences de gestion, n° 25, Presses Universitaires de Grenoble, août 1998, p. 479-493.

PERETTI-WATEL Patrick, *La société du risque*, La Découverte, coll. Repères, Paris, 2001.

PIOLLE Jean-Marie, *Valoriser les compétences*, EMS, Paris, 2001.

PIRET Robert, « Stratégie, coordination et connaissance », in *Repenser la stratégie, fondements et perspectives*, ouvrage collectif sous la direction de H. Laroche et J.-P. Nioche, Librairie Vuibert, Paris, 1998.

PRADES Jacques, *L'Homo oeconomicus et la déraison scientifique*, L'Harmattan, Paris, 2001.

PROST Antoine, « La mise en intrigue est essentielle pour l'historien », revue *Sciences Humaines*, Le sens du récit, n° 60, p. 24-26, avril 1996.

REINBOLD M.-F., *Gérer la compétence dans l'entreprise*, L'Harmattan, Paris, 1993.

REIX R., « Savoir tacite et savoir formalisé dans l'entreprise », *Revue française de gestion*, numéro spécial Les chemins du savoir, p. 17-28, septembre 1995.

ROZENBLATT Patrick et *al.*, *Le mirage de la compétence*, Syllepse, Paris, 2000.

Russo F., « Science et technique », in *Histoire des techniques,* sous la direction de Bertrand Gille, Gallimard, Encyclopédie de La Pléiade, 1978.

Savall Henri, « Confiance et gestion », *Cahiers de lÏ̈SMEA Économie et société,* série Sciences de gestion, n° 25, Presses Universitaires de Grenoble, août 1998.

Schaer R., « Exposer l'Encyclopédie », catalogue d'exposition *Tous les savoirs du monde*, Bibliothèque nationale de France, Flammarion, Paris, 1996, p. 16-20.

Toupin Louis, « Les facettes de la compétence », revue *Sciences Humaines*, hors série La dynamique des savoirs, n° 24, mars-avril 1999, p. 41-43.

Trepo Georges, « La confiance est-elle gérable ? », *Cahiers de lÏ̈SMEA Économie et société*, série Sciences de gestion, n° 255, Presses Universitaires de Grenoble, août 1998, p. 181-19.

Tywoniak Stéphane, « Le modèle de ressources et des compétences : un nouveau paradigme pour le management stratégique ? », in *Repenser la stratégie, fondements et perspectives*, sous la direction de H. Laroche et J.-P. Nioche, Librairie Vuibert, Paris, 1998.

Weber Max, *Le savant et le politique*, Plon, Paris, 1959, coll. 10/18, 1963.

Sciences cognitives, psychologie, épistémologie, éthique

Arendt Hannah, *Condition de l'homme moderne*, Calmann-Lévy, 1961, coll. Agora Pocket, Paris, 1983.

Bergson Henri, *La pensée et le mouvant,* 1938, puf, coll. Quadrige, Paris, 1996.

Bernard Claude, *Introduction à l'étude de la médecine expérimentale*, Flammarion, coll. Champs, Paris, 1984 (édition originale, 1865).

Bourdieu Pierre, *Science de la science et réflexivité*, éditions Raisons d'agir, Paris, 2001.

Bronckart Jean-Paul, « Langage et représentations », revue *Sciences Humaines*, hors-série La vie des idées, n° 21, p. 6-10, juin-juillet 1998.

Cambier Jean, *La mémoire*, Le Cavalier Bleu, coll. Idées reçues, Paris, 2001.

Castoriadis Cornelius, *Les carrefours du labyrinthe*, Le Seuil, coll. Points Essais, Paris, 1978.

Cernushi A., « L'arbre encyclopédique des connaissances », in *Tous les savoirs du monde*, catalogue d'exposition Bibliothèque nationale de France, Flammarion, Paris, 1996, p. 377-382.

Cusset Yves, *Habermas, l'espoir de la discussion*, Michalon, coll. Le bien commun, Paris, 2001.

Cyrulnik Boris, « De la conscience de soi à la spiritualité », in *Aux origines de l'humanité. Le propre de l'homme*, sous la dir. de Pascal Picq, Yves Coppens, Fayard, Paris, 2001.

DAMASIO Antonio, *Le sentiment même de soi (conscience et émotions)*, Odile Jacob, Paris, 1999.

DA SILVA NEVES Rui, *Psychologie cognitive*, Armand Colin, coll. Synthèse psychologie, Paris, 1999.

DELACOUR J., *Apprentissage et mémoire. Une approche neurobiologique*, Masson, Paris, 1987.

DÉTIENNE M., VERNANT J.-P., *Les ruses de l'intelligence. La métis des Grecs*, Flammarion, coll. Champs, Paris, 1974.

ECO Umberto, *Lector in fabula. Le rôle du lecteur*, Grasset, Le Livre de Poche, coll. Biblio Essais, 1979 (édition originale), 1985 (version française), Paris.

ECO Umberto, *Kant et l'ornithorynque*, Grasset, Paris, 1999.

FOUCAULT Michel, *Les mots et les choses*, Gallimard, Paris, 1966.

FOUCAULT Michel, *L'archéologie du savoir*, Gallimard, Paris, 1969.

HABERMAS Jurgen, *La technique et la science comme idéologie*, Verlag, Francfort 1968, Gallimard, coll. Tel, Paris, 1973.

HABERMAS Jurgen, *Connaissance et intérêt* (1968), Gallimard, Paris, 1976.

HABERMAS Jurgen, *Morale et communication. Conscience morale et activité communicationnelle*, Verlag, Francfort, 1983, Flammarion, coll. Champs, Paris, 1986.

HEGEL G. W., *La Raison dans l'Histoire*, 1828, édition française Payot, Paris.

HENAFF Marcel, *Le prix de la vérité. Le don, l'argent, la philosophie*, Le Seuil, Paris, 2002.

HOBBES Henri, *Léviathan. Matière, forme et puissance de l'état chrétien et civil*, Londres, 1651, Cambridge, 1991, tr. fr. Gallimard, 2001.

HORKHEIMER Max, ADORNO Theodor, *La dialectique de la raison*, New York, 1944, Gallimard, coll. Tel, Paris, 1974.

HUME David, *Enquête sur l'entendement humain*, GF-Flammarion, Paris, 1983 (édition originale 1748).

JONAS Hans, *Le principe responsabilité (une éthique pour la civilisation technologique)*, Francfort, 1979 ; éditions du Cerf-Flammarion, coll. Champs, Paris, 1990.

KANT Emmanuel, *Critique de la raison pure*, GF-Flammarion, Paris, 1987 (édition originale 1781).

KANT Emmanuel, *Logique*, Librairie philosophique Vrin, Paris, 1989 (édition originale 1800).

LE MOIGNE J.-L., *La théorie du système général (théorie de la modélisation)*, PUF, Paris, 1977.

LEROI-GOURHAN André, *Le geste et la parole*, Albin Michel, Paris, 1964.

LOCKE John, *Identité et différence. L'invention de la conscience*, Le Seuil, coll. Points Essais, Paris, 1998 (édition originale 1694).

LORENZ Konrad, *Les fondements de l'éthologie*, Flammarion, coll. Champs, Paris, 1984 (*Vergleichende Verhaltensforschung*, Springer Verlag, 1978).

LYOTARD Jean-François, *La condition postmoderne. Rapport sur le savoir soumis au Conseil des universités du Québec*, Éditions de Minuit, Paris, 1979.

MARC Edmond, PICARD Dominique, *L'école de Palo Alto. Un nouveau regard sur les relations humaines*, Retz, Paris, 2000.

MONTAIGNE Michel de, *Les Essais*, Livre Troisième, chapitre XIII, « De l'expérience », Gallimard, Encyclopédie de La Pléiade, Paris, 1962, p. 1041-1101.

MORIN Edgar, *La Méthode : la connaissance de la connaissance*, Le Seuil, coll. Points Essais, Paris, 1986.

MORIN Edgar, « La nature des idées », revue *Sciences Humaines*, hors-série La vie des idées, n° 21, p. 6-10, juin-juillet 1998.

MORIN Edgar, *Les sept savoirs nécessaires à l'éducation du futur*, Le Seuil, Paris, 2000.

PIAGET Jean, *Logique et connaissance scientifique*, Gallimard, Encyclopédie de la Pléiade, Paris, 1967.

PIAGET Jean, *Biologie et connaissance*, Delachaux et Niestlé, Neuchâtel, 1967.

PIAGET Jean, *Problèmes de psychologie génétique*, Denoël Gontier, Bibliothèque Médiations, Paris, 1972.

PLATON, *Le Ménon*, Garnier Flammarion, Paris.

PLATON, *Le Théétète*, Garnier Flammarion, Paris.

POPPER Karl, *La connaissance objective*, Oxford University Press, 1979 ; Flammarion, coll. Champs, Paris, 1991.

POPPER Karl, *Des sources de la connaissance et de l'ignorance*, British Academy, 1960, Payot et Rivage, Poche, Petite Bibliothèque Payot, Paris, 1998.

RICŒUR Paul, *La mémoire, l'histoire, l'oubli*, Le Seuil, Paris, 2000.

ROSENFIELD Israël, *L'invention de la mémoire*, Flammarion, coll. Champs, Paris, 1989.

TAGUIEFF Pierre-André, *Du progrès. Biographie d'une utopie moderne*, Editions Librio, Paris, 2001.

VARELA F. J., *Quel savoir pour l'éthique ? Action, sagesse et cognition*, La Découverte, Paris, 1996 (« Un know-how per l'etica », éditions Laterza, 1992).

VARELA Francisco, THOMPSON Evan, ROSCH Eleanor, *L'inscription corporelle de l'esprit. Sciences cognitives et expérience humaine*, Le Seuil, Paris, 1993.

VEYNE Paul, *Comment on écrit l'Histoire*, Le Seuil, coll. Points Histoire, Paris, 1978.

WALLON H., *De l'acte à la pensée*, Flammarion, coll. Champs, Paris, 1970.

WATZLAWICK Paul, WEAKLAND John, FISCH Richard, *Changements (paradoxes et psychotérapie)*, Le Seuil, coll. Points Essais, Paris, 1975 (édition américaine 1973).

WATZLAWICK Paul, *La réalité de la réalité (confusion, désinformation, communication)*, Le Seuil, coll. Points Essais, Paris, 1978.

WATZLAWICK P., VON GLASERFELD E., VON FŒRSTER H., RIEDL R., *L'invention de la réalité*, Le Seuil, coll. Points Essais, Paris, 1988.

WITTGENSTEIN Ludwig, *Investigations philosophiques*, édition originale, 1945, Gallimard, coll. Tel, Paris, 1961.

Glossaire

Ce glossaire explicite les concepts les plus fondamentaux utilisés tout au long de cet ouvrage, lesquels sont par ailleurs, pour la plupart, définis et commentés longuement dans la première partie.

Pour les autres termes techniques ou spécialisés utilisés ici ou là, le lecteur se reportera à l'index de façon à les retrouver dans leur contexte d'utilisation.

Apprentissage créatif et ***apprentissage reproductif*** : « Apprendre » signifie tantôt *acquérir des connaissances existantes*, tantôt *élaborer une connaissance nouvelle* à partir de son expérience. Dans le premier cas, l'apprenant reproduit sans modifier (« j'apprends une langue étrangère », « j'apprends les techniques de marketing »...) ; dans le second cas, il crée et transforme (« j'ai appris beaucoup de ce voyage », « j'ai appris à connaître ce client »...).

Apprentissage en acte : Apprentissage en acte et apprentissage rationnel sont les deux formes fondamentales de l'apprentissage ; la première incorpore la connaissance sous forme *procédurale*, c'est-à-dire corporellement, dans l'acte de faire et d'interagir avec son environnement (« *learning by doing* »).

Apprentissage rationnel : Cette seconde forme essentielle de l'apprentissage classifie, combine, associe, relie, conceptualise, raisonne, crée du sens, manipule des symboles et/ou des traitements logiques.

Dans la réalité empirique, ces deux formes d'apprentissage sont *en général* en interaction plus ou moins étroite : activité corporelle et activité cérébrale étant interdépendantes, il convient d'éviter la vieille dichotomie entre métiers manuels et intellectuels. La réalité montre à l'évidence que les uns comme les autres utilisent autant les deux formes d'apprentissage. Ceci étant, les psychologues nous apprennent par exemple que l'apprentissage de la langue maternelle est nettement procédural, tandis que l'apprentissage ultérieur des autres langues est plutôt de type rationnel, ce qui rend ce dernier plus fragile vis-à-vis des pertes de mémoire.

Base de connaissances : C'est l'ensemble des connaissances mises en commun par les *travailleurs du savoir*. Elle constitue une *médiation* entre les hommes, démultipliant leurs compétences *collectives*, tout en composant en même temps une *mémoire collective,* qui fixe la partie explicite des connaissances. On citera, pour exemple, les savoirs collectifs, les normes et procédures professionnelles au sens large, les fonds documentaires et, de façon générale, tout ensemble organisé et validé de documents : annuaires, bases de données, portails, etc.

Capital intellectuel : Le capital intellectuel est l'ensemble des connaissances résultant de l'activité productive de l'organisation, dès lors qu'elles sont disponibles et réutilisables sous la forme de base de connaissances. Au sens strict, les connaissances incorporées dans les individus (compétences, savoir-faire, connaissances tacites) sont un *facteur de production* dont la nature est assimilée à la *force de travail* des employés et non pas au *capital* de l'organisation – cette précision est tout à fait indispensable si l'on ne veut pas considérer les employés comme la propriété des actionnaires et investisseurs.

Capitalisation des connaissances : La capitalisation des connaissances est l'ensemble des processus par lesquels des informations et des connaissances sont répertoriées, évaluées, rassemblées, formalisées, codifiées, classifiées, commentées, synthétisées, de façon à constituer une *base de connaissances*.

Connaissance versus *savoir* : La connaissance met en jeu des phénomènes tels que le langage, la mémoire, l'apprentissage, l'expérience, le corps, les perceptions et les émotions. Incorporée et vivante, la connaissance est *ce qui est présent à notre esprit, consciemment ou inconsciemment*, lorsque nous sommes en situation de faire, de dire, d'apprendre, d'éprouver, d'interpréter, de décider. Elle est une sorte de *fenêtre d'esprit* devant laquelle se déplace le paysage du temps et de l'espace. À chaque instant, le paysage changeant, la connaissance se transforme.

À travers ce processus cognitif continu, le sujet humain apprend en acte et consomme de l'*information*, qu'il transforme aussi bien en *savoir* (par l'apprentissage rationnel) qu'en *compétence* (par un supplément d'apprentissage en acte). Ainsi, nous utilisons le terme de « connaissance » pour désigner la totalité de l'activité cognitive incorporée, mémorisée et active à chaque instant, réservant le terme de « savoir » aux connaissances rationalisées, qui s'avèrent en général partageables et reproductibles à l'échelle collective du fait des concepts et de l'appareil logique.

Compétence : La compétence, quant à elle, est la faculté – purement humaine – de produire un *type de résultat*. Elle met en œuvre un ensemble de connaissances et d'expériences incorporées dans l'action (*apprentissage en acte*), combinées à des savoirs explicites, qui permettent de traiter une classe de problèmes et d'y apporter une réponse adéquate.

Fonction normative (de la connaissance*) – prescrire* : Nous distinguerons deux fonctions fondamentales à la connaissance, prescrire et interpréter. La première oriente et prescrit l'action rationalisée, en permettant la communication, la coopération, la combinaison. Elle élabore les normes, méthodes, règles, lois, prescriptions (juridiques, médicales, sociales, techniques...). Parée de l'efficacité quantitative et de l'objectivité apparente, elle est en même temps de nature sociale puisqu'elle structure les jeux d'acteurs, délimitant ce qui est *techniquement faisable* et ce qui ne l'est pas. Le système, l'organisation, la technique, les produits, les réponses sont les conséquences visibles de la fonction normative. Dans le langage de la philosophie chinoise, nous dirions qu'elle révèle le côté *yang* de la connaissance.

Fonction herméneutique (de la connaissance) – *interpréter* : L'autre fonction fondamentale de la connaissance nourrit l'action et questionne le savoir dans chaque contexte concret. Elle discute, met en perspective, donne du sens. Interpréter renvoie aussi au travail du comédien, qui donne chaque soir une prestation unique tout en étant cohérent avec la partition de son personnage. Tournée vers l'incertain, au service de l'esprit de synthèse, l'interprétation contribue aussi bien à assimiler le passé qu'à susciter l'avenir. Explorant les creux, les vides, éclairant des liens invisibles entre les choses, la fonction herméneutique révèle le côté yin de la connaissance.

Gestion des connaissances : Dans un but économique, la politique de gestion des connaissances vise à évaluer le capital intellectuel, à l'améliorer, l'organiser, le protéger, le valoriser, le faire évoluer, en fonction des objectifs stratégiques de l'organisation.

En quoi cela consiste ? À mettre en place des méthodes, dispositifs organisationnels, et outils permettant de stimuler les quatre processus fondamentaux : *socialiser*, *capitaliser*, *transmettre*, *renouveler*.

Du point de vue systémique de l'organisation, c'est-à-dire dans le cadre d'une politique de la direction générale, la gestion des connaissances suppose le pilotage *coordonné* de trois systèmes – aujourd'hui encore rarement mis en œuvre dans les organisations :

- un système d'information, pour organiser et mettre en place des technologies de l'information et de la communication, mais aussi des réseaux, des relations, des modes de travail collaboratif et tout autre dispositifs permettant d'acquérir et de partager l'information.
- un management, pour orchestrer et valoriser le savoir collectif par la vision stratégique, l'organisation, le pilotage des processus, la production et l'utilisation des normes professionnelles et institutionnelles. Cela suppose aussi un leadership, nécessaire pour créer du sens et de la vision à l'échelle collective.
- une gestion des ressources humaines, permettant de développer, coordonner et réguler la compétence (formation, recrutement, organisation...), tout en orientant les acquisitions et les transferts nécessaires de compétences individuelles et collectives.

Renouvellement des connaissances : Par un ensemble de processus, la communauté critique, corrige, ajuste voire détruit les connaissances, les renouvelant ainsi de façon incrémentale aussi bien que par des innovations de rupture.

Socialisation des connaissances : Les connaissances font aussi l'objet d'échanges directs ou à distance, par communication, collaboration et discussion sur la connaissance : cette socialisation est une condition nécessaire, qui sous-tend les trois processus de capitalisation, de transfert et de renouvellement. C'est en quelque sorte un métaprocessus de la gestion des connaissances.

Transfert des connaissances : l'ensemble des processus de distribution, d'accès, d'utilisation et surtout d'apprentissage, voire de combinaison et de transposition, par lesquels les utilisateurs apprenants s'approprient les contenus de la base de connaissances, de sorte qu'ils deviennent capables à leur tour de créer de la valeur en produisant leurs propres applications ou en créant de nouvelles connaissances.

Index

www.ingramcontent.com/pod-product-compliance
Lightning Source LLC
Chambersburg PA
CBHW082124210326
41599CB00031B/5867